本书献给我们的学生

墨西哥
古巴
巴哈马
海地
波多黎各(美)
圣基茨和尼维斯
牙买加
安提瓜和巴布达
多米尼克
伯利兹
洪都拉斯
多米尼加
共和国
圣文森特和
格林纳丁斯
危地马拉
尼加拉瓜
格林纳达
巴巴多斯
萨尔瓦多
特立尼达和多巴哥
哥斯达黎加
委内瑞拉
圭亚那
巴拿马
苏里南
法属圭亚那
哥伦比亚
加拉帕戈斯
群岛（厄）
厄瓜多尔
秘鲁
巴西
玻利维亚
巴拉圭
智利
阿
根
廷
乌拉圭
太平洋

拉美国家现代化道路研究丛书

韩 琦 主编

（插图第8版）

简明拉丁美洲史

Latin America: An Interpretive History, 8e

——拉丁美洲现代化进程的诠释

E.布拉德福德·伯恩斯（E. Bradford Burns）
朱莉·阿·查利普（Julie A. Charlip）著
张森根 出版主持/审校 王宁坤 译

世界图书出版公司
北京·广州·上海·西安

本译著系
教育部人文社会科学重点研究基地重大项目
“拉美主要国家的现代化道路”
(项目批准号：06JJD770017) 的成果之一

本译著由
南开大学“世界现代化进程研究”哲学社会科学创新基地
(“985 工程”二期项目) 资助出版

目　录

表格目录

地图目录

“拉美国家现代化道路研究丛书”总序

从 18 世纪后期开始,世界上几乎所有的国家和地区都或早或迟地开始了从农业社会向工业社会转变的过程,这是一个客观存在的历史运动。现代化研究的历史任务就是要探索这个转变的过程，特别是第三世界国家在这个转变过程中的规律,用来指导我国自己的现代化建设事业。尽管少数发达国家已经进入了“后工业化”时代,但占世界国家和人口大多数的第三世界国家的现代化正方兴未艾,中国正在高速走向现代化。因此,对包括中国在内的广大第三世界国家来说,现代化研究仍然是一个现实意义极强的课题。

追寻工业文明是现代化作为全球历史进程的共同特征，但在不同的国家和地区,由于其地理位置和自然条件、历史遗产、文化传统、经济技术改造和社会改革的方式、对国际环境变化的应变能力等方面的差异,现代化道路和模式会呈现出不同的特点,现代化从来没有不可逾越的单一模式。研究和比较各国现代化的道路和模式,从中寻找出各国现代化进程的共性和个性,并使本国的现代化进程做到共性与个性的有机结合，也就是将现代化普遍规律与本国的具体实践相结合,从而在现代化进程中趋利避害,实现现代化的健康顺利地发展,这是我们从事现代化研究的一个重要目的。

在第三世界中，大多数国家是在第二次世界大战以后才启动现代化进程的,其现代化历史只有半个多世纪。但拉美国家则不同,如果从 19 世纪初的独立运动算起,至今已经有了 200 年的寻求发展的历史;如果从 1870 年算起,其现代化进程也已经历了一个多世纪。拉丁美洲是第三世界中唯一一个经历了古典自由主义、结构主义和新自由主义三种经济现代化战略,和初级产品出口导向、进口替代工业化、新型出口导向三种发展模式的地区。拉美的政治模式也经历了考迪罗主义、寡头威权主义、民众威权主义、官僚威权主义、现代代议制民主政治的演变。由于拉丁美洲是由33个国家和地区组成的，各国的情况又不尽相同，充满了多样性。因此，拉丁美洲是发展中国家最大、最丰富多彩的现代化“实验室”。这里积累了现代化建设的丰富的经验和教训。

国内拉美学界对拉美国家现代化的研究起步于20世纪80年代后期，并发表了不少研究成果。特别是2002年以中国社科院资深研究员苏振兴先生为首的课题组承担了中国社会科学院重大课题“拉美现代化道路研究”，辛勤耕耘，历时四载，最终以《拉美国家现代化进程研究》一书面世。该书五十余万字，从现代化进程、工业化、农业现代化、经济社会结构的变动、政治现代化等方面对拉美地区现代化做了比较详细全面的阐述，将国内的拉美现代化研究提高到了一个新的水平。但是，这本著作是以“地区”为单位研究的。我们通常讲的现代化首先是民族国家的现代化，因为民族国家是现代化的载体。因此，以“国家”为单位对拉美主要国家现代化道路加以剖析尚是拉美现代化研究的一个薄弱环节。

2006年我们申报了教育部人文社会科学重点研究基地重大项目“拉美主要国家的现代化道路”，并于该年年底获得批准。本丛书正是该项目的结项成果。该课题最初的设计是由五本专著组成，即《巴西现代化道路研究》（北京大学董经胜副教授）、《墨西哥现代化道路研究》（南开大学韩琦教授）、《阿根廷现代化道路研究》（南开大学董国辉副教授）、《古巴现代化道路研究》（南开大学王萍教授）、《中美洲现代化道路研究》（南开大学王翠文副教授）。确定这样的五本著作是基于如下的考虑：我们要加强对拉美主要国家现代化的国别研究。巴西、墨西哥和阿根廷是拉美的三个大国家，其面积和人口加在一起均占整个拉美的一半以上，它们启动现代化的时间比较早，现代化的发展水平也比较高。它们虽然都想走一条“中间道路”，但巴西现代化是在咖啡经济带动下启动的，瓦加斯的民众主义政府实行了“巴西化”的进口替代，在军政府的官僚威权主义时期，巴西现代化出现了“巴西奇迹”。墨西哥现代化在通过墨西哥革命否定了迪亚斯的早期现代化模式之后，进行了卡德纳斯时期的政治和经济制度的创新，然后在革命制度党的领导下，现代化取得了长足发展，出现了“墨西哥奇迹”。阿根廷的现代化在20世纪初是拉美国家的佼佼者，但到20世纪末却被称为“破落”国家，政治长期动荡和经济由盛而衰成为人们费解的“阿根廷之谜”。古巴是西半球唯一的社会主义国家，它一直在探索走一条社会主义现代化的道路。中美洲由七个小国组成，是连接南北美洲和大西洋与太平洋的十字路口，战略位置十分重要，历史上是外国列强极力争夺和控制的地区，属于长期奉行初级产品出口发展模式的地区。应该说，这是五个特点鲜明、具有代表性的国家和地区。但是，作为拉美主要国家的现代化道路研究，仅仅这五个国家和地区似乎又不能反映其全貌，为了避开“只见树木，不见森林”之嫌，我们接受了中国社科院拉美研究所资深研究员张森根先生的良好建议，将美国著名拉美问题专家伯恩斯先生的《简明拉丁美洲史》（王宁坤译、张森根校）的最新版本（第8版）纳入到本丛书中，这是一本从现代化的角度诠释拉丁美洲历史的名著，它的加盟为我们的丛书锦上添花，弥补了本丛书地区研究的不足，从而使拉美现代化的多样性和一致性在本丛书中能够得到较好的体现。在此，我们对已经驾鹤仙去的伯恩斯先生以及对第8版的修订作出重要贡献的朱莉·阿·查利普教授表示由衷的感谢！

2003年中国的人均GDP超过了1,000美元大关，这标志着中国的现代化进入了一个新的阶段。随着中国现代化速度的加快，中国的能源、原材料需求与日俱增，中国也需要扩大制成品的出口市场，而拉美以其丰富的自然资源和广大的市场吸引了国际社会越来越多的关注。对中国来说，拉美的战略地位愈益凸显出来。然而，正如我国拉美史专家林被甸先生所言：“近年随着中国国际交往的扩大，拉美的重要性在国人心目中的地位日益增加。但我们主要关注的是他们丰富的自然资源，那里历史上出产过闪闪发光的白银和黄金，今天又有数不尽的铁矿、铜矿和石油。可是拉美除了这些有形资源外，还蕴藏着一份极为宝贵的无形资源，至今仍未被人们所充分认识。这份无形资源就是他们200年寻求发展的历史和经验。”“开发这份‘无形资源’，总结拉美国家寻求发展的历史经验，对于包括我国在内的发展中国家具有很大的借鉴意义，对于我们正确认识未来世界的发展趋势，正确选择发展模式,把中国现代化事业推向前进,具有独特的重要意义。”[1]林被甸先生的这段话寓意深刻，但愿我们的这套丛书能为开发拉美的这一宝贵的“无形资源”作出微薄的贡献!

韩　琦

2009年4月30日于南开大学

[1] 林被甸:“当代视野下的拉美史学新探索”,《世界历史》,2005年第3期。

第 8 版译序　从“进步的贫困”到“发展的劫掠”

本书译自 2007 年英文第 8 版。自 1972 年本书问世以来，一直是美国各大学拉丁美洲历史概论的基础课本和拉美研究的入门读物。它在 1972—2002 年的 30 年间，共出了 12 种不同的英文和西班牙文版，入藏世界各国 1,462 家图书馆。一位美国教授在上个世纪 70 年代初专为本国学生了解拉丁美洲而编写的历史课本，竟从英语世界进入了西班牙语世界，影响之大，流传之广，不由得令人感慨系之。

1989 年，我们将该书第 4 版译成中文在我国出版，被一些开设拉丁美洲历史课程的高等学校列为参考读本，同时也受到了学界、经贸界和党政机构的一致好评。伯恩斯教授曾为该书中文版撰写了前言。他深情地写道：“中国人毕竟同拉美人有着一些共同的相似的历史经验……中国读者由于有 20 世纪亲身的经验，对于充分了解当代拉丁美洲的活力，他们是十分敏感的。”

正如伯恩斯所估计的，中国渴望了解拉丁美洲并真诚地盼望分享他们的历史经验，以便与他们一道在现代化的道路上民富国强，欣欣向荣。从本书中文第 4 版到中文第 8 版的 20 年里，中国对拉美的认知程度以及中国和拉美之间政治、经济、文化等方面的交往已有日新月异的变化。众所周知，在对外情外域的认知方面，对历史和现状的了解是相辅相成的，二者互为犄角，衔尾相随。随着彼此间交往的不断深入，我们就会从粗浅了解拉美今天的政治和经济深入到它们的历史和文化背景，进而又能更深入领悟它们当下的政治背景和经济情况。

为了使我们更系统更理性地了解拉美，也为了使中国人能有效地向拉美介绍中国，以使拉美也同等地了解中国——这是我向读者再次推荐本书的唯一心愿。

伯恩斯教授的《简明拉丁美洲史》自首版至今已有 37 年了。1995 年 12 月他病故后，由美国惠特曼学院拉美史教授朱莉·阿·查利普教授在前 6 个版本的基础上完成了第 7、第 8 版。查利普教授说，她“力图延续本书的特点，追随伯恩斯教授难以追随的足迹”，并对原书的结构和内容进行了程度不同的调整、修订和增补。因手头没有该书的第 6 版（1994 年）、第 7 版（2001 年）可供参照，这里难以对普利查教授的后续工作作出恰如其分的评论。但仅就第 8 版而言，她至少做到了以下三点。

（1）重申并进一步阐述了伯恩斯在本书首版以来一以贯之的基本观点，即本书的宗旨仍然是：“殖民地历史长时期遗留下来并在 19 世纪得到加强的体制结构，至今还继续存在着”，因为，这里的上层人士仍然“趋于将自己的利益和愿望与整个国家的利益和愿望混为一谈”。而“维持现有体制比实行真正变革要容易得多”，这就造成了拉美永久的不解之谜——在具有巨大潜力的富裕地区中却普遍存在着贫困。结论是，为发展而斗争是当代拉美的主旋律。作者的话语超越了时空与国界，已成为至理名言。

（2）扩充了内容，使本书叙述的时间下限延续至 2005 年左右。本版第 11 章的大部分内容，如关于新自由主义、北美洲自由贸易协定（NAFTA）和墨西哥萨帕塔运动、拉美左派政治领袖的纷纷上台——委内瑞拉的乌戈·查韦斯（1999 年），智利的里卡多·拉戈斯（2000 年），巴西的路易斯·伊纳西奥·“卢拉”·达席尔瓦（2003 年），阿根廷的内斯托尔·基什内尔（2003 年），乌拉圭的塔瓦雷·巴斯科斯（2005 年）和 2005 年 12 月在玻利维亚的选举中当选为总统的埃沃·莫拉雷斯，后续者都给予了足够的关注。连查韦斯热衷的南方石油公司和南方电视公司、哥伦比亚的两支游击队（FARC 和 ELN）以及与达沃斯的世界经济论坛相抗衡的世界社会论坛，也都在她的视野之内，足见查利普教授如同伯恩斯教授一样都具有强烈的当代意识，使教学与写作贴近现代生活。

（3）增添了大量补充资料，拓展了历史工具，使本版更臻精美可读。本版不仅有精选的统计资料、概括性、典型性较突出的图表以及与正文叙述相配衬的插图，而且还专门列有《从艺术看拉丁美洲》和《从小说看历史》两篇附文。本版的附录与正文相得益彰，使读者耳目为之一新。作者苦心孤诣地指出：历史学作品与艺术作品之间有共同之处，二者的界线并不是十分清楚的，历史学家用他们的想象力，又根据自己对资料的潜心研读，将过去展现并叙述出来。小说家用他们的想象力，用感情、激情和抒情来表现，这一点很少有历史学家或社会学家能够与之匹配。譬如，如果有人想了解资本主义在工业革命时期的英国是如何运转的，他可以读许多优秀历史学家的作品，可以读卡尔·马克思的分析，也可以读查尔斯·狄更斯的小说。本版对口述史资料的引用也有独到之处。

由是观之，查利普教授作为伯恩斯这部权威著作的合署者应是不负盛名。

需要指出的是，不论是本书中文第 4 版或第 8 版，伯恩斯教授这部著作的精华所在是他对拉美现代化历史进程的诠释。他从经济、政治、社会和文化等视角，对拉美各国现代化道路的抉择做出了深刻分析。

他认为，起步于 19 世纪下半期拉美各国的现代化，只是一种“表面性的现代化”，单纯地仿效 19 世纪欧洲和 20 世纪美国的现代化，不论在理念上或形式上都存在着这种毛病，无创造性可言。他指出：“这种现代化只是一层虚饰，为顽固的机制加上装饰性的点缀，同时却不去实现这一概念所涵盖的改革。拉丁美洲的现代化缺乏真正的实质。”由于现代化的表面性保证了过去的继续统治，现实的变动性与传统的延续性、变化与无变化，在拉美各国同时并存。

由于在 20 世纪初或 21 世纪初，大多数拉丁美洲人的生活并不比一个世纪前更好，在伯恩斯看来，“发展”、“进步”和“现代化”等字眼，在拉美都走了样。在“发展”的名义下，甚至连“能够满足人民需要并为他们提供文化福利的传统生存文化”，也往往遭到了破坏。故而他把 19 世纪和 20 世纪拉丁美洲的现代化分别贬称为“进步的贫困”和“发展的劫掠”。通过对这一地区长达一百多年现代化进程的剖析，伯恩斯得出的结论是：“发展（应该）是为大多数人民提供最多的好处。”如果从这个角度来分析，拉美的“发展”、“进步”和“现代化”显然是不着边际的。他的结论是：拉美的现代化道路不足为训。

伯恩斯在上个世纪70年代初的基本观点与约莫20年之后英国著名拉美学者维克托·布尔默—托马斯教授的结论几乎一模一样。后者在1994年出版的《独立以来拉丁美洲的经济发展》中指出：“拉丁美洲可以从自身经济史中学到很多东西。两个世纪以来，许多事情发生了变化，许多事情没有发生变化……无论农村还是城市地区的经济权力结构却没有发生大的变化……社会权贵仍保持着自身利益的机能。”他得出的结论是，两个世纪的拉美经济史，是“一部失败的历史，而不是成功的历史”。[①]他们二位目光如炬，循名责实，洞见了拉美现代化历史的真谛。

伯恩斯关于发展是为大多数人民提供最多好处的鲜明观点，不仅有助于我们深刻领悟和把握拉美现代历史的脉络，而且对于正在现代化道路上大胆探索、奋勇前进的其他发展中国家都具有十分重要的借鉴意义。拉美的经验告诉我们，表面的现代化，特别是只求GDP增长的经济层面的现代化，并不能从根本上解决任何国家的发展问题。如果只考虑单纯的GDP年均增长率或人均GDP增长率，自1870年至1950年间，拉美的综合数字都高于西欧国家的综合数字或单个国家（如英、德、法）的统计数字。[②]80年间表面上光鲜的数字并不能改变拉美在世界经济结构中所处的边缘地位。究竟如何看拉美发展的问题，还可以从它们与美国相比较的研究中得到启发。经济史学者指出，1995年拉美人均GDP相当于美国人均GDP的12.8%，这一百分比数字与1900年的百分比数字几乎完全相同。

毫无疑义，如果大多数人民没有获得最多好处，经济权力的运作又始终由一小撮人操盘，公正、公平的收入分配问题长期解决不了，甚至以恶劣破坏生态环境、无知无情又大量地消耗各类资源为代价，这样的国家能称得上真正实现了现代化吗？无怪乎国际学术界近几年提出了“绿色GDP”指标和

① 见该书中文版《独立以来拉丁美洲的经济发展》，“作者序”，北京：中国经济出版社，2000。

② 参见英国安格斯：《世界经济千年史》，180页、181页、190页、191页，北京：北京大学出版社，2003。

幸福指数等新的发展概念问题。由此出发，本书还提到了 20 世纪末 21 世纪初拉美社会存在着传统(前现代性)、现代性和“后发展”、后现代性等多元并存的“混杂现象”(Hybridity)，认为争取基本需求和生存能力的斗争必须成为拉丁美洲未来的焦点。本书作者对学者们提出拉美算不算真正的发展中国家、能不能成为新兴工业化国家以及通过自治制度与社团主义能否取代资本主义与民族—国家机构等一系列需要质疑问难的理论性问题，一概采取了述而不作的立场，以让读者盘根究底，反求诸已。这是一种非常可取而又严谨的学术态度。

近几年，国内学术界对所谓的“拉美化”问题进行了热烈的讨论。有人说，这是个“伪问题”。又有人说，“拉美化”就是“拉美病”。也有人说，这是“现代化的陷阱”或“发展的陷阱”。更多的人认为，这是拉美发展模式产生的问题。愚见以为，许多论者都是心中装着为我国改革开放借鉴拉美的经验教训这一良好意愿而加入这场讨论的，因此见仁见智，纷纷扬扬，也是势所必然。但就拉美本身而言，就无所谓中国人笔下的“拉美化”问题。如果读者弄通弄懂并领悟了伯恩斯在本书中的基本观点（包括通读英国学者维克托·布尔默—托马斯教授的《独立以来拉丁美洲的经济发展》在内)，所谓的“拉美化”问题也就迎刃而解了。伯恩斯概括的“进步的贫困”和“发展的劫掠”10 个字，就是最简明扼要的回答。质言之，任何国家的现代化、与“发展”和“进步”伴生的长期结果，如果不能为大多数人民提供最多好处的话，都会出现这类问题。人们可以对本国人说，要防止“四小龙化”，也可以说，要避免“印度化”、“俄罗斯化”乃至“中国化”等等，不一而足。

这里请允许我回忆一下对伯恩斯教授的印象以及我们之间交往的一些情况。

我是在 1985 年秋季认识伯恩斯的。当时我接受了美国福特基金会提供的机会，在洛杉矶加州大学以该校拉美研究中心客座研究员的身份与他邂逅。伯恩斯是那里大名鼎鼎的教授，曾任该校人文学院首任院长，桃李盈门，弟子如云。他的道德文章、言行逸事，时常有人向我提起。我十分喜欢旁听他的讲课。文科各系的学生都愿意选修他的“拉丁美洲史概论”讲座，学生每次多达 350 人。学生们知道,伯恩斯虽说是历史学教授,却具有强烈的时代意识。通过对拉美革命与变革、现代化与不发达、增长与发展、依附性与国际贸易等一系列迫切问题的了解,学生们就能获得分析、观察、解释历史的能力和相应的知识量,因此学得十分充实。

在课堂上,他习惯沿着教室四周来回踱步,嗓门洪亮,吞吐抑扬而不失幽默。伯恩斯身躯颀长而健壮,穿着 60、70 年代的装束,一双碧蓝的眼睛不时闪烁着智慧的火花。讲课时,每当学生突然举手提问时,他总是耐心地予以解答。他以老师和朋友的身份对待学生,态度和蔼真切。他常说,学生们提出的问题及其探讨问题的热情,对他帮助甚多。他多次郑重其事地对我说,他的《简明拉丁美洲史》是为他们而写的,学生们不断地提问,逼着他不断地思考、解答,不断地修订、增补,因此也是因为他们才能写成的。

伯恩斯曾任美国拉美史学会主席。他以观点鲜明、视角新颖和分析精辟而受到同行们的称赞。他在另一部力作《19 世纪拉丁美洲进步的贫困》[①]一书中,对民众表现出深切的同情和关注,努力反映民众在现代化冲击下的真实遭遇。他认为 19 世纪拉美的现代化只是盲目模仿和采纳欧美的思想、价值观、生活格调和工艺发明,是一种表面形式的现代化;铁路、轮船、电力、机械、巴黎的时装、英国的纺织品等等"进步"的装饰物,虽然改善了上层人物和中等阶层的命运,却没有改变传统的体制结构,结果导致文化冲突、依附和贫困;它留给 20 世纪的遗产是"大众的贫困和持续的冲突"。拉美的出路在于以崭新的体制取代殖民地时期遗留下来并在 19 世纪得到加强的传统体制;拉美不能带着旧体制的桎梏进入 21 世纪。

对 20 世纪拉美发生的 5 次社会革命(墨西哥 1910 年革命、危地马拉 1944 年革命、玻利维亚 1952 年革命、古巴 1959 年革命和尼加拉瓜 1979 年革命),伯恩斯给予了充分的同情、理解和支持。他严厉批评美国政府对这些国家采取的错误政策,特别是谴责了中央情报局的罪恶行径。他认为:美国总是把拉美发生的事情一成不变地套入美国和苏联的冲突以及资本主义和

① 1980 年美国加州大学出版社出版,至 1983 年连印了 4 版。

共产主义斗争的模子，而不能理解拉美人民为争取变革而斗争的意义；美国政府自诩为民主政府的典范，却去维护拉美落后的体制和独裁统治。

进入80年代，伯恩斯还在报刊上不断撰文，抨击里根总统以“国家安全”为名卷入了反对尼加拉瓜的战争。1981年后，他前后6次访问尼加拉瓜。他在洛杉矶加州大学专门开设了有关尼加拉瓜当代问题的讲座。他认为，美国与尼加拉瓜的冲突，是美国历史上卷入的时间第二长的战争，仅次于侵越战争。他在《尼加拉瓜展望》的杂志上写道，尼加拉瓜反政府武装（“孔特拉”）完全是一支由美国提供经费和装备并由其控制和指挥的雇佣军，它的48名高级军官中，有46名是索摩查独裁政权旗下的国民警卫队成员。

伯恩斯的无情揭露，使里根总统十分恼火。里根竟亲自出马，在1986年3月11日的午间新闻发布会上不指名地攻击了伯恩斯，指责他在尼加拉瓜问题上替桑地诺民族解放阵线说话。他一面称他是洛杉矶加州大学的“知名教授”，一面又说他犯下了“宣传和散布‘破坏性情报’的过失”，并请求“上帝救救他的学生”。

伯恩斯不甘示弱，随即通过新闻媒体予以反击。一时间，报刊和电台纷纷报道他对里根中美洲政策的批评。他的坐落在好莱坞山丘上的住宅，顿时成了电视台6个频道的“播映室”。他又以《我和总统》为题在《洛杉矶周刊》撰文驳斥里根。他称里根为“自负的老艺人”，他本人才是“宣传和散布‘破坏性情报’”的行家里手。他写道，里根总统“在1984年11月，用了整整一周的时间向我们保证，苏联的米格飞机正在飞往尼加拉瓜”，并无中生有地说，尼加拉瓜把“整飞机、整火车和整船的枪支送到萨尔瓦多”。里根甚至要让美国纳税人相信，“尼加拉瓜的士兵们装成孔特拉分子，‘谋杀并残害’尼加拉瓜人”。里根的话毫无事实根据。伯恩斯认为，这位总统的花招显然是明目张胆地替孔特拉分子长期以来对老百姓实施的残暴行径开脱罪责。

在伯恩斯的抨击下，在里根讲话的第二天（3月12日），美国官方不得不假惺惺地宣布，“孔特拉”分子已经与索摩查脱离关系，并要求“孔特拉”分子公布一项“对未来有意义的民主计划”。

伯恩斯后来风趣地说，这位“世界上权力最大的人”，还“不算是个太坏的家伙”，因为为了他一篇仅500字左右的短文，总统竟慷慨地提供了让他在电视台新闻节目上露面的机会，让他痛痛快快地面对全国观众讲述了整整15分钟，从而赢得了数以百万计的普通民众对他的青睐。他写道：“我的评论为历史的改变——虽然是小小的改变——作出了贡献”。伯恩斯在次年出版的《尼加拉瓜的战争：里根主义和怀旧病的政治关系》一书中，对里根政府丑恶的中美洲政策再一次进行了正义的审判。

伯恩斯勇敢捍卫自己学术观点和人格的大无畏精神，受到美国知识界和广大进步人士的赞佩。那几天，邻居、同事、朋友、学生以及一大批他不认识的人通过电话和便条纷纷向他祝福，甚至把大束鲜花送到他家门前。一位南加州全基督教理事会主席对他说：“我想让你知道，我也为你的学生祷告。我祈祷他们将继续学习真理。”

3月13日，星期四，即里根讲话后的第二天。当他走进课堂时，学生们以最热烈的掌声欢迎了他。我恰巧也在现场，作为旁听者参加他的现代巴西史讲座。开讲前他看到我坐在梯形教室的上端，就款步由讲台往上向我走来，把我上周要向他借阅的英文本《剑桥拉美史》第二、三卷直接送到我的座位前。我握着他的手，对他说：“你大获成功！”他露出了喜悦而自信的神情，并会心地向我一笑。随着伯恩斯徐徐而上的步伐，我纵目四望，看见学生们的眼里充满着对伯恩斯的无限爱戴和信任。我有生以来第一次亲身感到，一位历史学教授竟能在数百位学生面前具有如此巨大的影响力和亲和力。伯恩斯超群的才识与崇高的人格使他富有无穷的魅力，因此无论美国总统掌有多大的权力，都无法在他面前掩盖真理、真实和真相的存在和传布。

伯恩斯不仅以犀利的学术见解和尊崇气节的人格魅力吸引人，而且对中国和中国的拉美研究事业怀有美好的情感。他多次对笔者说：“凭你们中国人的亲身经历，你们最能了解拉美”；“张，什么时候，你们应当就现代化、工业化和城市化的问题比较一下中国和巴西的经验。”对于拉美研究所和中国社会科学院其他单位到他那里去的访问学者，他总是抽出时间给予热情友好的接待。为了使我们与国际学术界尽早接轨，他把《简明拉丁美洲史》英文第4版的版权无偿地赠送我们。他还不厌其烦地向我邮寄该书的插图和照片。伯恩斯还帮助中国学者与美国和其他国家的拉美学者结识。1986年初，笔者与英国伦敦大学莱斯利·贝瑟尔教授的一面之缘，就是经他介绍才结下的。后来，这位英国教授同笔者保持通信联系，渐渐地我们二人就翻译出版11卷本《剑桥拉丁美洲史》一事达成了共识。中文本《剑桥拉丁美洲史》现在除第9卷以外统统出版了，比同书西班牙文本和葡萄牙文版提前了好多年。该书的出版大大拉近了中国学者与国际拉美学者之间的距离，使中国人对拉美的认知上升到了一个新的台阶。

1988年9月伯恩斯还应邀访问过中国。在短短10天多的访问中，他不顾舟车之劳，在北京、上海和武汉作了许多次学术报告。他的精彩讲演受到拉美研究所、世界历史研究所、中国人民大学、复旦大学、湖北大学和中国国际交流协会同行们的好评。在京逗留期间，他还慨然接受中国国际广播电台西班牙语节目组的采访。伯恩斯心中总是燃烧着一团助人为乐的火苗。与笔者同时在洛杉矶加州大学访问的一位巴西女教授孔苏埃洛·诺瓦伊斯·桑帕约，也受到了他无私的帮助。伯恩斯不仅让她与他共用一间办公室，而且专门请她以“巴西的政治进程”和“巴西的城市劳工运动”为题组织讲座，让她在异国异地一展才学。孔苏埃洛说，伯恩斯的“每一个行动，每一句话都充满了激情”。

伯恩斯教授1932年生于美国艾奥瓦州，比我才大5岁，却于1995年12月19日因肝癌驾鹤西行了。按孔子73岁、孟子84岁中国古代男子的寿数来说，他实在弃世过早。若据国际上以65岁为老年人的标准看，他实际上是英年早逝。这位拉美问题专家，一生写了有关拉美的著作12本，论文150多篇。1991年他出版了生前最后一本书：《族长和家族：1798—1858年尼加拉瓜的显现》。去世后，他写的有关艾奥瓦州地方史的著作也付梓出版。他以专治巴西史而享有盛名。为此，巴西曾授予他里约·布朗库勋章。在19世纪拉美史和中美洲各国史的专业领域里，他也留下了传世之作。

1994年8月17日，他在致笔者的信函中说，他将于1995年初以终身荣誉教授名义退休，退休之后他将继续从事研究和写作，并打算乘火车去观赏沙漠、落基山和大草原，领略大自然无限的美景。然而，他的退休生涯太短促了，才享受了约莫一年多时间。今天，当我再次抚读这封手写的信函时，天人相隔，不觉心生一股莫以名状的悲哀和无奈，为之泫然。

值此中文第8版付梓之际，我要特别向本书译者王宁坤女士表示由衷的感谢。她不计辛劳和回报的工作精神以及娴熟的英译汉本领，深深地打动了我。在她的帮忙下，我终于可以再次以传播学术成果的方式来寄托我对伯恩斯的敬佩、仰慕、感恩、缅怀之情。

张森根

2009年6月4日于北京市朝阳区拂林园寓所

第 4 版译序　寓论于史　钩深致远

E.布拉德福德·伯恩斯的《简明拉丁美洲史》自 1972 年问世以来，连印四版，在美国学术界和大学校园产生了较大影响。在 1986 年初的第 4 版中，作者深谙时代的需求，增加了中美洲问题与拉丁美洲不发达问题的篇幅，对尼加拉瓜革命运动、现代化对萨尔瓦多的影响、加勒比地区日益加剧的贫困、美国在中美洲的作用等问题作了较详尽的分析，从而使这部论古及今的拉美史概论著作更贴近现实生活。

伯恩斯现任美国洛杉矶加州大学历史系教授，专攻巴西史、中美各国史和 19 世纪拉美史。曾著有《巴西历史文选》(1966 年)、《巴西史透视》(1967 年)、《巴西民族主义》(1968 年)、《巴西史》(1970 年和 1980 年)和《在尼加拉瓜的战争》(1987 年)等十余部著作和几十篇论文。他先后在美国四所大学讲授拉美史概论课程，历时 30 年之久。由于他的研究成果和教学内容富有当代意识，越来越多的大学生和研究生对他开设的课程发生了浓厚兴趣。近一两年，洛杉矶加州大学听他讲授拉美史概论课程的学生，每期达 350 人之多。伯恩斯在新版前言中特别向他的研究生和大学生表示感谢："因为他们阅读本书时提出批评性意见和密切相关的问题。在寻找答案时，我不得不阐明我的想法，进一步明确我的历史观。本书是为他们而写，但也是因为他们才写成。"可以说，《简明拉丁美洲史》既是伯恩斯教授长期研究工作的结晶，又是他和学生教学相长、钩深致远的果实。

本书共十章，并附有《重大历史事件年表》、《西班牙语和葡萄牙语术语词汇表》、《补充读物介绍》和九帧地图。全书约合中文三十多万字。

第一章《多种族社会的起源》，叙述公元 1500 年前后印第安人、欧洲人和非洲人三种文明的发展概况。作者指出，来自三个大陆的人代表着三个种族，他们到达新大陆的时间不同，依据的原因也各异，但由于共同努力，最后形成了拉丁美洲独特的文明。第二章缕述了伊比利亚王室在新大陆长达300年的殖民统治，着重分析殖民地矿业、农业的发展以及国家机构、教会组织和城市兴起的情况。作者指出，在新大陆确未出现过中世纪社会典型的封建制度，因为大庄园一方面是自给自足的，另一方面又以某一项主要经济作物紧密地同资本主义经济联系起来。他认为，马克斯·韦伯所描述的"承袭制"似乎最能说明在殖民地时代拉美的大庄园和大种植园制度。在第三章《独立运动》中，作者断言，除了在海地和在运动初期的墨西哥以外，所有的独立运动均是克里奥尔人和马松博人权贵领导的，他们同宗主国断绝关系后，行使了伊比利亚人可以行使的权力，而人民群众充其量不过是得到了一些含糊不清的许诺而已。但巴拉圭是比较独特的，它不仅摆脱了西班牙的统治，挫败了阿根廷的进犯，而且在德弗朗西亚的领导下进行了民众主义革命，使普通平民获得好处至少达半个世纪之久。

第四章至第六章着重分析独立后至19世纪末20世纪初的各国政治、经济、社会和文化发展情况。作者指出，获得独立并没有证明拉美获得了医治其社会经济弊病的万灵药。由于拉美被纳入国际资本主义网络，其经济的繁荣与衰萎日益取决于外部因素。同时，执政的上层人物仍然在精神上与伊比利亚连接在一起，在文化上则依赖于法国，在经济上屈从英国。他们只占人口的5%不到，却往往将自身的利益和愿望与整个国家的利益和愿望混为一谈。而军队作为一种政治体制在拉美发挥了越来越重要的作用，他们是上层人物用以保持社会秩序的唯一保证。进入军界不仅为富家子弟提供了有声望的职业，而且成为有才智和抱负的平民进入较高社会阶层的一种手段。作者在第五章《现代国家的形成》中指出，到19世纪中期，在政局稳定和经济发展方面，巴西和智利较为突出。进入19世纪后半叶，随着外国投资的扩张和移民的流入，拉美出现了工业化、城市化和现代化的倾向。但拉美这种现代化只是虚饰的表面，为陈旧的体制增添一些装饰性的点缀，缺少现代化的实质内容。这是因为，新封建主义与19世纪拉美充满生气的资本主义结为联盟，实证主义思想则为两者的结合提供了意识形态的保护伞。第六章《旧舞台上的新演员》篇幅虽然不多,但在全书中承上启下。作者指出,随着拉美独立接近一百周年之际,出现了两种趋势,一是美国对拉美施加最深远的影响,二是拉美内部出现了界线较明确的中等阶层。这两种趋向是相互连接的,从而对 20 世纪的事态发展产生重大影响。

在第七章至第十章中,作者以发生在墨西哥(1910 年)、危地马拉(1944 年)、玻利维亚(1952 年)、古巴(1959 年)和尼加拉瓜(1979 年)的五次社会革命为中心,分析了当代拉美各国的政治、经济、社会和文化状况。伯恩斯指出,进入 20 世纪后,拉美人民对以往通过民主化、民主主义、城市化、工业化和现代化所产生的渐进的变革深感失望,因此迄今有五次选择了革命,作为实行变革的一条更为迅速而可靠的道路。五次革命都要求改变或根除与现代化运动不相符的陈旧体制。所有这些革命都承认土地改革在调整社会结构中的重要性,并着手彻底改变土地所有制模式。所有这些革命都表现了强烈的民族主义情绪。五个国家的革命都有广泛的群众参与,并赞成更大程度的工业化和某种形式的社会主义。五次革命都剥夺了(或至少暂时剥夺了)旧寡头集团的权力。但五国革命的命运各有不同。墨西哥革命看来是成功的,只是到 1940 年以后变得僵化、保守。危地马拉革命在美国中央情报局的干预下于 1954 年被制止了。玻利维亚革命在最初年代取得重大成果,但在 1956 年后畏缩不前,并随着 1964 年军事政变而终止。古巴革命不同于玻利维亚和危地马拉的情况,因为古巴是个城市化国家,存在着大量中等阶层,居民的识字率高。古巴和尼加拉瓜的革命还在继续。作者在最后一章中指出,尽管有了小部分变革、表面的进步以及明显的现代化形式,大部分拉丁美洲仍保留了过去的气息。其原因是,“经济增长但不发展这一特点仍然支配着拉丁美洲”,经济中最有生命力的部分仍同出口有关,各项经济政策和活动加强了助长依附性的体制。正是这些变动极小的体制结构造成了永存的不解之谜——在具有潜力的富裕地区却普遍存在着贫穷。伯恩斯深情地说,解决拉美贫困问题的方法,绝不是左派、右派以及介于二者间的各政治派别所急于引进并强加于拉丁美洲的那种外国方案,而是“系于拉丁美洲本身内部”。但作为历史学家，作者不能不指出，“维持现有体制比实行真正变革要容易得多”。过去继承下来的体制，被上层分子和中等阶层奉为神圣，并依靠军人的实力来支撑；结局很可能是：受压迫、渴望变革的人则表现为暴力，享有特权、渴望长久维持其统治的人则强加暴力。

读了伯恩斯这部著作，我感到至少有三点深受启发。

首先，史家要具有当代意识，要在充分掌握史料的基础上去研究、揭示历史，使自己的成果贴近现实生活。伯恩斯在这方面是做得不错的。他这部书虽然是一部基础读物，时空跨度又大，但由于紧紧抓住主体——“殖民地历史长时期遗留下来并在 19 世纪得到加强的体制结构，至今还继续存在着”，使读者感到历史就是现实的一部分，一部五色斑斓、多姿多彩的拉美史对他们来说仿佛就是眼前的事，绝不是恍如隔世。同时，作者彻底摒弃传统叙述史学的做法，没有把笔墨消耗在史实的铺陈、推演上，而是寓论于史，夹叙夹议，给读者以分析、观察、解释历史的能力和相应的知识量。英国著名的历史学家杰弗里·巴勒克拉夫在《当代史学主要趋势》一书中曾说过：“拉美新史学的起点则是寻找有关拉美社会相对停滞和阻碍现代化的原因，并对这些问题作出圆满的解释。”伯恩斯正是这样去做的。他在书中尽力回答关于拉美革命与变革、现代化与不发达、依附性与国际贸易、增长与发展等一系列人们迫切关心的问题，从而使读者浮想联翩、开卷有益。这方面，他甚至说，他对拉美史的看法前后有不少变化，这一变化可能比拉美本身过去 20 年所发生的变化还要大。他在写本书第 1 版时，曾认为以往的改革会引起拉美体制结构的逐步变化，从而实现经济的发展和富有意义的政治民主。但是当他写第 4 版时，他确认，改革的这两个目标均未达到。他相信，积极的变革应当而且必将发生，拉美人将不会带着 19 世纪陈旧体制的桎梏进入 21 世纪，但是从昔日体制中获益的少数人和承受重担的多数人之间的冲突，必将产生日益增多的暴力。当然，作者的这些看法，并不游离于全书的基本内容。相反，它是同作者论述的细致性和贯通性密切地结合起来的。值得提出的是，本书在章节安排、标题的名称上不落俗套，不像一般史著那样枯燥乏味，从而增加了读者的兴趣。

作为一名美国的历史学家，怎样看待美国政府对待拉丁美洲，这也是美国当代社会关心的问题。伯恩斯同情拉美人民的进步事业，他在书中严厉批评美国对拉美采取的错误政策，特别谴责了中央情报局的罪恶行径。他认为美国没有成为西半球民主的良师益友，而是成为令人生畏的警察、镇压的代理人，去维护拉美落后的体制和独裁统治。他尖锐地指出，美国总是把拉美发生的事情一成不变地纳入美国和苏联两大国之间的冲突以及资本主义和共产主义之间全球性斗争的模子，而不能充分理解拉美人民为争取变革而斗争的意义，因此犯下了一系列令人遗憾的错误。美国自诩为民主政府的典范，但并不支持拉美大多数人所希望的那种变革。他认为，拉丁美洲的激进变革从长远来看还会增加美国的贸易，而且将加强本半球的"安全"。对美国来说，鼓励拉丁美洲变革比阻止这种变革更为有利。但是，伯恩斯的这些观点与美国官方的政策相去甚远，因而引起了华盛顿对他的不满。1986 年 3 月 11 日，里根总统甚至亲自出马，在当天的午间新闻发布会上不指名地攻击了伯恩斯，指责他在尼加拉瓜问题上不替美国政府而替桑地诺主义政府说话。伯恩斯不甘示弱，通过新闻媒介迅速作出反应。一时间，报纸、杂志、电台纷纷报道他对里根中美洲政策的批评，电视台对他进行了专访，并在六条电视频道上播放。伯恩斯不畏强权、捍卫自己学术观点的正义立场，受到美国广大进步知识阶层的赞赏。

第二，一部优秀的地区史著作应当在材料的剪裁上多下工夫，力求在宏观与微观、综合与国别、总体与局部等关系问题上克服畸轻畸重的倾向。伯恩斯在这方面也是做得不错的。作者在本书中仅用两章的篇幅交代主要拉美国家独立前的历史，但对 19 世纪前的拉美，包括欧洲殖民者进入前和进入后的拉美社会都作了扼要介绍，拥有充足的信息量。对于独立后各国纷繁复杂的历史，作者既能抓住主线着重叙述它们在经济基础、政治体制、历史文化背景等方面的共同点，又能注意到历史发展的连续性，从而对它们作出整体性的概括和论断。

作者在展现拉美整体性的同时，也指出了各个局部的相对性和特殊性。在叙述历史事件承续的过程中，作者既考虑到时序的先后，又注意到问题的归类、性质的异同，以进行纵横交叉的剖析，把历史运动作为一个有机的整体来看待。如对1804—1824年拉美独立运动这一章内容的处理就别出机杼，不蔓不枝，独具匠心。该章共分五节。第一节交代独立运动产生的社会经济背景和心理因素。作者指出，一种效忠于自己所在地的土著主义思想加剧了拉丁美洲人对伊比利亚宗主国的权威和统治的反感，最后，终于在"欧风美雨"的影响下导致了拉美宣告独立。在第二至第四节中，作者分别阐述了海地奴隶起义、巴拉圭自治革命和未获成功的墨西哥民众革命。作者把西班牙美洲其他地区的独立运动和巴西的独立运动归纳在一起，作为本章的最后一节，冠以"上层人物的反抗"的标题。作者认为海地是新大陆奴隶起义中唯一获得彻底成功的地区，是黑人可以自己治理自己的家园。巴拉圭则是一次激进的自治革命，直到1840年德弗朗西亚去世为止，巴拉圭不仅享有政治独立而且还享有经济独立，成为当时整个西半球上前所未有的最平等的社会。墨西哥的独立运动则是从一个重要的社会、经济、政治革命开始，却以保守的政变而告终，唯一的直接获胜者是克里奥尔上层人物。拉美其他地区的独立运动与墨西哥上层人物的胜利是类似的。实际上，真正的独立战争主要发生在墨西哥和委内瑞拉，在大部分西班牙美洲地区（如中美、巴拉圭和阿根廷等地）和巴西基本上没有发生大规模的战斗。当然，伯恩斯之所以做这样的调理和铺叙，是与他对独立运动性质的看法分不开的。他显然不同意将南美洲的历史"缩减为其代表人物的传记"，并认为，这种观点"限制了对老百姓的行动与思想的研究"。

第三，一部历史教科书不仅需要脉络清楚、层次分明，而且要求作者努力吸收本学科的最新成果，引用新材料，发表新观点。伯恩斯在这方面也是尽心竭力的。现举例说明之。

（1）关于马拉尼昂国的问题。作者指出，我们今天所称的巴西在大部分殖民地时代分为两个国家。一是巴西国，就是我们今天所知道的巴西。另一个是最北部贫穷的马拉尼昂国，建于1621年，对里斯本的依赖程度比南部国家对里斯本的依赖更大。人口稀少，发展缓慢。1751年，其首都从圣路易斯迁到贝伦。1772年，庞巴尔废除了马拉尼昂国，将其合并于巴西国，从而在新大陆创建了一个统一的葡萄牙殖民地。

(2) 关于考迪罗。作者认为,19 世纪的考迪罗应分为两大类。一类是人们通常提到的考迪罗,他们忠实地代表上层的利益,受到农村贵族、罗马天主教会和军人的支持。他们使用武力,玩弄权术,以维护业已建立起来的顽固体制。它们巩固大地产制和债务雇农制,推行出口型经济政策,追求外表的现代化。尽管他们起到"国王"的作用,对其"臣民" 施行的控制比西班牙君主历来敢于施行的控制还要多, 但他们对其所管理的国家也带来过一些好处。他们有几次明显地阻止了国家的分裂。他们建公路、铺铁路、架起电报线缆、革新港口,因此自认为他们的国家已完全现代化了。这类考迪罗中,以厄瓜多尔的胡安·何塞·弗洛雷斯、秘鲁的奥古斯廷·加马和玻利维亚的安德烈斯·圣克鲁斯的声名最为狼藉。这一类考迪罗可称为上层考迪罗,是考迪罗中的多数,历史学家对他们谈论得很多。另一类叫"平民"考迪罗或"民众"考迪罗,是考迪罗中的少数。他们既具有前一类考迪罗的特征,又具有自己的习性,即他们偏爱本地的模式而不爱进口的模式,比之于上层分子为之倾倒的欧洲模式,他们更注重印第安—非洲—伊比利亚美洲的经历;他们愿意为本地的平民而不是为上层效力。他们也从平民中得到支持,以对付欧洲化了的上层分子和外国人的攻击。1870 年以前,这一类考迪罗的代表有:巴拉圭的德弗朗西亚,海地的让—皮埃尔·布瓦耶,阿根廷的罗萨斯,危地马拉的卡雷拉以及玻利维亚的曼努埃尔·贝尔苏。1850 年前后,阿根廷、危地马拉、玻利维亚和巴拉圭等四国都是由"民众"考迪罗治理的。"民众"考迪罗通常尽力避开与外国资本打交道, 并为大多数平民提供土地, 强调粮食自给问题。他们在拉美独立后的年代中浮沉 60 年,却很少有人研究。但到 1870 年,"民众"考迪罗的发展道路被堵塞了,当时对拉美各国来说除了欧洲化已别无选择。

(3) 关于中等阶层的问题。作者认为,拉美的中等阶层形成于 19 世纪下半叶,特别是最后的 25 年期间。他们游离于上层和下层贫穷者之间,包括自由职业者、教师、教授、官僚、军官和生意人等。他们并没有明确的内聚力,只要可能就倾向于模仿上层分子,地位不明确,无法构成一个"阶级",故采用了较模糊的字眼——“中等阶层”。他们最初由克里奥尔人、马松博人后代组成，后来又有越来越多的梅斯蒂索人和穆拉托人加入。到19世纪末和20世纪初，墨西哥、智利、阿根廷和巴西的中等阶层占总人口的10%。外国移民的流入使拉美中等阶层的队伍扩大了。中等阶层的政治态度各异，从极左到极右都有。他们通常赞成改革，但不愿意革命。他们寻找各种机会进入国家机构，而不想摧毁这些机构。他们希望改善经济，但不太关心变革政治结构。到20世纪中期，中等阶层更接近于他们曾反对过的上层分子。当中等阶层被迫在要么是群众和改革要么是上层分子和现状之间作出选择时，他们趋向于选择后者。伯恩斯认为，拉美有四位民众主义总统得到工人的拥戴，他们是巴西的瓦加斯（1930—1945年，1951—1954年），墨西哥的卡德纳斯（1934—1940年），哥斯达黎加的卡尔德隆（1940—1944年）和阿根廷的庇隆（1946—1955年，1973—1974年）。中等阶层作为一个集团日益被民众主义政府的前景所惊吓，因此倾向于与上层分子结盟。

（4）关于民族主义问题。伯恩斯指出，民族主义作为一支变革力量，是指那种认为“民族—国家”具有伟大价值的群体意识。民族主义并不是20世纪才引进的新观念。它是在拉丁美洲数世纪中逐渐演变而成的，在不同时期具有不同特点。在殖民地时期，特别是在18世纪，它是以“本土主义思想”的面貌出现的。这种土生土长的自豪感和不断增长的自我意识，激起了伊比利亚美洲的民族主义情感，结果当地的上层分子渐渐从本土主义者转变为民族主义者。在整个19世纪，在战争、边界争端以及外国威胁的环境下，拉美强化了政治民族主义。随着20世纪的到来，一批进步知识分子对于长期盲目仿效欧洲文化的做法进行了反思，转而寻找土著民族文化的根源，于是一股文化民族主义浪潮席卷了整个西半球。到30年代大萧条到来之后，人们又将注意力转向经济民族主义或发展民族主义。与此同时，民族主义的领导权从知识分子手里转移到政府本身。作者认为，第二次世界大战后的几十年中，拉美的经济民族主义具有四个显著特征：一、政治上的左翼掌握了领导权，而且严重地依赖马克思主义词汇。有人据此攻击它，把它说成受共产党人的控制。这种做法无益于对这一运动的真正了解，而且将复杂的民族主义运动简单化了。二、加强了对外国经济渗透的批评。三、对美国发动了尖锐的攻击。四、关注本国的经济发展，要求政府控制本国的天然资源，加速实现工业化和现代化。伯恩斯得出结论说，民族主义是变革的动力，它将以多种形式出现，但其目标只有一个，即实现国家的发展。

值得注意的是，伯恩斯教授没有按预先设计好的理论框架去编写这部拉美史概论。他深知现有的历史模式，包括欧洲、美国乃至亚洲的历史模式，同拉美本身的历史发展并不是一回事。他尽力搜集社会经济方面的资料，把研究重点从外部因素，尤其是殖民主义、外国列强以及当地和殖民主义、外国列强之间的关系，转向研究社会发展的阻力和动力，力图从拉美各国社会内部的演变来探索各种历史现象之间的内在联系。

通过缜密的研究，伯恩斯对拉美的历史模式有着他自己的见解，这就是"经济增长但不发展"。他指出，增长仅仅说明数量上的积累，而丝毫未说明对谁有利；发展需要进行结构性和体制性的变革。前者可使上层人物和中等阶层从中获益；后者却使最大多数居民受益最大，并最大限度地利用国家潜力。因此他认为，为发展而斗争是当代拉丁美洲的主旋律，不了解这一点，就不可能期望理解拉丁美洲。

不言而喻，伯恩斯这部书是一部有助于激励当代人去思考当代面临的现实问题的历史著作。

张森根

1989 年 2 月于北京朝阳区团结湖寓所

致中国读者

将近20年前，当我撰写《简明拉丁美洲史》第1版时，我未曾想到20年之后会发行第4版，也未曾想象会有此荣幸出中文版。

我写本书的目的，旨在对丰富多彩而又令人神往的拉丁美洲历史作一概括的说明。历史就是现实的一部分，世界上没有任何地区像拉丁美洲那样更能说明这一点。数个世纪以来，拉丁美洲确实发生了变化，但它还保有明显的连续性。

我对拉美史的想法前后有不少变化，这一变化可能比拉丁美洲本身过去20年所发生的变化还要大。殖民地历史长时期遗留下来、并在19世纪得到加强的体制结构，还继续存在着。一个结果是，富裕的土地上居住着穷苦的人民，这个难解之谜仍然是拉丁美洲的一个主要特征。我曾期望亲眼看到拉丁美洲在20世纪最后25年实现健全的经济发展，期望这一发展有利于大多数人。结果却相反，我所目睹的是大多数人的生活水平每况愈下。

我在写本书第1版时，曾认为革命会引起体制结构的逐步变化，从而可以实现经济的发展和富有意义的政治民主。我现在则得出结论，改革的这两个目标均未达到。我仍然认为，积极的变革应当而且必将发生。但是我越发感到，从昔日体制中获益的少数人和承受重担的多数人之间的冲突，必将产生日益增多的暴力。

在我为本书中文版写序时，整个中美洲风行着暴力活动。历史和未来在搏斗。本世纪接近尾声之时，有越来越多的中美洲人——广而言之拉美人——宣告他们将不带着19世纪体制的桎梏进入21世纪。

尽管构筑未来的挑战是巨大的，但拉丁美洲人很明智，富有想象力，并拥有多种资源，可以迎接这一挑战——如果让他们自己去做的话。外界的各种影响力量在很长一段时间内试图将其解决方案强加于拉丁美洲。越来越多的拉丁美洲人对发展的挑战有他们自己的分析，对他们的问题有他们各自的解决办法,对未来有他们自己的日程安排。我们可以向拉美人学习,我们必须学会了解拉美人。这样做,我们便可以与拉美人分享何塞·马蒂关于拉美在经济上能生存、政治上能独立、人人都可以过尊严的生活这一期望。我们便可以与拉美人分享何塞·巴斯孔塞略斯关于拉美将出现由印第安人、欧洲人、非洲人和亚洲人融为一体的一个新种族这一美景，这个新种族美丽、安宁和幸福,这就是他们对世界作出的贡献。

中国读者对拉美史的研究有特别的见识,对此我很欣赏。中国人毕竟同拉美人有着一些共同的相似的历史经验,比如说,帝国权力的侵扰和引起分裂的文化影响。中国成功地重新确认它的政治独立和文化特性。拉美人也企图这样做。中国读者由于有 20 世纪亲身的经验,对于充分了解当代拉丁美洲的活力,他们是十分敏感的。

中国社会科学院拉丁美洲研究所对本书表示了兴趣,在此谨表谢忱。我特别感谢张森根教授的鼓励和见识，还将继续了解中国对拉美史的许多探索。

E. 布拉德福德·伯恩斯

美国洛杉矶加利福尼亚大学拉美史教授

第 4 版前言

《简明拉丁美洲史》第 4 版搜集了最新统计数字和资料，将拉丁美洲的历史延伸到 20 世纪 80 年代中期。这一新版本将注意力集中于两个重大方面：中美洲问题与拉丁美洲不发达问题。当前的中美洲危机正是由于该地区未能发展所致。本书的新章节论述了现代化对萨尔瓦多产生的消极影响、加勒比海地区日益加剧的贫困、尼加拉瓜的革命运动，以及中美洲目前不稳定的局面。同时，本书还扩大篇幅探讨了美国在中美洲的作用。拉丁美洲其他地区已处于长期的不发达状态。一方面是日益增长的国际债务，另一方面是那个潜在的富裕地区日益不能供养自己，本书第 4 版对二者之间的关系作了说明。本版还首次将《拉丁美洲重大历史事件年表》编入，作为一种供学生了解历史事态发展的有益的指南。这些新的修订为形成拉美史的主要论题提供了深度，使这些论题更加明确。

从美国和西欧的标准来看，拉丁美洲无疑是不发达的。大多数拉丁美洲人营养不良，就业不充分，受教育不够和工资不足。荒谬的是，他们生活在一个大有前途的富裕地区，但却过着贫困的生活。他们开始越来越充分地意识到这一前途，因此就希望利用这一前途，希望开发他们自己的资源，以改善自己的境况，使自己变得富有。简言之，他们渴望提高自己的生活水平。表面上看，他们在追求改善境况的过程中所遇到的主要障碍之一，是在 16 世纪伊比利亚人发现、征服和殖民于这个幅员辽阔的地区时就已强加于拉丁美洲的一套复杂体制、模式和看法。那些体制、模式和看法有许多包含了中世纪的残迹，而中世纪在伊比利亚半岛已经是一个十分衰落的时期。但是，那些昔日的种子却在新大陆生根开花。欧洲也将其发展中的资本主义的一些方面，比如说商品农业和重商主义，移植到新大陆的环境中。大庄园、单一经营、严密的阶级结构以及16世纪遗留下来的其他这类遗产，在19世纪的新大陆大为增强，从那时以来的很长时间证实了这些东西能恢复原状，而且暴露了其不公正和邪恶以及效率低下，但这些东西仍继续存在至今，尽管往往隐蔽在骗人的现代化外衣之下。历史遗留下来的这些主要特征，正是越来越多的大多数拉美人想要加以改变的。为了充分发展，为了把拉丁美洲国家带进20世纪，为了建设一个拉丁美洲人掌握自己命运的新社会，就必须以崭新的体制取代殖民地时代那些信誉扫地的传统体制。

当然，社会革命的前景构成变革（无论是现行的还是预期的）主要的、最引人注目的方面之一。来自一个更为复杂的社会里的越来越多的人要求表达他们的意见。他们希望至少在行使权力方面有一定的发言权。同时，他们也希望保障他们有充分的流动机会，以提高他们的地位。

这种要求变革的愿望，在20世纪的拉丁美洲酿成了关系紧张、骚动和暴力。这一不安状况有可能继续下去，直到作出变革，使旧体制变为更加合理的体制，直到拉丁美洲脱离过去而被推进到20世纪，直到大多数人既能管理他们的政府，又能享有其社会福利。由此，为发展而斗争是当代拉丁美洲的主旋律。不了解这一强大的趋势，人们就不可能期望理解拉丁美洲的复杂性。

由于我们全神贯注于美国的种种问题和目标，使我们模糊了对拉丁美洲争取公正和发展这一斗争的看法。由于我们往往从我们自己的迥然不同的经验和观点来说明拉丁美洲的斗争和问题，这就使得我们对拉丁美洲的事态发展的意义产生了误解，以致我们几乎无法充分理解拉美正在发生的一切，及其对我们自己、对我们的国家和我们未来所具有的长久而深远的意义。我们不公正地将拉丁美洲通过发展实现变革的斗争一成不变地纳入我们自己同苏联冲突这个模子里，而没有认识到拉丁美洲的斗争并不是一场资本主义和共产主义之间的全球性决斗，而只是一场改革者和反对改革者之间的地方性冲突。这一点已成为千真万确的了。美国政府由于把争取变革的斗争同共产主义和资本主义之间的冲突混淆在一起（这是对事态发展的危险误解），因此犯了一系列令人遗憾的错误，使自己疏远了许多赞成在拉美实现真正改革的重要力量。美国自诩为民主政府的典范，却积极而慷慨地支持本半球各类镇压性的独裁统治,这些独裁政府倾向于维护,实际上是强化那些昔日阻碍拉美进步的不公正的体制。有失众望的是,美国并不支持拉美大多数人所希望的那种变革和改革。根据基督教民主党纲领当选的智利总统爱德华多·弗雷 1964 年尖锐地通告美国政府说:

> 据我看,你们美国人未曾试图了解为什么共产主义在不发达国家取得进展。我的印象是,你们认为共产主义得势,是因为我们没有足够的镇压性的法律和镇压机器。情况并非如此。共产党在贫穷国家之所以变得强大,是因为只有他们经常大声疾呼,主张对陈旧的结构实行彻底变革。

接着,弗雷总统进而告诫说:

> 我认为,最大的威胁是,拉丁美洲试图停止改革和进步去阻止共产主义,要对共产主义敞开大门,没有比这一行动更为现成的了。我们需要倡导改革和领导改革。然后,我们就是无所畏惧的了。

美国对拉丁美洲政策和态度的特点是,对共产主义过于偏执,不肯作出支持必要的改革的坚决许诺,以根除或缓和激进的极端主义可以如此轻易地赖以生存的悲惨状况。美国没有成为本半球民主的良师益友,却成为令人生畏的警察、镇压的代理人、同维护旧东西有联系的一支无可奈何的力量。应受到谴责的美国中央情报局的种种活动,已是众目睽睽、有案可查的了。它的活动是对本杰明·富兰克林、托马斯·潘恩、托马斯·杰斐逊和约翰·马歇尔的崇高原则的赤裸裸的背叛。

拉丁美洲的未来,属于那些很明智地了解变革愿望的人们。只要他们同拉丁美洲的未来同呼吸、共命运,而且同主张利用改革、利用当地资源和技术进步,以提高大多数人的生活水平和生活素质的全国各界人士站在一起,他们就必将能发掘拉美的巨大财富,利用拉美各族人民的才干。美国只有联合拉美社会主张通过发展实现变革的开明人士,才能充分得到它所希望得到的安全和繁荣。

撰写这部简史的目的，在于对经年累月形成拉丁美洲现状的一些主要力量进行探索。重点放在拉美要求变革的愿望以及实现这些愿望和增长的原因上。我希望本书将成功地说服受过教育的公众，使他们相信大多数拉丁美洲人对自己认为是更公正的社会所抱有的希望，应当得到我们的支持和鼓励。

E. 布拉德福德·伯恩斯

鸣谢

我对拉丁美洲史的兴趣很广泛。过去 30 年，我在四所大学讲授拉美史概论课程，学生从大学一年级新生到研究生都有，这就使我对各方面产生了广泛兴趣。这部简史反映许多这些方面的兴趣，以及我对我们共同进行的有关本半球许多不同国家的有争议的研究课题的看法。我进行了阅读、调研和旅游，这就为本书提供了背景材料，而我的学生提出的问题和他们对问题探讨的热情，显然对本书的完成甚有帮助。在过去 20 年中，我本人对拉丁美洲史的看法发生了重大变化。《简明拉丁美洲史》第 4 版显示出那段时间里我的那些想法演变的程度。我设想——不如说我希望——我的那些想法还将继续发生变化。本版反映了我目前的观点和解释。我对伊比利亚半岛和拉丁美洲的许许多多人表示深切的谢意，他们慷慨地让我分享了他们的见解和学识。许多人阅读了书稿，注了评语，而且提出改进和修订原文的办法。我对他们表示衷心的谢意。还要特别感谢我兼任教职的研究生和大学生，因为他们阅读本书时提出了批评性意见和密切相关的问题。在寻找答案时，我不得不阐明我的想法，进一步明确我的历史观。本书是为他们而写，但也是因为他们才写成。此外，我对于那些与我共享他们的友好和善意的拉丁美洲人，在此也一并表示谢意。我希望能以此书作为小小的酬谢来报答他们给予我的帮助。当然，我对本书的内容、解释和出现的任何错误负有责任。

E. 布拉德福德·伯恩斯

前　言

从很大程度上讲，这一版的《简明拉丁美洲史》是应读者要求而推出的。我曾在第 7 版中作过大量的改动，读者也要求我对 E.布拉德福德·伯恩斯的原著不仅仅作修订，而是作更深一步的改动。因此，第 8 版更突出了我的观点，以及近期一些学者的学术观点。我认为，这些著作的观点与伯恩斯教授本人的初衷相吻合。本书的宗旨仍然是“贫困的人民在富裕的土地上生活”，因为，这旦的上层人士仍然“趋于将自己的利益和愿望与整个国家的利益和愿望混为一谈”。

本书的特点仍然在于它简明扼要。它将整个地区的历史综合在一起，概括的主题宏大宽广，也突出了各地区的差异。我力图延续本书的特点，跟随着伯恩斯教授难以追随的足迹。然而，我在文章的组织上和编排上有了很大的变动。

我做的重要改动之一是，依附性问题在这一版本中所占分量不重。拉丁美洲国家在很大程度上的确是有依附性的，特别是在全球经济制度中，这在本书中有充分的探讨。依附性作为一个源自拉丁美洲的理论很重要，这也在本书中得到应有的注意。但是本书同时探讨了其他一些理论，以对拉丁美洲经济问题有更多的了解。

在尽量保持本书的“简明”度的同时，我也尝试加进了一些材料，从而使本书更完整，尤其能够帮助那些在资料有限的学校教书的教师们。为此，这一版本附有统计表，而且，资料部分被扩充并分编为单独的篇幅。的确，有许多很好的网站都有资料，但是网站的出现与消失速度惊人，而且它可能成为教授查找资料时的累赘。我希望可以填补这一空隙。

在第 7 版中，我加了一个表格《拉丁美洲国家的统计表》，是从美国中央情报局2000年的《世界资料手册》中摘取的。我保留了这一资料,并补充了2005年的最新资料。我将它们一并放进《参考原资料》中,希望学生们用上这些资料。我还扩充了图表,加进了加拿大,使读者能够把西半球作为一个整体来看待。

我修改了《从小说看历史》一章,不是仅仅更新最佳小说,而且改变了文章的基调;当然,这已不是新的概念了。我希望,新的探讨更清楚地表明这一章节是为学生而写,是试图让学生阅读拉丁美洲的文艺作品,并将它当作了解地区历史的工具。

为了提供更多的工具书,我增写了《证言:丰富而有综合性的资料来源》一文。此文介绍了证言(testimonio)和有关它的争论,并且提供了这一流派的书目提要。尽管有一定的局限性,证言仍然为了解拉丁美洲提供了另一种有用的手段。

最后,我们还增添了拉丁美洲艺术的彩色图版《从艺术看拉丁美洲》。我认为,由于需要,文章主要探讨了经济、社会和政治问题,而从这些图版中则可以看到拉丁美洲文化。

朱莉·阿·查利普

鸣谢

我感谢很多同事和学生, 他们花了很多时间和精力为本书提出自己的意见。我特别感谢三位读者,感谢他们的精心阅读和积极的建议。在我的《历史188——现代拉丁美洲》的课堂中,学生们的问题使我重新思考了本书的各方面。普伦蒂斯·霍尔出版社的查尔斯·卡瓦利尔一直耐心地支持我。像往常一样,我对我的先生查理·布卢姆吉斯特和女儿德拉妮深感歉疚。他们给我带来快乐。

朱莉·阿·查利普
沃拉沃拉,华盛顿州

第一章

土地与人民

当欧洲人第一次来到新大陆时，他们看到了一片从未见过的土地。这里是一片热带美景，到处是色彩缤纷的植物和动物。阿梅里戈·韦斯普奇（Amerigo Vespucci）惊奇地说:“有时，我被花草的香味和果木的滋味所陶醉，以至于我以为我就在人间天堂的边缘。”

作为西班牙的殖民地，新大陆所奉献的财富得到其他欧洲人的羡慕。英国神父托马斯·盖奇（Thomas Gage）说:“基督教世界的街道绝不能和墨西哥城的街道相比，那里的街道又宽又干净，特别是两边的商店数量众多，装点着街道。”

但是，人间天堂的形象和殖民地的辉煌逐渐地失去了光彩。到 19 世纪，拉丁美洲被认为是“落后的”。在 20 世纪，这一地区被称为是“不发达的”、“第三世界”，或简单地称为是“贫困的”。在 21 世纪，拉丁美洲是世界上贫富差距最大的地区。

伊甸园究竟发生过什么？1972 年，本书的原作者 E.布拉德福德·伯恩斯教授称那里的问题为一个谜:“贫困的人民在富裕的土地上生活。”虽然在殖民者到来后的年代中，这些土地遭到剥削及严重的环境破坏，它们仍然富饶，而大多数人仍然生活在贫困之中。

拉丁美洲从天堂变为贫穷是由多年来形成的历史格局所造成。本书将探讨这些历史格局的问题，试图去理解为什么在 21 世纪拉丁美洲仍然在与有史以来就面临着的问题较量。我们认为，最具危害性的是这一地区的上层人士仍然将国家的利益和自己的利益混为一谈。然而，以前的学者则强调问题在于地区的气候、人口的种族特性以及人口的数量。

1.1 土　地

15 世纪 90 年代，克里斯托弗·哥伦布（Christopher Columbus）极力想说服自己和他的船员，古巴岛实际上是中国的一个半岛。事实上，他们偶然地发现了一片辽阔而具有地理多样性的疆土，这是他们绝对没有预料到的。迄今为止，这片疆土还有一些地区从未被那些极度渴望占领它的人所控制过。这是一片既富机遇又遭灾难的土地。地理状况决定命运，直至有人可以用技术战胜它。拉丁美洲的地理特征对这一地区的经济组织有很大影响，并且向殖民地的拓居和国家的形成提出挑战。

伊比利亚半岛的帝国最早索取的疆土包括整个中美洲和南美洲、现代墨西哥、许多沿海岛屿，以及现在美国的大部分土地。目前的拉丁美洲包括一个半大陆的地域，从格兰德河（Rio Grande）向南伸展到合恩角有 7,000 英里。从地理政治角度看，这一地区现有 18 个讲西班牙语的共和国、讲葡萄牙语的巴西和讲法语的海地，总共约 800 万平方英里。①

这是一个具有极端性地理特征的区域。世界上最高的延续不断的山脉——安第斯山，延绵 4,400 英里，至少有 36 个山峰高于麦金利山。亚马孙河是世界上流量最大、流域盆地最宽、通航水道最长的河流。然而，拉丁美洲也有地球上最干燥的地方——阿塔卡马沙漠（Atacama Desert）。拉丁美洲有一半地域是森林，占世界上森林总面积的四分之一，因此得名“地球之肺”。

在美国的媒体报道中，拉丁美洲似乎通常是其气候的牺牲品。地震不断，

① 拉丁美洲现今涵盖 4 个部分，共有 33 个独立国家和 12 个未独立地区，总面积 2,050 多万平方公里（一说 2,070 万平方公里）。它们包括：地理位置上属于北美洲的墨西哥，中美洲的 7 个国家，南美洲的 12 个国家和尚未独立的法属圭亚那，以及西印度群岛的 13 个国家和 11 个未独立地区。20 世纪 60、70 年代以来，由于讲英语的加勒比岛国纷纷登上国际舞台，国际上把这一地区正式称为“拉丁美洲和加勒比地区”，以区别于本书作者和许多研究者通常指称的“拉丁美洲”，即 19 世纪初独立的 18 个拉美国家和分别于 1902 年和 1903 年独立的古巴和巴拿马。学术界指称的“Extended Latin America”（意为“扩展的拉丁美洲”），就是指“拉丁美洲和加勒比地区”，除了原先的 18 个讲西班牙语的共和国、讲葡语的巴西和讲法语的海地，还有 20 世纪 60、70 年代以后才独立的 12 个讲英语、1 个讲荷兰语的拉美与加勒比国家以及 12 个未独立的地区。——译者

火山爆发,飓风肆虐,还有雪崩、泥石流。拉丁美洲的确遭到太多的自然灾害,其原因是它坐落在五块活跃的地壳板块上——加勒比、科克斯(Cocos)、

知识链接 **拉丁美洲的环境问题**

巴西的亚马孙热带雨林是相当于西欧面积的丛林,被称为"世界之肺"。它可吸收温室气体,并且拥有世界上10%的淡水及30%的动植物品种。从1960年建立首都巴西利亚到1992年,16万平方英里的热带雨林从地球上消失了,这一范围相当于一个巴拉圭,或五个中美洲国家。从1990年到2003年,更多热带雨林遭到砍伐,其速度为平均每年6,240平方英里的森林消失。

环境破坏是现代拉丁美洲面临的最严重的问题之一。这一地区包括世界上一些最濒临绝境的森林栖息地,而且对森林的破坏也最迅速。沿海和海洋地区也被来自陆地的污染,过量的捕鱼,将林地改为旅游区,石油及天然气的开采、提炼和运输业等所侵蚀。这一地区越来越遭受沙漠化的侵害,使得干燥但多产的土地变成无生产力的沙漠。沙漠化是由于过度垦殖、过多地放牧、砍伐森林和灌溉不当所造成的。

另外,美国组织的缉毒行动也对环境有破坏。哥伦比亚用飞机在生产毒品的地区撒播毒药,污染了一切——学校、房屋、水、草原、农田和地里劳动的劳工。毒药的残余留在了土地和水中,使许多地方不再有树荫。因此,贫困的农民搬到更远的山坡地区或亚马孙热带雨林中。

这里讲的只是农业地区。

77%的拉丁美洲人口住在城市地区,使之成为"发展中"世界城市化最高的地区,与欧盟相当。这一变化是迅速的。20世纪50年代,60%的拉丁美洲人口住在农村。1960年,超过50%的人口开始住在城市。城市人口的迅速增长使水的供应紧张,卫生设施不敷使用。

圣保罗市和墨西哥城的人口加起来超过1,800万。在巴西,数万人住在贫民窟,这是20世纪50年代迁居的人盖起的临时住所,后来逐渐地变成了永久性的贫民窟。1985年,当大地震摧毁了墨西哥城易损的房屋,使居民无家可归时,政府却没有能力为上百万居民提供充足的住房及服务,这成为人们关注的焦点。只有古巴控制了人口的城市化。他们是通过控制人口的移动、发展农村,以及发展除哈瓦那之外的其他城市中心的方法解决这个问题的。

地区的贫穷以及对增加工作岗位和发展经济的要求,使问题更加严重。2003年,巴西选出了路易斯·伊纳西奥·"卢拉"·达席尔瓦为总统,因为他保证帮助农村穷人。在他当选后一年,环保人士就指责他牺牲了亚马孙河流域,来为每天生活费用不足一美元的5,300万人创造就业机会。

那斯卡(Nazca)、斯格西亚(Scotia)和南美。另外,南美洲太平洋海岸的一部分属于“火山圈”,地球上80%的地震和火山爆发都发生在火山圈地区。我们在美国似乎了解很多这类事件,这虽然说明极端性气候在这里经常发生,却更多地说明了美国媒体对这一地区的报道有很大的局限性。

但是,长期以来,气候已经成为外人观察这个地区的一个因素。拉丁美洲大部分地区处于热带,使得敏捷的欧洲人推测,湿热的气候使人懒惰。确实,慷慨的大自然使这里物产丰富,即便是贫困的农民也可以养家糊口,从而没有去欧洲人拥有的公司工作的必要。当许多拉丁美洲人逐渐失去最好的土地并被迫在贫瘠的土地上求生或受雇于大庄园主时,气候已不是艰辛劳苦的障碍了。

拉丁美洲只有一个国家没有热带地区,这就是乌拉圭。南美洲最宽的地带就在赤道以南几度的地方,其宽度达3,200英里。这与北美不同,北美在离赤道最近的地方迅速变窄。但是,太平洋冰冷的气流使拉丁美洲西海岸大部分地区感到清爽。而且,山脉和高地的高度也使气温变化无穷。几百年以来,尤其在欧洲人到来之前的很长时间里,这一地区许多最文明的社会就已在高原和山谷地区繁荣起来。今日拉丁美洲的许多最大城市就坐落在高山或高原上,试举几例:墨西哥城、危地马拉城、波哥大、基多、拉巴斯、圣保罗。拉丁美洲,特别是中部美洲①和南美洲西海岸的多数人口,都集中在高地地区。

在墨西哥和中美洲,高原地区形成了一个崎岖的山脉,穿过多数国家的中部,使海岸平原地处两边。山脉体系的一部分在大安的列斯群岛浮现,构成加勒比岛屿的地理状况。南美洲与中部美洲不同,山脉紧沿太平洋海岸,而高原地区则靠大西洋海岸,使得进入大陆内地平原难上加难。安第斯山脉居高临下,是世界上最长的山脉屏障,沿西海岸向南走达4,400英里,

① 中部美洲(Middle America)不同于中美洲(Central America),是两个不同的概念。前者既是一个地理概念,又是一个历史文化术语,20世纪初开始采用,意指墨西哥的中部、南部和与之毗邻的中美洲北部土著文化高度发达的地区。1519年欧洲人入侵时,“中部美洲”的北部边界是:西北濒锡那罗亚河;东北为帕努科河,而其中北部并未越出莱尔马河流域;南部边界是流入加勒比海的莫塔瓜河、尼加拉瓜湖南岸和哥斯达黎加的尼科亚半岛。——译者

这张世纪之交的照片抓拍了高耸的安第斯山脉中智利阿空加瓜山谷的多变景色。(美国国会图书馆)

宽度从100到400英里不等。阿空加瓜山(Aconcagua)是西半球最高的山峰,高达22,834英尺,地处智利和阿根廷交界处。巍峨的安第斯山脉一直是人们从西部探索并拓居南美洲内地的障碍。沿东海岸,较古老的圭亚那高原和巴西高原的高度平均在2,600英尺,偶尔则高达9,000英尺。它们从加勒比向南伸展,常临大西洋,一直到巴西最南端。和安第斯山一样,这两大高原也阻止了人们向内地渗入。大西洋海岸最大的城市都在沿海,或像圣保罗一样,离大海仅咫尺之隔。

拉丁美洲有四条主要河系:马格达莱纳(Magdalena)河、奥里诺科(Orinoco)河、亚马孙(Amazon)河及拉普拉塔(La Plata)河。这几条河系流入加勒比海或大西洋,提供了西海岸没有的、进入内地的通道。亚马孙河是世界上最大水系之一,其名在葡文中意为“河海”,河水流量为世界之最,是密西西比河流量的14倍。在有些地方,看不到河对岸,大部分流域的平均深度在100英尺。它发源于安第斯山脉1.8万英尺高处,向东流去,有二百多个支流分别从南北方流入,整个河系有2.5万英里的可航行水域。在南部,拉普拉塔水系从世界上最富裕的土地——潘帕斯草原——上流过,阿根廷、乌拉圭和巴西三国共享这片宽阔的平原。这一水系包括乌拉圭河、巴拉圭河和巴拉那(Paraná)河等河流,但它的名字却来源于拉普拉塔河。这是一个180英里长的河口湾,分割了乌拉圭和阿根廷的布宜诺斯艾利斯省。拉普拉塔水系孕育出一个超过150万平方英里的盆地。它虽然不深,却仍然成为大西洋海岸和南部内陆之间交流和交通的重要环节。

没有任何一个国家能像智利那样显现出拉丁美洲地理状况的多样性。那片长而细的土地紧贴着太平洋海岸，绵延2,600英里。在北方，世界上最荒凉、最险恶的沙漠之——阿塔卡马沙漠，延伸到森林覆盖的崎岖山脉和高山牧场。中部山谷享受着地中海式气候及肥沃的平原，是智利农业和人口的中心。在南部，游客可以看到浓密的多物种森林，这里多雨、低温，冰川和艰险的海岸线近在咫尺。火地岛大部分地域则终年冰雪覆盖。

虽然智利有从沙漠到冰雪这样极端的地理状况，在玻利维亚、巴西、哥伦比亚、墨西哥和秘鲁的地理状况的区别则更大。仅这五个国家就包括世界上104个生态区域中的84个以及28种不同气候。实际上，拉丁美洲是世界上地理状况最多样化的。它有七种分明的地理带：边缘地带(border)、热带高地(tropical highlands)、低地太平洋海岸(lowland Pacific coast)、低地大西洋海岸(lowland Atlantic coast)、亚马孙(Amazon)、干燥南部锥状高地(highland and dry Southern Cone)以及南部温带锥状高地(temperate Southern Cone)。

美墨边界是干燥或温带地区，人口稀少，是世界上唯一富国与穷国相连的地区。由于这里是组装制造业的大本营，这一地区的国内生产总值在拉丁美洲最高。在它的南部，热带高地有中美洲的高地和南回归线以北的安第斯国家。进入这一地区的海岸不容易。然而，这里也是人口集中的地区，包括拉丁美洲大多数的土著人口。虽然包括墨西哥城和波哥大这些收入较高的地方，由于土地贫瘠，人口密集，这里是拉丁美洲最贫困的地区。

低地太平洋和大西洋沿岸都是热带地区，只有小片干燥土地。尽管拉丁美洲所有人口最集中的地区都在太平洋海岸，大西洋海岸也有很多居民。这些地区的收入比热带高地的收入高出约20%，部分原因是他们具有进行国际贸易的有利位置。但是，低地地区容易产生疾病，热带土壤也无法成功地进行农业生产。

亚马孙地带的人口密度在拉丁美洲最低。这里的国内生产总值比周边地区的要高，主要原因是那些在外业主(absentee owner)从矿山和大庄园获得高额租金。这些经济活动对这一地区脆弱的生态造成重大损失。干燥南部锥状高地只比亚马孙地区的人口稍多一点，但南部温带锥状高地的人口密

拉丁美洲的热带风光在这张 1911 年巴拿马的照片中一览无余。(美国国会图书馆)

度很高。这两个都是高收入地区。

拉丁美洲人一直清楚地意识到其环境的重要性。当欧克利德斯·达库尼亚(Euclydes da Cunha)第一次来到巴西东北部,看到那艰苦干燥的内陆土地,他在其《腹地》(*Os Sertöes*,1902 年)一书中惊叹于这片土地如何造就一个不同的民族,并创造了与沿海一带反差巨大的文明:

> 这里是沿海城市和内地土屋之间一个绝对的、根本的断裂。这一断裂打乱了我们逐渐发展的脚步,可悲地阻止了国家的统一。他们来到一个完全陌生的地方,习惯不同,景色不同,人种不同,甚至语言也带有原有的和生动的口音。他们完全感到是去另一块疆土作战。他们认为自己已不在巴西本土了。

各国环境的多样化也成为文学作品的原形。加夫列尔·加西亚·马尔克斯(Gabriel Garcia Márquez)长大的阿拉卡塔卡就是马康多(Macondo)的原形,一个葱郁潮湿的热带地区。14 岁时,他第一次去波哥大,他说波哥大是"一个遥远而令人沮丧的城市,自 16 世纪初以来一直下着一场冰冷的毛毛雨"。在《百年孤独》(*One Hundred Years of Solitude*,1967 年)中用了相近的语言描述了波哥大对费尔南达·德尔卡皮奥的影响:"费尔南达是个失落的女人。她出生并成长于一个(离马康多)600 英里的城市。这里阴郁黑暗,在幽灵游弋的黑夜,总督们的马车踏在圆石路上的蹄声仍然在夜空回荡。"

拉丁美洲的电影也经常将大自然作为主要角色。在阿根廷的经典电影《地球的囚犯》(*Prísioneros de la Tierra*,1939 年)中,东北地区的森林和河流

地图 1.1　拉丁美洲地形图

阻止了外来者的入侵。大自然甚至使当地人在她面前低头，放弃对她的征服。在智利电影《边界线》(*La Frontera*,1991 年)中,一个学校老师被军事独裁政府流放到偏远而崎岖的智利南部。他很快发现,海洋、山脉和自然力控制并形成了这里居民的生活方式。大自然因此强化了拉丁美洲人民的某些

表 1.1 各国的环境问题

阿根廷	工业化经济的典型环境问题(城市和农村),如森林砍伐、土壤破坏、沙漠化、空气污染和水污染。
玻利维亚	开垦土地搞农业国际上对热带木材的需求导致砍伐森林。过度放牧和灌溉方法不当(包括刀耕火种搞农业)使土地遭到破坏。沙漠化。生物多样化的丧失。饮用和灌溉水受工业污染。
巴西	森林砍伐。亚马孙平原动植物栖息地受到威胁。非法野生动物交易。里约热内卢、圣保罗及其他大城市的空气和水污染。不合理的矿物开采导致土壤退化和水污染。湿地的退化。严重的石油溢漏。
智利	广泛的森林砍伐和矿物开采对自然资源构成很大威胁。工业和汽车尾气对空气的污染。未经处理的污水对水的污染。
哥伦比亚	森林砍伐。过多用杀虫剂破坏了土壤和水的质量。汽车尾气对空气的污染,尤其在波哥大。
哥斯达黎加	为农牧业砍伐森林并改变土地用途。土壤的风化。沿海的海生物污染。对渔业的保护。固体废弃物处理。空气污染。
古巴	空气和水污染。生态多样性的丧失。森林砍伐。
多米尼加共和国	缺水。土壤风化后流入海洋造成对珊瑚礁的破坏。森林砍伐。
厄瓜多尔	森林砍伐。土壤风化。沙漠化。水污染。在生态环境脆弱的亚马孙盆地和加拉帕戈斯群岛(Galapagos Islands)开采石油的废弃物造成的污染。
萨尔瓦多	森林砍伐。土壤风化。水污染。处置有毒废弃物而造成对土壤的污染。
危地马拉	佩滕省热带雨林的砍伐。土壤风化。水污染。
海地	对森林的大面积砍伐(砍伐森林改为农田或充当柴炭)。土壤风化。饮用水供应不足。
洪都拉斯	城市人口增长。伐木业和砍伐森林改为农田使森林面积减少。缺乏管理的开发和错误地使用土地,如开垦边缘土地,导致土地退化和土壤风化加速。矿山开采使约华湖(该国最大的淡水水源)及其他河流和溪水遭到重金属的污染。
墨西哥	有毒废弃物处理设施极少。农村人口向城市迁移。北部天然淡水资源匮乏且受污染,中部和最东南部淡水质量差而且难以获得。未经处理的污水和工业废水污染了城市河流。森林砍伐。大面积土壤风化。沙漠化。农田退化。首都和美墨边界大城市的空气和水严重污染。地下水位的降低使墨西哥山谷的土地下沉。

尼加拉瓜	森林砍伐。土壤退化。水污染。
巴拿马	农业废污对水的污染威胁着渔业资源。热带雨林的森林砍伐。土地退化和土壤风化威胁巴拿马运河的运行。城市地区的空气污染。矿产开采威胁着自然资源。
巴拉圭	森林砍伐。水污染。废弃物处理设施的缺乏对城市居民的健康危害极大。湿地的消失。
秘鲁	森林砍伐(有些是由非法砍伐造成)。沿海和山区坡地的过度放牧使土壤严重退化。沙漠化。利马的空气污染。城市和矿山的排污造成河流及沿海水域的污染。
乌拉圭	肉类加工/皮毛加工业对水的污染。固体有毒废弃物处理设施匮乏。
委内瑞拉	巴伦西亚湖的污水污染。马拉开波湖的油污染及城市污水污染。土壤退化。城市废污和工业污染,特别是对加勒比海沿岸的污染。不负责任的矿产开发对热带雨林生态系统的威胁。

资料来源:美国中央情报局《2005 年世界资料手册》
网址:http://www.cia.gov/cia/publications/factbook/

特性。高耸的安第斯山脉、宽阔的亚马孙河水系、绵延的潘帕斯草原、茂密的热带雨林为有相同影响力的人类冲突提供了令人难忘的背景。

冲突中的人数一直是个备受关注的问题，尤其是在与拉丁美洲发展有关系的人口问题上。20 世纪 60 年代,拉丁美洲的人口年均增长率达 2.8%,为世界平均之最。到 20 世纪末,这一地区的人口增长率降低到 1.6%,接近世界人口增长率 1.5%,其中一半的人口在巴西或墨西哥。尽管发达国家对拉丁美洲的人口增长深感焦虑,但这一地区仍然相对人口不足,只有拥挤的萨尔瓦多和海地例外。这里的面积是欧洲的两倍,但人口比欧洲少。它占有世界上 15%的土地,却只有世界人口的 9%。这一人口群在亚洲、欧洲和非洲都有他们的根系。

1.2 土著人

大约 3 万年前,当亚洲和北美洲之间仍然有陆地桥连接时,移民穿过白

表 1.2 2005 年拉丁美洲及部分欧洲国家的人口密度

国家	面积(平方公里)	人口	人口密度
荷兰	38,389	16,407,491	484
比利时	30,278	10,364,388	342
萨尔瓦多	20,720	6,704,932	324
海地	27,560	8,121,622	295
英国	241,590	60,441,457	250
德国	349,223	82,431,390	236
意大利	294,020	58,103,033	198
多米尼加共和国	48,380	8,950,034	185
丹麦	42,394	5,432,335	128
波兰	304,465	38,635,144	127
法国	545,630	60,656,178	111
匈牙利	92,340	10,006,835	108
古巴	110,860	11,346,670	102
奥地利	82,444	8,184,691	99
哥斯达黎加	50,660	4,016,173	79
洪都拉斯	111,890	6,975,204	62
墨西哥	1,923,040	106,202,903	55
厄瓜多尔	276,840	13,363,593	48
尼加拉瓜	120,254	5,465,100	45
哥伦比亚	1,038,700	42,954,279	41
巴拿马	75,990	3,039,150	40
危地马拉	108,430	14,655,189	29
委内瑞拉	882,050	25,375,281	27
巴西	8,456,510	186,112,794	22
秘鲁	1,280,000	27,925,628	21
智利	748,800	15,980,912	21
巴拉圭	397,300	6,347,884	20
乌拉圭	173,620	3,415,920	19
阿根廷	2,736,690	39,537,943	14
玻利维亚	1,084,390	8,857,870	8

资料来源:美国中央情报局《2005 年世界资料手册》

网址:http://www.cia.gov/cia/publications/factbook/

令海峡迁徙到美洲捕猎。他们逐渐地向南移动，分散到整个南、北美洲。几千年过后，由于不同的发展速度，有些从捕猎和捕鱼发展到农业生产。同时，他们的文化和语系也分为数支，不同的语言就达2,200种之多。但是他们总的人体特征仍然有共同点：黑色直发，深色眼睛，古铜色皮肤以及矮矮的个子。

尼加拉瓜的一个米斯基托人(Miskito)说明土著人口仍然存在。(朱莉·阿·查利普摄)

土著人可分为三种：非定居(nonsedentary)、半定居(semi-sedentary)和定居(sedentary)群体。非定居群体以采集和狩猎为主，随着季节的变化在限定的范围内迁移，寻找食物。他们多半在今天的墨西哥北部边界、阿根廷的潘帕斯地区，和巴西的内地。在半定居群体内，狩猎仍然很重要，但他们也发展出刀耕火种的农业，在他们的区域进行轮耕。他们居住在拉丁美洲大部分地区，常常在定居群体的周边居住。完全定居的社团(community)以集约农业为基础，能够提供足够的产品剩余，从而支持一个有着特定阶级的等级社会。他们生活在墨西哥中部、危地马拉、厄瓜多尔、秘鲁和玻利维亚。他们中间发展最快的群体建立了令人印象深刻的帝国社会。

虽然美洲早期文化多种多样，大部分却有许多相似之处。家庭或家族是基本的社会组织，对超自然的力量有很深的信仰，相信这些力量形成、影响并且引导着他们的生活。由于这个原因，那些亲近超自然力的巫师(Shaman)就很重要了。这种人在凡人和仙人之间、人和灵魂之间起到中介的作用，也是人们的医治者。在复杂而等级森严的社会中，贵族拥有的大量土地和平民的土地相差甚远。但在所有土著社会中，土地是按社团成员的身份来分配的。牲口到处游牧。土地又提供了水果、浆莓果、坚果和根茎。耕种土地又生产出其他作物，如玉米和土豆。从阿拉斯加到合恩角，许多手工品、乐器和工具都很相似。譬如，矛、弓箭和棍棒都是打仗和狩猎的通用武器。虽然这些相似处很值得注意，但许多文化之间的差异也是很大、很惊人的。到15世纪末，有900万到1亿人口住在西半球。学者仍然对这些数字争论不休，而且每一方都能找到有力的证据。

克里斯托弗·哥伦布将新大陆误认为是亚洲，把他遇到的居民称为“印度人”。后来的探险显示“印度人”是多文化的群体，他们的语言中没有任何一个词可以沟通所有新大陆的土著人。他们像欧洲祖先的部落一样，相互之间差异很大，有很强的区域特性。最重要的土著人群是墨西哥和中美洲的阿兹特克人（Aztecs）和玛雅人（Mayas），加勒比地区的加利布人（Carib）和阿拉瓦克人（Arawak），哥伦比亚的奇布卡人（Chibcha），厄瓜多尔、秘鲁和玻利维亚的印卡人[①]（Inca），智利的阿洛卡尼亚人（Araucanian），巴拉圭的瓜拉尼人（Guaraní），以及巴西的图皮人（Tupí）。在这些人中，阿兹特克人、玛雅人和印卡人的文化程度最高，是完全定居的帝国社会。

“古典”和“后期”两个明显不同的时期标志了玛雅文化的历史。在古典时期，从4世纪到10世纪，玛雅人在危地马拉生活。然而在后期时代初，他们突然迁徙到尤卡坦居住，直到西班牙人的征服。这一大迁徙使人类学家感到诧异。他们通常认为，在危地马拉的土壤遭到破坏，玉米的种植受到限制，玛雅人为了生存而向外迁移。玉米为玛雅文明提供了基础，玛雅人关于创造的描述都是围绕着玉米发展起来的。玛雅人的圣书《波波尔·乌》（*Popul Vuh*）中写道，神“开始讨论创造我们的第一代父母。用黄色玉米和白色玉米做他们的肉体，用玉米粉团做他们的四肢”。所有人类活动和宗教都以玉米的种植、生长和收割为中心。玛雅人建造了广泛的水道网络和水利工程，使集约农业成为可能。这些有效的农业手段提供了产品剩余，使得一个很大的祭司阶层有闲暇将自己的才能发挥在宗教和科学研究上。

---

① 旧译印加。1956年国际土著主义者代表大会决定，对克丘亚语和艾马拉语采用标准的拼字法。由于至少有6个音素被写成西班牙文的c，大会主张对这6个音素逐一仔细加以区分，如应为Inka（印卡），而不是Inca（印加）等。——译者

在尤卡坦半岛奇琴伊察，被称为卡斯蒂略金字塔的玛雅遗址是西班牙征服之前高级社会存在的见证。(美国国会图书馆)

由此产生了非凡的智力成果。玛雅文化从象形文字进化到表意文字,并由此创造了书写字体。这是西半球印第安人中唯一有字体的群体。他们的数学体系深奥，发明了零数并按位置发明了读数法。作为敏锐的天体观察家，他们将数学技术运用到天文学中。他们对天体的认真研究使他们能够预测日食和月食，追踪金星的轨道,并且制订出比欧洲用的更精确的日历。从科潘(Copán)、蒂卡尔(Tikal)、帕伦克(Palenque)、奇琴伊察(Chichén Itzá)、玛雅潘(Mayapán)和乌斯马尔(Uxmal)的遗址可以看到,玛雅人建造了宏伟壮丽的庙宇。这些建筑最明显的一个特征是精细的雕刻和雕塑。

在玛雅人的西边,另一个本土的文明社会——阿兹特克——在15世纪扩张并繁荣起来。阿兹特克帝国起源于墨西哥,在13世纪初从北部迁徙到墨西哥的中部山谷区。他们征服了一些当时已经繁荣先进的城邦。不断的征服给予武士以声望,而在众神中,战争和太阳之神毫不奇怪地排位居首。对它和其他神的祭祀就需要人的牺牲。1325年,阿兹特克帝国在一个岛屿上建立了首都——特诺奇蒂特兰,并从这个宗教和政治中心向周围扩展,吸收了其他文化,直至控制了整个墨西哥中部。他们生产力很高的农业体制包括建造浮动的人造园地“奇南帕”(chinampas),有效地利用了他们在湖区的条件。阿兹特克人创造了象形文字、精确的日历、惊人的建筑,以及结构精巧而有效的政府机制。

印第安文明中最大、最古老和组织得最好的是印卡人,在安第斯山脉严峻的环境中发展起来。到16世纪初,印卡帝国从库斯科(Cuzco)向四周发展。库斯科在当时被看做是宇宙的中心。印卡帝国从厄瓜多尔到智利长达近3,000英里,最宽地段达400英里。没有任何帝国比它的管理更严格、更集中。印卡帝国是在没有文字记录的情况下进行管理的,这简直是个奇迹。唯一的账目体系是结绳——“基普”(quipu),表示特定的数量单位。学者现在认为,印卡人用线绳编织了词语密码。西班牙的编年史作者证实了绳结不仅用来记录诸如人口普查、财产清单和贡品的数据,而且用来记录皇家编年史、祭祀地和祭品、继位、邮政信息以及罪犯审判。高效率的政府部门迅速地将新征服的人口同化进帝国。有时为安全起见,整个人口会在帝国内进行调整。所有臣民必须讲宫廷用语——克丘亚语(Quechua)。印卡人在纺织、陶器、医学和农业方面都取得了巨大成就。在可耕地极少的情况下,他们建立了排水、梯田和灌溉系统,并懂得了在田里施肥的好处。他们可以生产大量的富余作物,储存在帝国仓库,以备灾年。

三个最大的土著文明存在着许多差异,但与此同时,他们之间也有惊人的相同之处。社会结构很紧密。贵族、神父、武士、工匠、农民以及奴隶之间的等级制度一般不可改变,但偶尔也有变动。在这个等级制度的顶点是权力无限的皇帝,受到最高的尊敬和崇拜。16世纪的编年史作者佩德罗·德谢萨德莱昂(Pedro de Cieza de León)用他那富有魅力的风格描述了人们对印卡帝国的敬畏:“国王使人们感到畏惧。当他们在各省巡行时,允许把围在轿子边的布帘掀起来,让人们看到他们。人们的呼喊声盖过云霄,使飞过的鸟从空中落下来,人们用手便可捉住。所有的人畏惧国王,连对他的影子都不可言恶。”

行政权力和宗教权力很少或根本没有区别,因此教会和国家的所有意图和目的都是一致的。印卡帝国和阿兹特克帝国的皇帝都被认为是太阳在地球上的代表,因此是神。玛雅城邦的掌权者也可能有相同的地位。皇室的司法机构独立地执行帝国的法律,得到了执法公平的好声誉。16世纪的编年史作者看到司法系统的执法过程,都对此评价很高。德谢萨德莱昂注意到:“可以感觉,那些犯罪的人将无疑地受到惩罚,没有任何祈祷或贿赂可以

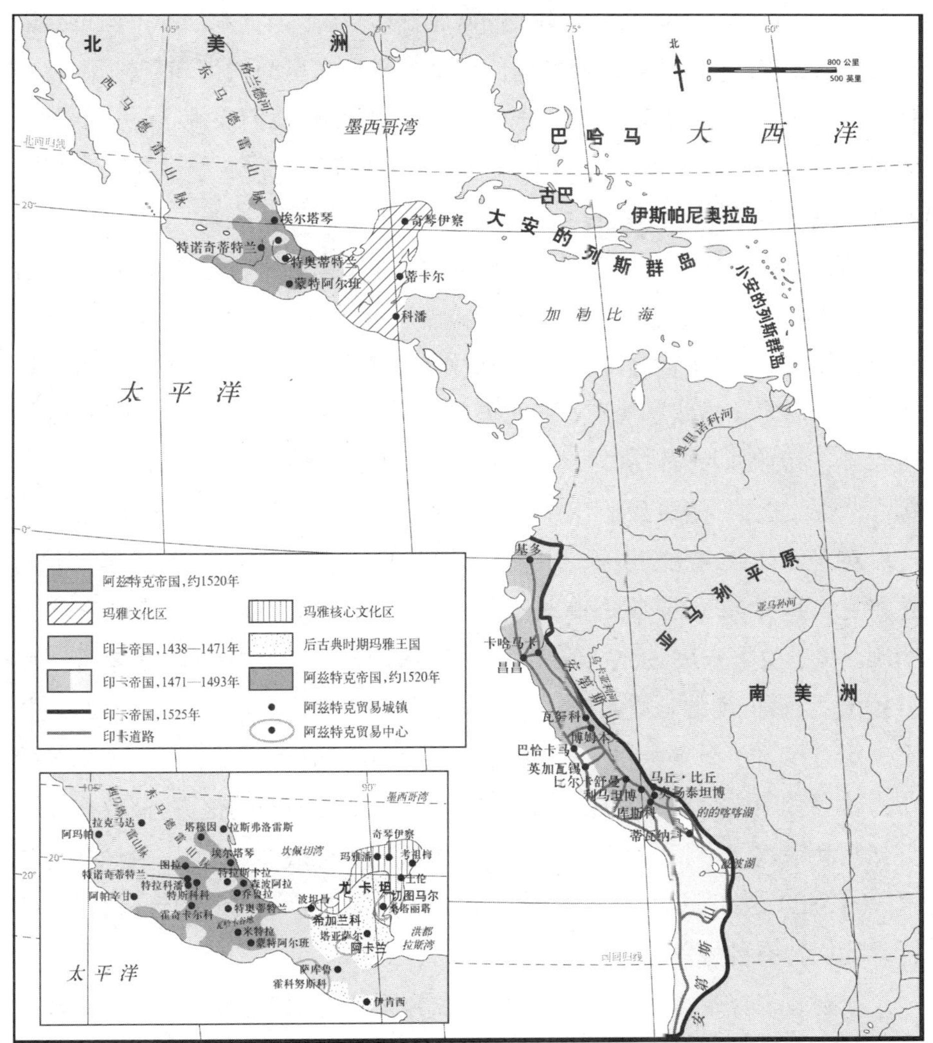

地图 1.2　哥伦布之前的美洲
见霍华德·斯波德科的《世界通史》，第 3 版，2006。电子版复制。得到培生教育公司允许。

改变这一点。”

这些文明社会都有一个坚实的农业基础。城市很少，只有几个城市人口超出 10 万人，它们是商业、政府和宗教的中心。见证人的叙述和仍然存在的遗址毫无疑问地证实了这些城市组织严密，建筑雄伟。据 16 世纪的编年史揭示，看到这些城市的西班牙人被它们所震撼。1519 年与埃尔南多·科尔特斯(Hernando Cortés)同行的贝尔纳尔·迪亚斯·德卡斯蒂略(Bernal Díaz del Castillo)惊诧地写道:“当我们看到所有这些建在水里的城市和乡村、建在旱地上的其他市镇,以及通向墨西哥(城)的平坦大道,我们震惊了。这些巨大的市镇和城市以及石头建造的水中建筑像是阿玛迪斯[1]故事中使人心醉的影像。确实,我们的一些士兵还问是否在梦中!”

这片土地的生产力使得奢华的皇家生活及繁杂的宗教仪式成为可能。但大多数人仍然从事农业劳动。农民种植玉米、豆子、倭瓜、南瓜、木薯根、土豆及其他作物。公共土地为国家、教会和社团生产作物。政府全面地组织并掌握了农业劳动力。虽然这些土著文明很先进,他们中没有一个发展到使用铁器或轮子,因为他们没有牲口拉动带轮的车。然而,土著人学会了制金、银、铜、锡和紫铜。遗留下来的手工艺品中的金属说明了他们的技术之精湛。

对于妇女在这些文明社会中的作用,学者们有很大争议。在印卡人和阿兹特克人世界,妇女主要负责家务。在墨西卡(Mexica)人中,角色划分十分明确。孩子生下来后,接生婆会给女孩一个纺锤,一个梭子,和一把扫帚。而男孩出生后,得到的是盾和箭。许多学者现在认为这些角色虽然不同,但并不一定意味着不平等。相反,他们看到了性别的互补性,男人和女人平等地作为社会秩序中重要的组成部分。譬如,家庭是个神圣的地方,而仪式性的打扫是和宗教习俗相关的。孩子的出生被视为类似战斗,正如一份纳瓦特尔语(Nahuatl)文献所描写的:“难道这不是我们不幸的女人们的致命时刻吗?这是我们特有的战争。”

在阿兹特克帝国,妇女还在市场上出售物品。她们常常是市场的监理人员。她们做衣服、绣花边,而且担当接生婆。在印卡帝国,妇女负责家务,也搞农业生产。她们的劳动不被看做是为丈夫的私人服务,而是家庭和社区的延伸。这里也有一种互补关系:男人耕地,女人撒种,两人共同收获。

虽然在墨西哥中部的墨西卡妇女不能够在政府中身居高位,在帝国的边缘却并非如此。米斯特克(Mixtec)妇女继承了王朝爵位,并常常是统治

[1] 16世纪一骑士小说中的主人公,英雄之象征。——编者

者。印卡帝国的周边也是如此，例如厄瓜多尔的高原地区。然而，互补的社会地位和偶尔的掌握权力并不等于政治上的平等。在两个帝国里，还是男人握有至高无上的权力。

这些定居农业文明的辉煌成果与拉丁美洲土著人口中初级的采集、狩猎和捕鱼文化以及半定居农业文化的演变形成强烈对比。在巴西早期形成过程中作出贡献的最重要土著人——图皮部落就是拉丁美洲发现的众多中等农业文化社会的典型。

图皮部落的组织松散。村庄小而且临时性强，通常用粗陋的木栅栏围住，如果可能，一般建在河岸边。土著人按大家庭或血统关系在大棚屋中同住，拉起吊床，有时可达百人之多。多数部落至少有一个名义上的首领，但是有些部落只在战争时承认他们，少数部落似乎没有首领的概念。多数时间，巫师是部落中最重要、最有权的首领。他与灵魂交谈，提出忠告，还开药方。宗教里充满了善与恶的灵魂。

男人的很大一部分时间都花在准备和参加部落战争上。他们猎取猴子、貘、犰狳和鸟类，也用斗形篓子捕鱼，在水里下毒捞鱼，或用箭射鱼。他们清理出山林来播种作物。几乎每年旱季，男人们砍倒树木、灌木和藤条，等它们干了之后，一把火烧掉。这是在拉丁美洲普遍运用的方法，至今如此。燃烧破坏了薄薄的腐殖质，土壤迅速耗竭，因此需要不间断地开辟新土地，最后导致村庄移走，以便接近未开垦的处女地。虽然不能排除例外，但总起来说，妇女负责种植和收获作物，还负责采集和准备食物。木薯是主要的种植作物。其他种植作物有玉米、大豆、红薯、胡椒、倭瓜、白薯、烟草、菠萝，有时还包括棉花。果实从森林中采集而来。

对于第一批观察土著人的欧洲人来说，这些人似乎过着一种田园般的生活。热带地区不需要或很少需要衣服。由于基本上裸体，图皮部落的人体装饰艺术发展起来，在自己身体上画有复杂华美的几何形图案。在鼻子、嘴唇和耳朵里，他们塞有石制和木制工艺品。森林中彩色鸟的羽毛更增加了点缀。他们的外表使欧洲人认为他们是大自然中天真无邪的儿童。巴西第一个编年史作者佩罗·巴斯·德卡米尼亚(Pero Vaz de Caminha)惊讶地对葡萄牙国王说:“陛下,亚当的单纯也比不了这些人的天真。”随着对土地和资源的竞争加剧,印第安人成了极度需要欧洲文明之手帮助的恶棍、残暴之人,这是编年史作者后来的另一种说法。

那些认为他们在当地生活中看到了乌托邦的欧洲浪漫派显然有夸张。土著人的生活绝非十全十美。外人对土著人的看法,如果不是彻底的无知,那至少也是曲解。自从对拉丁美洲的征服以来,对土著人的描述,更多的是两个极端的错误——残暴的未开化人种或是高贵的未开化人种,而对他们的人性却不作任何描述。只有从土著人自己的文字里,我们才看到了他们更人性的一面。正如在这份纳瓦特尔语文献上,对拉丁美洲被征服所表示的哀悼:“折断的矛横在路上。我们悲痛地揪着自己的头发……我们在绝望中用手捶着土墙,哀悼我们的遗产和我们的城市从此消失并死亡。”

1.3 欧洲人

征服拉丁美洲的欧洲人主要来自伊比利亚半岛,一块与新大陆截然不同的土地。伊比利亚半岛几乎是个岛屿,周围有比斯开湾(Bay of Biscay)、大西洋、加的斯湾(Gulf of Cádiz)和地中海。一半的土地是干旱的高原。但它被一道高高的山系——埃什特雷拉山 (Sierra da Estrela)、格莱多斯山(Sierra de Gredos)和瓜达拉马山(Sierra de Guadarrama)——一分为二,并被另一道山脉体系——坎塔布连山脉(Cantabrian Cordillera)、伊瓦拉山(Ibera)、莫雷纳山(Sierra Morena)和贝蒂卡山脉(Cordillera Bética)——所包围。比利牛斯山将西班牙从欧洲分开,直布罗陀海峡又将它从非洲分离。这里的气候从北部的寒冷冬天到南部的亚热带阳光都具备。

这一地区还是许多不同人种——伊比利亚人、凯尔特人、腓尼基人、希腊人、迦太基人、罗马人、西哥特人和穆斯林人——的汇聚地,而他们的文化也随之混合在一起。在不断变换的历史中,最稳定的时代是罗马统治时期,从公元前19世纪到公元5世纪后期。然后是西哥特人(Visigoth)统治时期,从6世纪到7世纪,但西哥特人一直延续着许多罗马人的习惯。公元711—

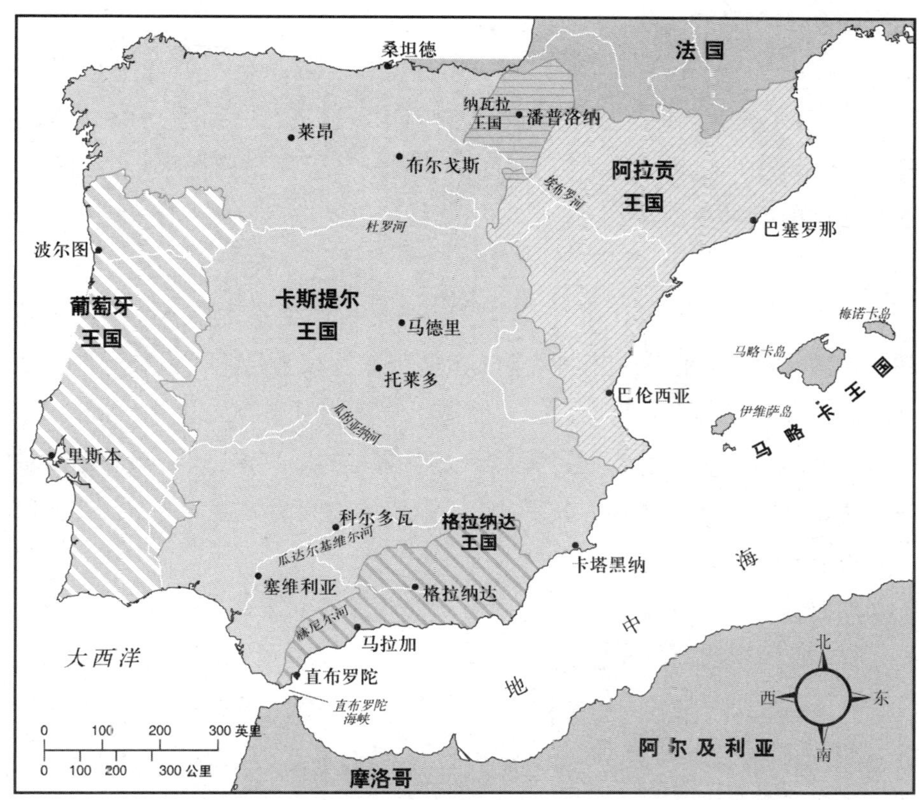

地图 1.3　伊比利亚半岛
http://www.fordham.edu/halsall/maps/1492spain.jpg

720 年间，穆斯林入侵，激起了极大的悲叹："谁能够担负叙述这一大屠杀的责任？谁能够讲述如此可怕的祸患？即便将所有肢体变成嘴，描述对西班牙的毁灭和其他恶劣行径，都是人力所不及的。"类似的悲叹也曾出自墨西卡人之口。

穆斯林人对半岛的控制从未彻底完成，连他们对南部地区的统治也是时强时弱，部分原因是穆斯林中的柏柏尔人和阿拉伯人之间有分歧。此外，虽然很多基督徒皈依为穆斯林，到 948 年阿拉伯地理学家伊本·霍卡尔（Ibn Hawqal）来到这一地区时，农村中多数人仍然是基督徒。另外，北部的基督徒继续抵抗穆斯林的影响。乌马亚德哈里发（Umayyad caliphate）缓慢地征服并统治了西班牙南部大部分地区，将科尔多瓦市变成了文化中心，从 929 年一直统治到 1031 年。两个后继的哈里发，北非柏柏尔人的阿尔莫拉维德(Almoravid,1086—1147 年),以及阿尔默哈德(Almohad,1146—13 世纪 20 年代)维持了安达鲁斯地区(穆斯林人对伊比利亚地区的称呼)的统一。但到了 13 世纪,半岛北部基督徒的力量增强了。十字军重新征服半岛的行动从 732 年的图尔战争开始,直至 1492 年格拉纳达陷落,将穆斯林从半岛上逐出。

在穆斯林统治的年代中,伊比利亚有三种文化共存:伊斯兰教、犹太教和基督教。尽管他们之间有冲突,11 世纪仍然被认为是犹太人和穆斯林最和谐的时期，促成了文化的繁荣。据说，哈里发阿卡姆二世（Caliph Al—Hakam II,961—976 年)建立了有数十万卷图书的图书馆,这在当时的欧洲是无法想象的。穆斯林的西班牙对世界作出的伟大贡献之一就是保存并翻译了古典哲学书籍。

然而,犹太人和穆斯林都在基督教君主重新统一半岛后蒙受伤害。卡斯提尔(Castile)的伊莎贝拉一世(Isabella I)和阿拉贡(Aragón)的费迪南德二世(Ferdinand II)于 1479 年联姻。1492 年,君主下令驱逐所有犹太人和穆斯林,除非他们皈依基督教。基督教成为官方宗教,并作为原初民族主义:西班牙人就是基督徒。

但是西班牙的基督教并不是个坚实的统一体。其中一个分歧存在于世俗教士和宗教教士之间。世俗教士组织松散,负责对基督教友的管理。由于是世俗的工作,常与他们管辖的教友打交道,因此需要进行经济活动以维持生计。而宗教教士则被严密地组织到各个修会中:方济各会、多明我会、奥古斯丁会等。每一个修会都有自己的教规和关心的事。这些教士基本上远离社会,孤独地生活在修道院。他们受到最高的尊重,因为他们被看做是献身于上帝,而不是献身于俗人。教士们有的在政府部门工作,但只有君主有权力任命主教。事实上,西班牙王权对教会的控制大于其他任何欧洲君主国。两个机制相互依赖,共同成为社会的支柱。

虽然 1492 年被公认为是半岛“重新统一”的年代,但这个词的意义并不准确。伊比利亚半岛一直是一个破碎的机体,王室联姻并没有使其在领土或政体上统一。而且,每一个王国本身也是一个松散的联邦:伊莎贝拉的“阿拉贡”包括阿拉贡、加泰罗尼亚、巴伦西亚、马约卡、萨蒂尼亚和西西里,各自在法律、管理和经济方面享有自治权。阿拉贡和卡斯提尔之间的风俗仍有不同,卡斯提尔占有南方领土,是两者中较大的。

虽然从罗马时期开始,这一地区就被称为伊斯帕尼亚(Hispania),但此时这里还没有西班牙人。人们认同于所在地区,如阿拉贡或加泰罗尼亚,甚至更具体到所居住的城市。以城市为中心的做法极其普遍,以致在乡村里,人们时常住在市镇上,到农田里做工。

社会结构主要是按贵族和平民来区分的,有土地的贵族为最高贵。这个等级制度又进一步地以职业划分,以受过教会、法律和医学训练的专业人员为最高贵。接下来的是商人,虽然他们地位低下,但他们的有利之处是有流动资金,而且通过与外面的人做生意,见多识广。这些家庭有各种仆人和家臣。比商人更低的是手工艺者,但他们中的许多人也通过在大商店中雇有工匠、学徒和奴隶,积聚了可观的财产。社会最底层的是农民和牧民。他们中间也根据农业营生的大小和成败作出区分。

伊比利亚人的生活是以大家庭为中心的。堂表兄弟和亲兄弟一样,一家之主是父系长辈,他们的地位是按性别和年龄来分的。而妇女的地位是由她们的父亲和丈夫的地位所定的。男人通常可以有婚外性关系,这种关系生出来的后代通常也给予承认和帮助,但一般不会将他们算在正式家庭成员之中。家庭被看做是一个集团(corporation),贵族一般希望有一个儿子进宫廷,一个儿子进教会,几个女儿分别嫁给其他贵族家庭或富裕的商家。

像多数人一样,伊比利亚人相信他们的生活方式、习惯、语言和宗教比其他人的要高贵。但他们也生活在一个多样化的地区,接触到各种不同民族和信仰。当他们来到新大陆时,同时带来了偏见和对多样化的熟悉。

1.4 非洲人

从一开始,伊比利亚半岛的某些非洲人就参与了探索和征服美洲的行动，但大多数是以奴隶的身份随行，最早于1502年从伊比利亚半岛出发。直接从非洲买进奴隶是从1512年在古巴和1538年在巴西开始的，奴隶贸易于1850年在巴西和1866年在古巴结束。在三个世纪中，约有300万奴隶被卖到了西班牙美洲，500万被卖到了巴西。

奴隶来源于中西部非洲。这一地区包括了撒哈拉大沙漠及沙漠绿洲，紧邻沙漠南界的无树平原（savanna）——一片半干旱的草原，还有热带雨林。这里的经济基础是农业，种植着本地作物和通过贸易引入非洲的作物。如同欧亚大陆和美洲，非洲在公元前5000年就开始野生植物的驯化。铁的技术从公元前500年开始应用，并随着班图人（Bantu）的扩张而广泛运用。铁的技术也使农用土地扩大了。中西部非洲的早期小国（公元200—700年），如杰恩（Jenne），在下撒哈拉（Sub-Saharan）非洲地区通过贸易发展了起来。从公元700年到1600年，横贯撒哈拉（trans-Saharan）地区与阿拉伯和穆斯林的贸易使中西部非洲国家的政府更加强大，社会阶层的划分更加清晰，城市体制的范围更加扩大。

公元700年前后，第一批穆斯林商人开始在无树平原北部和撒哈拉北部——他们的居住地——之间经商。到公元900年，下撒哈拉非洲和穆斯林世界之间的贸易已经达到相当规模并且运转正常。穆斯林商人用布料、盐、钢刀、玻璃及奢侈品换取黄金、奴隶、鸵鸟毛、精致兽皮、装饰木料及可乐果（cola nuts）。自公元800年起，西非洲就开始开采黄金。但随着穆斯林贸易的到来，对矿物的需求增加，从而导致更大量的矿物生产，大城市的发展，一个权力更大的贵族以及社会阶层划分更明确、国家政府更强大。有些人，特别是商人，还皈依伊斯兰教，因为伊斯兰教有道德准则，为远程贸易所需要的信任提出了保证。虽然统治者和平民有时也有改宗的，但通常只是有名无实，传统的宗教习惯仍然延续下去。新大陆的基督教也会有相似状况。

公元700年到1600年间，组织较严密的国家王室通常生活奢华，有能干的手工艺者制作铸铜、木雕、牙雕、铸金、羽毛装饰以及彩色皮制品。平民受雇于公共工程，如建造王家墓碑、围墙宫殿、清真寺、灌溉和排水系统以及高大的城墙等。

这个尼加拉瓜布鲁菲尔德的妇女是非洲人后代之一，非洲人后代占人口总数很大的一部分。(朱莉·阿·查利普摄)

虽然大多数独立的政体较小(与城邦相比)，中西部非洲仍然有三个帝国：加纳、马里和桑海(Songhai)。加纳是个内陆帝国，以今天的马里西部为中心，由许多酋邦组成。口述史讲道，加纳在公元600年穆哈默德时代之前，有20个国王。从公元700年到1100年，它是一个非常强大的帝国，但被阿莫拉维德人所摧毁。它的衰落导致了索宁克人(Soninke)的流散。马里帝国于1200年前后建立，比加纳帝国更大更富裕。马里帝国建立在老加纳帝国的奈尼城市之上，包括所有加纳帝国疆土，并向西延伸到大西洋。马里帝国在军事上耗费过多，到15世纪最初十年，首都廷巴克图被图阿雷格(Tuareg)牧民所占领。桑海曾是马里帝国东部的一部分，桑海帝国建于1350年，到1515年成为下撒哈拉最大的帝国，人口超过100万。它最后由于内部纠纷而削弱，在当地一个少数民族进行反抗之后失去了富裕的豪萨兰德省。1590年，桑海帝国彻底瓦解。当桑海王室争夺继位时，摩洛哥势力将其征服。

自此之后，庞大而复杂的政体在森林地区而不是在无树平原地区发展起来。综合性政体的崛起伴随着与北部无树平原小王国的大规模贸易的发展。它们很可能与加纳帝国进行了贸易，促使一个富裕的商业阶级形成，并且获取权力，成为森林政体的首领。到1200年，伊费(Ifɛ)和贝宁王国都形成了复杂的宫廷，有着精致的紫铜雕塑文化。

从苏丹西部到大西洋，非洲各个地区由河流体系贯连。从13到17世纪，马里一直是政治的中心，主要是因为它地处尼日尔河、塞内加尔河及冈比亚

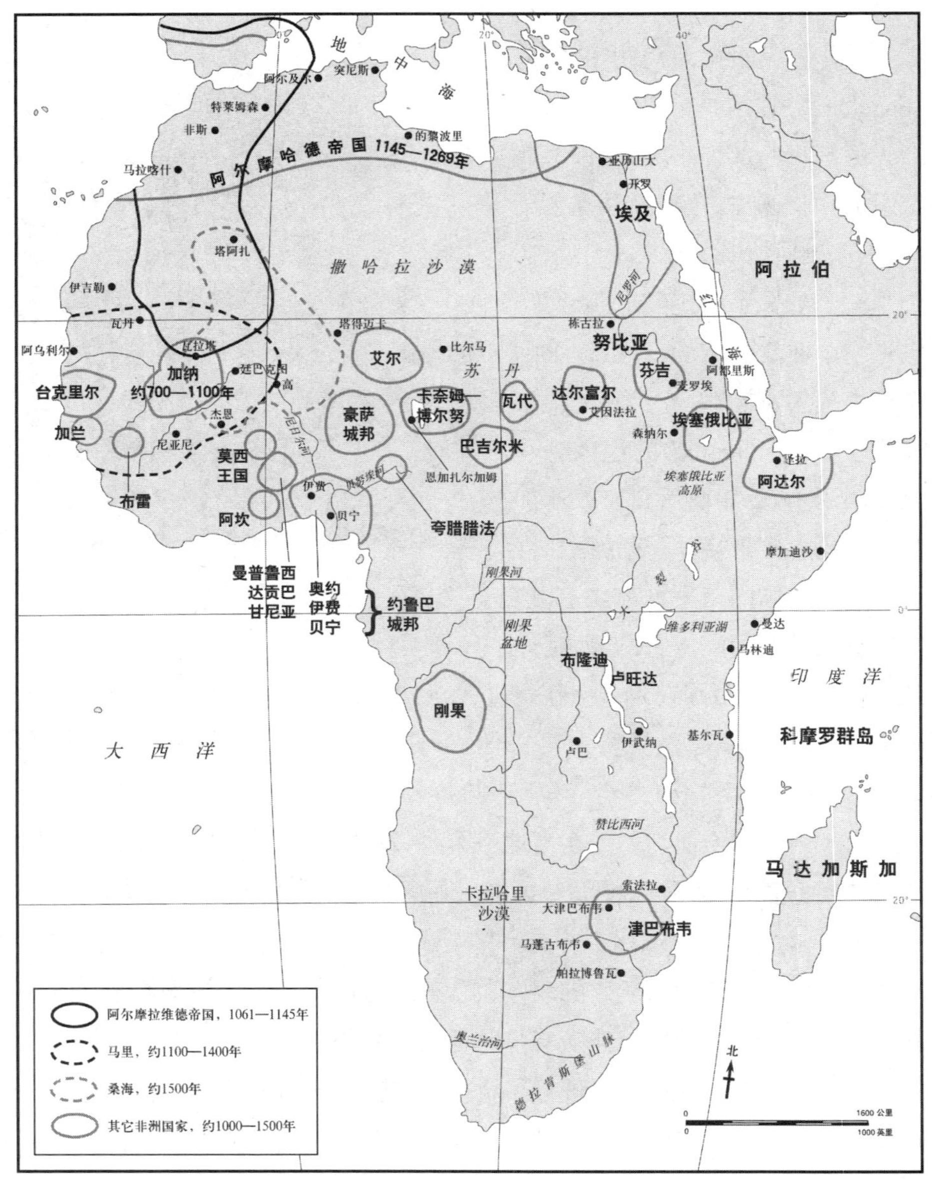

地图 1.4　非洲王国

见霍华德·斯波德科的《世界通史》，第 3 版，2006。电子版复制。得到培生教育公司允许。

河的源头。这三条河使西非洲结为一体，并为其提供了水上走廊，最终也为豪萨（Hausa）王国、约鲁巴（Yoruba）王国以及努佩（Nupe）、伊加拉（Igala）和贝宁王国经河流到大西洋提供了方便。海运文化便利了贸易和对海岸线的保护。

早在公元前 100 年，腓尼基人、希腊人、罗马人以及阿拉伯人的不断入侵就给非洲带来了外国人。但是，直布罗陀海峡上的休达（Ceuta）港在 1415 年陷落于葡萄牙人之手，预示着欧洲人入侵非洲的新潮流。欧洲人青睐非洲潜在的商业机遇，这里的黄金、象牙、棉花和香料对他们有极大的吸引力。然而，非洲的海军力量保护了这一地区免遭抢劫，贸易是在平和的状况下进行，而且按照非洲人的条件。譬如，刚果国王阿方索一世于 1525 年抓获了一条在刚果海岸线进行非法贸易的法国船只，并逮捕了船员。

葡萄牙人不久便发现非洲人本身是这个大陆上最有价值的出口物。1441 年到 1443 年间，葡萄牙人开始将非洲人运到欧洲出售。大部分奴隶是从非洲权贵手中购买，他们对欧洲的需求做出了反应。当时非洲的奴隶制已经很广泛，土地属于部落公有，而奴隶是唯一属私人所有并且可以买卖的财产。所有能够耕种的人都可以得到土地，非洲人可以购买奴隶帮助耕种，以取得土地。实际上，奴隶就像欧洲的佃农和雇工。1659 年，基亚辛多·布鲁吉约迪·达维特拉拉（Giacinto Brugiotti da Vetralla）评论道，中非奴隶只是“名义上的奴隶”。这类评论使人认为，非洲的奴隶没有像新大陆的奴隶那样受到残酷虐待。这种观点得到尼日利亚奴隶奥拉达·伊基亚诺（Olaudah Equiano）的证实，他详述了从非洲到新大陆的恐怖历程：“我现在坚定地相信我来到了一个灵魂邪恶的世界。”

非洲贵族很高兴与欧洲人进行贸易往来。他们基本上要的都是名贵的奢侈品，因为除此之外的欧洲商品非洲都有生产。非洲人生产足够的钢和布料。这些布料花色品种繁多，欧洲人都说可与意大利制造商媲美，而制造量可与荷兰生产量相比。此外，虽然非洲人进口欧洲武器，但主要用来防御。非洲的战争主要靠的是非洲的武器，而且因非洲的政治因素而延续。

大部分运到美洲的非洲人来自于三大文化区域。第一波奴隶的大部分来源于上几内亚（Upper Guinea），从塞内加尔河到现在的利比里亚，这一地区由讲曼德（Mande）语的家族所统治。另一个地区是下几内亚(Lower Guinea),从象牙海岸到喀麦隆,主要语言是阿坎语(Akan)和阿加(Aja)语。第三个主要地区是中非洲,包括安哥拉海岸、孔戈(Kongo)、米纳海岸(Costa de Mina)、今天的贝宁,并向内地伸展一直到现在的扎伊尔,语言以班图语为主。

这些地区是多民族、多语言,从上几内亚的8个民族到中非的27种民族,但他们也存在足够的共同点,使他们能够在美洲建立起新的文化。虽然设计各异,各种文化都有传统方法来裁制服装,披盖或围裹在身上,以及制作陶器,编织篮筐,而有节奏的击鼓则是他们的音乐传统。

最重要的,非洲人还将他们的信仰带到了新大陆。上几内亚的许多奴隶都是穆斯林,但多数到新大陆的非洲人相信灵魂。这个信仰体系相信有物质世界和另外一个世界,人死之后就去另一个世界。一些有智慧的人被称为预言人,可以在两个世界中来回走动,接受另一个世界传来的启示,传给物质世界中的人。这些信仰在新大陆作为一个独立的体系与基督教并存。另外还有一种基督教和非洲教义相混合的信仰,在古巴发展为桑特里亚(Santería)教,在巴西为坎东部莱(candomblé)教,在海地为乌桐(vudún)教。

在拉丁美洲各地都可以看到非洲人,而且他们在人口中占很大一部分。他们很快成为并一直是加勒比地区和巴西的主要劳动力。他们在种植园劳工中占多数,而他们的影响很快传播到“大房子”中,在那里非洲妇女作为厨娘、奶妈和女主人的伴侣,而黑人孩子则和白人孩子在一起玩耍。

男奴隶的人数几乎是女奴隶人数的两倍。一种解释是,大地主喜欢男奴隶,因为他们认为男奴隶是较好的劳动力,因此也有较高的利润。但非洲的奴隶制社会喜欢女奴隶,她们是农业的主要劳动力,并可以妻妾身份纳入大家族之中。结果,女奴隶的价格比男奴隶要高。然而,新大陆的女奴隶经常在田间劳动,并且还要从事家务。他们的主人不鼓励她们多生孩子,认为这样不经济。因此,拉丁美洲的奴隶制很少可以自我维持,需要不断地通过奴隶贸易来补充。这种不平衡使西非家庭组织的延续变得特别困难,后者是以大家族和多妻制为基础的。

非洲的影响也深入到城市。奴隶们在城市做家仆、小商贩、修理工和手工艺者。在16世纪,西半球最主要的三个城市——利马、墨西哥城以及萨尔瓦多达巴依亚(Salvador da Bahia)中,黑人数量超过白人。奴隶中的性别比例在城市似乎更均衡一些,因为很多女奴隶做家仆、街头小贩、妓女和情妇。从城市档案的记录来看,自由女奴比自由男奴要多。显然,城市为非洲妇女提供了更多的机会来改变自己的地位,部分原因是她们做商贩的技巧和当妓女、情妇的需求。

非洲人的价值不仅在于他们可以做非技术劳工,而且在于他们有精湛的手工技艺。更重要的是,非洲人与土著人不同,他们有铁工技术。去过加勒比和巴西的游客都注意到非洲人掌握并从事的技艺多种多样。他们中有石匠、木工、铁匠、平版印刷工、雕塑家、画家、锁匠、细木工、宝石匠和鞋匠。在大庄园和城市,这些工匠、艺人和商人成为新大陆社会不可缺少的一部分。

非洲人也做了牛仔,尤其在委内瑞拉、巴西和阿根廷的大草原上是很重要的一部分。塞内冈比亚地区的奴隶在放马和牧牛方面有技艺,安哥拉的奴隶在养牛方面特别有名。在波托西和新格拉纳达,大部分监管位置都是由奴隶承担的。非洲奴隶在委内瑞拉铜矿的劳动力中也占绝对多数。

奴隶们仍然以原来的国家为中心。特别是在城市地区,他们举行很隆重的仪式选出自己的国王和王后,形成相互帮助的社团。无论非洲人之间的文化差异有多大,他们都能够组织多种族奴隶逃亡团体,在西班牙美洲被称为帕伦克(palenque)或昆贝(cumbe),在巴西被称为基隆博(quilombo)。最有名的基隆博是位于阿拉戈斯(Alagoas)的帕尔玛雷斯(Palmares,葡语意为"棕榈"),从1630年持续到1697年。这一团体有5,000非洲奴隶,来自于非洲不同地区,讲不同的语言,但都团结在一个团体中。从1680年到1686年,帕尔玛雷斯六次遭到攻打,直到最后一次,经过44天的坚守,终于被征服。基隆博实际上建立得相当完整,以致他们可以与巴西农民和商店竞争,在里约热内卢地区出售产品。

非洲人在美洲继续存在,没有融入主导文化,这一事实在19世纪70年代一位法国旅行者阿德莱·图圣—萨姆森(Adèle Toussaint—Samson)对里约热内卢的集市的描述中表现得很清楚:“高大的‘米纳斯’黑女人戴着穆斯林头巾式的头饰,脸上满是伤痕和皱纹,身穿无袖短衣和带褶的裙子,蹲在席子上,靠近水果和蔬菜。旁边是她们的孩子们,赤身裸体。”19世纪70年代,奴隶贸易早已结束,这些明显的非洲传统仍然由巴西黑人传承下去。

1.5 欧印混血人及新人种的产生

美洲三个人种在时而凶暴时而平和的状况下走到了一起。在他们的相互接触中产生了新的人种:梅斯蒂索人(mestizo)——土著人和欧洲人的混血,穆拉托人(mulatto)——非洲人和欧洲人的混血,桑博人(zambo)——土著人和非洲人的混血。伊比利亚人为了精确地描述各种混血创造了许多词汇。伊比利亚人原本就很注重人种的纯洁性,避免带有穆斯林或犹太人的痕

表1.3 18世纪新西班牙混血人种名称

1 西班牙人和印第安人生出梅斯蒂索人(mestizo)
2 梅斯蒂索人和西班牙妇女生出卡斯蒂索人(castizo)
3 卡斯蒂索妇女和西班牙人生出西班牙人(Spaniard)
4 西班牙人妇女和黑人生出穆拉托人(mulatto)
5 西班牙人和穆拉托妇女生出莫利斯科人(morisco)
6 莫利斯科妇女和西班牙人生出阿尔比诺人(albino)
7 西班牙人和阿尔比诺妇女生出托尔纳阿特拉斯人(torna atrás)
8 印第安人和托尔纳阿特拉斯妇女生出洛博人(lobo)
9 洛博人和印第安妇女生出萨姆拜戈人(zambaigo)
10 萨姆拜戈人和印第安妇女生出卡姆布霍人(cambujo)
11 卡姆布霍人和穆拉托妇女生出阿尔巴拉萨多人(albarazado)
12 阿尔巴拉萨多人和穆拉托妇女生出巴尔西诺人(barcino)
13 巴尔西诺人和穆拉托妇女生出科约特人(coyote)
14 科约特妇女和印第安人生出查米松人(chamison)
15 查米松妇女和梅斯蒂索人生出科约特梅斯蒂索人(coyote mestizo)
16 科约特梅斯蒂索人和穆拉托妇女生出阿伊特埃斯塔斯人(ahí te estás)

资料来源:马努斯·莫内:《拉丁美洲历史中的人种混杂》(波士顿,麻省:李特尔,布朗,1967),58页。

表 1.4　18 世纪秘鲁混血人种名称

1	西班牙人和印第安妇女生出梅斯蒂索人(mestizo)
	西班牙人和梅斯蒂索妇女生出梅斯蒂索夸尔特龙人(cuarterón de mestizo)
2	西班牙人和梅斯蒂索夸尔特龙妇女生出金特龙人(quinterón)
3	西班牙人和梅斯蒂索金特龙妇女生出西班牙人或梅斯蒂索雷金特龙人(requinterón de mestizo)
4	西班牙人和黑人妇女生出穆拉托人(mulatto)
5	西班牙人和穆拉托妇女生出穆拉托夸尔特龙人(quarterón de mulato)
6	西班牙人和穆拉托夸尔特龙妇女生出金特龙人(quinterón)
7	西班牙人和穆拉托金特龙妇女生出雷金特龙人(requinterón)

资料来源:马努斯·莫内:《拉丁美洲历史中的人种混杂》(波士顿,麻省:李特尔,布朗,1967),58—59 页。

迹。这些忧虑随着殖民地的混血人种(mestizaje)的形成而更有增加。虽然混血人种这一名词原本特指土著人和欧洲人的混血，后来却被广泛用于所有的混血。这些混血产生了多种皮肤较黑的人,总称卡斯塔人(Casta)。

事实证明,混血人种是一个非常复杂的问题。总体来讲,伊比利亚人认为混血使人种不纯,但有时又鼓励人种混杂,以便于与土著人的经济往来或加速土著人的同化。土著人有时唾弃混血人种，认为他们抛弃了土著人血统。独立运动的领导人西蒙·玻利瓦尔用混血人种这个概念来宣称,西班牙殖民地人不是西班牙人,应该独立。古巴的何塞·马蒂主张,新的国家应该忠实于自己创造出来的混血人种理念,而不是那些外来的理论。

许多 19 世纪的贵族希望混血人种能将人口肤色变白。但是,贵族们又同意法国约瑟夫·亚瑟·哥比诺(Joseph Arthur Gobineau)伯爵和古斯塔夫·乐博恩(Gustave Le Bon)的理论,认为混血儿“永远继承混合人种的最差的特征”。实际上,19 世纪的建国过程经常利用混血人种来否定土著人的继续存在。

20 世纪的拉丁美洲人又思考了混血人种的含义，混血人种包括每一人种中的哪些部分，又有哪些结果。1925 年，墨西哥的何塞·巴斯孔塞罗斯(José Vasconcelos)赞美道,梅斯蒂索人是“宇宙人种”。但到 1944 年,他就排斥了这一概念,认为是“我那些愚蠢的意念之一”。在安第斯国家中,梅斯蒂索人经常被贬称为乔洛人(cholo),同时遭到白人和土著人的唾弃。巴西人有时用混血人种的概念来证明他们国家不存在种族歧视。巴西社会学者和人类学者吉尔贝托·佛雷雷(Gilberto Freyre)在他著名的《豪宅与棚屋》(*Casa Grande e Senzala*)称赞人种混杂是国家特征的精华,也是适应热带气候的成功。这本书在1933年出版时非常受欢迎,并且坦率地提到了性的问题。

实际上,性是这个观点的核心。最典型的是巴西作家若热·亚马多(Jorge Amado)的论点,认为种族问题只能由“血液的混合”来解决。他说:“没有其他办法,只有这个由爱而生的方法可以解决。”然而,到20世纪后期,对混血人种的崇拜转变为冷言冷语,表演艺术家吉列尔莫·戈麦斯—培尼亚(Guillermo Gómez–Peña)和罗伯托·西夫安特斯(Roberto Sifuentes)在他们的“墨西哥人不能越过边境的187个理由”中巧妙地总结道:“因为我们仍然在等待成为宇宙人种。”

在21世纪,混血人种常常被重新看做混杂人种。这个词更多是概念性的,而不带有种族歧视,是对新旧文化的后现代式的混合。混杂人种作为一个分析性概念也许是新的,但它所基于的现实却与西班牙征服一样久远。这一征服将各种人带到一起。通过三个人种的混合和冲突,每一人种为独特文明的形成作出贡献。在这些社会之上的是强有力的体制,它从伊比利亚半岛带来,并根据当地情况作了调整。

推荐书目

巴顿,西蒙:《西班牙史》,英国汉普郡:帕尔格雷夫·麦克米兰出版社,2004。

盖洛普,约翰·卢克,亚历杭德罗·加维里亚和爱德华多·洛拉:《地理是命运吗?拉丁美洲的教训》,加利福尼亚州帕罗阿尔托:斯坦福大学出版社,2003。

洛克哈特,詹姆斯和斯图尔特·比·施瓦茨:《早期拉丁美洲:殖民美洲和巴西历史》,剑桥城,剑桥大学出版社,1983。

米勒，玛丽·格雷斯：《宇宙人种的起与落：拉丁美洲混血人种崇拜》，奥斯丁：得克萨斯大学出版社，2004。

纳罗，南希·普里希拉：《奴隶的地方，主人的世界：巴西农村的依附性》，伦敦：康廷纳姆出版社，2000。

桑顿，约翰：《大西洋世界的形成中的非洲和非洲人，1400—1800年》，剑桥：剑桥大学出版社，1998。

托皮克，史迪文："拉丁美洲不发达的历史透视"，《历史教师》，第20卷第4期（1987），545—560页。

斯威特，詹姆斯·哈：《再造非洲：非洲—葡萄牙世界中的文化、家族和宗教，1441—1770年》，查佩尔山：北卡罗莱纳大学出版社，2003。

Barton, Simon, *A History of Spain,* Hampshire, England: Palgrave Macmillan, 2004.

Gallup, John Luke, Alejandro Gaviria, and Eduardo Lora, *Is Geography Destiny? Lessons from Latin America,* Palo Alto, CA: Stanford University Press, 2003.

Lockhart, James, and Stuart B, Schwartz, *Early Latin America: A History of Colonial America and Brazil,* Cambridge: Cambridge University Press. 1983.

Miller, Mary Grace, *Rise and Fall of the Cosmic Race: The Cult of Mestizaje in Latin America,* Austin: University of Texas Press, 2004.

Naro, Nancy Priscilla, *A Slave's Place, A Master's World: Fashioning Dependency in Rural Brazil,* London: Continuum, 2000.

Thornton, John, *Africa and Africans in the Making of the Atlantic World, 1400—1800,* Cambridge: Cambridge University Press, 1998.

Topik, Steven, "Historical Perspectives on Latin American Underdevelopment," *The History Teacher,* Vol. 20, No. 4. (1987), 545—560.

Sweet, James H, *Recreating Africa: Culture, Kinship, and Religion in the African-Portuguese World, 1441—1770,* Chapel Hill: University of North Carolina Press, 2003.

第二章

从征服到帝国的形成

精神抖擞的征服者为寻找“上帝、黄金和荣誉”而四处探索，同时激发不少想象。儿童文学中把聪明的克里斯托弗·哥伦布描写成伟大的探险家，或把埃尔南多·科尔特斯（Hernando Cortes）说成无所畏惧，据说那个人只用了一小撮人就打败了整个帝国。但借用贝尔纳尔·迪亚斯·德卡斯蒂略的话说，“真正的故事”更复杂，更有意思。这是一个有关人为争取或保持在变换世界中的位置而进行拼搏的故事，不是神或原始人的故事。那些航行到新大陆的伊比利亚人的动机是什么？用的是什么方法？那些迎接他们又与他们开战的土著又是谁？伊比利亚人如何能够维持殖民地达 300 年之久？

2.1 欧洲的探索

新旧大陆的相遇是由欧洲在 15 世纪后期出现的深刻变革所带来的。在三分之一的人口死于黑死病——从 1347 年起蔓延整个欧洲的鼠疫——之后，欧洲人口最终有了回升。不断增长的人口和不断增加的城市化为贸易提供了更大的市场和刺激。贵族之间的斗争，包括“百年之战”和玫瑰战争，得到解决，促成了较大的王国的统一。而这也得到了商人的资助，他们希望国王为当地市场创造稳定环境，帮助重新恢复与外国的贸易活动。

新的造船技术使船舶能够作更长距离的航行，而新的航海器械使航行更加精确。这些技术使商人们将目标定得更远。此外，活字印刷的发明推动了知识的增长。继《圣经》之后印刷的第二本书就是《马可波罗游记》。此书于 1477 年出版，讲述了 200 年之前的旅行故事，也重新唤起人们对亚洲物产的兴趣。商人们梦想着打破阿拉伯人和意大利人对亚洲贸易的垄断，从而可以分享从富裕的欧洲人所觊觎的香料、宝石、珍珠、染料、丝绸、挂毯、瓷器和毛毯中获得的巨大利润。这些物品通过陆路获得，而陆路是在奥斯曼帝国控制之下，它在 1453 年占领了君士坦丁堡。伊比利亚的商人寻找着一条没有中间人的贸易路线，一条能够把他们带到东方的水路。

葡萄牙引领着寻找新的路线，并在一段时间内成为欧洲最强大的海上势力，部分是由于它幸运地处在欧洲大陆最西端。15 世纪时，葡萄牙的人口不到 100 万。这些本来稀少的人口大多数住在沿海一带，离非洲不远，面对着辽阔而灰不溜秋的泱泱大海。葡萄牙人于 1415 年开始对非洲的海外扩张，征服了具有战略意义的休达，守护地中海入口的门户。

第一个真正意识到海洋不是障碍而是巨大的贸易通道的是亨利王子（1394—1460 年）。虽然他从未出过海，英国作家仍把他称为“航海家”。亨利王子倾听当时专家的建议，制定了葡萄牙探险政策，规划了系统的出海行程，每一次都借鉴前一次出海船员收集的资料，每一次又比前一次走得更远。1488 年，巴尔托洛梅乌·迪亚斯（Bartolomeu Dias）绕过了好望角，指明了通往印度的水上通道。有了迪亚斯的成功，葡萄牙人对克里斯托弗·哥伦布的建议没有兴趣。后者声称，去东方的捷径可以通过向西航行而获得。

哥伦布被西班牙人称为克里斯托瓦尔·科隆（Cristobal Colón），他对当时的许多事物都有兴趣。作为住在塞维利亚的许多热那亚人中的一个，哥伦布第一次出海时还年轻，身份是商人或者小职员。一个热那亚商业公司让他去葡萄牙，在那里他学会了绘制航海图。作为热那亚公司进行蔗糖贸易的代理人，他去马德拉群岛居住。他沿非洲海岸旅行，学会了作黄金交易，也目睹了这里的奴隶贸易。当他回到西班牙时，对意大利的贸易、葡萄牙的航海和殖民，以及蔗糖、黄金和奴隶贸易，都已耳熟能详。

哥伦布的故事中有很多虚构之处，譬如他那所谓的地球是圆的新理念，还有女王伊莎贝拉典当掉自己的首饰来资助航海活动，等等。事实上，哥伦布并不需要说服任何受过教育的人，告诉他们地球是圆的。早在公元前 300 年前后，亚里士多德就观察到地球投射在月球上的阴影是圆的。女王也没有拿出她的首饰。实际上，王室只是给予承认，奖励其所获意外之财的 10%，以及海军上将的头衔。王室的确为哥伦布安排了两艘船，由帕洛斯市提供，抵偿它所欠的王室债务。哥伦布的航行主要是靠塞维利亚的热那亚商人的资助。他找到了船员，开始了行程，认为亚洲只有2,400英里远。实际上，这一距离达到1.6万英里，中间隔有他没有预料到的广阔陆地。

1492年，哥伦布向西航行到达印度这一消息在葡萄牙轰动一时。与葡萄牙不同的是，西班牙在航海技术方面声誉不佳。15世纪最后25年中，一些西班牙探险队在非洲沿海活动，其中一个向加纳利群岛宣告了西班牙的主权。但是，西班牙的主要精力放在了驱逐摩尔人(Moors)的内部斗争，以及统一国家的努力上。哥伦布的不期而遇是个巧合。过去注入于失地收复运动(reconquista)中的能量、智慧和动力，那些在八个世纪中将十字架与利剑结成同盟的宗教和政治运动，都立即转向了对外扩张。

哥伦布第一次出海归来加剧了西班牙和葡萄牙之间的竞争。两个王室都要捍卫自己的海上航道。战争的威胁一直到外交手段占据上风才停止。1494年在托德西利亚斯(Tordesillas)，两家王室的代表同意分割世界。一条想象出的从北极到南极的线在佛得角(Cape Verde)以西370海里处将地球分割，向东180度为葡萄牙所有，向西180度为西班牙所有。在葡萄牙所属的半个世界中，巴斯科·达伽马(Vasco da Gama)发现了人们寻找多年的通向印度的海路。他于1497—1499年长达两年的航行第一次使东方和西方经大海联系在一起。虽然哥伦布后来在1493—1496年、1498—1500年和1502—1504年的几次航行使人们看到了他所发现的陆地之大，但也证实了他实际上并没有到达印度。

葡萄牙暂时垄断着通往印度的海上航道，而垄断使王国变得富有。巴斯科·达伽马带回里斯本的货物价值是探险原本开销的60倍，使葡萄牙富裕起来。1500年，继达伽马探险之后，佩德罗·阿尔瓦雷斯·卡布拉尔(Pedro Alvares Cabral)出海航行，但船队偏离了航线，在巴西登陆。后来，人们意识到，巴西就属于分给葡萄牙的那一半世界。在南美、非洲和亚洲沿海，葡萄牙人极想建立商业帝国，而西班牙人则集中力量建立殖民地。

2.2 征服的方式

哥伦布之后的探险者都不是王室的士兵。事实上，西班牙没有常备军，只是在征服的过程中雇用人来为王室打仗。对新大陆的征服主要是民间的冒险行动。开始，由少数投资人组成的商业公司雇佣人去探险。不久，这些公司由另外一些人所替代。这些人自我装备，从所发现的财富中提成。这些人中有投资人的家仆或奴隶，他们的提成归其主人所有。但是，大多数是为自己冒险，他们借钱或用贷款方式购买装备。他们主要是有文化的平民、地位低下的专职人员和边缘贵族——低等贵族。为了财富和荣誉，他们都情愿冒险。许多冒险家过去连剑把都没有摸过。例如，随弗朗西斯科·皮萨罗(Francisco Pizarro)征服印卡帝国的人中，12 人是书记员，24 人是手工艺者，包括铁匠、裁缝和木匠。

这些民间行动通过契约(capitulación)而正式形成。合约由君主和有抱负的冒险家们(conquistador)共同签订。这些冒险家被授予先遣官——阿德兰塔多(Adelantado)的头衔。当资本主义于 16 世纪初在欧洲形成时，这些契约也将欧洲资本主义带到了美洲。这些阿德兰塔多在美洲的行动绝非没有受到君主的管制。所有的民间冒险行动都有王家官员随行，以确保王室的利益不遭损害，签订的契约得到履行。

西班牙的征服是以接力形式进行的。在一个地区建立基础后，冒险家去更远的地方，创建新的殖民地。从在伊斯巴尼奥拉(Hispaniola)岛(后来的海地和多米尼加共和国)上建立的第一个殖民地，探险家们来到了古巴、墨西哥以及危地马拉。西班牙人认识到，土著人有许多不同种族，各自单独居住。虽然有些会与他们打仗，但另外一些会想方设法帮助他们。冒险家们会抓住酋长(cacique)——岛上的泰诺人(Taino)/阿拉瓦克人(Arawak)的部落首领，这是西班牙人在整个美洲最不正当地运用的方法。他们劝诱首领们强迫自己部落里的人屈服。第一批到达的西班牙人瓜分了所得到的财物，基本没有给随之而来寻求宝藏的人留下多少东西。后来的人便继续向前走，寻找新的征服领地。他们不但受到西班牙人的怂恿,也常常受到土著人的影响,土著人那个神秘的黄金城——埃尔多拉多(El Dorado)似乎唾手可得。

埃尔南多·科尔特斯也许是最有名的征服者。但他开始只是一个很不起眼的贵族,一个差一点未能从嫉妒的丈夫手中逃到新大陆的书记员。1504年来到伊斯巴尼奥拉时,他只有19岁。凭着与埃什特雷马杜拉人的家族关系,他得到了一份委托监护权(encomienda)。这是从收复失地运动中借用的一种机制,是对征服者的报偿,让他们掌管一群劳工。在他跟随迭戈·贝拉斯克斯(Diego Velasquez)远征古巴之后,他得到第二份委托监护权。贝拉斯克斯当了古巴总督(governor)后,任命科尔特斯担任圣地亚哥省的行政长官。1519年,贝拉斯克斯选择科尔特斯带领一支探险队,以总督名义寻找阿兹特克帝国。但他又有顾虑,害怕野心勃勃又刚愎自用的科尔特斯会对他不忠。贝拉斯克斯的担心不无道理。当听到可能被替代时,科尔特斯带着600个人、16匹马、11艘船和一些武器弹药提早离开向北进军。

科尔特斯用了两年的时间攻克阿兹特克帝国。在最初试图说服他离开之后,阿兹特克帝国的中心城市勇敢地反抗入侵者。但是帮助科尔特斯的主要是成百上千原本隶属阿兹特克帝国的土著人。确实,这些部落有时很巧妙地操纵西班牙人攻打他们传统的土著仇敌。同样地,非法的、谨慎准备的弗朗西斯科·皮萨罗(Francisco Pizarro)在三次攻打之后,终于在1535年征服了印卡帝国。土著人中两个团体对印卡帝国王位的争夺帮助了皮萨罗。这一争夺早已分裂了帝国,使许多土著人与皮萨罗结盟。

1521年以后,西班牙的探险和殖民方式有所变化。这一年里,不仅科尔特斯征服了阿兹特克帝国,环球航行也得到成功。1519年费迪南德·麦哲伦(Ferdinand Magellan)开始的这次环球航行,由胡安·塞瓦斯蒂安·德尔卡诺(Juan Sebastián del Cano)成功地结束。他证实了向西航行能到达亚洲。然而,他绕南美洲的探险也证明了西行之路要比葡萄牙人采用的非洲行程长得多,难得多。但同时,西班牙意识到并不需要去印度。被征服的墨西哥表明新大陆的金银财富远比西班牙人在与亚洲的贸易中可能得到的财富多得多。与其将新大陆看做去亚洲之路的一个驿站,西班牙人不如将美洲作为他们的重点。

新大陆的其他文明社会很快被西班牙攻克。哥伦布的新发现之后的半个世纪中，西班牙的阿德兰塔多探索、征服或宣示主权的地域大约从北纬40度到南纬40度,囊括了从北部的俄勒冈、科罗拉多和卡罗利纳到南部的智利中部和阿根廷的地区,只有巴西沿海一带除外。西班牙人对城市生活情有独钟。到1550年,殖民者已经建成拉丁美洲的所有主要城市:1519年建成哈瓦那,1521年建成墨西哥城,1534年建成基多,1535年建成利马,1536年建成布宜诺斯艾利斯(1580年又重建),1537年建成亚松森,1538年建成波哥大,1541年建成圣地亚哥。

与此同时,从1500年到1532年,葡萄牙基本上对其所发现的巴西不闻不问。在西班牙和法国利益集团的威迫下,葡萄牙王室授权马蒂姆·阿丰索·德索萨(Martim Afonso de Sousa)建立了第一个城镇——圣维森特(São Vicente),离今日的桑托斯不远。但是葡萄牙人沿用了在非洲用过的方法,并不注重建立殖民地,而将重点放在贸易站的建立上。

传说故事赞赏征服美洲的欧洲殖民者,但实际上,这些人通常不是带着巨大荣誉结束他们的人生的。哥伦布带着枷锁回到了西班牙,被指责为治理不当。在生命的最后几个月,他一直试图赢回金钱和荣誉,他宣称这是西班牙王室向他保证过的。科尔特斯也是如此,在西班牙他至死都抱怨,说他的权力被总督(viceroy)所霸占,并与检审庭争辩他的委托监护权过于庞大的问题。皮萨罗则被他过去的同伙迭戈·德阿尔马格罗(Diego De Almagro)的随从所刺杀，原因是他们认为德阿尔马格罗受骗而没有得到应得的那一份财富。虽然他们的成果卓著,声名远扬,他们在建立稳定而长期的殖民地过程中并没有起到很大的作用。事实上,如果没有商人预先提供资金和物资来赞助他们的探险行动并维持殖民地,就不可能有他们所谓的大胆行动。一个名为埃尔南多·德卡斯特罗(Hernando de Castro)的商人在1520年抱怨道,由于“这个科尔特斯”和古巴总督贝尔斯克斯之间的权力斗争,他们“显然没有时间做生意”。而商业则是征服和殖民的中心目标。

2.3 殖民地经济

对于王室和征服者来说,新大陆的探索是经济行为。西班牙实行重高主义的经济制度,它认为国家财富和实力是通过控制贸易和搜集金块建立的。帝国的目标是卖大于买,将金块存放在王国的国库中。去新大陆的探险者们也同样地受到财富的刺激。正如记录阿兹特克帝国征服的编年史作者贝尔纳尔·迪亚斯所说:“我们来到这里为上帝服务,也为增加财富。”

美洲人开始让伊比利亚人感到为难。加勒比的泰诺人/阿拉瓦克人和巴西沿海的图皮人对跨洋贸易不感兴趣。葡萄牙人在30年中满足于出口生长在沿海的巴西木。西班牙人连这类能够刺激加勒比商业的产品都没有。

伊比利亚人看到贸易物品不多,便把目光放在了一种东西上:黄金。黄金有三个好处:易运送、不腐烂、价值高。正如哥伦布写道:“噢,最美妙的黄金!谁有黄金就有财富,有了财富就可以得到他想要的一切,可以影响世界,甚至可以帮助灵魂升上天堂。”葡萄牙人在巴西没有发现多少黄金。但泰诺人向西班牙人展现了一些金首饰,使西班牙人几乎立即就接触到这种贵重金属,虽然接触不多但非常吸引人。泰诺人还提到在不同的加勒比岛屿上的黄金,使西班牙人开始疯狂地寻找金矿。西班牙人强迫土著人交纳定量的黄金,如果交不出,就把他们的手剁去。尽管如此,他们也只找到少量的黄金。在1501年到1519年间,加勒比人生产了价值约800万比索的黄金。

西班牙美洲的主要黄金来源是新格拉纳达(New Granada,哥伦比亚)。到1600年,从这里出口了四百多万盎司的黄金。这些黄金中的大多数来自于砂矿,由奴隶劳工开采。新格拉纳达的黄金产量逐步上升,到18世纪,其产量约为16世纪产量的三倍。总体来说,它向西班牙提供了3,000万盎司的黄金。

到殖民时代的晚期,才在巴西发现黄金。强悍的探险家们于1695年在米纳斯吉拉斯(Minas Gerais)内地第一次发现了黄金,随后1721年在马托格罗索(Mato Grosso),1726年在戈亚斯(Goiás)都发现了丰富的黄金。这些发现是对向巴西广阔的南部内陆移民行动的激励。每一次发现黄金都促成一次黄金热,无论是外国人还是巴西人都急于寻找他们的财富。黄金热不仅造成巴西人口在18世纪有明显的增长,也使人口从东北部较旱的产糖区迁移到东南部新开发的地区。这里的黄金产量一直上升,直到1760年才开始下降。在18世纪,巴西生产了3,200万盎司的黄金,占世界黄金产量的大多数。

然而,西班牙大部分财富并不来源于黄金,而是来自于白银。征服墨西哥和秘鲁之后,白银就得到了开发。西班牙人于1534年在墨西哥的塔斯科(Taxco),1546年在萨卡特卡斯(Zacatecas)发现了银矿。其他银矿是在瓜纳华托(Guanajuato,1550年)和圣路易斯波托西(San Luis Potosí,1592年)发现。在16世纪,墨西哥向西班牙运送了价值超过3,500万比索的贵重金属,成为17世纪末期西班牙美洲的首要产地。然而,最富有的矿山于1545年在上秘鲁(后来的玻利维亚)的遥远山区波托西发现。这个银矿是世界上有史以来含银量最大的矿山之一。殖民地时期,这些银矿总共生产白银达10万吨。西班牙王室精心地收集了他们的分成,也就是五分之一的贵重金属,并运用了大批官员来监管自己的利益。

采矿业证明了当地对出口的依赖性。西班牙王室极想得到黄金和白银,但更重要的,他们渴望得到财富。在没有金银的地方,伊比利亚人和他们的后裔寻找着其他可供出口的物资。他们向伊比利亚半岛,并进一步向欧洲运送了从槐蓝属植物中提炼的深紫蓝色颜料,以及从胭脂虫中提炼的深红色的胭脂红,这种胭脂虫生长在一种仙人掌上。新大陆的牛皮可制成精细的皮件。可可豆引起对巧克力的新需求,巧克力又放有新大陆产的蔗糖。成功与否全在于地区的资源,以及也许是殖民地中最富裕的财富——生产产品的劳动力。

为了寻求可行的劳动力体制,西班牙人一开始转向自己的传统。他们将对新大陆的征服看做是收复伊比利亚半岛失地运动的延续,因而将委托监护权这一体制带了过来。这一体制曾用来控制和剥削摩尔人。阿德兰塔多将它用在美洲,以使土著人皈依基督教并剥削他们。这一体制要求西班牙的委托监护主(encomendero)向受他托管的土著人训喻基督教和欧洲文明,同时也要护卫和保护他们。作为回报,他向土著人索取贡赋和劳役。

西班牙王室对于同意把委托监护制用于加勒比地区踌躇不决。毕竟,君主刚刚统一西班牙,正准备在半岛加强自己的力量。因此,他们不愿意在新大陆培养一个委托监护主阶层,这个阶层可以在君主和他们的新土著臣民之间强加自己的意愿。这种机制对王室来说太封建,以至伊莎贝拉在1501年敕令印第安地区总督还土著人以自由。当这种尝试导致土著人纷纷逃离大庄园,并拒绝为西班牙人工作时,女王才改变了主意。

1503年,通过王室敕旨(cédula),伊莎贝拉使新大陆的委托监护权这一机制合法化、制度化。该法令表述了对土著臣民福祉的关心,并且告诫西班牙人善待土著人。但是,这个法令也批准了一个允许众多虐待行为的劳工制度。1513年,国王费迪南德颁布了《布尔戈斯法》(Law of Burgos)——第一个政府基本法规和关于土著人的规章,它号召对待土著人要公平、人道。王室官员发现这一政策很难得到执行。卡洛斯五世(Charles V)在1519年试图废除委托监护制,但是这一制度深入社会每一个角落,当时已很难简单地将其取消。委托监护主拒绝承认对这一制度的废除,王室官员也没有强制实施这项法规。

委托监护制迅速地传播开来,尤其在定居的土著人口中最为有效,他们已经习惯于土著人的征集轮流劳动制。它建立并维持了公共建筑,并为土著贵族提供了劳动力。这种制度在阿兹特克(科阿特基特尔,coatequitl)人和印卡(米达,mita)人中都存在。在许多地区,土著人仍然住在他们自己的村子里,送一些劳工去西班牙人的土地上劳动。在没有这类土著人的地方,西班牙人根本不可能建立委托监护制。1547年发现萨卡特卡斯这个富有银矿的地方时,这一点表现得非常明显。北方的土著人,譬如奇奇梅克人(Chichimec),基本上是非定居群体。他们没有任何基本且紧凑的组织构体可建立,没有酋长位置可夺取,没有纳税和征集轮流劳动的传统。西班牙人最多能把他们当做奴隶役使,但是他们人口死亡率很高,让他们做奴隶并不是很好的投资方法。

由于任何工作都离不开劳动力,委托监护制的代价很高。虽然受科尔特斯委托监护的劳工人数高达10万人,后来者就没有这样幸运了。譬如,巴托洛梅·加西亚(Bartolomé Garcia)给王室写信,抱怨说在巴拉圭,授予他的委托监护的劳工只有 16 个瓜拉尼人(Guaraní)劳工,居住在距他 80 里格之远的地方,“从那里无法得到任何服务”。在有半定居群体存在的地区,如图库曼、巴拉圭以及智利的比奥比奥河北部,西班牙人可以设计出有所调整的委托监护权制度。西班牙人必须和土著人打成一片,成为他们的首领,实际上是做他们的酋长,并通过家族关系创建当地的群居体。这里,人种混杂起到重要作用。巴拉圭的情况是个典型的例子。西班牙殖民者和瓜拉尼人联合,帮助他们与传统敌人——圭库鲁人(Guaycuru)打仗。由于西班牙妇女不情愿去边远地区,西班牙人与瓜拉尼妇女结婚,更多的是同居,从而结成家庭关系。许多所谓的委托监护制就是这种大家族形式,主要是妇女从事家务和农业生产。

大约有五十分之一来到殖民地的西班牙人得到了委托监护权。随着到中心地区的移民迅速增加,重新分配委托监护权的压力越来越大。在现实的压力使这一体制伤痕累累时,王室也在怀疑委托监护主违反了托管制,虐待土著人。这种怀疑在某种程度上与教堂的报告有关。

最为土著人说话的西班牙人之一,是多明我会传教士巴托洛梅·德拉斯卡萨斯(Bartolomé de las Casas),后来成为主教。他在宫廷提供的富有说服力的论据对教皇保罗三世 1537 年的训令有贡献。这个训令宣布,土著人完全能够接受基督教义,也就是说,他们有灵魂,并且不应该剥夺他们的自由和财产。部分由于这个原因,当然也因为对委托监护主的权力有政治上的考虑,卡洛斯于 1542 年颁布了新法,禁止奴役土著人、强迫提供私人服务、授予新的委托监护权,以及继承现有的委托监护权。殖民者对此极力反对:在墨西哥威胁要造反,在秘鲁委托监护主起来抗拒新法。君主又一次屈服于极端的压力,修改了一些法规,删除了另外一些。委托监护制在辽阔的美洲帝国部分地区延续了一段时间,但在 16 世纪中期之后,这一体制逐渐消失,主要是由于人口压力而不是道德压力。

代替委托监护制的是劳役摊派制(repartimiento)。这是一项临时为某项工作分配土著人劳工的制度。在这一制度下,王室有权控制并分配这些工人。需要劳动力的西班牙殖民者向一名朝廷官员提出申请,申明要做的工作、完成时间,以及需要的土著人数量。理论上讲,朝廷官员是照管工人利益的,保证他们得到合理报酬,并享有满意的工作条件。但实际上,劳役摊派制被滥用成灾。种植园主和矿主不断地纠缠朝廷官员,要他们改变制度,使其更好地适合当地需要。这一劳役摊派制在16世纪下半叶和17世纪上半叶就兴旺发展起来。

除了提供农业劳动力,劳役摊派制也为南美洲的矿山提供了大部分劳工。在秘鲁的总督辖区(Viceroyalty),波托西的米达制(mita)变为沉重的负担。根据这种制度,每个克丘亚和艾玛拉(Aymara)的成年男性每七年都要去离家很远的矿山工作一年。他们在最危险的环境中工作,挣得的工资却不够自己和自己家庭花费的一半。

如同在西班牙美洲一样,巴西的土地所有者(16世纪在沿海一带,更多的世纪在内陆和北部地区)部分依靠土著人作为劳动力来源。有些土地所有者从土著人村落(aldeias)雇用劳工。朝廷和教会试图把游牧部落集中到村落里,这些村落最初由教会组织和管理,在1757年之后受朝廷管理。土著人在村落里受到保护,并被介绍了基督教和欧洲文明。作为回报,他们要向教会和国家提供一定的劳务。村落制度的这一部分与委托监护制相近。另外,种植园主可以向村落管理机构申请付予工资的土著劳工,来完成特定时期的特定工作。在这方面,村落劳工雇用制度基本相当于劳役摊派制。村落劳工雇用制度只囊括了一小部分巴西土著人,其他的土著种植园主则到处猎捕土著人做奴隶,但并不成功。

定居土著劳动力的存在,是巴西和西班牙美洲劳工组织的重要区别之一。由于图皮人或者死亡,或者逃到边远区域,葡萄牙人依照马德拉岛上使用的方法,使用非洲奴隶。由于多年来与欧洲人的接触,非洲人对欧洲疾病有免疫力,这又是一个有利之处。到16世纪末,非洲为葡萄牙和西印度群岛提供了大部分用于生产的劳动力。仅巴西就接受了近40%的大西洋奴隶交易中的奴隶,是到达美国的奴隶数量七倍。

虽然绝大部分奴隶开始在巴西、后来在古巴和海地的蔗糖产业中劳动,奴隶的劳动并不仅限于这些领域。在整个拉丁美洲,奴隶是技术劳工的主力。他们担任手工艺者、赶骡人、牧人和矿山技术工人。到1570年，秘鲁的黑人比西班牙人多，从1519年到1650年，墨西哥的奴隶至少达12万人。然而，由于他们太昂贵，西班牙美洲的矿山主尽量限制用黑人，只让他们做技术工作。

在西班牙美洲的高地地区，一些定居土著人口生存下来。殖民主义者为稀缺的劳动力相互竞争，导致他们用工资吸引劳工。早在1546年，在萨卡特卡斯的矿山，为了把土著劳工吸引到较远的北部地区，矿主付给工人工资。当劳役摊派制变得过于累赘，并由于偏袒和贿赂而无法继续时，工资制在矿山外普及起来。

不管劳工制度如何，有一种形式始终如一：大部分土著和非洲劳工是为少数欧洲贵族及其后裔的利益而辛劳的。这些贵族在西班牙美洲被称为克里奥尔人(crillos)，在巴西则被称为马松博人(mazombos)。他们人数一贯不多，即使在土著人口衰减之后仍然如此。

王室愿意创造一个庞大的工资劳动者阶层，将此看做是进步的一个环节。对于君主来说，这似乎能够证明土著人的同化和欧化。但是，雇主们想把工资维持在低水平，并阻止劳动力为寻找更好的工作而流动。有些雇主试图把合同工资劳工改成债务劳工，用债务将土著人和他们的后代绑缚在地主身上。雇主们用虚假的友善手段借债给工人，让工人用其劳动来偿还。但是，工资通常不够还债，债务便从父亲传递到儿子。然而，由于劳工的缺乏，促使债务劳役制(debt peonage)也给工人提供了一定的机动性。只要可能，劳动力就被提出较高工资和较好劳动条件的雇主所吸引。许多劳工对向一个雇主借贷后又转到下一个雇主感到问心无愧。如果没有强大的军队或警察，逃跑的工人几乎无法追回，特别是如果他们逃到荒无人烟的地区。

最初，土地充裕，西班牙人主要考虑如何找到劳工为他们开垦土地。但是，随着更多的西班牙移民到达新大陆，土著人口从最初征服之后的剧减逐渐恢复，以及有利可图的农产品市场在国外和殖民地都发展起来，对土地的竞争加剧了。土地所有权变成财富和荣誉的基础，并标志着权力。从一开始，阿德兰塔多将土地分配给他们的随从，以作为对他们提供的服务的酬谢。官员们得到大量土地和劳工，而平民则得到少量的土地，通常也没有委托监护权。

1532年，马蒂姆·阿丰索建立了圣维森特，大手大脚地向他的随从分配了土地，从此形成了一种土地分配模式，与葡萄牙盛行的习惯相差甚大。自1375年以来，葡萄牙国王有节制地授予传统的塞斯马里亚份地（sesmaria），这样每人只能获得一份自己能够有效开垦的土地。面对广阔的地域，阿丰索无视葡萄牙的这些习俗。结果，沿海的好地很快地被分割成大片的甘蔗种植园。几十年后，大规模的塞斯马里亚份地的赐予又将内地的大片荒地圈为牧牛场。

随着时间流逝，许多原来授予的土地都变成大地产。较为精明的土地所有者把邻居的土地买下来或干脆蚕食别人的土地。不断减少的土著人口让出了更多的土地，伊比利亚人很快就将土地垄断下来。一系列的法律手段对西班牙人占领土地有利：集中制（congregación）、废除制（denuncia）和协议制（composición）。集中制是把土著人集中在村庄居住，为西班牙人夺取土地大开方便之门。废除制是要土著人拿出他们对土地的合法所有权和地产所有权的凭证，而这点是土著人的古代法律无法做到的，做不到就意味着土地可能被别人夺走。协议制是通过合法调查取得土地的一种手段，而"合法调查"同样是土著人没有的一种概念。通过这些，还有其他方法，西班牙土地所有者逐步地将土著人驱赶到山区和干燥的边缘地区。

葡萄牙国王对巴西的大种植园或大地产——法森达（fazendas）的低效率感到很不满，但很晚才颁布法令试图扭转这一局面，限制大地产的规模。18世纪末的一个总督拉夫拉迪奥侯爵（Marquis of Lavradio）曾经悲苦地抱怨，这些大地产管理不善，而且通常只耕种一部分，使巴西的发展受到阻碍。他指出，那些有主但没有耕种的土地只是威望的象征。然而同时，他注意到农民恳请他给予土地来耕作。有些地区进口完全可以自己生产的食物。然而，随着殖民地的诞生而出现的大庄园制（latifundia）一直是巴西的主要特征，也是西班牙美洲的特征。

有些地产和种植园形成了相当大的规模。在墨西哥，有的地产规模超过100万英亩。在巴西，据各家的记载，迪亚斯·达维拉的庄园规模超过了欧洲大多数国家。卢索—巴西人(Luso-Brazilians)[①]发现欧洲蔗糖市场已经成形且利润丰厚,而甘蔗在巴西沿海一带生长得很好,迅速地发展起了典型的种植园经济。到 1550 年,在 16 世纪最富有、最重要的都督辖区(captaincies)伯南布哥,50 个糖厂每年生产了足以装载 40 到 50 艘船的蔗糖运往欧洲。16 世纪后半叶和 17 世纪前半叶中,巴西的甘蔗种植园繁荣起来。这种依靠一种作物进行国际贸易的经济模式被称作单一经济,它很早就被强加于巴西。在西班牙美洲,很长一段时间中,庄园只为当地市场生产。它们的主要任务之一是向矿山城镇提供食物。只是在 18 世纪即将来临时,庄园才能以与巴西种植园相比的规模参与国际贸易。

庄园或法森达所显示的生活形式通常被定义为封建制, 这个词暗示剥削,带有浓厚的感情色彩。确定地说,中世纪社会典型的封建主义根本不存在于新大陆。国王的权力在较遥远的地区可能很弱,但他从来没有将领土主权授予大土地所有者。王室的法律是奏效的。大地产也不能被说成是自给自足的采邑制,因为虽然它们自给自足,它们的主要经济作物将它们与资本主义经济紧紧地联系在一起。也许, 用马克斯·韦伯提出的家长式专制主义(patrimonialism)来描述这种制度最为合适。在家长式专制主义制度下,土地所有者对下属实施权力,作为其财产所有权的一个方面。那些在他土地上居住的人都受他的控制。他任意用武力在自己庄园范围内强加权威。有了这种权力,他可以用相当个人化的手段管理庄园。最终,他完全掌控他的庄园和外界之间的所有贸易。通过这类贸易,他参与了资本主义世界市场。

种植园、庄园以及矿山为伊比利亚的君主、资本家和商人提供了丰富多样的收入来源。蔗糖、烟草、可可、靛青、木材、棉花、黄金、白银、钻石以及牛皮都是美洲殖民地向旧大陆提供的自然物产的一部分。伊比利亚半岛依靠新大陆繁荣起来。里斯本和马德里都大量地依靠原料进行外贸。譬如,很多年中,巴西的物产大约占葡萄牙出口贸易的三分之二。

伊比利亚殖民主义者寻找各种办法赚钱,但是受到种种限制。这些限制

---

① 指葡萄牙巴西人。——译者

不仅仅是地理位置的问题，还受到欧洲市场的需求限制，以及伊比利亚人对贸易的控制。通常来说，出口的一种或少数几种产品决定了殖民地的繁荣道路。如果一种物品销售得很好，整个地区都会繁荣。如果不好，就会带来经济萧条和生活贫困。

伊比利亚人没有很有效地利用那些大自然赋予这块土地的物产。由于竞争少，劳动力便宜，没有任何原因能够刺激人们改变旧式的、效率低下的方法。蔗糖就是很好的一个例子。在一个多世纪中，葡萄牙人几乎垄断了蔗糖生产。1650 年到 1715 年，荷兰人、英国人和法国人在加勒比增加了蔗糖生产。他们效率高、组织好，不但机械新，而且资金来源广泛。他们的地理位置离欧洲市场也更近。结果，葡萄牙的欧洲对手的蔗糖经济繁荣起来，而传统生产者的经济衰败下去。拉丁美洲经济以快速取得巨大利润为目标，投机性极强，因此波动极大。土地和劳工的家长式专制主义统治制度也给经济带来了动荡和低效率。总之，拉丁美洲经济并不替自己带来最大的利益，却是为伊比利亚的大都市和新大陆的一小撮种植园主—贸易贵族赚取直接的利润，而这些贵族几乎全都是欧洲血统。

如果没有欧洲物品可买，新大陆的财富便分文不值。西班牙人鄙弃土著人的产品，如玉米，非要自己熟悉的小麦、橄榄油和葡萄酒。国际商人基本上是以墨西哥城和利马为基点，都是塞维利亚和加的斯商人——他们拥有对西班牙贸易的垄断权——的地位较低的合伙人。随着地区和地方经济的发展和更加综合化，更多地位较低的合伙人被派到地区首都。他们的目标基本上是赚足够的钱，再回到西班牙享福。但是，他们也在矿山和种植园投资，使他们在当地有了投资，最终激励他们在殖民地留下来。

从 16 世纪 20 年代开始，西班牙船队就在西班牙和殖民地之间运送货物。每年两支船队出海，一支去新西班牙，另一支去卡塔赫纳和巴拿马。这一体制成功地保护了货物，只有两次失败：一次是 1572 年运给弗朗西斯·德雷克爵士的货物，另一次是 1628 年运往荷兰的。气候是更大的威胁。

与此同时，殖民地之间、殖民地与其他国家之间，存在着相当多的走私贸易。地域的广阔和有限的官员使西班牙无法完全控制殖民地贸易。船只驶进许多无人看管的海湾里，或者声称船只遇险，使他们有合法权利驶进其他地方的港口。走私行为到底有多广泛根本不可能知道，但有些学者估计，这一地区的贸易中，三分之二是非法行为。

虽然对外贸易是经济活动的发动机，矿山中心的扩大使当地对食品和货物的需求增加，形成了一个较低收入的西班牙人和土著人的市场，他们没有能力购买价格昂贵的进口物品。当地的企业家以多种方法为新的市场服务：运送、牧畜、修路、进口货物加工，以及为当地制造商建造作坊(obrajes)。交易本地物产的商人(tratantes)与那些进行国际贸易的商人不能同日而语，但他们也经营着一个利润很大的商业。然而，殖民地大部分地区进行的是一种维持生计的经济，在当地市场之外几乎只出售剩余物资和手工艺品。

2.4 被征服的人民

难以得知在哥伦布来到美洲前这里有多少居民。学者们估计，这里大约有 900 万到 1 亿人口。但有一点很清楚，西班牙人到来之后，土著人急剧死亡。即便不算实际的征服年代，从新西班牙的贡品记录中看出，从 1548 年到 1595 年，土著人口下降率达 80%。在沿海地带和加勒比群岛，据估计，这一数字几乎达到 100%。但在最近对泰诺(Taino)文化延续性的研究中，对土著人口全部遭到毁灭的论断提出了质疑。

不管精确的数字是多少，显然，这一人口的下降是历史上最大的人口灾难之一。虽然土著人确实死于西班牙人挑起的战争和暴行，导致土著人死亡的最大原因是疾病。由于美洲与欧洲、非洲一直隔绝，那里的居民对很多疾病没有抵抗力，譬如，瘟疫、天花和斑疹伤寒；甚至流行性感冒和麻疹也夺走了殖民地居民的生命。他们的死亡数字如此之大，以至一位德国传教士于 1699 年评论道："印第安人死得如此容易，只是简单地看到或闻到西班牙人就使他们断气。"

死亡破坏了土著人的世界。通常来说，被一种疾病削弱的人最终会死于第二种传染病。生病的人太多，无法互相照顾。看到周围的人成千上万地死去,幸存者的心理状况也极差。为了控制人口,西班牙牧师试图将剩下的人集中在新形成的村庄,但村庄里的疾病蔓延得更快。

然而有些地区相对来说未受损伤,特别是遥远的高地地区。随着人们相互之间的接触增加,土著人对西班牙疾病逐渐有了抵抗力。在16世纪人口急剧下降后,土著人口开始回升并有增加。

土著人世界的改变程度要看与西班牙人接触的程度,而这又要看地区的矿藏财富和经济潜力。最初,大多数土著人几乎与西班牙人没有接触,只有土著人首领充当两方的联系人。最终,随着两方的人口都有增加,而且经济和社会的更加复杂化将两个社会连得更紧,个人间的接触就更多了。但即便在接触最多的地区,这种接触也发展得很慢。譬如,在今日的墨西哥中部,直到1650—1800年,许多土著人社团才表现出多文化混杂的迹象,如双语得到充分应用。晚到1910年的墨西哥革命,革命领袖埃米利亚诺·萨帕塔(Emiliano Zapata)发现需要用纳瓦特尔语演讲,因为不讲西班牙语的人口当时还相当多。

土著人社团体现出非凡的文化灵活性。在可能的程度,他们对于接受什么和排斥什么能够作出非常清楚的选择。譬如,西班牙的工具常常被接受,但土著人的衣着风格仍然保留。土著人也很有办法,他们利用内部的团结以及社团之间的矛盾来决定与西班牙人往来的条件。

抵制的手法包括请愿、诉讼和反叛。地方的反叛是拉丁美洲殖民地特有的状况。这种状况通常只限于村庄范围,但有时也传播开来,威胁到整个地区。反叛的形式有两种,一种是在将近50年的时间中,在不同地区对征服的反叛。另一种是在之后的年代中,特别是在殖民时代晚期,对已确立的关系发生变革所做出的反应。

土著人对征服者的战争是很有办法对付的,因为这类战争是哥伦布之前殖民地生活的一部分。对物质的破坏及其政治后果,对城邦一级以上的土著贵族影响最大。乡间的族长们很快就失掉了他们的权力,而土著人的城市也失去了作为当地生活中心的优越性。在过去的土著人城市基础上建立起来的城市,变成了西班牙人的中心。除了土著人中介,其他土著人的生活整个地转移到农村、乡间城镇以及村庄之中。

支撑国家组织的种族团结削弱了。所有阶层的本地祭司遭到系统的打击:下层为他们耕种的土地被没收并重新分配,印第安人祭司遭到屠杀、被指控或被迫转为地下。结果带来了混乱,但这些混乱使较低阶层和被压迫的土著人族群能够从以前的束缚中解放出来。一些土著平民急切地痛斥贵族的专横行为和无信仰的习性。有些附属于土著贵族的城镇和无地农民居住的村庄,宣布了他们的独立。

大部分本地人没有遭到社会地位下降的痛苦,因为他们本来就只是平民。确实,有些人也许会认为,新的统治者要求并不很高,也不很神圣。阶级界限越来越模糊,规定只有土著贵族才能拥有可可或消费酒品的节约法令不再起作用。用仙人掌汁进行发酵后制出的酒精饮料——龙舌兰酒(pulque)的生产不断增加,酒店和小旅馆也随之多了起来。以前曾经是宗教仪式的习俗,变成了普遍的公众行为。

新西班牙的农作物,尤其是牲畜的引进改变了农村。但是土地仍然富足,土著人还拥有自己的土地。直至殖民地后期,这一状况才有改变。他们现在必须控制来自西班牙人庄园的四处游荡的牛群,不让它们跑进土著人维持生计的耕地而造成损害。此外,西班牙人企图垄断贸易往来,破坏土著人以前的商业网。土著人虽然能够进行贸易,但不再能像过去一样控制古老的贸易格局了。

土著人认为王室是他们的保护者。而且确实,王室的态度也是认为土著人需要保护:土著人被看做是“有胡子的小孩”(niños con barbos)。王室官员帮助确定了土著村庄的共同权利,希望实行保护性隔离。他们认为他们可以帮助土著人远离非土著人最恶劣的行为,并可以正式而谨慎地引入最好的成分。

2.5 殖民地管理制度

西班牙和葡萄牙对其美洲帝国的统治达三百多年之久,使他们成为有史以来最强大的帝国政权。它们对帝国组织的概念有很大差别,而这些差别给它们分别带来了成功。西班牙殖民地的管理制度比较有组织性,等级划分清楚,权力系统容易识别。葡萄牙帝国组织松散,权力体制更具有过渡性。两种君主制应用了不同的殖民地管理制度,部分原因在于它们自己的历史,部分原因则在于它们遇到的具体情况不同。

在这两个国家中,君主便是政府。他是人间至高无上的统治者。这一被确认了的、完整的等级制是按照上帝、国王和父亲的顺序排列的,这就是圣奥古斯廷预想的基督君主概念。君主制的神秘性和传统性使这一制度的力量非常强大,没有人对国王的统治权利有过怀疑,或拒绝对王室的忠诚。君主拥有一切权力,并从王位上实施所有权力。所以,王室能够使所有殖民地的条例合法化。

然而,伊比利亚半岛和新大陆之间的遥远距离,以及通信和旅行的缓慢,使新大陆官员在当地的自治权力大增。实际上,这意味着,国王只能够希望对政策的主要原则有一定的支配权,其他的具体细则就留给殖民地和当地的官员来解释和执行了。“我服从但不执行”成为新大陆官员公认的向西班牙王室表示忠诚的方式,同时变通法律来适应当地情况。在西班牙美洲——巴西也一样——的一个哲学就是承认国王的权威,但并不执行他的意志,这至少在某种程度上促使帝国的长期存在。这也允许法律有灵活性,既适合君主的利益,又适合殖民者的利益。作为巴西殖民地第三任大总督的梅姆·德萨(Mem de Sa)曾对国王说:“这块土地不应该也不可能被葡萄牙的法律和习惯所支配。如果陛下不很快饶恕他们,就难以将巴西开拓为殖民地。”

为了监管王室官员和属民,伊比利亚的君主向新大陆派遣了对王室绝对忠诚的官员。充其量,君主们只怀疑殖民地使所有人的“野心膨胀,道德下降”。因此,他们不愿意委派太多美洲人出任殖民地最高职位。他们公开怀疑美洲人的忠诚。但是,随着帝国的成熟,越来越多的美洲人在教会、军队和政治组织中占据了有影响力的地位。尽管王室反感,伊比利亚官员还是与显贵的美洲家族联姻,为当地和伊比利亚贵族之间建立起桥梁。王室对这些官员的检察被称作巡查制(visita),也就是要对一切下属作现场职务调查。在任职结束时,每一位管理人员都可能受到司法弹劾制度(juicio residencia)的纪律检查,对他任职期间的公共表现进行法律上的质询。

考虑到美洲殖民地的地域辽阔,王室官员人数极少,而且几乎全都住在人口最稠密的城市里,伊比利亚对殖民地的控制堪称卓越。可以说,王室维持他们的权威和对殖民地的控制,主要是通过合法性或政治支配权来进行的。美洲人接受了这一制度,很少产生疑问,几乎没有对此作出挑战。公众的反抗多是因经济问题引起的,时有发生。但公众的反抗是针对某一特殊不满的反应,而不是具有任何哲理上的倾向而要求改革。美洲的贵族认为与王室合作对他们有更大好处,便用极大部分的权力来维持帝国制度。

西班牙王室对殖民地的管理得到西印度事务委员会(Consejo de Indias)的帮助。它在1524年才成立。相反,贸易署(Casa de contratacion)于1503年就已成立,负责殖民地商业往来。西印度事务委员会包括一系列部长,由国王任命,因为国王掌握着有关殖民地的立法、执法和司法的决定权。但是,如同国王一样,西印度事务委员会与它想掌控的地域也有一洋之隔。

国王在新大陆的主要代表是总督。哥伦布在1492年离开西班牙时就带着总督的官衔,可以管理任何他可能发现的新土地。其他一些征服者也出任了被他们征服的地区的总督。征服者的管理技巧有很大的不同,他们的个人利益使他们难以成为王室的真正代表。1535年,王室任命安东尼奥·德门多萨(Antonio de Mendoza)为新西班牙的第一任总督。他是西班牙一流家族之一的成员,卡洛斯五世信赖的外交官。在华丽的盛典之中,他来到了墨西哥城,立即着手限制阿德兰塔多和委托监护主在新大陆的权力,同时加强并集中了国王在新大陆的权力。到他1551年离开墨西哥时,他强制执行了法律和秩序,使地主阶层恭顺于王室,提高了皇家的权威。简言之,他巩固了对新西班牙的征服。秘鲁成为第二个总督辖区。1543年,第一任总督到达秘鲁时,他看到的是社会混乱、争斗和内战,搅乱了整个西属南美洲。直到管理能力强的第五任总督弗朗西斯科·德托莱多(Francisco de Toledo,1569—1581年)到来后,国王的权威才在不驯的南美洲属民中牢固地建立起来。如同门多萨一样,德托莱多的主要成就也是巩固了西班牙的统治。

检审庭(audiencia)是新大陆中最高的皇家法庭和顾问委员会。作为这种机构,它的权力范围很广,不但可以作出政治和行政决策,也可以为民事案和刑事案作出最终裁决。最早的检审庭在圣多明各建立于1511年,墨西哥城于1527年,巴拿马城于1535年,利马于1542年,危地马拉城于1543年。在18世纪,有14个这样的机构成立了。各个检审庭的法官人数不等。在16世纪,他们的人数保持在3到4人,后来增加到15人之多。由于法官的任职期超过总督的任职期,而且两个职位相重叠,法官为皇家管理的延续提供了进一步的保证。

都督辖区是总督辖区的重要分支。从理论上讲,都督隶属于总督,但实际上,他们直接与马德里通话,只向总督表示形式上的尊崇。在他们的下面是郡守(corregidores)和市长(alcaldes mayors)。在他们的辖区,这些小官员掌有行政、司法权以及有限的立法权。

早期殖民时期,市政会(cabildo 或 ayunntamiento)最初为在美洲出生的白人——克里奥尔人提供了进入政府和实施政治权力的重要机会。到18世纪中期,克里奥尔人掌握了除最高政府职位外的所有职位。如在巴西,城镇的市政会不但掌管着城镇本身,也管辖着周围的农村地区,因此,在有些情况下,实施权力的范围相当广。在一开始,是拥有土地的公民选出市政会议员(regidores),但在后来,越来越多的市政会议员的职位是买来的或世袭的。

与克里奥尔人的市政机构平行的是土著人的市政机构。在某些地区,这类机构很快消失了,与克里奥尔人的市政机构合并。在其他地区,这类机构一直延续到独立运动或早期建国时期。特别在早期,西班牙人依靠土著人的首领征集贡品或组织劳动力做公共工作。本质上,王室对殖民地的管理依赖于几个王室官员,以监督西班牙殖民者、后来的克里奥尔人以及实际生产财富的土著人。

在殖民时期的很长时间里,西班牙美洲只分为两大总督辖区——墨西哥总督辖区(包括现在的整个中美洲)和秘鲁总督辖区(包括整个西属南美洲)。然而,在殖民地晚期,随着与大西洋沿岸贸易的调整,以及布宜诺斯艾利斯逐渐成为重要的港口,王室又成立了两个新的总督辖区——新格拉纳达(包括现在的哥伦比亚、委内瑞拉和厄瓜多尔),以及拉普拉塔(囊括了现今智利的一部分、阿根廷、玻利维亚和乌拉圭)。

新总督辖区的创建表明了贸易在政府形成中所起的重要作用。从殖民地早期开始，商人就构成一个小而重要的阶层。他们组建了商会(consulados),并得到相当多的优惠和特权。1592 年,王室允许墨西哥成立第一个商会,利马的商会也于 1613 年得到了王室的批准。此后,商会在西班牙美洲帝国的其他区域蔓延开来,这表明了与大都市的贸易愈益增加。它们与塞维利亚和加的斯的商会一起,垄断了西班牙美洲的贸易和商业。

虽然巴西成为葡萄牙最有价值的海外资产,但在 19 世纪之前,没有专门的法律或机构来将它作为大帝国中一个单独的、特殊的,或有特权的实体进行管理。从 1532 年到 1534 年,为了开发巴西而又不触动王室的资产,葡萄牙君主将巴西划分为 12 个大都督辖区,分给了美洲领土的殖民者,使他们享受了很大的权力。到 1548 年,若奥三世收回了这一决定,并开始重新确立自己的权威。1549 年,一个在大总督领导下的集权政府开始带来秩序。1646 年,葡萄牙国王将巴西提升为公国。随后,王位继承人被称为巴西亲王。1720 年后,巴西历届政府首脑都有了总督头衔,巴西实际上变成了总督辖区。

直到 16 世纪,葡萄牙统治者才将国内和海外事务分开。王室从来没有授权一个特别机构专门管理巴西事务。各种行政机构帮助国王统治他的领土,这些机构起到了顾问、管理、司法和财政的综合作用。最重要的机构之一是若奥四世在 1642 年创建的海外委员会(Conselho Ultramarino)。这是长期演变后的产物。海外委员会的主席、秘书和三名理事通常在殖民地工作。委员会分几个常务委员会,处理各种军队、行政、司法和教会的事务。而其首要任务是充当国王的顾问。

其他政府机构继续对皇室和殖民地同时负有责任。在葡萄牙,财政委员会(Conselho da Fazenda)管理着公共财政和国库。道德宗教委员会(Mesa de Consciência e Ordens)在 1532 年成立,为王室管理土著人事务提供建议。最后是最高法院(Casa da Suplicação)解决许多殖民地的法律纠纷。皇家秘书或国务卿 (secretary of state)——1736 年之后成为海军和海外部长的头衔——也

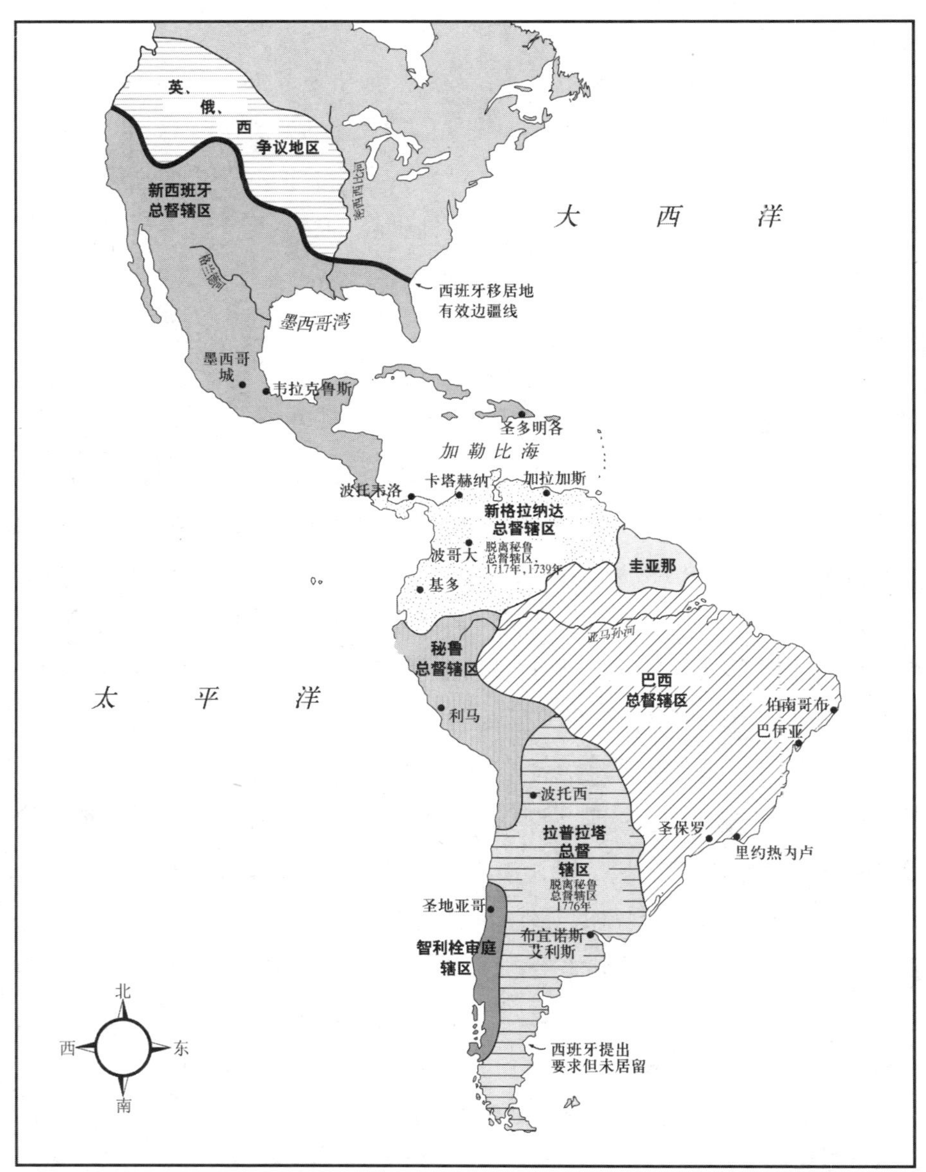

地图 2.1　1776 年美洲殖民地的总督辖区

资料来源：克雷格，艾伯特·姆；格雷厄姆，威廉·阿；卡根，唐纳德；奥兹门，史蒂文·姆；特纳，弗兰克·姆：《世界文明综合遗产》，第 7 版，2006。电子版重印，得到培生教育公司允许。

协助君主对帝国的统治。这些大臣在18世纪后半叶变得越来越重要。

在巴西,皇家政府的代表管理着殖民地。在其顶点是大总督(governor—general),1720年以后改称总督。他的施政效率主要看他自己的优缺点了。那些精力充沛的总督对殖民地有非常大的影响;那些软弱的总督则发现自己几乎难以控制首都城市,其权力遭到有野心的主教和手下官员们的削弱。

萨尔瓦多·达巴伊亚是一个美丽的港口,也是巴西中央政府第一个首府。由于殖民地南部受到外国人的威胁,1763年,总督所在地向南移到里约热内卢。1654年荷兰人被打败和驱逐后,外国人对东北部海岸的蔗糖田的威胁结束了。然而,到17世纪末,葡萄牙美洲面临着西班牙在普拉塔地区日益增长的威胁。1680年,葡萄牙在拉普拉塔河左岸建立了科洛尼亚·多萨克拉门托殖民地,与布宜诺斯艾利斯遥遥相对。葡萄牙对这一地区有领土要求,西班牙对此提出挑战,从而,沿普拉塔河一带的激烈竞争和不断的战乱便持续了一个半世纪之久。

先是大总督继而是总督依赖于一个不断膨胀的官僚机构来管理殖民地,监管军事准备,实施国王的司法条例,以及征收税款。最重要的是高级法院(Relação),于1609年在巴伊亚首先建立。第二个高级法院于1751年在里约热内卢建立。这些法院主要负责司法:他们在巴西是最高法庭,几乎没有太多的上诉案可呈交里斯本的上诉法庭。税务问题和资产管理属于另一个机构——财政署(Junta do Fazenda)——来管辖。

我们今天所知道的巴西国在大部分殖民地时期被分为两个国家。巴西国是其中更为重要的一个。而另一个国家位居北部,很穷,名为马拉尼昂(Maranhão)。北部从未像南部发展得那样生气勃勃,而且对里斯本的依赖性很强。1621年建立马拉尼昂国后,国王委派了大总督和大法官。由于经济增长慢,人口少,高等法院没有必要,国王没有授权在这里建立任何高等法院。1751年,首都从圣路易斯迁到贝伦。贝伦比圣路易斯小,却是一个更为活跃的港口,在很长一段时间内,已成为该国有效率的中心。1755年,国王认识到亚马孙地区不断增长的重要性,创建了圣若泽杜里奥内格罗(现在的亚马孙地区)都督辖区,划属于帕拉都督辖区。

都督辖区是两国的主要行政区划。国王委派的代表和官员,如都督辖区的总督或大都督,在地区范围承担的责任与管理范围更大的大总督或总督相同。对于这个问题,就像在许多情况下的,理论和实际相差甚远。距离之远近,个人性格所带来的不同效率,政治计谋的高下,以及法律的模棱两可性经常意味着,大总督只不过是在同僚中具有首要地位,有时根本不能在都督辖区实施权力。事实上,大总督以及他后来的接班人——总督,从来没有像西班牙美洲的大总督一样实施过相同程度的控制和权力。

市级政府是大多数巴西人有过接触的、也是唯一他们多少参与的机构。市级政府除了管理城镇和郊区外,权力扩展到了农村。在殖民地人口极少的巴西,市级政府的权力范围达到成千上万平方英里。当地政府最重要的机构是市政会(Senado da Câmara)。“善人”(homens bons),即有产者获得有限的选举权。每三年,由他们选出两个治安官员、三个市议员和一名公共检察官。市政会通常是巴西出生的白种人马松博人(mazombo)和葡萄牙出生的白种人“王国人”(reinóis)发生冲突的第一场所。葡萄牙官员占有除市级政府职位外的其他所有政府职位,实施帝国法律,他们的观点是全球性的。市政会的马松博人只关心当地事务,他们的观点局限于巴西。

2.6 基督教会

也许,比政府机构更重要的是教会。费迪南德和伊莎贝拉是基督教君主,对自己的宗教身份也认真对待。君主在自己的国土上维护宗教信仰,作为回报,教皇通过教皇训喻于1501年和1508年向西班牙王室授予皇家圣职授予权,于1515年向葡萄牙君主授予临时的相同权益,于1551年转为永久权益。这种皇家圣职授予权使伊比利亚的君主可以对帝国中的所有教会事务实施权力,只有纯精神事务例外。君主征收什一税并决定如何花费,任命(有时召回)主教、牧师和其他教会行政人员,批准新教堂的建筑,确定主教辖区范围,以及批准、转达或者拒绝教皇的训令。皇家圣职授予权表明国家对教会的支配权,但反过来,又允许了教会对国家的干预。如果说国王和他的大臣们对教会的重大事情有最后的发言权，那么通常来说，牧师们同样地占有政府的最高职位。教士通常也是大臣、大都督、总督，甚至摄政者。毕竟，是红衣主教亨利，在16世纪统治着葡萄牙帝国。

哥伦布曾指示道："比起其他利益，国王和王后对于信仰的扩展更关心，只希望增强基督教，并把对神的崇拜带到许多无知的民族中。"因此，在哥伦布第二次去新大陆的航行中带了12个修道士。宗教皈依是重要的，它不仅使土著人获得真正的信仰和永久的拯救，而且有助于他们成为伟大的天主教国王陛下的忠实属民。成为葡萄牙人或西班牙人就是成为罗马天主教徒。当基督教君主用信仰来衡量公民，开始驱逐犹太人和穆斯林人，宗教就成为一种原始的民族主义。伊比利亚人从出生、成长、结婚到死亡一直是基督徒，教会渗透到他们生活的每一个角落。

作为宗教群体，土著人不需要被说服来相信神的存在。土著人是多神论者，并习惯于将征服者的神加入自己的众神中。总的来说，征服者的神明显应该更加强大。征服阿兹特克帝国的象征就是对他们的庙宇的焚毁。一个较困难的问题是基督教会坚持一神论，而拉丁美洲圣人纪念日的增加可以归因于基督教圣人和当地神的结合。使牧师头疼的是，土著人的偶像常常被放在基督教的祭台后面。每一个村子里都有自己的圣人和世俗的兄弟会（cofradia），专用于节日和圣人纪念日。这些节庆礼仪与前殖民地时期的信仰纠缠在一起，成为土著人生活中的一个重要部分。但是，哥伦布之前宗教信仰的继续存在并未降低基督教后来在土著人生活中占有的重要地位。

如同政府一样，教会的结构也是等级森严和有地区性的，大主教在总督辖区的首都居住。在他们的下面是主教，在其他主要城市居住。然后是牧师，在大教堂的牧师会礼堂和城市的教区中主事。在基督教会最底层的是神父，在委托监护制的村庄里教化土著人。这些神父是最新到来、训练最少和没有人际关系的一个群体。如同委托监护制，农村的教区直接建立在土著人的领土上。神父利用印第安人酋长的权力建立教堂，并且使土著人参加教会的礼拜仪式。他们也仰仗在教会做事的土著人头领——教务监督人（fiscal）招募教堂司事和唱诗人来参与各种教会活动。

作为拉丁美洲殖民地最重要的机制之一，基督教会在将土著人变成西班牙臣民的过程中起到核心作用。坐落在墨西哥城索卡洛的华丽大教堂就建在阿兹特克庙宇的遗址上。（美国国会图书馆）

神父与来到新大陆的其他移民举止相同。他们利用家族关系和地区关系建立他们的权力基础，并且将他们的女性亲戚嫁给委托监护主、矿主和富裕商人。他们的经济基础建立在虔信者的捐赠上，而他们利用这些捐赠来购买有利可图的地产，和建造精美的教堂。上层人士一般加入修会——方济各会、多明我会和奥古斯廷会，等等。级别低一些的则成为世俗神父。这些神父没有加入修会，像其他西班牙人一样参与社会，试图寻找赚钱机会。

也许教会和殖民政府之间的关系并不是一直很和谐，但它们的关系足够平和，允许教会在新大陆富裕起来。什一税、出售教皇赎罪券，以及教区收费只为教会提供了很小一部分的收入。遗产成为教会财富的主要来源。在富人的遗嘱中，一般都会至少留给教会一部分财产，因此，教会积聚了很大一笔产业，很快就成为新大陆中最大的土地所有者。教会也成为重要的放贷人，基督教的财富因贷款的手续费和利率而增长。教会的财富绝不是平均分布。在利马、萨尔瓦多·达巴伊亚、奥罗比勒陀、基多、安提瓜和墨西哥城等城市中，众多的教堂虚饰堂皇，簇挤在街市中。而在农村，星星点点的教堂却到了“穷途末路”的地步。虽然职位高一些的牧师收入超过许多德国君主，边远村庄的穷困牧师却要帮助信徒解决日常的需要。

财富的积累更增加了伊比利亚教会的保守倾向。教会不是从信徒中找出其领导人员。总的来说，富裕家庭和/或贵族家庭的儿子成为主教和大主教，这些位置在新大陆主要由欧洲出生的人占有。所以，教会中的最高职位与行政部门职位一样,都是与贵族相关和被他们占有。在财富、权力、荣誉和教育垄断等方面,罗马天主教会在 18 世纪末期被视为西半球权力无限的机构。它的影响非常大,不但对社团的社会和宗教生活,而且对他们的政治和经济也影响重大。

教会和土著人之间的关系很复杂。最初,牧师的责任是对土著人宣讲福音,并使他们皈依基督教。他们最初的成果如何很值得怀疑,譬如,纳瓦特尔人对浸礼的解释是把水泼在一个人的头上,这一解释很形象但是没有表明他们对此有任何理解。少数牧师,如贝尔纳多·德萨阿贡(Bernardo de Sahagún),通过教授土著人首领西班牙文和拉丁文,同时自己学习土著人的语言来了解土著人。几乎没有其他神父能够做到萨阿贡的地步,他在土著人的帮助下,编撰了多卷本的本地历史和传统概要《新西班牙情事通史》(*Historia general de las cosas de Nueva España*)。

一些牧师对作为土著人的保护人这一角色非常认真,其代表有安东尼奥·德蒙特西诺斯(Antonio de Montesinos)和巴托洛梅·德拉斯卡萨斯(Bartolomé de las Casas)。1511 年,德蒙特西诺斯在圣多明各的一次布道中申斥了当地的教区信徒,布道词是由三个多明我会的修士写的。他称自己是"基督的声音在这个岛屿的荒野中的哭喊声",他谴责殖民者对土著人的虐待,责问道:"难道他们不是人吗?他们没有理性的灵魂吗?你没有像爱你自己一样地爱他们的责任吗?你们不懂这个道理吗?你对此没有感受吗?……一定要保证你目前的状况不会比摩尔人或土耳其人更无可救药,这些人不相信也不愿意相信耶稣基督。"拉斯卡萨斯和他观点相同。拉斯卡萨斯原来是委托监护主,后来成为土著人运动最有名的支持者。他写的《西印度群岛毁灭简史》(*Brevísima Relación De La Destrucción De Las Indias*)详细地记叙了西班牙人对印第安人的虐待。虽然这部著作有一些言过其实,也有的只是听说,但在欧洲被广泛传阅,为"黑色传说"提供了材料。"黑色传说"这个概念认为西班牙征服者比世界上其他地区的征服者更残暴。实际上,这一征服虽然残暴,但绝对不比其他地区的征服更厉害,欧洲历史上的这类征服比比皆是。对西班牙的批评更多出自于欧洲人对西班牙财富的嫉妒,而不是完全实

从来没有去过新大陆的欧洲人认为，征服过程极为血腥，这一观点激起了有关西班牙人残忍的“黑色传说”。这幅由特奥多雷·德布里（Theodore de Bry）所作的金属刻画展现了征服者用火烙、截肢和绞刑折磨土著人。（美国国会图书馆）

事求是。

虽然许多神父肯定帮助了土著人，大多数牧师还是赞成等级森严的社会制度。这种制度把土著人和非洲奴隶放在了社会的最底层。土著人为教会和世俗社会做工，耕作教会的土地，建筑地方上的教堂和城市中华丽的大教堂。有些牧师也虐待当地居民，这些事情都在呈献给王室的请愿书中陈述过。

从西班牙人的观点看来，最重要的大概是，牧师们站在布道坛上鼓吹社会有序和顺从。如果上帝让他们穷，质问为什么就是一种罪孽。穷困将在下辈子得到回报。这个启示不仅是针对土著人的，而且也是针对西班牙底层社会和梅斯蒂索社会的。它所传递出的消极和认可的态度使这个等级制社会合法化。

教会对这个社会保持着高度的戒备。所谓堕落分子，特别是犹太教皈依者和新基督徒，常常被送上宗教裁判所。1569 年，菲利普二世（Philip II）授权在西班牙美洲建立宗教法庭（Holy Office），1570 年法庭在利马开庭，1571 年在墨西哥城开庭，1610 年在卡塔赫纳开庭。菲利普二世将土著人从宗教裁判所的司法范围豁免，“因为他们无知而且头脑简单”。这对土著人是非常重要的。宗教法庭的目的主要是政治性的而不是宗教性的，是为了有力地清除和纯洁社会以使之合为一体而恪守忠诚。宗教法庭的显赫权力延续到 18 世纪的下半叶。在巴西，宗教法庭从来没有形成机制，但它通过宗教裁判所的主教和审判员开过庭。

教会对西班牙殖民世界的文化也有很大影响。教会虽然审查书籍,却也对美洲人进行了教育,并在新大陆促成了大多数严肃的奖学金。由于教会成员在殖民地受过教育的居民中占大部分,大多数教师也从他们中间产生。教会对教育实施了有效的垄断。第一批学校是设在修道院里,课程有阅读、写作、数学和基督教教义。西班牙君主鼓励在新大陆成立大学,并于 1551 年向墨西哥大学和利马的圣马科斯大学颁发了第一批许可证。牧师占据了大多数教席。在 1636 年哈佛建成之前,已经以中世纪西班牙大学为样板,建立了十几所西班牙—美洲大学,它们提供了法律、医学、神学和艺术等多种课程,大部分是用拉丁文教授的。大学在新大陆作了一个重大的妥协:上神学的学生要学土著人的语言,以对他们前途有益并行之有效。

教会还为妇女的家庭生活提供了新的选择, 但这种选择并不总是自愿的。父辈有时将女儿送进修女院,以确保她们的处女状况或防止她们结婚。婚姻意味着大量的嫁妆,包括土地、财产或资金等,而父亲都愿意将这些完整地传给儿子。另一方面,遗孀通常退居修女院。在那里,她们管理着自己的财富、地产和财物。宗教生活绝不意味着只有祷告和静坐。女修道院也不只是沉默、礼拜和克制私欲的沉闷居所。通过宗教机构,妇女管理着学校、医院和孤儿院。在某些修女院里,修女在她们的仆佣陪伴下,娱乐、阅读世俗文学著作、演奏乐器、唱歌、准备美食并享受着热闹舒适的生活。

殖民时期最有名的学者之一就是一个修女,索尔·胡安娜·伊内斯·德拉克鲁斯(Sor Juana Inés de la Cruz,1651—1695 年)。她的聪颖使她在有生之年在新西班牙出名。而且,她的复合体式的、才华横溢的诗歌奠定了她在文学著作中的崇高地位。虽然是总督府的宠儿,她仍然选择进入修女院,从而可以追求在世俗社会中妇女得不到的智力生活。在圣赫罗尼莫修道院,她自己有图书室和书房。在那里,她主持了文学沙龙(tertulias)。虽然她以诗歌出名,她对哲学和自然科学也同样有很大兴趣。在总督和主教统治集团有了变化之后,她不仅不再受到青睐,还因为她对世俗学科的研究和她写的一些文章中带有反家长制思想而受到攻击。在统治集团的压力下,她卖掉了四千多

知识链接 贞女瓜达卢佩

基督教和土著人传统的融合也许最有效地体现在墨西哥人对贞女瓜达卢佩的崇拜。根据传说，1531 年 12 月 9 日，一个名叫胡安·迭戈的土著人在特佩亚克山中行走，遇到一个皮肤黝黑的漂亮女子向他走来。她让胡安·迭戈告诉主教胡安·德苏马拉加，她“强烈地希望并且要求他们为我在这里建一座庙，在庙里，我会展示……我所有的爱、我的同情心、我的援助和我的保护”。

胡安·迭戈遵从了她的指示，但主教胡安·德苏马拉加有所怀疑，要求拿出证据。闷闷不乐的胡安回去找那个贞女，那个贞女让他到山顶上去采花。山上光秃秃的，但这个迷惑的男人在山顶上发现一片花海。他采了一斗篷的花，并在 12 月 12 日把花送给了主教。当他打开斗篷向主教展现非应季的鲜花时，花落到地上，在斗篷的内衬上留下贞女的影像。

主教被说服了，并有后悔之意，于是他下令建教堂。恰巧，黑皮肤贞女出现的地方就是为土著人女神托南特斯辛所建的庙，苏马拉加命令将其摧毁。女神托南特斯辛是地球女神、上帝的母亲和人类的保护者。

同样，特佩亚克的贞女瓜达卢佩也被看做是保护神，特别是穷人和受压迫者的保护神。她与西班牙的埃什特雷马杜拉的贞女瓜达卢佩不同的是，她出现的地方曾是土著人的圣地，还有她的外貌，由于她皮肤黝黑，便为土著人与天主教之间提供了衔接。

1709 年，一个更大的教堂代替了原来的教堂，人们又于 1976 年为一个新的长方形教堂举行了落成仪式。胡安·迭戈的斗篷留了下来，在神龛中展出。每一年，成千上万虔诚的天主教徒来到这里瞻仰它，特别是 12 月 12 日那天。

圣母玛利亚塑像，摄于 12 月 12 日瓜达卢佩贞女节。墨西哥城，墨西哥，中美洲。（米蕾勒·沃蒂埃，图片部/科巴尔收藏）

本书的收藏，以及乐器和科学仪器。1695 年，她在护理她那些得病修女时，传染上瘟疫而去世。

2.7 殖民地社会

从法律和社会的角度来看，西班牙殖民地分为两部分：印第安人团体（república de indios）和西班牙人团体（república de españoles）。两个世界的分割并不彻底。随着时间的推移，种族的混杂也使界限更加模糊。西班牙人已经对本民族中混入犹太人和穆斯林的血统而导致成分不纯的问题有很大反感，因此，他们对种族纯洁问题非常敏感。虽然西班牙男人可以自由地与土著和非洲妇女混居，他们却试图对西班牙妇女进行严格控制，以维持西班牙后代的纯洁。这些做法加强了伊比利亚家长制的传统，得到宗教的支持，成为社会和政体组织的模式。

在征服和殖民的最初几十年中，到达新大陆的欧洲男性比女性多。1498 年哥伦布第三次出海时，只允许 30 名妇女随船。1527 年，王室批准在波多黎各和圣多明各建立妓院，"因为这是一种需要，从而可以避免引起更多的伤害"。在后来的征服中，西班牙妇女有时就在男人身边战斗。伊莎贝尔·德格瓦拉夫人（Doña Isabel de Guevara）参加了 16 世纪 30 年代对拉普拉塔地区的征服。在以后寻求委托监护权时，伊莎贝尔·德格瓦拉夫人谈道："男人变得非常虚弱，所有工作都落到倒霉的妇女头上。洗衣服、护理男人、为他们准备仅有的一点食物、使他们保持清洁。我们还要站岗、巡逻，印第安人来攻打时要帮助他们上弩，甚至开炮，唤醒那些有能力作战的士兵。我们在营房高声报警，作为军士来整队……（我）们的贡献如此之大，如果没有我们，所有这一切都会消亡。如果不是为了男人的名誉，我可以真实地给你写更多，并把它们呈现给你作为证词。"

西班牙妇女的缺乏使许多男人去找土著妇女。从一开始，征服者把印第安妇女看成是征服的一部分，强奸经常发生。加勒比群岛的土著男人通常把妇女藏起来，不让西班牙人发现。其他土著人群体则把妇女送给西班牙人，以巩固联盟。在许多方面,对妇女的征服是征服新大陆本身的一种隐喻——对处女地的征服。西班牙征服土著人妇女的一个最著名的例子是马琳特辛(Malintzin)的故事。在西班牙,她被称为玛利娜夫人或马琳彻,而在墨西哥,这个词的意思成为卖国贼。马琳特辛是个被卖为奴隶的玛雅妇女,后来被当做礼物送给埃尔南多·科尔特斯。由于她会说阿兹特克人的语言——纳瓦特尔语,她成为科尔特斯的翻译。她为科尔特斯生了一个儿子,但在几年之后,他让她与他的一个手下胡安·德哈拉米略结了婚。

为了使殖民地稳定,王室坚持让已婚男人把他们的太太带到新大陆去,并鼓励年轻未婚妇女嫁到殖民地。到 16 世纪 40 年代,西班牙妇女和男人的比例是 1 : 7 或 1 : 8。像在西班牙一样,婚姻是为维护家庭财富和地位而包办。婚姻将委托监护主、矿主、政府职员和商人联系在一起。

在这种父权结构中,家庭中的男性家长支配着家里所有人和家庭事务。在巴西农村,这包括种植园、奴隶和佃户。虽然家庭中的男人通过越轨的性生活,制造了一大批梅斯蒂索和穆拉托儿童,随便地扩大基本家庭范围,伊比利亚女人却只能纯洁地生活在孤独中。在父权家庭中,妇女的理想行为是有标准的,她们必定要结婚或送往修道院。她们在结婚之前一定要保持处女身份,除了自己的父亲、丈夫和儿子外,不能和任何男人接触。她们所担当的妻子和母亲的职责被赋予很高的价值,控制她们的性生活对于保证伊比利亚贵族的血统纯净至关重要。虽然其他经济阶层的妇女不可能按照这种贵族模式生活,但她们的生活显然受它的影响。

尽管家长制的偏见重大,伊比利亚的妇女比欧洲其他妇女享有更多自由。妇女结婚后仍然保留自己的姓,母姓和父姓都传给后代。妇女拥有婚姻中的一半财产,与她们的兄弟继承同等遗产。遗孀通常是亡夫的遗嘱执行人和孩子的监护人,她们的自由常常导致社会要求她们再婚的巨大压力。有时,妇女反而会选择进入修女院,做居家修女(beatas),但不是真正的修女。在新大陆,妇女有新的责任:她们的丈夫外出时,这些妇女在家管理委托监护权,并证明她们是很精明的女商人。有些富家妇女在商界很活跃,在房地产或制造业上投资。她们有时买卖奴隶,并直接管理她们的财产。

伊比利亚和克里奥尔的贵族人士妇女一般足不出户，低一些阶层的妇女则为了生存需要而参与许多行业。中产阶层(middle sector)的妇女试图在家里工作，从事房屋出租或缝纫。但低阶层的妇女经常出现在公众的视线中，担任纺纱工、烧酒(aguardiente)生产者和销售者、面包师、俗医者、接生婆、缝纫工、陶器制工、蜡烛制造者、小旅馆老板和房东。她们控制了当地的市场，出售食物、物产和手工艺品，并经常在高阶层家庭做家务。

妇女的角色显然与经济阶级和职业有关，而这反过来又和种族问题联系一起。西班牙人和葡萄牙人在新大陆的社会等级制度中站在最上层。在他们下面是他们那些生在殖民地，但有伊比利亚纯正血统的后代——在西班牙美洲是克里奥尔人，在巴西是马松博人。他们一起形成了一个很小的少数派群体，在肤色黝黑的百姓阶层上小心地搞平衡。社会的基础是一大群肤色黝黑的人，特别是土著人和非洲人，以及数目不断上升的混血卡斯塔人(castas)。最终他们会要求在等级制中有一席之地，向伊比利亚的霸权进行挑战。

总而言之，殖民时期在拉丁美洲比在北美洲殖民地更具有重要意义。它比后者提早了一个世纪。到1550年，这个地区的每一个主要城市都已建成。虽然西班牙人把旧大陆的机制移植到了新大陆，但他们通常被迫在土著人的结构之上加以修改，以适应当地情况。在300年的帝国统治中，一个模式形成了，并一直保持到现在：这是一个等级制社会，由一个不大的白人贵族集团统治着贫困且肤色黝黑的百姓。政治、经济和社会权力掌握在少数人手里，受到等级森严的教会的承认和支持。经济的特征是大土地所有者和低工资劳工，依赖出口，使这一地区在不相称的程度上受到国外事态的影响。正是这些国外的事态将推动着殖民地转变为国家。

推荐书目

洛克哈特，詹姆斯和斯图尔特·彼·施瓦茨：《早期拉丁美洲：西班牙美洲和巴西的殖民史》,剑桥:剑桥大学出版社,1983。

洛克哈特,詹姆斯和恩里克·奥特主编:《16世纪西班牙西印度群岛的通信和人民》,剑桥:剑桥大学出版社,1976。

鲍尔斯,凯伦·埃比拉:《征服中的妇女:1500—1600年西班牙美洲社会的性别起源》,阿尔伯克基:新墨西哥大学出版社,2005。

雷斯塔尔,马修:《西班牙征服的七个谜》,纽约:牛津大学出版社,2003。

雷斯塔尔,马修:《玛雅世界:1550—1850年尤卡坦文化和社会》,斯坦福,加利福尼亚:斯坦福大学出版社,1997。

特拉斯亚诺,凯文:《殖民时期瓦哈卡的米斯特克人:16—18世纪的纽德萨维历史》,斯坦福,加利福尼亚:斯坦福大学出版社,2001 。

Lockhart, James, and Stuart B, Schwartz, *Early Latin America: A. History of Colonial Spanish America and Brazil*, Cambridge: Cambridge University Press, 1983.

———, and Enrique Otte, eds., *Letters and People of the Spanish Indies, Sixteenth Century*, Cambridge: Cambridge University Press, 1976.

Powers, Karen Vieira, *Women in the Crucible of Conquest: The Gendered Genesis of Spanish American Society, 1500—1600*, Albuquerque: University of New Mexico Press, 2005.

Restall, Matthew, *Seven Myths of the Spanish Conquest*, New York: Oxford University Press, 2003.

———, *The Maya World: Yucatec Culture and Society, 1550—1850*, Stanford, CA: Stanford University Press, 1997.

Terraciano, Kevin, *The Mixtecs of Colonial Oaxaca: ñudzahui History, Sixteenth Through Eighteenth Centuries*, Stanford, CA: Stanford University Press, 2001.

第三章

独立

西班牙和葡萄牙设法统治他们的广袤的海外殖民地达300年,这个帝国的持续时间令人瞠目结舌。但是,不可避免地,遥远异地的属民有一天会认识到,首先,他们能够自理;再者,他们要想在经济和政治上繁荣,必须独立。当西班牙在欧洲打仗时,拉丁美洲发现自己有时享有自由贸易带来的财富,有时还成功地用军事力量防卫了自己。他们看到了自己是这片土地真正的主人,过去认为比伊比利亚出生的人低一等的感觉变成了与他们平等的感觉,后来感到比他们高了一等。在拉丁美洲出生和成长的人对这个地区的感激之情和自豪感升华为本土主义,这是一种集体意识,将最高的价值归于出生地,并誓死忠实于这片土地。西班牙试图更有力地控制殖民地,但这些努力只是更激怒而不是控制他们的殖民地人民。其结果是殖民地为争取独立而斗争。

除了海地和墨西哥的独立运动,克里奥尔和马松博上层人士领导了这场独立运动。然而这些上层阶级领袖是依靠皮肤黝黑的贫困百姓赢得战争胜利的。大多数人有自己参加战斗的理由,常常与领导他们的人不一致。而且,独立战争同时也是内战。

有关这一时期(18世纪末和19世纪初)值得思考的主要历史问题是:为什么拉丁美洲人追求独立,他们如何获得成功,以及他们独立之后要做什么。在从殖民地到民族国家的政治转变中,何人得利,何人失利?最后,为什么独立运动不是改变,反而肯定了社会的基本格局?

3.1 新的自尊

伊比利亚殖民地的第一个世纪结束之前,新大陆的居民开始对自己、对环境以及对与世界其他地区的关系进行了反思。他们第一次用自省的语气说话和写文章。出生在西班牙的胡安·德卡德纳斯(Juan de Cárdenas)在他的1591年出版的《印第安人奇妙的问题和秘密》(*Problemas y Secretas Maravillosos de las Indias*)中证实,在聪明才智上,墨西哥的克里奥尔人远远超过半岛人(伊比利亚人)。为了表示对新西班牙的忠诚,贝尔纳多·德巴尔武埃纳(Bernardo de Balbuena)于1604年在他写的《墨西哥的宏伟》(*La Grandeza Mexicana*)一书中赞扬了墨西哥的一切。他认为,在生活的美好、趣味和魅力上,墨西哥城都相当于或超过了西班牙大多数城市。1618年,安布罗西奥·费尔南德斯·布兰当(Ambrósio Fernandes Brandão)在他的《论巴西的伟大》(*Diálogos das Grandezas do Brasil*)中第一次试图定义或解释巴西。他以此来表示出对殖民地的忠诚,责备那些葡萄牙人来到巴西只是为了剥夺这里的财富,并将它送回半岛。诗人、史学家和散文家都描写过广阔的大自然中那种天然的美。他们用新的激情接受并延续了16世纪初人们颂扬过的主题:新大陆是地球上的天堂。

那些认为美洲比欧洲卑微的启蒙哲学家又进一步推动了这些本土主义的思想。对所有美洲事物的贬低在《欧洲商业在西印度建立的哲学和政治史》(*Histoire philosophique et politique des établissements et du commerce des Européens dans les deux Indes*)一书中基本上直截了当地表达出来。这本书初版于1770年,其后30年里出过大约50版。它的作者包括有名的哲学家如德尼斯·迪德罗特(Denis Diderot)。在书中,美洲人不仅被看做没有欧洲人聪明,甚至更缺少男人气概:“那里的男人不那么强悍,不那么勇敢,没有胡子或汗毛:在所有男人气概的表征方面都低一等……男人对被大自然赋予繁育能力的异性冷漠,表明他们生理有缺陷,还处在幼年时代,与我们欧洲大陆那些没到青春期的人相同。”

拉丁美洲人马上开始维护自己。一个新西班牙前总督的克里奥尔人儿子,胡安·比森特·德格梅斯·帕切科·伊帕迪利亚(Juan Vicente de Güemes Pacheco y Padilla)坚持说美洲人“非常喜欢性生活”。1780—1781年,在四卷本新西班牙历史《墨西哥的古老故事》(*Storia antica del Messico*)中,弗朗西斯科·哈维尔·克拉维赫罗(Francisco Javier Clavijero)用一种更加骄傲的口吻,将古代墨西哥世界类比于希腊和罗马的古典社会。这本受欢迎的著作传播甚广,被翻译成多种文字。墨西哥大学校长胡安·何塞·德埃及亚拉·伊埃古兰(Juan José de Eguiara y Eguren)指出,1775 年出版《墨西哥百科全书》(*Bibliotheca mexicana*)这种学术著作的综合性书籍,意味着新西班牙后来的居民同样地博学多才。

与此同时,部分启蒙思想吸引了新大陆的知识分子。欧洲在 18 世纪处于思想骚动时期,这些思想传遍了西班牙和殖民地。美洲人对理性主义和自然及经济科学知识的兴趣特别高。雷内·德斯卡特斯(René Descartes)和伊萨克·牛顿(Issac Newton)的著作很快就进了大学课程。约翰·洛克(John Locke)关于个人财产权的理念与亚当·斯密(Adam Smith)的自由贸易和自由市场的自由主义思想相吻合。美洲贵族在家里的社交聚会时讨论新的思想,平民百姓则常去咖啡馆听人朗读报纸并讨论时事。

科学和经济理念的革命导致国家之友经济协会(Sociendades Económicas de Amigos del País)的形成。这一机构在西班牙发展起来,并于 18 世纪 80 年代扩展到新大陆。总之,协会(Societies)趋于将重点放在自然及物理科学、农业、商业和教育上,对政治和社会问题也给予一定关注。葡萄牙美洲没有任何大学,但是西班牙美洲的经济协会却于 1724—1794 年之间在萨尔瓦多和里约热内卢建起了六个文学和科学学术机构。每一个学术机构都经历了一个短暂而活跃的生活。

西班牙美洲的印刷业对传播思想作出了非常重要的贡献。里斯本则严格地禁止在其美洲殖民地搞印刷厂。在美洲出版的许多刊物中,有一些杰出的报纸,成为启蒙思想和本土主义的源泉。它们的版面上充满了有关欧洲启蒙运动主要作者的参考资料、引文和著作的译本。

对拉丁美洲人来说,最重要的启蒙思想是理性和对进步的信仰。政治思想不十分重要,很多人相信,自由度的增强可以在西班牙制度下得到,不必争取独立。确实,西班牙王室在波旁王朝变得更加开明,西班牙人也期望在王室制度下取得现代化和进步。

1700年,哈布斯堡家族(Habsburg)最后继承人去世,引发了一场旷日持久的王位继承战争,最终由法国的波旁王朝于1714年登上西班牙王座。继位后,新国王现他们继承的是一个破产的王朝,在欧洲事务上管得太多,而殖民地的管理制度效率很低。新君主的目标是要改变一切。

3.2 波旁改革

当王室颁布了一系列后来被称为波旁改革的法律时，本土主义的意识已经扎根在肥沃的土壤中。到18世纪中期,波旁王朝面临着其他欧洲君主对他们的殖民地日益增加的兴趣,以及参加七年战争(1756—1763年)所留下来的巨额债务。卡洛斯三世(Charles III,1759—1788年)决心改革帝国结构,目的在于增加管理效率,加强政治控制和提高利润。印第安内阁的权力逐渐削弱,国王的官员取代了许多过去的职责。18世纪,西班牙美洲的重要职责由西印度事务大臣掌管。贸易署也感到了波旁改革的压力。国王的官员收回了它的太多权力,使它变得无用,在1790年被取消。

波旁国王在帝国中注入了更多的自由经济精神。乍一看对殖民地经济有利,但是其意图在于通过贸易自由化、农业的扩大和矿山的重建来强化西班牙。然而,王室也建立了一个更有效率的税务所,确保殖民地的人实际上缴税。18世纪,当国王允许其他西班牙港口与美洲通商时,加的斯就丧失了旧有的商业垄断。船队制度渐渐取消,1740年后,西班牙船只常常绕道合恩角与秘鲁经商,慢慢地放弃了旧的地峡商路。18世纪70年代,卡洛斯废除了禁止与殖民地通商的条令。

最激进的改革是建立监政官管辖制度。这是法国波旁王朝使用的管理制度,他们在西班牙的亲戚则将它复制到西班牙。监政官(intendants)都是西班牙出生的王室官员,有广泛的司法、管理和财政权力,代替了许多州长、地方行政长官和市长，希望一个更有效和更统一的管理机构可以增加国王的收入,并将结束官僚滥用权势和腐败的行为。在财政方面,监政官直接向王室报告。在宗教、司法和管理方面,监政官听命于总督,并且需要尊重军事特使。1764年,古巴成为第一个监政官辖区(intendancy)。到1790年,这一制度传遍了整个西班牙美洲殖民地。

新的制度惹恼了克里奥尔人，他们习惯于占有除了最高职位外的所有其他政府职位。克里奥尔人家庭拥有大多数农村地产,几乎所有的牧师都是从克里奥尔人家庭中出来的,并控制着帝国政府的底层管理职务,特别是秘书和小职员的位置。由于殖民地总督带来的人很少,克里奥尔人便充斥了总督人的随员团。克里奥尔人不仅控制着市政府,也在听证会占大多数。

然而，克里奥尔人不可能占有最高职位，这是留给伊比利亚出生的人的。在170个总督中,只有4个曾是克里奥尔人,他们都是西班牙官员的儿子。在602个西班牙美洲大都督、地方长官和院长中,只有14位克里奥尔人。在606位主教和大主教中,105位出生在新大陆。这种偏向使克里奥尔人感到不满。这种隔阂随着监政官的任命而加深,监政官全是半岛人,在克里奥尔人和王室之间形成了一个新的政治力量。正如玻利瓦尔在1815年所说:“半岛人在我们中间激起的仇恨比隔在我们中间的海洋还深。”

伊比利亚对新大陆的怀疑实际上是针对他们的能力和忠诚性。一位葡萄牙高级官员评价巴西:“那个国家使每个人增强了野心，放松了道德观念。”一位卓越的智利人劝说国王,如果王室用克里奥尔人,对谁都有好处。他总结道:“克里奥尔人的状况成为一个谜:(他)们既不是外国人,也不是本国人……他们高尚但无望,忠诚但被欺。”

此外,新大陆的居民不愿意看到财富流进半岛人和王国人的口袋里。后者来到美洲,只是为了剥削美洲的财富,再回到伊比利亚去花费这些轻易得来的财富。到殖民地末期,控制外贸的大多数商人仍然是半岛人。一位来到新西班牙的巡查官何塞·德加尔韦斯(José de Gálvez)对王室陈述了克里奥尔人反复的抱怨:“西班牙人不仅不允许我们分享我们国家政府的职位,还掠走了我们所有的钱财。”

18世纪60年代，卡洛斯三世改革的另外一个措施是创建了有克里奥尔人军官的殖民地军队,以防卫愈益重要的帝国边疆。这一改革的目的在于把防卫殖民地的花费转嫁到美洲人身上。最初,军队几乎没有任何用处,仅仅是把职衔授予矿业主和商人。授予克里奥尔人的这些军职给予他们一种新的威望。通常,高级官职是留给当地贵族的富裕家庭成员或由他们用钱购买。因此,军队高级职位和上流社会紧紧相连。此外,克里奥尔军官享有最实际的利益——军法审判权(fuero military)。这是一种特殊的军事特权,不受民事法管制。事实上,这一特权使军队成为凌驾于法律之上的特殊阶层,其结果是对拉丁美洲社会越来越多的破坏。对于中产阶级和下层社会而言,军队服务则更多被看做一件消极的事,因为他们被从商店和工作中抽去进行训练、进军,有时还要打仗。上层社会可以用钱来买替身,而中产阶级和下层社会则缺少资金来作出这种选择。

很明显,伊比利亚人和美洲人的观点不同。伊比利亚人带着大都市的眼光来到新大陆。他们把帝国看做为欧洲中心利益服务的地方。美洲人则有地方偏见。他们的声望、权力和财产都来自于他们的矿山和土地。他们的政治基础是市政府,有限的权力和责任感加深了他们的地方性观念。总之,他们主要考虑地区的利益,无须去关切帝国更宽阔的眼界。

葡萄牙重商主义从来没有像在它的邻居那里那样有效率,尤其是在1750年之前。葡萄牙偶尔也尝试组织船队,每年在本国与巴西之间往来,并由士兵保护。但是葡萄牙高度分散的贸易格局,以及商人和战舰的缺乏带来了困难。从17世纪中期到18世纪中期,王室在建立船队制度来保护巴西贸易船只上取得一定的成功,但是从来没有像西班牙船队那样做得好。商业公司经营得也好不了多少。王室批准注册了四个公司。一般而言,这些公司在巴西居民和巴西、葡萄牙的商人中都不受欢迎。巴西人对他们滥用垄断权、随意提高价格但不受惩罚的做法非难甚多。商人不喜欢垄断行为,因为垄断禁止他们涉足很多行业,并谴责这些公司乱加货运费用。各个方面都攻击这些公司效率太低。然而,王室对巴西木、盐、烟草、奴隶以及钻石等的垄断贸易仍然十分兴旺。

王室对巴西的控制在18世纪有所加强。种植园生产了主要的出口产品。对这些产品的需求决定了收入,收入又调整了生产。虽然里斯本鼓励带有资本主义倾向的大批量生产,它却继续阻止巴西与欧洲市场的直接贸易。

这一举动使巴西上层社会更加沮丧。他们期望打进北大西洋的资本主义市场,但葡萄牙王室坚持御用的、重商主义的和垄断的政策,引起双方的冲突,并促使王室更强化了对巴西的控制。

在若奥五世(John V,1706—1750 年)掌权时期,专制主义趋于形成,在庞巴尔侯爵统治时期(Marquis of Pombal)则得到实现。庞巴尔利用约瑟夫一世(Joseph I,1750—1777 年)的软弱进行统治。他期望通过更加全面地利用殖民地,从经济上强化他那个气息奄奄的国家。为了更好地剥削巴西,他将政府集权化。1772 年,他将马拉尼昂国并入巴西,将剩下的其他都督辖区(除了一个小地区以外)解散,将它们置于王室的直接控制之下,并试图限制市政府的独立性。为了巩固王室的权益,庞巴尔于 1759 年将耶稣会士从帝国驱逐出去。他指责耶稣会向世俗政府挑战,干预国王和殖民地臣民之间的事宜。大约 600 名耶稣会士被迫离开巴西。1767 年,卡洛斯三世(Charles III)也照此办理,将大约 2,200 名耶稣会士驱逐出西班牙美洲。

3.3 贸易的诱惑

殖民时代晚期,新的殖民地域向大西洋海岸推进。由此,西班牙于 1776 年创建了两个新总督辖区。新格拉纳达总督辖区包括现在的哥伦比亚、委内瑞拉和厄瓜多尔,拉普拉塔总督辖区则包含现在智利的一部分、阿根廷、玻利维亚和乌拉圭。拉普拉塔作为秘鲁银矿和大西洋海港之间的通道而变得重要起来。对皮革需求的增加也为这一地区带来了繁荣景象。委内瑞拉为卡塔赫纳——船队补给地——生产小麦,同时又是可可的生产地,因此变得愈益重要起来。古巴仿效巴西的榜样,于 1750—1770 年间转变成蔗糖经济,其出口量从每年仅仅 300 吨跃升到每年 1 万吨。

新大陆的特权阶层对商业和贸易的改革最有兴趣。美洲商人和种植园主在王室的垄断和限制下感到恼怒。他们对增加西班牙经济实力的改革尤为不满。英国和法国对伊比利亚君主施加压力,要求增加与美洲帝国的贸易往来。发展中的欧洲对美洲的走私行为刚刚开始,西班牙于 1778 年颁布了较自由的商业法案，这一切都使拉丁美洲得以更进一步地接触到欧洲更强大的经济实力。

重农主义学说在巴西知识分子中得到支持。这一学说认为,财富从大自然(农业和矿业)中取得,并在政府最少的管理之下增加。这些知识分子公开赞成减少或取消税收,很快又提倡更进一步的贸易自由。在巴伊亚,若昂·罗德里格斯·德布里托(João Rodrigues de Brito)大胆地提出巴西农民应有完全的自由以生产自己愿意生产的农作物，建设任何对他们的农作物有用的作坊或工厂,在任何地方、用一切办法、通过任何他们挑选的中间人出售自己的产品,在不用支付重税或不受官僚压抑的情况下向最高竞价者出售产品,并在最适合他们的时间出售自己的产品。

相似的抱怨和要求在整个西班牙美洲帝国也得到反响。智利人希望打破他们的经济孤立。考虑到智利潜在的财富以及居民中长久不变的贫困状况，与巴伊亚的罗德里格斯·德布里托同时代的何塞·德科斯·伊里韦里(José de Cos Iriberri)总结道:“农作物只有在大量生产并获得好价格的状况下才能产生财富。为此,它们需要有合理的培育方法、巨大的消费量以及销售到国外市场的渠道。”曼努埃尔·德萨拉斯(Manuel de Salas)同意这一观点，并坚称，自由贸易是聚集财富的自然方法。安塞尔莫·德拉克鲁斯(Anselmo de La Cruz) 提出了一个在整个殖民地议论最多的问题:“哪一种办法能比允许我们向世界所有国家出口我们的自然产品更有利于发展我们王国的农业、工业和贸易呢？”

18 世纪时期,随着美洲殖民地的人口和商业活动的增长,随着西班牙更多地卷入欧洲战争，西班牙过去在美洲帝国周围小心翼翼地建筑起来的重商主义高墙开始出现裂缝。英国商人肆无忌惮地向这些高墙发动攻击,在任何可能的时间和地点将裂缝加宽。七年战争中,加勒比地区变成军事占领区。哈瓦那是新大陆的第三大城市,仅次于墨西哥城和利马,但比纽约和波士顿都大。1762 年英国占领古巴岛时,哈瓦那接受了贸易自由。在十个月中,一千多艘船只进入港口,而在之前的十年中,进港的船只也不过 1,500 艘。英国人离开之后,对更自由的贸易要求仍然存在。

西蒙·玻利瓦尔（1783—1830 年）通常被认为是南美洲独立运动之父。（美国国会图书馆）

在西班牙的波旁王朝一边，他们试图进行经济改革，以巩固西班牙垄断性的经济控制。他们批准并鼓励成立一系列的垄断性公司。委内瑞拉的吉普斯科阿（Guipúzcoa）公司就是这些垄断效果的最佳例证，却也引起嫉妒的当地商人阶层的抗议。17 世纪末期，委内瑞拉向西班牙、西班牙美洲以及加勒比海一些外国岛屿出口了各种自然产品，其中最重要的有烟草、可可和盐。18 世纪初期，这一贸易延伸到英国、法国和英国殖民地。一个不大、富裕且影响力不断增加的商人阶层开始形成。南美洲北部的解放者，西蒙·玻利瓦尔（Simón Bolívar）就是其中最成功的商人家族之一的后代。1728 年创建吉普斯科阿公司就是为了保证委内瑞拉在帝国内部进行贸易，并消除与外国人的贸易。这一举动引起商人的极力反对。他们抱怨说，这一公司侵犯了他们的利益，威胁到他们的经济安宁，断绝了他们与其他欧洲人之间有利可图的贸易往来，并且不能够提供他们所需的物资。他们指出，西班牙终究不能消费委内瑞拉所有的出口农产品，而西印度群岛和北欧那些热切等待的市场都愿意购买这些产品。最后，由于对垄断利益的愤恨和对他们的抗议不抱任何希望，商人们于 1749 年发动了一场反对垄断公司的武装起义。西班牙王室用了四年的时间才将这一起义平息下来。

反对垄断公司的斗争既有武装的也有口头的，导致了对王室的敌对情绪，而王室则坚持对众人反对的公司给予支持。以当地的商贩、商人、土地所有者和民众为一边，吉普斯科阿公司和王室为另一边的斗争，贯穿了整个 18 世纪。1779 年之后，西班牙卷入反对英国的战争。委内瑞拉与西班牙之间的通商常常遭到英国舰队的骚扰，使得商人们所持的自由贸易有利可图这一观点更加得以证实。商人们立即借此机会，直接而公开地与英国在加勒比海的岛屿通商。他们的利润飞涨。

两个新的机构组织了心怀不满的委内瑞拉人的抗议活动。建于1793年的加拉加斯商会(Consulado de Caracas)把商人和大种植园主聚集一起，这一机构很快就成为当地不满情绪和动荡的聚集点。1797年，商人们组织了一支武装力量，防止外人对港口的袭击。这一职责更加剧了他们的地方主义，当时被称为爱国主义。在这类当地机构的支持下，自由贸易思想日益受到欢迎，而对垄断、苛捐杂税以及贸易限制的不满也愈益增强。正如一位商人所说："商业必须像空气一样自由。"日益加剧的不满所带来的结果之一是1795年、1797年和1799年的一系列武装起义。英国继续鼓励对西班牙商业垄断制度的反抗。很明显，英国的利益与那些赞成自由贸易的克里奥尔人上流社会的利益遥相呼应。

经济上的不满已不只局限于殖民地上层社会。许多平民阶层也反对苛捐杂税，并公开表示希望得到改进。18世纪末流行的歌曲表达了那些在经济方面的异议：

我们所有权利　眼看被人篡夺
加上苛捐杂税　压得腰弯背驼
如若你想知道　我乃无衣无衫
只因国王税务　逼我赤身裸体
长官满怀激情　左右辅助暴君
榨干美洲人民　血浆也都喝净。

3.4 早期的警钟

殖民地人口中的大多数对要求独立的经济动机大概都能理解并赞同，但对政治原因却知之甚少。在18世纪，西班牙和葡萄牙美洲的许多城市掀起反对税收的大游行。土著人社团抗议摊派制(reparto)，它强迫他们从克里奥尔人和半岛人那里购买货物。18世纪70年代,仅安第斯山地区就发生了六十多次反抗活动。但是,大多数反抗仅限于当地范围,注意力也只是集中对付当地的问题,没有改革社会的远大目标。然而,压抑的经济状况有助于两次有潜力的民众暴动的爆发:1780年秘鲁的图帕克·阿马鲁暴动(Tupac Amaru Revolt)和1781年新格拉纳达(哥伦比亚)的公社暴动(Comunero Revolt),并有助于1798年巴西的巴伊亚密谋(Bahian Conspiracy)的酝酿。

1780年11月在库斯科附近发起的图帕克·阿马鲁暴动主要起因于销售税(alcabala)在1772年增加到4%,1776年则增加到6%。一位冠有土著人首领(curaca)头衔的梅斯蒂索人何塞·加夫列尔·孔多尔坎基·诺格拉(José Gabriel Condorcanqui Noguera)试图将土著人和克里奥尔人组织起来反对西班牙人。当他发表反对强迫劳工制度的演说、乞灵于古老的印加帝国的偶像时,土著人群情激昂,进而攻打白人城镇。由于白人只占秘鲁人口的8%,惊惶不已的克里奥尔人与西班牙人为伍,对1781年的暴动进行了残酷的镇压。图帕克·阿马鲁于1781年被捕并遭到杀害,但他激发的暴动一直坚持到1783年。这一场暴动波及上千平方英里的地域,最终以数以万计人的死亡而告终。王室意识到必须将分析暴动的原因提到议事日程。秘鲁总督派出的特别委员会(Jonta)总结道,土著人社团最关心的问题是摊派制。王室因此废除了这一制度,并建立了特别检审厅,听取土著人的控告。很重要的一点是,并非所有土著人都追随图帕克·阿马鲁的领导。至少有20个土著首领依然保持对王室的忠诚。他们的决定是基于地区状况,有时是因为个人、村落和不同种族之间的争执而定的。

1781年新格拉纳达(哥伦比亚)的公社暴动也是因为反对税金的增加以及沉重的垄断制度而发生的。新格拉纳达的克里奥尔人和梅斯蒂索人联手要求取消不受欢迎的西班牙法律,暴动自发传遍整个新格拉纳达。3月在索科罗(Socorro)有过骚乱,到5月底,暴乱席卷整个东科迪勒拉(Cordillera)山区,两万名武装抗议分子向波哥大挺进。面对反抗者接连不断的成功,西班牙政府只好投降,接受他们提出的进行经济改革的要求。然而,当公社社员解散而去,对他们显而易见的成功感到满意时,总督立即废除了已达成的协议,将暴动的领导人拘捕,并于1782年和1783年将他们分别杀害。

在巴伊亚地区,另一个反对葡萄牙的民众密谋在1798年兴起。这一举动成为在民众中传播启蒙思想的典范，这些思想包括经济、社会和政治改革,甚至要求独立。参加密谋的人来自各个阶层:士兵、艺术家、机械师、工人,而最多的则是裁缝,以至有时这一运动也被称为"裁缝密谋"。他们都很年轻(不到30岁),都是穆拉托人。密谋者含糊不清但雄辩有力地提倡自由贸易,相信它能给他们的港口带来繁荣;他们也提倡全民平等,不论其种族和肤色的不同。他们抨击无节制的税金制度和压迫性的限制。然而,当地的上层分子并不支持他们,四名穆拉托领导人遭到杀害。

3.5 国际范例

当然,18世纪晚期的动乱并非只出现在西班牙美洲。新大陆北部的殖民地遭受了英国对他们进行的相似的经济和政治上的控制。然而,西班牙王室对他们的殖民地很有把握,以至于并不认为支持13个殖民地的斗争对自己有何威胁。但是西班牙对英国殖民地的支持多是出于对英国的憎恶,而不是对殖民地独立的真正支持。不过,西班牙是1783年《巴黎条约》的签署国,这一条约为美国带来了独立。

北美洲独立运动的思想在西班牙及其殖民地是公开传播的。报纸发表了翻译过来的托马斯·潘恩(Thomas Paine)的文章,并对英国殖民地的斗争作了报道。虽然拉丁美洲人认为那些理论多数很有吸引力,他们仍然趋于相信他们的问题可以在君主政体内得到解决，尤其是因为西班牙人的思想中包括了某些自由主义的、开明的目标。

1789年的法国革命一开始似乎拓宽了美国独立的思想。法国人的理念给许多人留下深刻影响,这些理念鼓励公民积极参与政治,通过政治活动可以改变社会。但是随着法国革命向更左的方向发展,即使对西班牙美洲那些最开明的思想家,它也过于激进了。

法国革命的最大反响是在圣多明戈（Saint Domingue)，它是法国殖民地，占有伊斯帕尼奥拉岛西部三分之一的土地。18世纪期间，法国种植园主开垦了岛上的肥沃土壤，运用最新的技术种植和压榨甘蔗，并进口更多的非洲奴隶来耕种土地和加工作物，使蔗糖的利润大大飙升。法国本土对自己拥有富裕的加勒比海这一财富感到由衷的满意。一个多种族社会开始形成，造成社会的分裂，到1789年，大约有4万白人，50万黑人，其中约2.5万人为穆拉托。1685年颁布的《黑人法》控制着奴隶制的管理。从理论上讲，这一法律为黑奴提供一定程度的保护，推动奴隶解放，允许获得自由的奴隶享受一切社会权利。而实际上，欧洲人的法典只是使奴隶的恶劣状况稍有改善。总的来说，在有利可图的大庄园中，奴隶生活是非常艰难的。为了满足对蔗糖的需求，种植园主无情地使用他们的奴隶。而为了减少成本，他们又常常不让奴隶们吃饱。奴隶死亡率高得惊人，足以证实奴隶制度的残忍。

1789年，远方法国革命的口号“自由、平等、博爱”在加勒比海地区得到回响。局势紧张的殖民地中，每一个群体对这一口号的解释各有不同。白人种植园主要求并得到了巴黎国民公会给予地方的更多自主权。后来，国民公会又将这一权力延伸到每一个自由人，也使穆拉托人受益。种植园主要求撤销这一法律，导致了他们与穆拉托人之间的争斗。

这之后，在1791年8月22日，奴隶们要求得到解放，在圣多明戈北部发动起义。十万多人接受了一个受过教育的奴隶，杜桑·卢维杜尔(Toussaint L'Ouverture)的领导，他的父母都是非洲奴隶。为了达到解放奴隶的目标，他在后来的十年中，根据时间和形势的不同，反抗过法国人、英国人、西班牙人和不同的穆拉托群体。他非凡的领导才能和奴隶们的勇气给他们带来了胜利。到1801年，卢维杜尔指挥着整个伊斯帕尼奥拉岛。

同时，法国革命的混乱带来了拿破仑的统治。拿破仑于1799年掌权。1801年，拿破仑决定干预伊斯帕尼奥拉岛事务，将此岛恢复为原来的状况，成为利润丰盈的蔗糖生产地。一支大军入侵圣多明戈，法国人以开会的名义将卢维杜尔引诱出来，随即逮捕。卢维杜尔被关押在欧洲监狱，直到1803年去世。他的两名副官，让雅克·德萨利纳(Jean-Jacques Dessalines)和亨利·克里斯托夫(Henri Christophe)继而代之，成为领导人。奴隶的力量和黄热病的传播共同打败了法国人。1804 年 1 月 1 日，德萨利纳宣布伊斯帕尼奥拉西部独立,定名为海地。

剩下的法国种植园主逃到了古巴、墨西哥和委内瑞拉。他们带去了恐怖的故事,都是关于奴隶们横冲直撞、焚烧蔗田以及与他们发生的流血斗争。海地的独立是一个强有力的象征。对于新大陆被剥削的奴隶来说,它代表了希望。而对于克里奥尔贵族来说，这是一个令人沮丧的先例。他们一直感到恐惧的,正是黑人大众起来反对少数白人上层阶级。如果这是独立的代价，那么这个代价就太高了。

海地通过奴隶起义从法国人手中取得独立这一事实，深深地震撼了拉丁美洲上层人士。这张画像就是身着带有肩章军服的海地领袖杜桑·卢维杜尔为保护一个黑人妇女和她的两个孩子与一个白人对抗的情景。(美国国会图书馆)

3.6 外来的动力

拉丁美洲惊恐地看着法国革命转为雅各宾恐怖。1793 年,西班牙与英国在战争中联手反对法兰西共和国,西班牙以失败而告终。在 1795 年和 1796 年签订的那些羞辱性的协约中,西班牙被迫与法国为伍,成为英国的敌人。战争开始时,西班牙经济状况良好,而到战争结束时,破产的国王没收了教堂的财产,提高了税收,甚至对贵族征税。所有措施都极不得人心。

1799 年,拿破仑通过政变结束了法国革命。同年,未来的拉丁美洲独立运动领袖弗朗西斯科·德米兰达(Francisco de Miranda)说道:“我们面前矗立着两个最好的范例：美国革命和法国革命。让我们慎重地模仿第一个范例,小心地避免第二个范例。”

但是欧洲酝酿着更多的战争。1802 年,拿破仑成为终身第一执政,并于

1804年称帝。虽然他的军队没有能够夺回海地,他却企图将整个欧洲纳入他的控制之下。由于签订了协约,西班牙不得不在接踵而来的拿破仑战争中站在法国一边。1805年,英国在特拉法尔加(Trafalgar)击败了西班牙海军,而1806年法国的封锁则摧毁了西班牙的经济。1807年,西班牙政府允许拿破仑穿越西班牙去征服葡萄牙。然而,葡萄牙王族布拉干柴(The Braganzas)没有成为法国征服军的阶下囚。正当法国军队到达首都郊区的时候,摄政王若奥带着政府上船,在英国军舰枪支的保护下,从里斯本驶向里约热内卢。一个欧洲王室将权力转移到自己的殖民地这一举动是罕见的。布拉干柴王族是在殖民时期造访自己在新大陆的领地的唯一欧洲王室。他们在既惊且喜的巴西人中建立起王朝,从里约热内卢统治他们的帝国长达13年。

占领了葡萄牙首都之后,拿破仑立即把目标转向西班牙。西班牙卡洛斯四世的反对者强迫他退位,由他儿子费迪南德七世(Ferdinand VII)继位。波拿巴邀请摄政者们到法国商讨在王室问题上产生的分歧。当他们一到法国,波拿巴逼迫他们逊位,将他们打入大狱,然后指定他的弟弟约瑟夫为国王。

1808年5月2日,西班牙人民起来反抗法国势力,弗朗西斯科·戈雅(Francisco Goya)以油画形式将这场战斗永留于世。西班牙人民以国王的名义组织成立了各地军政委员会(jontas),坚称在国王缺席的情况下主权由人民掌握,并担起了保卫国家的责任。不久,西班牙人发现,只有团结起来才能打败法国人。于是,各地的军政委员会让位于西班牙和西印度最高中央军政委员会(Junta Suprema Central y Gubernativa de España e Indias)。

西班牙美洲人民对法国篡位者也同样深恶痛绝。新大陆也出现了各种军政委员会,以费迪南德的名义进行管理。结果,向自主管理迈出的这一步构成了无法弥补的与西班牙的决裂。通过对国王的劫持,拿破仑将西班牙和美洲的主要联系一刀斩断。决裂一旦形成,拉丁美洲人民对西班牙的许多不满使它更加彻底。

从1804年海地骄傲地宣布独立,到1824年西班牙人在秘鲁的阿亚库乔(Ayacucho)被打败,大部分拉丁美洲地区是在这20年期间取得独立的。将近2,000万拉丁美洲人中断了对法国或伊比利亚君主的忠诚。拉丁美洲每一阶层和每一种生活条件下的人，都在某个时期某个地方参加过这一长期的运动。但是海地的奴隶起义是独一无二的。大部分独立运动是由克里奥尔上层人士领导的。

3.7 上层人士的反抗

在1808—1810年期间，西班牙人和美洲人共同建立起军政委员会，以被废黜的国王的名义进行治理。大多数人认为他们与王室之间的矛盾可以得到解决，并希望能够继续留在西班牙君主制之下。但西班牙人对法国军队的抵抗使他们丢失更多的土地——塞维利亚失守，中央军政委员会先逃到加的斯(Cádiz)，然后逃到莱昂岛(Isle of León)——法国唯一没有占领的西班牙领土。中央军政委员会任命了一个新的摄政委员会来统治，然后将自己解散。在殖民地，更多的激进克里奥尔人掌握了统治权，将欧洲人赶走。1810年，独立运动同时在南美洲的两个相对的端部——委内瑞拉和阿根廷——开展起来。西班牙美洲的独立斗争分为三个明确的阶段：1810—1814年运动最初的突进和扩展，1814—1816年爱国军的动摇和保皇派统治的卷土重来，以及1817—1826年独立的完成。

从1808—1810年，委内瑞拉都督管辖区是在比森特·恩帕兰(Vicente Emparán)的管理之下，他是库马纳(Cumaná)州的西班牙人州长。1810年，西班牙军队显然败给了法国。委内瑞拉当地的上层人士——美洲人和西班牙人都在内——赶走了恩帕兰，任命一个称为"保护费迪南德七世权力的最高军政委员会"(Junta Conservadora de los Derechos de Fernando VII)来替国王进行统治。然而，军政委员会也坚称："委内瑞拉已经宣布的独立，既不是从祖国(Madre Patria)，也不是从主权中独立出来，而是从摄政委员会中独立出来，后者的合法性即使在西班牙本土仍然存疑。"一些学者认定这些只是"假君主主义"，宣布以国王的名义进行统治只是为了达到独立目标而作的掩盖。另一些学者则争辩道，一些克里奥尔上层人士真诚地想留在君主制中，只是当时的情况看来不可能达到这一目的。

加拉加斯的上层人士——大多为企业家——对新的军政委员会心存怀疑,便组织起自己的最高军政委员会(Junta Suprema)。他们怀疑新的军政委员会只是加的斯商人们创建的，这些商人的利益与委内瑞拉出口商的利益相抵触。整个地区的意见不同,有些人支持加拉加斯的最高军政委员会,而另一些人则支持加的斯的摄政委员会。相互之间的联盟并不总是与人们想象的一样。库马纳州的政务会多数是西班牙人,但不支持西班牙的摄政委员会,却支持加拉加斯的军政委员会。巴塞罗那镇试图从库马纳州寻求自治,创建了自己的军政委员会,既承认加拉加斯的最高军政委员会,也认可加的斯的摄政委员会。

为了联合整个地区,加拉加斯军政委员会要求进行议会选举,决定这一地区的前途。选举是非直接的。各地选出选举人,由他们选出的代表进入"保护 D. 弗尔南德七世在委内瑞拉各州权益团体"(Cuerpo Conservador de los Derechos de D. Fernando VII en las provincial de Venezuela)。选举限制在年龄 25 岁及以上、至少有 2,000 比索流动资金的自由男性。但是,在选举进行之前，加的斯的摄政委员会委派大都督弗尔南德·米亚莱斯(Fernando Miyares)控制局势,他是马拉开波(Maracaibo)的前州长。加的斯还颁布法令停止委内瑞拉的自由贸易，理由是英国与西班牙没有处于战争状态,不需要这类的紧急措施。加拉加斯军政委员会拒绝服从,加的斯则派军队驻扎在古巴和波多黎各,封锁了委内瑞拉。美洲人发现自己反对西班牙统治的斗争处于奇怪的境地，因为坚持这一斗争的人根本无法控制约瑟夫·波拿巴为首领的王国。

更年轻、更激进的委内瑞拉人向加拉加斯的领导人提出挑战。这些领导人是由政治上较温和的商人和大地产主组成的。激进分子中,除了富有的上层人士西蒙·玻利瓦尔以外,一般都是中产阶级,包括律师、公证人、记者、小商人以及低级公务员。当西班牙人在基多进行大屠杀的消息传到加拉加斯时,激进分子开始暴动,多数参与者是黑人和混血人种。与继续受西班牙控制这一思想相比，加拉加斯最高军政委员会里那些恐慌的温和派更加惧怕社会混乱。他们流放了激进派的领袖,禁止革命领袖弗朗西斯科·米兰达从英国返回。他们还派军队压制科罗市的反抗，却被激进派打败。激进派还说服了政府让米兰达回来。有了他的领导，激进派立即提出独立要求。

1811 年选举出议会，但是由土地所有者选出来的，因此绝大多数是温和派。他们任命了一个新的政权，一个代表上层人士利益的、软弱的三头执政府来统治。他们强制性地要求人们必须拥有一定财产才能参加选举或竞选，并建立国民警卫队管理奴隶。针对草原牛仔（llaneros），他们还制定了新的流浪法，因为在城市上层阶级看来，牛仔的自由生活是一种混乱。激进派并不反对新的法规，因为他们与温和派有共同的社会和经济利益。尽管他们利用有色人种参加反抗活动，但他们关心的唯一问题是从西班牙独立，而不是在美洲内部进行社会和政治改革。

整个 1812 年是在保皇派反对所谓的“第一共和国”的连续血战中度过的。由于白人只占这一地区总人口的 22%，保皇派和反叛者都希望得到黑人和卡斯塔人的支持。委内瑞拉进入了混乱阶段，双方都在挑动种族冲突。1813 年 8 月，西班牙政府倒台，玻利瓦尔组成“第二共和国”，基本上是军事独裁政府。玻利瓦尔的胜利是脆弱而短暂的。他面临着何塞·托马斯·博韦斯（José Tomás Boves）的挑战。博韦斯是从阿斯图里亚斯（Asturias）来的小商贩，住在草原地区。他建起了由草原牛仔组成的骑兵队，许多成员是有色人和黑人。他保证将共和国白人公民的土地分给他们。他的军队将玻利瓦尔赶出了委内瑞拉，白人因惧怕“黑色游牧人群”而纷纷逃走。1815 年 4 月当西班牙军队开进来时，半岛人和克里奥尔人才松了一口气。到那时，五分之一的人口，也就是 8 万人左右已经死去。

在拉普拉塔河地区的情况则不同。1806 年当英国攻打布宜诺斯艾利斯时，这个地区被卷入拿破仑的战争。总督索夫雷蒙特侯爵（Marqis of Sobremonte）逃跑，但当地国民警卫队集结在一个名为圣地亚哥·利尼埃（Santiago Liniers）的法国军官的领导下，他当时在西班牙军队服役。港口人（住在布宜诺斯艾利斯这一港口城市的居民）打败了入侵者，利尼埃被任命为临时总督。美洲军队也成功地击败了英国在 1807 年的第二次入侵。

1808 年 7 月，当约瑟夫·波拿巴登基的消息传到布宜诺斯艾利斯时，利尼埃和地方监政官宣布效忠于费迪南德。9月,他们承认了塞维利亚的中央军政委员会,后者宣称以国王和人民的名义进行统治。11月,利尼埃允许布宜诺斯艾利斯进行自由贸易，与现在结盟的英国进行的贸易提供了足够的海关税,用以支付国民警卫队8,000人的开支。

1809年1月,半岛人策划废黜利尼埃,因为他们认为利尼埃与克里奥尔人过于亲近。克里奥尔人国民警卫队领袖科尔内略·萨阿韦德拉(Cornelio Saavedra)为利尼埃辩护,他指出,西班牙人看到西班牙在欧洲失败,“就打算在美洲另建一个西班牙,这样,他们和那些想从欧洲移民过来的人可以继续在这里进行统治”。

克里奥尔人成功地保护了利尼埃。但是1809年8月,在西班牙的军政委员会派来了新的总督——巴尔塔萨·德西斯内罗斯（Balthasar de Cisneros)。西斯内罗斯停止了自由贸易,并试图减少国民警卫队人数。半岛人期望西斯内罗斯会恢复他们以往的权势，而克里奥尔人却努力通过保持对国民警卫队的控制来赢得最高权力。国民警卫队在人数上大大超过西班牙的警备军。

1810年,当法国征服了塞维利亚并把中央军政委员会赶到加的斯的消息传来,克里奥尔人看到了他们的机会。5月,克里奥尔国民警卫队举行起义,要求召开一个市政会公开大会(cabildo abierto),也就是说,面向城市上层开放。上层人士试图强行设立一个保守的军政委员会,但当他们受到克里奥尔人控制的国民警卫队的威胁时,就立即投降。新的军政委员会的成员均匀地分为两部分,一部分是主要来自于上层人士的国民警卫队领导人,另一部分则是基本上来自于中产阶级的知识分子。克里奥尔人掌权后,将半岛人从职位上驱逐、逮捕并处死。他们还成立了一个公共安全委员会,逮捕反革命分子,立刻将他们处以死刑。

然而,五月革命的领袖们没有想到,布宜诺斯艾利斯以外的其他各州认为那里的起义只是当地的事。东岸(乌拉圭)、巴拉圭和上秘鲁(玻利维亚)的领袖们都感到他们与港口人并非一个整体。本地区的内地以大庄园为基础,基本上处于保守状况,在这里劳作的是梅斯蒂索人和土著人,他们与大庄园主之间处于庇护人和债务劳役的关系。布宜诺斯艾利斯周围的农村地区是广阔的潘帕斯草原,那里有大量的无主土地,为高乔人(gaucho)的游牧社会提供了更多的自由。没有任何地区愿意受到港口城市的控制,那里只是商业和官僚的中心。此外,港口期望自由贸易,而安第斯山地区那些为上秘鲁银矿生产食物、牲畜、役畜的萨尔塔(Salta)、图库曼(Tucumán)、胡胡伊(Jujuy)和卡塔马卡(Catamarca)等州已经开始了工业化,需要对雏形的蔗糖厂、纺织厂和运输设备厂加以保护。更西的门多萨(Mendoza)、圣胡安(San Juan)和拉里奥哈(La Rioja)州虽然大部分都是从事生计农业的地区,但如果受到保护,可以出售葡萄酒和白兰地酒。

布宜诺斯艾利斯军政委员会试图用武力控制其他地区,但一年之后,只占有一小部分地区。政治实力掌握在以贝尔纳迪诺·里瓦达维亚(Bernardino Rivadavia)为首的三头执政府手中。他们意图建立君主立宪制,成立海上保险公司和新的腌肉加工厂,并由欧洲人对内地进行殖民。

殖民计划受到各州的反对,而布宜诺斯艾利斯市区则对君主立宪制不满。1812 年,何塞·德圣马丁(José de San Martín)领导的武装力量推翻了三头执政府。圣马丁出生在拉普拉塔河地区,被送到西班牙接受士兵训练,升到中校。他离开西班牙去伦敦,在返回布宜诺斯艾利斯之前,认识了委内瑞拉人弗朗西斯科·米兰达。1814 年,圣马丁被任命为北方军队指挥,拉普拉塔河地区的独立似乎暂时没有危险。

正当殖民地争论走哪条路时,西班牙也发生了变化。摄政委员会提出建立议会(The Côrtes),殖民地进行了选举,派出自己的议会代表。议会决定它是国家主权的渊源,并创立了一个政府机构,包括作为行政机构的摄政委员会,一个司法机构,以及一个权力最大的立法机构。当摄政委员会提出反对时,其成员被逮捕,议会任命了一个新的摄政委员会。

议会在一些问题上是有分歧的:西班牙自由主义分子想要新式的的君主立宪制,而保守派要的是专制主义。两者都不愿意让美洲人自治。经过多次辩论,议会于 1812 年创立了宪法。这一宪法没有给美洲人以平等权利,但允许他们在立法机构有同等的代表权。宪法承认梅斯蒂索人和土著人为公民，但延续了黑人奴隶制。最重要的是，宪法限制了国王的权力，给予立法机构以最高权力。

拿破仑失败后，费迪南德七世于 1814 年复位。他根本不愿意在君主立宪制下进行统治，于是废黜了议会和宪法。他对篡夺他权力的自由主义者进行迫害，并决心全权控制殖民地，于 1815 年向南美洲派出大量的军队。到 1816 年，除了布宜诺斯艾利斯和巴拉圭，各地独立运动都遭到镇压。秘鲁、中美洲、古巴或波多黎各的独立运动甚至还没有开始。不仅独立的前景遭到摧残，而且期望与西班牙改善关系也不可能了。然而，费迪南德采取的报复性措施却燃起人们对国王新的不满，导致殖民地爆发新的斗争。

在布宜诺斯艾利斯，独立运动领袖于 1816 年在图库曼召开国会，并积极地向各州提出议案。同年，流亡的玻利瓦尔回到了委内瑞拉。他于 1817 年拿下安格斯图拉（Angostura），在何塞·安东尼奥·派斯（José Antonio Páez）的帮助下组织了新的军队。

在拉普拉塔河地区，圣马丁组织起军队，与智利流亡者贝尔纳多·奥希金斯（Bernardo O'Higgins）一起，于 1817 年和 1818 年去解放智利。在一次真正惊人的举动中，圣马丁指挥 5,000 人军队翻过安第斯山的六个难以逾越的山口，其中有些高达一万多英尺。玻利瓦尔借用了圣马丁的战略，翻越安第斯山北部，于 1819 年解放了新格拉纳达。西班牙军队四处逃散，他们极度需要增援，但没有任何人来。

在西班牙，反对费迪南德专制主义的运动于 1814 年开始。君主一面奋力地控制半岛，一面紧紧抓住他那早已陷入混乱的帝国不放。1819 年，他开始在加的斯搜罗军队，以派往殖民地。但问题很多：西班牙的许多船只不能航行过海，又没有钱维修。更糟的是，面对悲惨的境况、粮食和衣物的匮乏以及疾病的传播，士兵开始骚乱。下级军官怨气满腹，1820 年 1 月 1 日，他们在中校拉斐尔·德尔列戈（Rafael del Riego）的带领下发动兵变。列戈曾是忠诚的西班牙军官，为费迪南德打仗，甚至在法国遭到过囚禁。不仅军队拒绝开往美洲，德尔列戈还要求恢复 1812 年的宪法。费迪南德没有其他选择，只好投降。

保皇党军队在殖民地继续打仗，血腥的战斗延续着。但是，在没有增援的情况下，保皇派注定失败。1822年，美洲人在委内瑞拉胜利，1823年在厄瓜多尔获胜。同年，圣马丁和玻利瓦尔的军队在秘鲁会师，1824年由安东尼奥·何塞·德苏克雷（Antonio José de Sucre）领导在阿亚库乔进行了决战，从而顺利地结束了战争。

3.8 墨西哥的人民革命

新西班牙最初与西班牙美洲其他地区走的是同样的道路。乘着西班牙的政治体制处于真空状态，克里奥尔人设法形成了一个当地的军政委员会，主管总督辖区。这一举动的意图是为了将政治权力从西班牙人手中转移到墨西哥上层分子手里。这一计划震动了半岛人，害怕失去他们传统的优越地位。他们很快成立了自己的军政委员会，将克里奥尔人推到一边。克里奥尔人谋划夺权，获得了小镇多洛雷斯教区的神父米格尔·伊达尔戈（Miguel Hidalgo）的支持。1810年9月，半岛人发现了他们的计划，将领导人抓进监狱。其中一位领导人的夫人何塞法·奥尔蒂斯·德多明格斯（Josefa Ortiz de Dominguez）把消息传给伊达尔戈，伊达尔戈在1810年9月16日敲响了教堂的钟声，召集了梅斯蒂索人和土著人的教民。

然而，伊达尔戈的思想与其他克里奥尔领导人的想法不同。伊达尔戈受到过很好的教育，深深地受到启蒙思想的影响，信奉先进的社会思想。他认为教会有社会使命和责任改善受蹂躏人群的命运。他本人就对半岛人和西班牙政府有许多不满——他受过耶稣会的教育，直到1767年耶稣会被驱逐；他还遭到宗教法庭的调查，指控他在担任巴利亚多利德（Valladolid）的圣尼古拉斯主教学院院长时乱用资金。

当他的教民们集合起来，伊达尔戈激励他们起来反抗，讨回300年前从他们手中窃取的土地：“费迪南德七世万岁！美洲万岁！打倒坏政府！杀掉西班牙人！”伊达尔戈的言辞得到强烈反响。多洛雷斯小镇与瓜纳华托仅十英里之隔，因而有赖于采矿经济。1809年，夏季少有的干旱使玉米产量下降，很多小农户破产。食物价格是原来的四倍,矿工们连用在矿上的骡子都喂不饱,导致许多矿工失业。

伊达尔戈解放了新的力量。不像只想简单地由自己在政治上取代半岛人的克里奥尔人,梅斯蒂索人和土著人期望更深刻的社会和经济变革。在多洛雷斯小镇集合了六百多人。当他们向瓜纳华托进军的时候, 队伍增加到2.5 万人。在瓜纳华托,监政官、地方民团、半岛人和一些克里奥尔人躲进粮仓,以此为壁垒,任由城市无人防卫。瓜纳华托的低层阶级加入了造反队伍,将城市洗劫一空,然后放火焚烧了城市。当暴民来到墨西哥城时,人数达到6 万到 8 万人。在实施暴行时,他们没有将克里奥尔人和半岛人区分开。在三个世纪的高度压抑之后,土著人和梅斯蒂索人使尽所有力量,向他们所仇恨的一切发动了进攻。克里奥尔人与半岛人一样害怕,在民众的威胁面前,这两股对抗的力量联合在一起了。

伊达尔戈没有约束他领导的民众。的确,他对他们的控制程度被证实是最小的。他的思想混乱,不够清楚,有时还自相矛盾。在表示对费迪南德的忠诚时,他谴责总督政府的弊病。后来他宣布墨西哥得到了自由和独立。他以死亡威胁半岛人,并且废黜了奴隶制。在逼近墨西哥城时,他犹豫不决了,然后命令撤退。这一行动使他失去了民众对他的忠诚。西班牙军队恢复了信心,乘胜追击杂七杂八的反抗者。伊达尔戈被捕之后,保皇党人将他送交九人法庭,其中六个是克里奥尔人。1811 年中期,多洛雷斯之声(Grito de Dolores)之后的十个月,行刑队将他枪决。他的头颅悬挂在瓜纳华托粮仓的墙上,显然是为了警告他人。

然而,伊达尔戈的旗帜没有倒下,由另一个教区的神父何塞·玛利亚·莫雷洛斯(José Maria Morelos)接过来。莫雷洛斯出生于一个贫穷的梅斯蒂索家庭,开始以赶骡子为生。通过个人巨大的努力,他成为一名神父,一直在最穷困、落后的边远教区传教。这里居住的都是穷困的印第安人和梅斯蒂索劳工。他加入了伊达尔戈的运动,但在伊达尔戈死后,他确信无纪律的人群不能成功。他精简了部队,将他们组织成有纪律的力量,一方面试图求助于克里奥尔人,同时继续高举伊达尔戈的社会改革旗帜。他确定了自己的改革纲领：确立墨西哥的独立，创建共和政府，让墨西哥人民参政，但富裕的贵族和处于牢固地位的官员除外，废除奴隶制，确定所有人享有平等权利，废除教会特权和强制性什一税，分割大地产使所有农民拥有自己的土地。在奇尔潘辛戈(Chilpancingo)，他宣布，墨西哥的主权掌握在人民手中，他们可以根据自己的愿望改换政府。他号召人们对墨西哥而不是对西班牙的过去感到骄傲。他的纲领含有真正的社会、经济和政治革命的种子，因此遭到半岛人和克里奥尔人的憎恨。他成功地领导了他的那支人数不多、但很有纪律性的武装力量，在墨西哥中部坚守了四年多。1815 年，西班牙人将他逮捕并枪杀了。保皇党立即在墨西哥占了优势，粉碎了梅斯蒂索人和土著人对社会和经济变革的希望。新西班牙暂时又回到了殖民地的沉寂时期。

墨西哥的独立是在保守派的领导下完成的，是对费迪南德接受 1812 年自由主义宪法的倒退。新西班牙的半岛人和克里奥尔人反对西班牙的自由主义思想，正如他们早些时期抛弃墨西哥自由主义思想一样。面对在西班牙发生的事件，他们决定将自己解放出来，掌握自己的命运。教会的统治集团加入他们的行列，因为教会害怕失去土地，而且，一旦自由主义分子控制了西班牙，他们会对教会施以世俗限制。半岛人和克里奥尔人选出了一位傲慢自大的克里奥尔军官作为他们达到独立目的的工具，然后成为他们的皇帝。这位军官是奥古斯廷·德伊图尔维德(Augustín de Iturbide)，曾与伊达尔戈和莫雷洛斯作过战。新西班牙最保守的势力于 1821 年宣告了墨西哥的独立。他们既不主张社会变革，也不赞成经济改革。他们寻求保持，如果可能则要加强他们的特权。唯一的革新是在政治方面：克里奥尔皇帝代替了西班牙皇帝，这是更多克里奥尔人在政府中取代了半岛人的象征。发生的这些事情与伊达尔戈和莫雷洛斯的观念全然不同，但适合克里奥尔人的愿望。墨西哥独立斗争以进行社会、经济和政治的巨大变革开始，却以保守派的政变而结束。唯一的直接获益者是克里奥尔人上层分子。

3.9 巴西之例外

葡萄牙美洲也是在这一混乱的年代中获得了独立。但巴西几乎滴血未流就建立起自己的国家。效仿西班牙美洲明显的趋势,马松博人喧嚷地要求占有王国人的地位。但是,他们没有像克里奥尔人那样快地取得优势。其差别在于巴西争取独立所走的道路不同。

在若奥六世(John VI)的引导下,巴西在葡萄牙帝国中的地位迅速上升。他将所有港口开放给世界贸易,允许并鼓励工业的发展,将巴西的地位提高到王国一级,与葡萄牙平等。里约热内卢从一个安静的总督辖区的首都变成一个距离遥远的世界级帝国的繁荣中心。这对巴西人的心理影响很重要。在巴西充当君主驻节圣地的第一个十年中,熟悉巴西的外国人评论过君王的存在对巴西人精神上所起的有益作用。伊格纳西奥·何塞·德马塞多(Ignacio José de Macedo)的预言代表了他的巴西同伴们的乐观主义:“没有预料到的君主制的转移,给黑暗的地平线带来了明亮的晨曦,与它的新发现一样引人注目。这一新生的日子是更加辉煌的命运的先兆,将带来百年的繁荣和昌盛。”

在巴西驻留 13 年之后,王室宫廷于 1821 年回到了里斯本。若奥六世留下布拉干柴的继承人——佩德罗王子(Prince Pedre)——作为摄政王。年轻的王子对这一职责非常热心,却发现自己被夹在两个强大的、互相对抗的实力派中间。一边是在里斯本新召集的议会,对巴西在过去 15 年中在帝国中所表现出的重要性感到厌烦并嫉妒,要设法将巴西降到原来的附属地位。另一边则是巴西的爱国主义分子,期望国家独立。当议会明显地要剥夺巴西以前的特权并要限制其摄政王的权力时,佩德罗王子更用心地聆听了马松博人的观点。他任命了有学问的、带有民族主义思想的马松博人何塞·博尼法西奥·德安德拉达·席尔瓦(José Bonifácio de Andrada e Silva)为他的内阁成员,使他成为担任如此高职位的第一个巴西人。博尼法西奥在说服佩德罗对抗议会提出的那些羞辱性决议,并留意马松博人的意见中,起到决定性的作

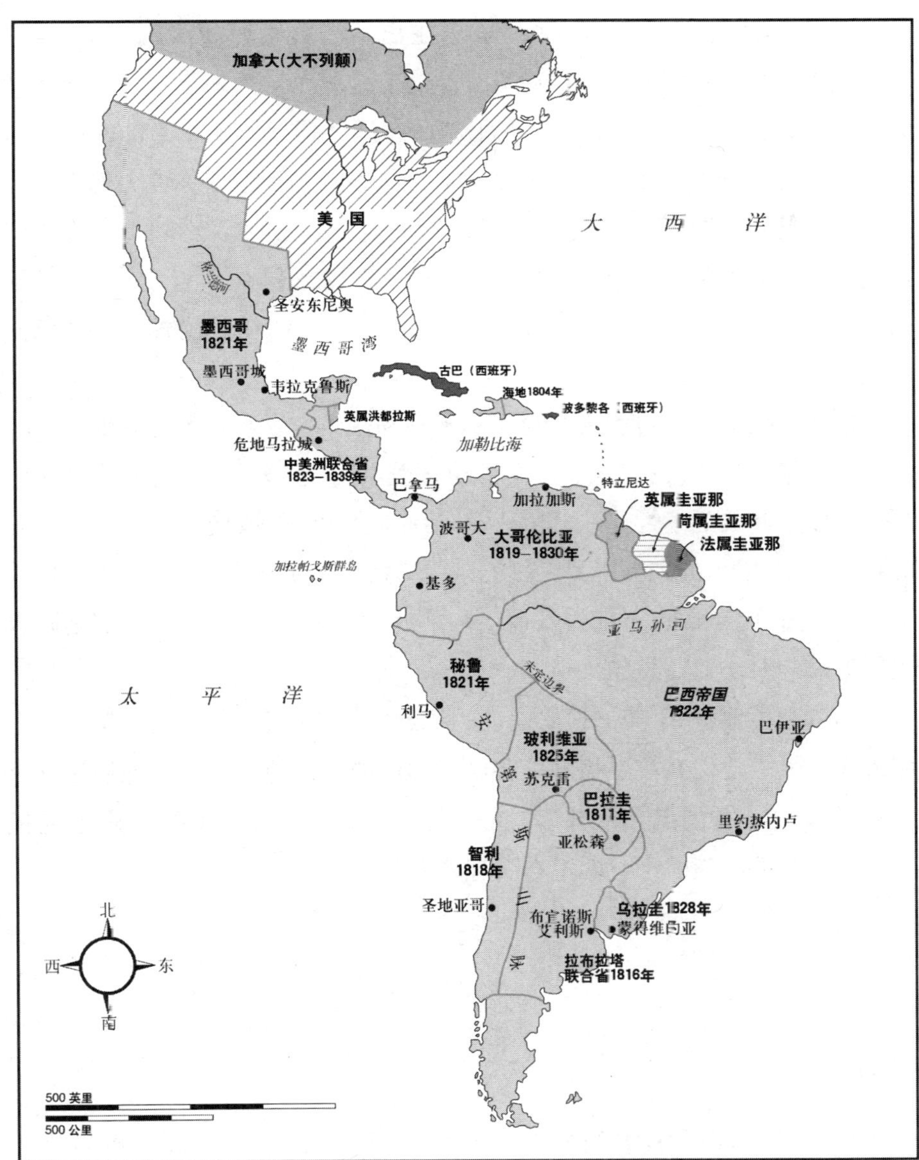

地图 3.1　1830 年的拉丁美洲

资料来源：克雷格，艾伯特·姆；格雷厄姆，威廉·阿；卡根，唐纳德；奥兹门，史蒂文·姆；特纳，弗兰克·姆：《世界文明综合遗产》，第 7 版，2006。电子版复制，得到培生教育公司允许。

用。马松博人拒绝让里斯本为巴西制定政策。

虽然莱奥波尔迪娜(Leopoldina)公主出生于奥地利,但她于1817年1月来到里约热内卢与佩德罗结婚后就全身心地奉献给巴西事业。她也力劝佩德罗不理睬葡萄牙。1822年9月,当他去圣保罗时,她在给他的信中写道:“巴西在你的引导下会成为一个伟大的国家。巴西希望你成为他们的君主……佩德罗,这是你一生中最重要的时刻……全巴西都支持你。”佩德罗确信巴西民族主义分子有强大的力量之后,于1822年9月7日宣布了拉丁美洲最大国家的独立,并在几个月之后举行了壮观的加冕仪式,成为“巴西的立宪皇帝和永远的保护人”。

巴西开始的发展过程为其提供了平稳和团结,这在新大陆其他任何一个前总督辖区中都没有出现过。与西班牙美洲的政治经历不同,一个从未中断过的家长制的延续性,一个世袭的统治制度在巴西成熟起来。与西班牙美洲相似的是,巴西的独立也只是影响到并有益于上层人士。如同其他地区的上层人士一样,巴西也不加思考地信奉了外来思想,并继续甚至更深地陷入殖民地时期对出口贸易的依附。

不可避免地,拉丁美洲独立运动的特点是延续多于改革。克里奥尔人上层人士扩大了他们在拉丁美洲社会已经形成的统治地位。虽然他们讨好过民众,他们绝对没有与民众共享财富和权力的愿望。对于多数人来说,殖民地时期和早期民族国家时期基本没有多大差别。

推荐书目

阿切尔,克里斯顿·I,编著:《西班牙美洲的独立战争》,DE:学术资料,2000。

金斯布隆纳,杰伊:《西班牙美洲的独立:内战、革命和不发达》,修订版,阿尔伯克基:新墨西哥大学出版社,2000。

林奇,约翰:《西班牙—美洲革命,1808—1826年》,第2版,纽约:诺顿,1986。

林奇,约翰:《在殖民地和民族国家之间的拉丁美洲:精选文章》,霍德米尔斯,贝辛斯托克,汉普郡(英国)和纽约:帕尔格雷夫·麦克米伦,2001。

罗德里格斯·欧,海梅·E:《西班牙美洲独立》,剑桥:剑桥大学出版社,1998。

Archer, Christon I., ed., *The Wars of Independence in Spanish America*, Wilmington, DE: Scholarly Resources, 2000.

Kinsbruner, Jay, *Independence in Spanish America: Civil Wars, Revolutions, and Underdevelopment*, Rev. ed, Albuquerque: University of New Mexico Press, 2000.

Lynch, John, *The Spanish-American Revolutions, 1808—1826*, 2nd ed, New York: Norton, 1986.

———, *Latin America Between Colony and Nation: Selected Essays*, Houndmills, Basingstoke, Hampshire [England] and New York: Palgrave Macmillan, 2001.

Rodriguez O, Jaime E., *The Independence of Spanish America*, Cambridge: Cambridge University Press, 1998.

第四章

新的国家

拉丁美洲大部分地区在19世纪的第一个25年中赢得了独立。长期的斗争将一小部分享有特权的上层人士推上了有权有势的位置。除了少数例外，这些上层人士享尽了西班牙和葡萄牙殖民体制下的利益，又在民族国家早期阶段获得更高的奖赏。新国家的独立几乎立即变成有名无实，因为掌权的上层人士在经济上成为英国的附庸。建立单一民族—国家（nation-state）的动力来自于“上面”。古巴独立运动领导人何塞·马蒂（José Martí）贴切地断言，上层人士创立了“理论上的共和国”。这些上层人士容易将自己的利益和要求与整个国家的利益和要求混淆起来。这显然是错误的识别，因为他们只代表不到人口总数5%的群体。正是这一少数派确定了拉丁美洲延续至今的道路。

任何对独立后的几十年所作的研究，都会提出一些基本的问题：人民如何创建新的政府并且他们应该建造出什么样的政府？经济上的贫穷如何影响到主权的实施？过去的社会模式应该抛弃还是增强？这些以及其他种种问题向新的国家和它们的公民们提出了挑战。

4.1 君主制或共和制？

谁来治理和如何治理，这是新独立的拉丁美洲人面临的一个基本问题。这些问题以前从来没有人提出过。几百年来，所有的权威和权力都集中在伊比利亚国王的手中，他们用古老的法律和习惯统治着新大陆。近三百年中，新大陆的居民接受了他们的统治，君主们为自己规定了世袭制的延续性。独立的宣告创造了一个新的政治真空。当拉丁美洲人在摇摆不定和矛盾对立的状况下试图填补这一真空时,他们经历了极度痛苦、流血杀戮和混乱。

只有巴西很容易地回答了这些问题，这主要是因为王室在葡萄牙美洲居住过。开始是国王若奥六世,然后是他的儿子佩德罗王子,亲自为巴西从总督制到王国再到帝国的迅速而平和的政治过渡提供了合法性。王位继承人佩德罗王子切断了葡萄牙和巴西之间的联系,并戴上新的帝国皇冠。马松博上层人士支持皇家统治这一概念，因此避免了共和主义者和君主主义者之间尖刻的辩论,这些辩论在西班牙美洲的绝大部分地区造成了分裂。很显然,他们之所以能够很容易地作出决定是由于同情他们的王子就在眼前,正是这个布拉干柴家族的成员宣布了巴西的独立。由于他的出身和继承权,并且通过巴西上层人士的鼎力相助,佩德罗的地位和权力立即生效。作为布拉干柴家族的一员,他继承了统治权。历史的惯例又强化了他的地位。皇位由一位布拉干柴成员合法地占有,是这一新的巨大帝国统一的最佳手段。

虽然在谁掌权的问题上意见统一,但如何掌权的问题仍未解决。皇帝和上层人士都认为应该有一部宪法，但文件的具体内容和界限却激发起一场辩论,在巴西帝国产生了第一次严重危机。议会通过选举产生,实施立宪和立法的功能。1823 年 5 月 3 日召集起来的团体包括了律师、法官、神父、军官、医生、土地所有者和公务员,他们明显地代表了统治集团的特权阶层。他们来自于老的土地贵族和新的城市上层人士。这是两个直到现在仍然相互有关联的利益集团。几乎在同一时期,立法机构就与行政机构产生了冲突,每一边都怀疑对方侵犯了自己的特权。此外,议员们表明了强烈的反葡萄牙情绪,言外之意对出生在葡萄牙的年轻皇帝抱有敌意。佩德罗认为议会不但缺少风纪,还会传播革命的种子,因此将它解散。

尽管议会被解散,佩德罗仍然打算遵守诺言,用宪法管理国家。他任命了十位巴西人组成一个委员会起草文件,然后发送到巴西各个市政会,以得到他们的批准。在多数市政会批准后,佩德罗于 1824 年 3 月 25 日颁布了新的宪法。宪法为高度集权的政府配备了一个朝气蓬勃的行政机构。虽然权力分散在行政、立法、司法和仲裁四个机构,主要权力还是在皇帝手中。皇帝在政务院和内阁的帮助下实施行政职能,新的仲裁权又强化了他的职能,赋予他维持国家独立以及平衡并调和其他势力和20个州的职责。

皇帝被授予广泛的权力，人们期望皇帝能利用它来保证广阔帝国的和谐，因为广袤的地理环境和人种的多样性对国家的存在构成很大的挑战。前一章的分析指出，王室是一个影响深远的国家机构，能够并且确实代表了全体巴西人。国会分为参议院和众议院，参议院的成员由皇帝指定，终身任职。而众议院的成员是通过定期的、间接的、限制极严的投票而选举出来的。宪法赋予了广泛的个人自由和法律面前人人平等的权利。宪法的长期存在证明了它的可行性：宪法延续了60年，直到1889年君主制的结束。这是巴西最持久的宪法，也是拉丁美洲最有生命力的宪法之一。

巴西人逐渐地掌握了自己的政府。一开始，佩德罗使他们感到失望，因为他完全启用葡萄牙人为他的助手、部长和高级教士。巴西人得到了独立，但心照不宣地被排除在他们自己的帝国的最高行政职位之外。马松博人谴责年轻的皇帝对以前京城的事务比对新帝国的事务关心更多。随着巴西人要求介入自己土地上最高行政机构的治理，反对葡萄牙人的潮流也高涨起来。佩德罗不能理解这些民族主义的感情，也没有任命巴西人到最高行政职位，从而造成了不满情绪，最终导致他在1831年退位。在他返回欧洲之后，扎根于种植园经济的上层人士家庭成员取代了那些在葡萄牙出生并垄断了第一帝国最高行政职位的官员。1840年，佩德罗二世（Pedro II）登基，由于青年皇帝出生并成长于新大陆，俨然以一个巴西人的身份担任了最高职务。因此，马松博人占据优势地位的进程比克里奥尔人缓慢得多。这一进程从1808年葡萄牙王室来到里约热内卢开始，一直到1840年巴西出生的皇帝接过了统治权才达到顶点。

西班牙美洲与巴西不同，经历了艰难的权力转移和合法化过程。新政府采取何种形式这一问题占用了大量的精力来讨论，引起了激烈的辩论，辩论最多的是采用共和制还是君主制的问题。君主制与过去的制度衔接，迎合了西班牙美洲社会的等级制、贵族制的结构。然而，至少抛弃西班牙过去的外在象征的期望，对启蒙运动的政治学说的迷恋，以及美国的成功范例都为共和主义拥护者提供了强有力的理由。只有在墨西哥，君主主义者占强势，却

表 4.1 1822—1855 年墨西哥动荡时期的国家首脑

1822—1823 年	奥古斯丁·德伊图尔维德皇帝(Emperor Agustín de Iturbide)
1824—1829 年	瓜达卢佩·维多利亚 (Guadalupe Victoria)(费利克斯·费尔南德斯)(Felix Fernández)
1829 年	比森特·格雷罗(Vicente Guerrero)
1829 年	何塞·玛丽亚·博卡内格拉(José María Bocanegra)(过渡期)
1829 年	佩德罗·贝莱斯(Pedro Vélez)、路易斯·金塔纳尔(Luis Quintanar)、卢卡斯·阿拉曼(Lucas Alamán)(三头执政)
1830—1832 年	阿纳斯塔西奥·布斯塔曼特(Anastasio Bustamante)
1832 年	梅尔乔·穆斯基斯(Melchor Múzquiz)(过渡期)
1832—1833 年	曼努埃尔·戈麦斯·佩德拉萨(Manuel Gómez Pedraza)
1833—1835 年	安东尼奥·洛佩斯·德圣安娜(Antonio Lopez de Santa Anna)
1835—1836 年	米格尔·巴拉甘(Miguel Barragán)
1836—1837 年	何塞·胡斯托·科罗(José Justo Corro)
1837—1839 年	阿纳斯塔西奥·布斯塔曼特(Anastasio Bustamante)(代理)
1839 年	安东尼奥·洛佩斯·德圣安娜(Antonio Lopez de Santa Anna)(代理)
1839 年	尼古拉斯·布拉沃(Nicolás Bravo)
1839—1841 年	阿纳斯塔西奥·布斯塔曼特(Anastasio Bustamante)(代理)
1841 年	哈维尔·埃切韦里亚(Javíer Echeverría)
1841—1842 年	安东尼奥·洛佩斯·德圣安娜(Antonio Lopez de Santa Anna)(代理)
1842 年	阿纳斯塔西奥·布斯塔曼特(Anastasio Bustamante)(代理)
1842—1843 年	尼古拉斯·布拉沃(Nicolás Bravo)
1842 年	阿纳斯塔西奥·布斯塔曼特(Anastasio Bustamante)(代理)
1843	安东尼奥·洛佩斯·德圣安娜(Antonio Lopez de Santa Anna)(代理)
1843—1844 年	巴伦廷·卡纳里索(Valentín Canalizo)
1844 年	安东尼奥·洛佩斯·德圣安娜(Antonio Lopez de Santa Anna)(代理)
1844—1846 年	何塞·华金·埃雷拉(José Joaquín Herrera)
1846 年	马里亚诺·帕雷德斯·阿里亚加(Mariano Paredes y Arrillaga)
1846 年	尼古拉斯·布拉沃(Nicolás Bravo)(代理)
1846 年	马里亚诺·萨拉斯(Mariano Salas)
1846—1847 年	巴伦廷·戈麦斯·法里亚斯(Valentín Gómez Farías)(代理)
1847 年	安东尼奥·洛佩斯·德圣安娜(Antonio Lopez de Santa Anna)(代理)
1847 年	佩德罗·玛丽亚·安纳亚(Pedro María Anaya)
1847—1848 年	曼努埃尔·德拉培尼亚·培尼亚(Manuel de la Peña y Peña)

1847 年	安东尼奥·洛佩斯·德圣安娜(Antonio Lopez de Santa Anna)(代理)
1848—1851 年	何塞·华金·埃雷拉(José Joaquín Herrera)(过渡期)
1851—1853 年	马里亚诺·阿里斯塔(Mariano Arista)
1853 年	胡安·包蒂斯塔·塞瓦略斯(Juan Bautista Ceballos)(过渡期)
1853 年	曼努埃尔·玛丽亚·隆巴尔迪尼(Manuel María Lombardini)
1853—1855 年	安东尼奥·洛佩斯·德圣安娜(Antonio Lopez de Santa Anna)(代理)
1855 年	马丁·卡雷拉(Martín Carréra)

资料来源:http://www.mexconnect.com/mex_/history/presidents.html

也无法说服欧洲的王子接管新墨西哥的政权，因此克里奥尔人为自己人奥古斯丁·德伊图尔维德戴上皇冠，他的短暂的统治从 1822 年 5 月持续到 1823 年 2 月。由于墨西哥当时的版图从俄勒冈一直延伸到巴拿马,因此,算上巴西,从 1822 年底到 1823 年初,拉丁美洲大部分地区是掌握在君主主义者手中。

墨西哥人一再地求助于安东尼奥·洛佩斯·德圣安娜的领导,1830 年至 1855 年之间,德圣安娜当选总统 11 次。此照片摄于美墨战争时期(1846—1848 年)。(美国国会图书馆)

德伊图尔维德的统治时期不是一个愉快的阶段。主要是因为他在经济遭到独立战争的严重打击之后，仍试图用稀少的资源来满足不同集团的要求。为了安抚商人和资本家,他削减税收,导致政府财政收入减少,以致难以维持军队的需要。然而,军队是维系尚未巩固的政府的关键力量。为了支付军队开支,他发放纸币,导致了通货膨胀。然后,他向国外借债,政府又无能力偿还,于是强迫上层人士和教会贷款,致使他的最忠诚的支持者与他疏远。在政治局势愈益动乱的情况下,德伊图尔维德关闭了国会,使他的政治盟友也与他疏远。当他没有资金与仍然固守韦拉克鲁斯(Veracruz)城堡的西班牙保皇党军队战斗时,这就成为他最后的一根稻草。当墨西哥军队指挥官安东尼奥·洛佩斯·德圣安娜(Antonio Lopez de Santa Anna) 向他抱怨时,德伊图尔维德将他解职。德圣安娜便发动一次反对德伊图尔维德的兵变。1823年初，军队流放了德伊图尔维德，废除了帝国，帮助建立了自由主义的联邦共和国。自此，共和主义原则胜利了，至少作为理论在整个西班牙美洲获胜。然而，有些人继续为君主制辩论。实际上，墨西哥在19世纪60年代又一次尝试过这一制度。

4.2 新共和制的形成

虽然西班牙美洲多数地区选择共和制而不是君主制，由谁来统治国家仍然是个棘手问题。最便捷的回答是将权力交给独立运动中的英雄。因此，在许多国家中，第一任国家元首都是宣布独立并为本国独立战斗过的人。这些英雄常常在他们不再受欢迎后被赶下台，拉丁美洲人感到选择他们的接班人更加困难。而且，人们发现，战斗英雄并不一定能成为伟大的政治家。为选出后续的总统而作出的种种努力，往往引起残酷的权力斗争，从而助长了上层人士中各个派别的专制主义思想。

拉丁美洲人还对应该如何组织新的政体进行过辩论。主要的辩论集中于运用联邦制还是中央集权制。反对改革的人喜欢中央集权制，与西班牙君主制的中央强权统治相呼应。但由于当地有大量的竞争对手，加上北美联邦制明显的成功，拉丁美洲许多领袖更趋于采取地方自治的制度。联邦制也得到那些地方和地域领袖的支持，因为他们希望维持自己的权力和地位。此外，大部分居民认同于紧邻地区(patria chica)或小地域(country)，而不是国家(nation)这一抽象的概念。“紧邻地区”的观念植根于哥伦布发现美洲之前的时代，当时土著人的身份认同是以城邦为基础的，而在西班牙历史上，人们则认同于各自的省份。

联邦主义者和中央集权主义者的派系斗争与19世纪主宰拉丁美洲政治的两股政治潮流——自由主义和保守主义——相平行。从某种角度讲，很难明确指出两种政治观点的不同。正如墨西哥的一个课本上说：“自由主义者是留着长发的年轻律师，收入平平。而大部分保守主义者是富裕的教会或军队成员,中年或年纪更大,并且固定地去理发店理发。”

通常,自由主义者将美国视为典范,保守主义者则倾向于欧洲的君主立宪制。自由主义者赞同范围较大的民主,保守主义者希望限制较大的政治参与,害怕政治的开放会带来混乱。双方都期望国家的经济变革,但在如何进行的问题上有不同意见,保守主义者不愿意放弃像强制劳工这类殖民地制度。没有任何一方期望放弃对大众的控制。

自由主义者和保守主义者一直有分歧的一个问题是天主教会在新的国家中的角色。教会是从独立运动中幸存下来的殖民地体制,得到民众广泛支持。而且,由于高效的组织、能干的管理机构,以及慷慨的信徒,教会继续积累财富。到 18 世纪末期,教会在新西班牙某些州内控制的土地竟高达 80%。然而,这只是教会财富的一部分。虽然教会的农村地产和城市地产占整个国家不动产总价值的一半,教会的真正财富还来自于抵押权和收上来的令人咋舌的利息。

教会的权力不仅来自于它所拥有的财富。它的牧师是受过最佳教育的社会群体之一,享有极高的威望。特别是在民众中间,牧师的一个小小建议可以像命令一样有分量。牧师往往参政,在新政府中占据高位,或公开支持某一政治候选人。牧师们在教育体系中施加影响。在几乎所有新的国家中,他们垄断了从小学到大学的所有教育。此外,民众与教会的接触比与新政府官员的接触更多。除了周日的教堂布道,民众在生活中所有最重要的活动都要找牧师:为婴儿施洗、结婚仪式、临终祈祷和在教堂墓地的埋葬。

对教会的批评不是针对宗教本身,而是针对教会的世俗权力,以及教会和其服务人员对世俗社会的影响。自由主义者认为国家的生存本身就受到教会俗权的威胁。他们极力要求世俗教育,墓地世俗化,世俗婚礼,建立世俗的出生、结婚和死亡登记,并且由国家控制宗教的圣职授予权,就像王室曾被授权提名或撤销教会的特权阶级一样。自由主义者与保守主义者之间的辩论,尤其是对教会问题的辩论,将主导独立后第一个 50 年的政治生活。

最初,自由主义思想占优势,主要反映在对选举的重视上。在最早萌发的自由时期,大多数新国家享有广泛的权选举。自由、独立的男性有选举权,包括土著人和自由黑人。在布宜诺斯艾利斯，1821 年的法律奠定了男性普选权。秘鲁 1823 年的宪法给予所有已婚或 25 岁以上，而且有文化和财产、或有职业或技术、或在“有用”的行业工作的秘鲁男性投票权。另外，有文化这一要求推迟到 1840 年才加进去，这大概是由于新政府希望为民众提供教育机会。之后，对土著人和梅斯蒂索人免除了这项要求。并非所有拉丁美洲国家都仿效秘鲁的做法。譬如，智利 1833 年的宪法只将投票权授予有文化并能达到财产或收入标准的男性。大部分地区进行的是间接选举，选民选出选举团或立法机构，由他们选出参议院和总统。

各级政府的选举是按常规进行的，这表明了合法性的重要。甚至那些用暴力取得权力的人也走选举的道路，有时用暴力来保障其获胜。政治竞争者努力调动选民支持他们，通常用特别的和与当地利益攸关的问题感召选民。公民这一国家政体成员的抽象概念还没有扎根于民。拉丁美洲人仍然从村镇(pueblos)、社团(comunidades)和邻居(vecino)或某一地方的居民之角度考虑问题。但是，大多数拉丁美洲人根本不去投票处。投票率通常在 5%以下，有时甚至低到 0.02%。像 1851 年墨西哥选举时投票率达到 20%的情况是极少有的特殊现象。上层人士痛感民众“缺乏公民意识”，参选人竞选时常常注重投票率，而不是要确保某一特定的结果。对于缺乏投票热情这一现象有几种解释：投票和代表都是新的、抽象的概念，投票处经常发生暴行，民众相信他们的首领能够为他们办事。信任自己的首领——无论是地方还是国家的——这一思想终将成为考迪罗(caudillos)形成的坚实基础。考迪罗是为年轻的国家带来稳定局势的强势人物。

整个 19 世纪，随着上层人士撰写和重写他们的宪法，选举权受到越来越多的限制。最受欢迎的范例是北美和法国的宪法，以及 1812 年的西班牙宪法，在 19 世纪初它们被看做自由主义思想的杰出范例。拉丁美洲人麻木地定期颁布又废除宪法。据估计，独立后的一个半世纪中，他们颁布了 180 到 190 部宪法，大部分是在 1850 年之前的混乱时期通过的。委内瑞拉保持了最高纪录，自 1811 年以来，通过了 22 部宪法。四个拉丁美洲主要国家情况基本稳定。巴西于 1824 年颁布了宪法，一直使用到 1889 年。智利在经过几次试验后，于1833年通过了宪法，到1925年此宪法一直有效。阿根廷1853年的宪法维持到1949年，1956年又再次启用。墨西哥于1857年颁布了宪法，一直到1917年都是最基本的法律文献。

总起来说，宪法授予行政首脑最高权力。因此，无论在理论上还是具体执行上，他都实施了比其他部门大得多的权力，其他部门总是服从他的意志。从这方面来讲，拉丁美洲人又回复到过去的经历。总统像过去的国王一样有着至高无上的权力。到19世纪中叶，所有的拉丁美洲政府存在着至少三个共同特点：强有力的行政机构、高度的中央集权，以及有限的选举权。

有时有人认为拉丁美洲大多数人，即没有文化的农村人，被排除在国家建立的进程之外。毫无疑问，对不少人来说这是事实，特别是在那些相对没有受到独立战争冲击的地区。在一些中美洲地区，人们在独立几个月之后才得知他们已经不再属于西班牙帝国的一部分了。然而，在有过很多战斗的地区，民众早已被独立运动过程中所宣传的启蒙思想所动员。未来的国家领导人必须争取政治化了的民众。民族国家的建立不仅发生在国家层面，也发生在各个地区。新领导人选择的方向并非没有遭到社区的反对。

中央政府企图控制地方政府，将它建立为新国家的一个单元，但是地方居民认为地方政府熟悉当地的传统和问题。从国家角度看，地方政府是负责实施国家法律、执行司法、管辖民众、征收税务、组织地方民兵，并为国家一级政府提供信息的。他们的财政来源与殖民地时期的地方管理机构一样，来自土地出租、市场管理税、罚金和人头税。这些收入用来支付管理费用、公共工程、学校（在有学校的地区）和宗教仪式——这些仪式通常是为当地的守护神举行的。这样一来，上层人士试图利用地方认同感来创立新的国家认同感。但大多数人的观点仍然具有地方性，甚至在市政会上，本应该以国家公民身份出现，他们却常常以传统社区的名义讲话。他们还将传统社区组织进行改革，使之适应独立后的新要求。譬如，宗教的兄弟会（cofradía）不仅是宗教组织，还逐渐成为社区组织的场所和土地所有者，为社区福利服务。

在农村，底层的土著人和梅斯蒂索人与上层的克里奥尔人和梅斯蒂索人争夺对地产的控制，尤其是对地方政府的界限和对社区公用土地的继续保留。地方社团也反对那些对他们不利的国家方案。譬如,墨西哥格雷罗州的民众支持推翻阿纳斯塔西奥·布斯塔曼特总统,因为他的政府没有保护好地方棉花种植者和纺织者,使他们免受外国进口货的影响。在整个19世纪40年代,中央集权主义者统治着墨西哥,格雷罗的民众组织起来反对税金的增加以及地方政府数量和自治权的减少。他们清楚国家级政府中的分歧,因此利用机会提出自己的要求。在联邦主义占优势的地区,底层民众常常非常成功,这些地区基本上是在独立战争时期有过战斗的地方。在中央集权制地区,通常没有发生过独立战争,底层民众一般都会输给上层人士。

农民很快学会利用新的体制在可能的时机为自己的利益服务。譬如,秘鲁的土著人在与大地产主发生土地争执时会强调,鉴于1828年的法律,他们已成为个体土地所有者。但涉及到收税时,他们提到社区土地权,因为法律仍然对土著人执行不同的税收制度。在某些地区,土著人与梅斯蒂索人结盟,形成一个农民(campesino)身份,而不认同土著人的身份。[Campesino一词通常译为"农民",但这个译法在有关土地和市场关系这个含义上有些问题。通常来说,拉丁美洲人用这个词指主要从事生计农业(subsistence agriculture)劳动的农村人口,有时则泛指低收入的乡下人。]有时,民众团体求助于保守主义者对他们给予保护。其他时候,自由主义者则对他们赐予自由。

因此,早期共和国的斗争不应该只看做是上层人士之间的竞争。民众并非只是简单地被拖进对他们没有影响的斗争中。大部分民众为自己的利益而行动,试图维持自己的自主性,并保持他们的权力和特权。

4.3 对国家的威胁

新国家的机体是脆弱的,他们的领袖面临多种威胁,对他们的继续生存有很大影响。从一开始,新领袖们害怕西班牙或葡萄牙会独自或联合其他欧洲政府重新夺回新大陆的原殖民地。俄国、奥地利和普鲁士三个保守君主国组成了神圣同盟,目标包括根除欧洲的代议制政府,并防止它扩散到以前没有这一制度的地区。这一同盟大胆地干预欧洲一些国家事务,抑制自由主义的发展。神圣同盟曾经有可能帮助西班牙在其前美洲殖民地中重新建立自己的权力机构。这一可能性使他们的对手英国警觉起来,因为英国对拉丁美洲市场有很大兴趣。美国则担心俄国殖民地会沿着北美洲西海岸向南推进。

英国敦促美国联合发表声明,劝阻外国在美洲建立殖民地。而有独立见解的美国总统詹姆斯·门罗(James Monroe)于 1823 年发表了后来所称的门罗宣言(Monroe Doctrine),宣布美洲不再允许欧洲建立殖民地,并且美国将任何欧洲国家对美洲的干涉视为反对美国的不友好行为。在作为新的国家踉跄地迈开第一步时,大多数拉丁美洲上层人士欢迎北部邻居可能给予的帮助。然而,他们发现门罗宣言不过是空洞的言辞:美国在 19 世纪末之前一直没有帮助过拉丁美洲国家。

拉丁美洲人害怕欧洲人的入侵不是没有理由的。1829 年和 1832 年,西班牙入侵墨西哥和中美洲。法国和英国也干预过新大陆的事务。1838 年,法国占领了墨西哥的韦拉克鲁斯,强迫墨西哥偿还所谓的债务。1838—1840 年,他们封锁了布宜诺斯艾利斯,并于 1845—1848 年又一次与英国合伙封锁此城,目的在于教训阿根廷的独裁者曼努埃尔·德罗萨斯(Manuel de Rosas)。19 世纪 60 年代,西班牙在秘鲁发动战争,夺取一个生产鸟粪的岛屿,并轰炸了智利的港口瓦尔帕莱索(Valparaíso)。

欧洲最猖狂的入侵发生在 19 世纪 60 年代的墨西哥。为了响应拿破仑三世的宏伟规划,法国军队于 1862 年以收债为由开进墨西哥。法军进军墨西哥中部,让倒霉的奥地利人马克西米利安(Maximilian)继续留在岌岌可危的皇位上,依赖于法国军队的支持。法国人直到 1866 年撤出,因为他们疲于与贝尼托·华雷斯(Benito Juárez)指挥的军队继续作战,不愿意再受美国政府的责难,而且愈益担心由于奥托·冯·俾斯麦(Otto Von Bismarck)统一德国而在欧洲带来的竞争。这些例子证明,拉丁美洲对欧洲进行干预的焦虑是有充分理由的。

但是,新的国家要担心的不仅仅是欧洲人。虽然美国人于 1823 年宣称是拉丁美洲的保护人,到 1846 年,美国却成为向西部进军的侵略者。双方的冲突起源于对得克萨斯西部边界的争议，当时美国刚刚将得克萨斯州兼并。过去边界一直是努埃塞斯河（Nueces River），但得克萨斯人和美国现在宣称边界是布拉沃河（Río Bravo），美国称之为格兰德河（Río Grande）。结果是残酷的战争。装备较好、训练有素的美国军队一直打到墨西哥城。北美侵略战争（在美国被称为美墨战争）最终以《瓜达卢佩·伊达尔戈条约》的签订而结束。在这一条约中，美国赢得了加利福尼亚和新墨西哥这块广阔的领域。

拉丁美洲国家征募土著人参加军队。这幅1868年的照片显示了一个秘鲁士兵和他的妻子。（美国国会图书馆）

对于拉丁美洲国家的威胁并非只来自境外。新国家的统一非常困难，而破坏统一的因素往往来自内部。地理状况是国家建设和统一的一大阻碍。广袤无垠而且几乎空旷无人的土地、难以通过的丛林、高山屏障以及荒凉的沙漠都将小片的人群分割孤立起来。这些孤立地区的通信既慢且难，交通工具经常没有，即使在最好的状况下也是危险而缓慢的。在雨季，许多地区的通信和交通运输完全停顿。这种恶劣的通信和交通条件使得以国家为基础的物资、服务及思想的交流难以进行。从厄瓜多尔的瓜亚基尔（Guayaquil）经麦吉伦海峡向纽约运送一吨的货物，比从陆路向仅200英里距离的首都基多运送同样的货物要便宜并容易得多。里约热内卢从英国比从阿根廷可以更经济地进口面粉和小麦。同样的情况使巴西北部的居民感到，从欧洲进口物资比从巴西南部购买同样的物资要便宜得多，尽管帆船将巴西沿海一带居民连成一体，而且巴西大多数人口居住在离海岸不远的地方。

为了进入内陆，巴西人利用内陆河流及牛群转场通道。在有些地区，亚马孙河以及普拉塔河域提供了丰富的河流资源。19 世纪 20 年代，从里约热内卢到内陆省份马托格罗索(Mato Grosso)的省会库亚巴(Cuiabá)，旅途需要八个月。西班牙美洲的与之相似。从墨西哥的主要港口韦拉克鲁斯到墨西哥城的距离不到 300 英里，两者之间是全国最好、使用最频繁的一条公路。但当 1839 年弗朗塞斯·卡尔德龙·德拉巴尔卡(Frances Calderón de la Barca)在最好的条件下上路时，也经历了四天艰难的旅程。她描述这条路“臭名昭著，坑坑洼洼”。在 19 世纪 20 年代，从布宜诺斯艾利斯到距离约 950 英里、坐落在安第斯山脚下的内陆城市门多萨，坐牛车需要走一个月，坐四轮马车要两个星期，尽管政府的邮差在紧急情况下骑马只需五天就到。

遥远的距离、恶劣的地理条件、缓慢的通信和交通工具，以及由于隔绝而引起的地方力量之间的竞争，都促使反对国家统一的地方主义的增长。尝试过联邦制之后，地方主义思想更得到加剧，对紧邻地区的忠诚更得到加强。其结果是，独立后不久，原西班牙总督辖区的领土被分割了。没有一个国家大于新西班牙总督区的领地。1823 年，中美洲，原危地马拉王国分离出去。随之于 1838—1839 年，中美洲联合省（the United Provinces of Central America）分裂为五个共和国。1836 年得克萨斯退出了墨西哥联盟，1846—1848 年的战争之后，美国赢得了加利福尼亚、亚利桑那和新墨西哥。大哥伦比亚(Gran Colombia)也没有能够维持原新格拉纳达总督辖区的统一：委内瑞拉于 1829 年退出联盟，厄瓜多尔接着在下一年也退出。智利和玻利维亚感到不必效忠于利马，也就是说不必效忠于秘鲁总督辖区，因此在独立阶段没有结束之前就脱离出去。巴拉圭、乌拉圭以及玻利维亚的一部分也以类似形式否定了布宜诺斯艾利斯的统治，从而结束了拉普拉塔总督辖区。到 1840 年，四个坚固的西班牙总督辖区分裂了，产生了今天美洲所有讲西班牙语的国家，除了两个例外——古巴和巴拿马。古巴在 1898 年独立前一直是西班牙殖民地，而巴拿马则于 1903 年才从哥伦比亚分离出来。在古巴和巴拿马的情况中，新国家的命运都与 19 世纪晚期和 20 世纪初在北美洲兴起的一股新的、带有侵略性的帝国主义思潮密切相关。

18 个新的国家中，没有一个与邻国有很分明的国界线。这个问题必定导致战争、流血和不良企图。在某些情况下，商业的竞争增加了更多的困难。此外，新国家迅速的成立带来了本半球的贸易壁垒，反而使竞争更加复杂、激烈。总之，独立之后，以前殖民地的地区性竞争变成了国家间的竞争。18 个国家之间的猜疑和不信任加剧了新国家之间的紧张关系。有时，这些紧张关系导致战争，邻国之间为贸易利益、国家安全或更多的领土而动武。

1825—1828 年间，阿根廷和巴西为争夺乌拉圭进行了西斯普拉丁战争（Cisplatine War），但由于疲劳而僵持不下，双方最终达成协议，让有争议的领土独立。1836 年，智利攻打秘鲁和玻利维亚，以防止这两个邻国结成联盟。在 1879—1883 年太平洋战争（the War of the Pacific）中，这三个国家为争夺阿塔卡马沙漠中的硝石矿藏爆发了战争。智利打赢了，并向北部扩张，损害了秘鲁和玻利维亚的利益。1844 年，多米尼加共和国为了重新独立，与海地开战。在整个 19 世纪，五个中美洲共和国相互挑战，不断打仗。这里提到的冲突只是有代表性的几例，并非全部。

这些战争导致了另一个问题，地方的特性和作用与上层人士设想的国家规划相矛盾。譬如，秘鲁有自治性的农民游击队组织起来保护自己的村庄不受智利人的侵略。他们特别反对秘鲁北部领导人对智利入侵者采取的调和态度。因此，当地土著人将自己看成是为国家而战，与北部领导人的放弃行为截然不同。

这一世纪中最主要的摩擦是内陆小国巴拉圭在有战略意义的拉普拉塔盆地与三国同盟——阿根廷、巴西和乌拉圭——发生的冲突。这一冲突具有扩张主义的企图，是为维持当地的力量平衡所进行的不断斗争的一部分。三国同盟一方经过五年时间，1865—1870 年，征服了巴拉圭。战争解决了自独立以来一直困扰这一地区的两个难题。首先，明确地打开了普拉塔河流域，向国际商业和旅游开放，这是巴西关切的主要问题，巴西早想利用河流与其内陆诸省建立通信联系。第二，小国家乌拉圭和巴拉圭得到自由，不再受阿根廷和巴西的直接干涉，两个大国也认识到这两个普拉丁（Platine）地区的

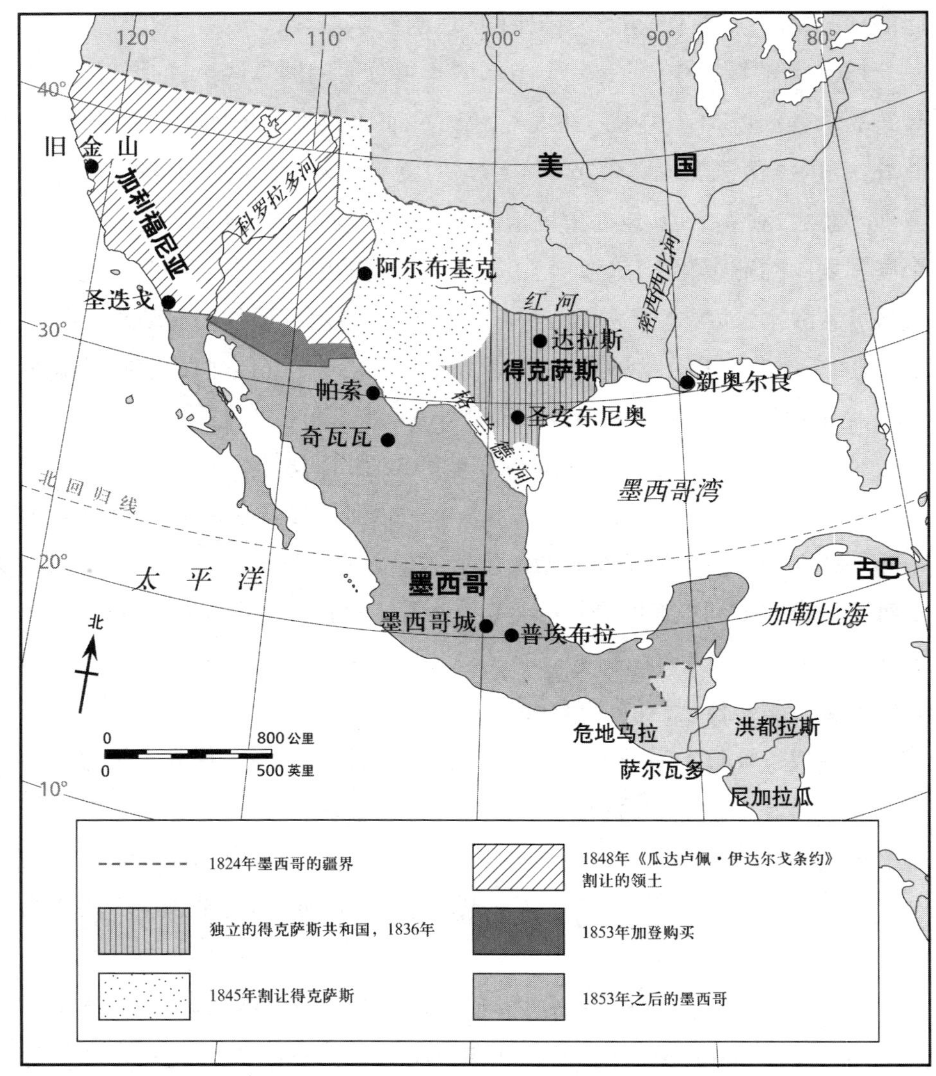

地图4.1 1824—1853 年的墨西哥

见霍华德·斯波德科的《世界通史》，第 3 版，2006。电子版复制，得到培生教育公司允许。

小国家独立的重要性，它们可以成为缓冲地带。两个大国可能试图说服至少一个或者这两个小国都站在自己一边，但无论巴西或阿根廷都没有再实际入侵它们。

新国家和罗马天主教会的关系造成了另外一种紧张气氛。拉丁美洲的国家首领宣称有权继承过去的皇家圣职授予权,实施国家圣职授予权。教皇则宣布圣职授予在宣告独立时已交回教皇——其真正的渊源。由于教皇公开同情西班牙君主制,对拉丁美洲国家政府就有反感。1824 年,教皇利奥十二(Pope Leo XII)向美洲的大主教和主教们发布了通谕,支持费迪南德七世。这一举动进一步向拉丁美洲的领导人证实,梵蒂冈将与神圣同盟联盟。新政府也因此将一些拒绝归顺新政府的各级教士驱逐出去。

考虑到马德里的感觉，梵蒂冈在很长一段时间里拒绝承认新的美洲国家,致使这些国家政府十分头疼,害怕孤立的美洲天主教徒会危害到国家的独立。1826 年,罗马开始改变对拉丁美洲国家的态度,因为教皇宣布愿意接见美洲基督教代表团的代表,但绝不在政治上给予承认。次年,罗马祭司团开始批准美洲政府呈上来的候选人。1833 年费迪南德七世死后,教皇不再感到西班牙对他的新大陆政策有任何压力。1835 年,梵蒂冈承认了新格拉纳达(哥伦比亚),并且在下一年向波哥大委派了第一个教皇使节。对新格拉纳达的承认说明了政治上承认的问题得到解决，也结束了西班牙对梵蒂冈在西班牙美洲外交政策和关系问题上的影响。

自由主义者和保守主义者之间的斗争有时也变成暴力行为。特别是墨西哥为了教会在新国家中的合理位置的问题经历过斗争。早期宪法确定罗马天主教为国教,但拥护国家圣职授予权的原则。自由主义者游说要减少教会的特权,并在 1833 年巴伦廷·戈麦斯·法里亚斯任国家首领的短暂任期内通过了改革法,将加利福尼亚的传教机构世俗化,没收他们的资金,从而使公共教育世俗化，废除强制的什一税，让宗教团体成员有权撤回他们的誓约,并加强国家圣职授予权的原则。德圣安娜于 1834 年将戈麦斯·法里亚斯赶下台,并废除了这些改革。在随之而来的保守政府的统治下,教会重新获取了特权地位。

在保守主义者统治期间，墨西哥将大量的精力和资金消耗在对付得克萨斯脱离联邦、法国入侵以及美国扩张等问题上。其结果是墨西哥的破产和新一代自由主义者的崛起。其中最杰出的是贝尼托·华雷斯,一个 100%的萨波泰克（Zapotec）印第安人。在 1854 年发布的《阿尤特拉计划》(Plan of

Ayutla)中，华雷斯和他的自由主义同伙号召推翻德圣安娜，创建新宪法。他们接着在次年掌权，但不断受到挑战。在所有存亡攸关的问题中，教会权力问题最突出。

墨西哥自由主义者在1855年用《华雷斯法》(Ley Juárez)开始他们的改革，限制军队和教会特权，废除他们在纯粹的民事案件中所具有的司法审判权（fueros）。1856年，《莱尔多法》(Ley Lerdo）要求所有社团卖掉他们的土地，其目的在于剥夺教会一切不是专用于宗教的财产。此法也针对土著公用的土地，将其分割并私有化。

1857年颁布的新宪法既结合了华雷斯法，也运用了莱尔多法，将强制性的宗教誓约仪式废除，并使教育世俗化。保守主义者和教会共同谴责新法律及宪法。教皇皮乌斯(Pope Pius)宣称："我们在使徒自由的问题上提高了教皇的声音……谴责、申斥并宣布此法令以及所有其他民权机构制定的蔑视基督教权力和罗马教廷的法律无效。"牧师和军队联合起来保护自己的特权并攻击自由主义者，从而挑起了1858—1861年间残忍的改革战争。对自由主义政府大胆的挑战导致了针对教会而制定的大量反教士法律：墓地世俗化，世俗婚礼，什一税的废除，教会所有不动产国有化，政教分离，对所有寺院的抑制，以及禁止修女院的皈依活动。

在战场上输了之后，保守主义者宁可求助于外国的干涉而不愿意接受华雷斯胜利的事实。他们的愿望正好迎合拿破仑三世的野心，拿破仑三世于1862年出面干预，借口是强迫墨西哥还债。在保守主义者的邀请下，拿破仑帮助他们重建君主制，指定奥地利公爵马克西米利安为君王。马克西米利安于1864年到达，但使保守主义者烦恼的是，他持有自由主义者的观点，接受宗教改革。为了反对法国的干预和君主制的复辟，自由主义者重新拿起武器。拿破仑发觉需要派出3.4万人的军队来支持马克西米利安这个动摇不定的王权。即便如此，君主政府只在墨西哥一小部分疆土上实施过权力，也从来没有得到大多数墨西哥民众的支持。1866年法国的撤军宣告了君主政府的即刻灭亡。次年，自由主义军队逮捕并枪毙了马克西米利安。华雷斯回到墨西哥城，开始了重建被毁的墨西哥的巨大工程。在同国家进行了长期斗争后，教会失去了很大一部分财富、特权以及权力，但战斗绝没有结束。战争后来又突然被挑起，一直持续到20世纪。

在教会和国家的斗争中，墨西哥是个极端的例子，然而这一斗争加剧了19世纪拉丁美洲的紧张局势。虽然这一严酷的战争不能代表整个半球的情况，但没有一个新国家完全逃脱了这一冲突。

4.4 经济的动荡

经济自由是为独立而战的克里奥尔上层人士最关心的问题之一。但战争带来的破坏相当严重，特别是在墨西哥、委内瑞拉和大哥伦比亚这些地区。矿业和制造业在独立后几十年中受到损失最大。战争中，一些矿山被淹，机器被破坏，劳工制度变迁，资金缺乏，曾经有名的矿山生产大幅度下降。墨西哥和秘鲁的衰落一直延续到19世纪中期。玻利维亚的矿业直到1875年前后才开始恢复。要重建这些工业必须有大量的投资，但所有资本都在战争结束后被西班牙人卷走。

英国在一边等待。外交部长乔治·坎宁(George Canning)调侃道："西班牙美洲自由了，如果我们不是悲哀地治理不当，她就是英国的了。"葡萄牙和西班牙刚投降拿破仑，着急的英国商人就开始大量地涌入拉丁美洲，占领他们向往已久的市场。英国立即成为向拉丁美洲出售产品最多的国家，几乎垄断了某些国家的进口贸易。

英国政府成功地从拉丁美洲人那里抢夺了有利于其商人、贸易商和银行家的协议和条约。巴西的经历是个典型。新帝国向英国商人和制造商提供了拉丁美洲最有利可图的市场。1825年对巴西的出口与向其他南美洲国家和墨西哥的出口总量相等，等于向美国出口的一半。很自然，英国想保留巴西这个市场。为了换取葡萄牙承认巴西1825年的独立，伦敦与佩德罗一世签订了极其有利的商业条约。条约限制了对英国进口商品的关税为15%，也控制巴西不能把对其他国家的税降到这一水平之下。因此，这一条约保证了英国制造商控制巴西市场，并延缓了巴西工业化的努力。

对新国家的贷款和投资大部分来自于伦敦。早在 1822 年,拉丁美洲就已发放了四项贷款。1824 年,又有五项贷款发行。次年,又加了五项。外国投资者对这里的经济特别有兴趣。在 19 世纪前半个世纪中,欧洲开始了迅速的人口膨胀以及加速的工业化和城市化。他们需要初级产品:粮食供给城市中心,原料供给工厂。反过来他们则寻求市场,以出售日益增长的工业剩余物资。拉丁美洲出口欧洲需要的原材料,进口从远方的工厂源源而来的制成品。

在 1800—1850 年间,世界贸易增长了两倍,而拉丁美洲参与其中。从 1815—1820 年间,每年只有两三艘船在智利和英国之间进行贸易,而 1847 年,则有三百多艘船装载了智利出口到英国的商品。1825—1850 年间,布宜诺斯艾利斯的出口价值几乎增加了两倍。战后恢复最快的经济部门是农业,欧洲提供了现成的市场。农产品的出售为拉丁美洲 1850 年以前几十年里的繁荣提供了基础。

国际交通工具的改进为贸易提供了方便。船只航行速度加快,轮船在 19 世纪 30 年代已在成功的跨北大西洋航行,这些都起到很大作用。1819 年和 1822 年,轮船分别在巴西和智利的水域行驶。1840 年,英国人批准皇家邮件邮轮公司(Royal Mail Steam Packet Company)每月定期向整个加勒比海地区发出两趟轮船。同年,太平洋轮船航运公司(Pacific Steam Navigation Company)开始在南美洲西海岸提供轮船业务。在大西洋海岸,英国的皇家邮件邮轮公司于 1851 年开始了从英国到巴西的业务。同时,美国扩大了它的国际轮船业务,1847 年太平洋邮件公司(Pacific Mail Company)的成立标志着它到达拉丁美洲。这些改善了的通信和交通系统更使拉丁美洲经济与美国和欧洲,特别是英国的经济紧密相关。

为了生产出口商品,拉丁美洲上层人士需要控制土地和劳动力。但是,劳动力问题不像殖民地时期容易解决。战争期间为了调动群众,向他们作了承诺,这些承诺需要在某种程度上兑现。独立斗争时期,克里奥尔人用奴隶制作比喻,讨论殖民地的困境。1824 年,玻利瓦尔告诉他的军队:“你们将完成上帝能够赋予人类的最大任务,将整个世界从奴隶制中解放出来。”独立运动的领袖当然只是比喻性地将殖民地臣民与奴隶等同。然而,这一言辞被拉丁美洲真正的奴隶借用了。厄瓜多尔奴隶安赫拉·巴塔利亚斯(Angela Batallas)向新国家政府要求她的自由时,说:“我不相信,共和国那些有功的成员……证明了他们的自由主义思想,用他们的武力英勇地冒着生命危险从西班牙的束缚下解放我们,会愿意将我抵押给奴役制。”她甚至直接向玻利瓦尔请求。尽管玻利瓦尔有高人一等的优越感,他说道:“对我来说,一场为自由而进行的革命,却期望维持奴隶制,简直荒唐。”

然而,这种荒唐并没有立即结束。虽然所有的新国家都结束了非洲奴隶贸易,使奴隶的子女成为自由人,废除奴隶制却进行得相当缓慢。只有中美洲、智利和墨西哥在19世纪20年代废除了奴隶制,到19世纪中期,许多拉丁美洲黑人仍然是奴隶。土著人的贡金也延续着,直到1854年才在秘鲁结束,1857年在厄瓜多尔结束,1874年在玻利维亚结束。

法律的执行,说得最好也是不公平。同往常一样,有办法的土地所有者找到许多方法奉行法规上的文字,同时对劳工雇用形式只作极小的改变。为此他们发展了学徒制和债务劳役制。在某些相对孤立的地区,如恰帕斯州,债务劳役制相当成功,通过可继承的债务将劳工拴牢在大庄园中。但在大部分拉丁美洲地区,警力和交通系统的不充足,使得根本不可能找到或送回劳工。

大多数大地产躲过了独立时期的混乱,没有遭到分割。实际上,许多还在那些动荡的年代中扩大了。在墨西哥北部,桑切斯·纳瓦罗家族通过狡猾的商业手段,结合大胆的政治花招,居然保存下在殖民地时期积累的所有财

表4.2 废除奴隶制

阿根廷	1813年	厄瓜多尔	1851年
哥伦比亚	1821年	哥伦比亚	1852年
智利	1823年	委内瑞拉,秘鲁	1854年
中美洲	1824年	巴拉圭	1870年
墨西哥	1829年	古巴	1886年
玻利维亚	1831年	巴西	1888年
乌拉圭	1842年		

富。家族首领在科阿韦拉(Coahuila)州建立的权力基础使他们得以在墨西哥独立运动早期年代大幅度扩张。1840—1848 年间,他们的土地占有量达到顶点,有 17 个大庄园,占地面积达 1,600 万英亩,是墨西哥历史上最大的大庄园。在阿根廷,布宜诺斯艾利斯的富商安乔雷纳家族自 1818 年开始投资于大牧场。40 年后,他们大言不惭地说自己是本国最大的土地所有者,占有 160 万英亩最好的、水草丰富的土地。

确实,这个时代对地主扩大他们占有的土地是极其适合的。政府把教会的土地、土著人的公用地以及公众产业抛入市场,就像墨西哥用《莱尔多法》所做的那样。在老的村社中,公用土地归村里所有,新政府授权划分成小片土地以种植口粮,而大地产主和法森达主(巴西的大地产主)便趁机在已经很庞大的地产上加上更多的土地。到 1830 年,在阿根廷,大约 2,100 万英亩的公众土地被 500 个人所瓜分。

与此同时,迅速地将大片但往往效率很低的地产集中起来这一现象,造成了严肃的社会和经济问题。但很少有人关心这些问题。在墨西哥,独立之后不久,弗朗西斯科·塞韦罗·马尔多纳多(Francisco Severo Maldonado)警告说,国家的繁荣需要一个广泛的土地所有者阶层。他倡议建立一个银行,从那些拥有大片闲置土地的人手里买下这些土地,然后以“尽可能低的价格”卖给没有土地的人。一位巴西经济观察家,塞巴斯蒂昂·费雷拉·苏亚雷斯(Sebastião Ferreira Soares)于 1860 年总结道,如果巴西经济要发展,就需要把没有开垦的土地交给会去开发它们的人民。布宜诺斯艾利斯的报纸《拉普拉塔河》(*El Rio de La Plata*) 在 1869 年 9 月 1 日发表的社论中悲叹道:“巨大的财富愈益呈现出增长的不祥趋势,它们的所有者拥有广阔的休耕和荒废的土地。他们对土地的占有欲与他们能否明智或积极地利用土地的能力有天壤之别。”

农业上的管理不当所导致的一个无法避免的结果就是基本食物的价格上涨。1856 年,巴西浩瀚的东北部地区的主要报纸《伯南布哥日报》(*Diário de Pernambuco*)尖锐地斥责大地产制是国家发展的一大障碍。它们的主人占地不用,或耕种效率极低,引起粮食匮乏和粮价提高。报纸的社论指出,更好地运用土地将为当地市场提供更多更便宜的食物,并能有更多的出口。同一时间,在南部的里约热内卢州,正经历着为出口生产咖啡的热潮,费雷拉·苏亚雷斯对由于土地管理不利和出口导向所导致的畸形经济,作出了相似的结论。他警觉地观察到,出口部门的迅速扩大和为国内消费生产的粮食下降相关联,并用有说服力的数据证实了这一趋势。他注意到,甚至在1850年里约热内卢还出口粮食,而十年之后却需要进口了。基本食物如豆子、玉米、面粉的价格因而上升。

尽管偶然遭到批评,但经济体制很难有任何改变。拉丁美洲政府是由土地贵族们掌控。国家首领都拥有大片农业地产,或者与地主阶级有密切联系。特权阶层的代表充斥了立法机构。参加选举的条件是拥有财产和/或有文化,这就把特权几乎只限制在这一阶层中。法庭也代表他们,因为律师和法官都从上层人士中走出,通常法庭的裁决都对他们有利。

上层人士趋于将大地产浪漫化,这是一个强化他们意识形态的有用方法。没有人能比豪尔赫·伊萨克斯(Jorge Isaacs)在他那本受到高度评价的小说《玛丽亚》(1867年)中更好地将19世纪中期的大庄园理想化。作者创造了一个在哥伦比亚考卡山谷的模范家族式大庄园:循规蹈矩、等级森严、和谐融洽。小说中管理得井井有条的大地产以舒适的"大房子"和家长式权威为中心,从受到溺爱的家庭成员到忠实的奴隶都感受到家长的威严。在这种父系制下,"父亲"总是对的。小说极其畅销主要是因为其中所写的理想而又悲哀的浪漫情节,当然也是因为小说中对田园式的农村生活的描写。这里面的人物和自然浑然一体,社会作用清晰明了,毫无疑义地得到认可。显然,感情的疏远在这里是陌生的。这一想象力帮助了当时的体制,这种体制无疑在农民看来不像上层人士看来那样完美。

然而,繁荣不是稳定的。国家建立早期的动荡状态阻止了经济发展。国内和国外的战争毁坏了基础设施,干扰了贸易,吓走了谨小慎微的投资者。多数新国家长期政治不稳定,无法为发展提供正常条件。政治而不是经济吸引了新国家的大部分注意力和精力。同时,公共管理质量恶化。许多受过训练的公共管理人员和打了败仗的西班牙军队离开了新国家,或与若奥王室回到了里斯本。招募新人很少以才智为基础,行政机构的位置变成了政治奖励,政府的变化无常又阻碍了对一支专职行政队伍的训练。国库空空如也。公共财政靠不住,政府对财政的不负责任已是臭名昭著。到1850年,拉丁美洲政府的大部分贷款都违约拖欠,大约20年之久没有新的投资注入。

但是经济问题并没有引发拉丁美洲上层人士重新考虑他们的经济政策。正像他们被外国那些与本地状况毫不相关的政治意识形态所吸引一样,他们对更适于工业化的欧洲而不适应欠发达的拉丁美洲的经济学说表现出好感。亚当·斯密使拉丁美洲许多知识分子着迷,他们相信自由贸易是解决他们国家经济问题的办法。当然,斯密写的是1776年的英国,当时英国作为世界上唯一的工业化强国,享受着天然的保护。但用1830年墨西哥《观察家》的话来说,国家需要"绝对和普遍的自由贸易"来促进繁荣。

拉丁美洲人痛惜原本实行的重商主义制度,采用了经济自由主义的政策,认为它是启蒙思想的胜利。但这些政策与拉丁美洲的需要没有一点关联。一贯微薄的税率使新政府拿不到极度需要的收入,反而促使大量的欧洲制造商品充斥新大陆,对当地工业化的伤害很大。譬如,1821年,墨西哥向所有外国货开放港口,统一按价征收25%的关税。手工艺制造业立即下降。1822年瓜达拉哈拉向国家政府申请保护,谴责自由关税,因为它使得仅仅本城就有2,000名手工业者失业。

上层人士也很接受大卫·李嘉图(David Ricardo)的思想,他主张,每一个国家应该强调自己的比较优势。譬如,也许英国和西班牙都可以生产葡萄酒和纺织品。但是大自然给予西班牙更大的能力生产葡萄酒,使它能够用较低的成本生产出质量较高的葡萄酒。与此类似,李嘉图争论道,已经工业化的英国可以生产更高质量、低价格的纺织品。各国应该集中做自己的强项,这样大家都好。当然,这个理论存在一些问题。拉丁美洲的比较优势在于初级产品,英国希望以尽可能低的价格购买,然后制成成品,再以较高的价格卖给拉丁美洲。而且,通过合理的工业保护,拉丁美洲可以变成像英国一样强的制造商,美国走的就是这一条路。但是上层人士通过矿山和农业富裕起来,因此盲目地接受李嘉图思想。

为了迎合市场的反复无常，而难以预测的市场又受到他们的贸易伙伴的影响很大,拉丁美洲人鼓励发展迎合式的经济(reflex economy),与过去的殖民地经济没有多少差别。繁荣—破产式的经济周期在拉丁美洲所有区域都不断地重复出现,使大部分地区沦为国际资本主义的外围。秘鲁曾是拉丁美洲最成功的国家之一,出口贸易不断增长。但就是秘鲁也呈现出典型的繁荣—破产模式。

秘鲁的财富来自于在沿海的钦查群岛（Chinchas）、巴莱斯特拉群岛(Ballestras)、罗波群岛(Lobos)、马卡比(Macabi)和瓜纳佩(Guanape)等岛屿发现的丰富的鸟粪沉积。秘鲁的鸟粪特别受欢迎,因为其硝酸盐的含量高，这是由于鸟所吃的鱼和沿海的气候条件所致。洪堡寒流(Humboldt Current)将冷水从南极带到赤道,与暖空气在沿海相遇,阻止了降雨。热空气将鸟粪烤干,防止了硝酸盐的蒸发。

欧洲和美国需要大量的鸟粪作肥料,秘鲁很快将产品利用起来。出口量从 1840 年的零增长到 19 世纪 50 年代的每年 35 万吨,占全国出口的 60%。据估计,在 1840—1880 年间鸟粪景气时,出口的鸟粪达两千多万吨,创收利润 20 亿美元。但到 19 世纪 80 年代,繁荣已过。首先,在太平洋战争中,秘鲁将重要的鸟粪储藏地丢失给智利。然后,鸟粪失去了吸引力,市场转向了用硝酸盐为肥料。智利从秘鲁手中赢得阿塔卡马沙漠,垄断了硝酸盐市场,开始自己的繁荣—最终破产周期。

4.5 考迪罗的掌控

争取独立的斗争中和独立之后出现的暴力、紧张局势和经济的不稳定帮助了考迪罗或强势领袖的崛起。考迪罗是一群混杂人物。有些是花花公子,喜欢炫耀虚华的制服,选用响亮的职衔。另外一些采用苦行者的生活方式,躲避公众的视线,衣着暗灰。所有这些给人以神秘和有魅力的感觉。他们在西班牙当局撤离后留下的权力真空中崛起。他们多数是原来的军队统帅，只有他们才可能在已经在战争中武装起来并军事化的社会中维持秩序。他们凭借着个人的威权来进行统治,而不是靠制度的合法性。绝大多数考迪罗忠诚地代表了上层人士,因此至少在口头上赞成进步的思想意识。那些考迪罗常常引用启蒙思想家的语言而高谈阔论。

由于在鼓吹有选择地欧化的同时注意不要扰乱已建立的机制,考迪罗得到了上层人士的支持。实际上,这些考迪罗提供的是对过去模式的延续:大地产制、奴隶劳工制、出口导向的经济体制和高度集中的政治权力。由于所有的权力和权威都在考迪罗手中,简而言之,他所扮演的就是“国王”的角色。然而实际上,他对其“臣民”的控制远远超过了西班牙君主。考迪罗不与任何人分享政权。如其中一位谈道:“我既不想要,也不喜欢动脑筋的部长。我想要的是只会写字的部长,因为能够动脑筋的只能是我,动脑筋的也只是我。”信念和原则都不一定能指导考迪罗。他喜欢权术,在思想意识上无责任感可言,他的意志和狂想主导一切。为了统治,考迪罗施用暴力而不受到惩罚。他的措施也不仅止于监狱、征用或流放。他可以也确实在他认为适当的时候强行实施死刑。由于对他的权力缺少基本限制,他便随心所欲地征收税金和消费,这种状况即便不是彻底的欺诈,也助长了滥用资金。

从另一方面看,也应注意到许多“上层”考迪罗给他们统治的国家也带来了利益。那些受到独立早期混乱现象所困扰的国家,欢迎以秩序和稳定为特点的考迪罗主义(caudillismo)。早期的考迪罗统一了一些国家。毫无疑问,他们在一些引人注目的事件中所表现的强大,防止了民族的分裂。后来,考迪罗喜欢将自己扮演为现代化派,并且以这一角色给他们统治的国家带来物质上的改善。他们修建道路和庄严的政府大楼、建铁路、拉电报线并整修港口。他们甚至修建学校,目的在于为自己的美德做宣传。

虽然考迪罗不必考虑公众意见,实际上对他们来讲也不存在公众意见,他们还是寻求至少三种人的支持,无论是单独一种还是三种人的结合,来巩固他们个人的权力:农村贵族、罗马天主教堂和军队。早期的考迪罗多半属于农村土地所有者阶层,或与他们有关联,这些人以渴望保存其阶级声望、财富和权力而著称,也反对土地改革,反对扩大选举权和建立民众政府。考迪罗通常代表了这些利益。尽管他们在首都城市进行统治(他们也许在自己的大地产上度过很长的时间），他们通常压制较自由的都市环境带来的影响。教堂作为一个机构是一股保守力量，对改革抱有怀疑，通常公开反对自由主义思想。教堂的领导人中，除了少数令人瞩目的例外，一致支持那些尊重并保护教会利益和财产的考迪罗。

军队作为唯一的真正国家机构，立即成为一支政治力量。它的力量暴露了政治机构的软弱。在许多国家，军队是占统治地位的政治势力，并一直保持如此。由于几乎没有任何共和国建立起满意的制度来选择和改选政府，宫廷政变——军队总是在里面起作用——成为整个 19 世纪影响政体变换的习惯性手段。因此，军队扮演了两个角色，一方面保证秩序，另一方面改换政府。没有任何考迪罗或总统会自愿地与军队疏远。其结果是军官们享受着丰厚的工资和迅速的提升。

拉丁美洲军队变得并一直维持着军官人满为患的状态。因此，军队不仅通过他们对政治的干涉来阻挡民主的发展，而且通过吞噬大量的国家预算造成经济增长缓慢。他们花掉了投资需要的资本。平均起来，1850 年以前，军队开支占国家预算的 50%以上。墨西哥提供了最惊人的范例之一：从 1821 年到 1845 年，军队预算有 14 次超过政府的总收入。考迪罗通常来自军队，因此，他们理解并指挥这一主要机构，以维持秩序和权力。智利是西班牙语国家中第一个，在很长一段时间内也是唯一一个限制军队权力的国家，规定其正当作用为抵御外国侵略。1831 年以后，一直到 1891 年的内战，军队被排斥在智利的政治之外。很少有其他国家可以有如此举止有素的军队。

然而，也有少数考迪罗支持大多数受剥削劳苦大众的生活方式和需求，他们可以被称为“受欢迎”或“民众”的考迪罗。作为一个极复杂的群体，他们与上层考迪罗有一些共同的特征，但两个主要的区别显示出他们的独特性：他们拒绝无条件地接受上层人士的进步意识形态，表现出对美洲具有印第安—非洲—伊比利亚混合成分的那种经历的偏爱，因此对后启蒙思潮的欧洲模式有较大怀疑。而且，他们宣称为百姓而不是为上层人士效劳。

民众期望他们的领袖代表统一，强化统一，体现他们的价值观，并增强他们的和谐，总之，成为他所领导的人民中的一员。他们的考迪罗认识到并且理解民众独特的生活方式，而且做出与其融洽的姿态。在民众的眼里，他精心传授了当地、地区或国家的价值观，也就是传统的价值观，多数民众都对这种价值观感到满意。同时，他又是一个受多数人欢迎的、自然而有魅力的领袖，民众把他当做他们能够信任的顾问、指路人、保护人和一家之主。他们授予他权力，他成为权力的化身。在谈到领导权和民众时，何塞·卡洛斯·马里亚特吉(José Carlos Mariátegui)把领袖的作用归为“解释者和受托人”。马里亚特吉总结道:“他的政策已经不再根据个人的判断所决定，而是根据一个集体的利益和需要来做出决定。”领袖好像是从他的实际生活环境中走出，又融化于其中。因此，他与拉丁美洲合为一体，与那些被上层人士推上权力宝座的欧化领袖截然不同。

胡安·包蒂斯塔·阿尔韦迪(Juan Bautista Alberdi)也许是 19 世纪研究民众考迪罗和民众相互关系心理学最多的一个学者，他认为，人民把民众考迪罗看成是“自己传统的保护人”，他们生活方式的辩护者。他坚持说，这些领袖代表“人民大众的意愿……人民最直接的机体……考迪罗即民主”。如果民众毫无保留地听命于那些民众考迪罗，考迪罗也负有保护人民并为人民造福的义不容辞的责任。被统治者和统治者相互负责，相互信赖，这种人际关系在 19 世纪受到了非个人的资本主义思想的挑战，后者认为不断增长的国民生产总值可以最好地提供一切。

那些民众考迪罗的名望是不可抹杀的。他们的政府建立在民间文化的基础上，从民间得到支持和鼓舞，表达出——尽管是含糊不清地——它们的形式。在这些考迪罗的领导下，民众显然更多的认同政府，这是他们在知识分子和上层人士鼓吹的从外国引进的政治解决方案下面，从来没有过的感受。在许多情况下，民众通过为保护他们的考迪罗不受欧化上层人士或外国侵略者的伤害而顽强奋战，以表示对他们的支持。由于国家一级的民众考迪罗为数不多，到 1870 年，它便消失了。但在 19 世纪前半叶，这一小批领袖的存在，证明了不同方式的领导和发展的可能性。

最有争议的民众考迪罗之一是胡安·曼努埃尔·德罗萨斯(Juan Manuel de Rosas)，他从 1829 年到 1852 年被流放为止，一直得到阿根廷高乔人的支

阿根廷的高乔人——潘帕斯草原的牛仔，对于欧化的上层人士如多明戈·福斯蒂诺·萨米恩托(Domingo Faustino Sarmiento)来说,他们成为落后的象征。1845 年在他的《法昆多:文明和野蛮》一书中,萨米恩托发起了露骨的攻击,反对考迪罗胡安·曼努埃尔·德罗萨斯,并且直接批评阿根廷农村文化。(美国国会图书馆)

持。他正是在阿根廷处于无政府状态,又遭到分裂威胁的时刻出现在阿根廷历史中。老的拉普拉塔总督辖区在 19 世纪初已开始瓦解,阿根廷本身也分裂为争吵不休的地区。最厉害的是布宜诺斯艾利斯和内地的竞争,港口和沿海省份通过与欧洲的贸易繁荣起来,内地省份却由于内战而贫穷潦倒。

布宜诺斯艾利斯的上层人士推崇中央集权制政府，并十分期待由他们来掌控政权。但内地省份倾向于联邦制,以防止港口的霸权。布宜诺斯艾利斯和内地的剧烈争斗拖延了阿根廷的统一，德罗萨斯就是在这一时刻登上了政治舞台。在 1829 年当选为布宜诺斯艾利斯的州长之前,他一直生活和工作在高乔平原,并颇明智地追求联邦主义的乡村经济思想。这一思想基于一个简单的前提:只要对内地养牛人的生活有好处,对社会就会有益。很容易理解,养牛人和皮革、牛肉生产者为什么支持德罗萨斯,因为他的经济倾向有利于他们。的确,他曾是他们中的一员,他拥有巨大的牧场,他的亲属是安乔雷纳家族——阿根廷最大的土地所有者。然而，在他实施全面的政治统治时，考迪罗像一个中央集权主义者那样行动。由于对欧洲有怀疑，他又公然反抗了英国和法国，使他们放弃对阿根廷实行经济渗透。

阿根廷的民众坚信，德罗萨斯把他们的利益放在心上，并且为他们的利益进行治理。在德罗萨斯掌权期间与其后任何时期相比，高乔人看来更有机会得到土地、迁徙自由、更多的经济选择、更好的生活条件。为了刺激土地占领，1840 年，德罗萨斯发起了一项计划，将土地分配给士兵。然而，在德罗萨斯掌权时，没有实行过大面积的土地再分配，流民法在他掌权的后期开始实行。但民众，包括农村的高乔人和城市的黑人及穆拉托人，表示出对德罗萨斯的认同和忠诚，在近 25 年中愿意为他而战。他们的考迪罗，直到上层人士联合了巴西和乌拉圭的军队共同推翻他时，才败下阵来，被流放他乡。在蒙特卡塞罗斯(Monte Caseros)一战败北之后，德罗萨斯离开了阿根廷而流亡欧洲。1852 年德罗萨斯的下台，为自由主义宪法的颁布、资本主义的发展、土地投机的飙升，以及养牛业以前所未有的规模进行商业拓展打开了大门。阿根廷融入了资本主义世界，并在这一过程中加强了自己的依附性。

一个有趣的考迪罗是拉斐尔·卡雷拉(Rafael Carrera)，他偏爱本地模式而不欣赏外国模式，从 1839 年到 1865 年亡故，一直统治着危地马拉。卡雷拉至少有一半的土著人血统，他取消了由前自由主义政府进行的许多启蒙运动的改革，至少有些统治制度有利于土著人，这些人占危地马拉人口中的绝大多数。上层人士认为他粗鲁无礼，而土著人把他当做他们的大救星。

卡雷拉领导了 1838—1839 年的土著人反抗。民众的反抗表明许多改革给土著人带来了压迫，他们拒绝继续受到压迫以及欧洲化带来的破坏。他们希望危地马拉城的上层人士不再干涉他们，使他们能够平平安安地根据自己的文化习俗生活。他们拒绝欧化的教育、文化、经济和法律，因为这些将会把他们融合到以欧洲为中心的资本主义经济中去。他们选择退出，自我隔绝。退出曾是并一直是土著人对欧洲人的通常反应。但是在上层人士依靠土著人的劳力和税务的地区，退出意味着反抗。卡雷拉知道土著人所处位置，同情他们的愿望，并靠他们的力量掌了权。正如卡雷拉在回忆录中写道："有人突然地试图攻击并改变人们的习惯,这便激起他们的情绪,因此,无论那些寻求改变他们的传统方式和机制的人有多合理的意图，都会引起他们的抗议。”

在拉斐尔·卡雷拉统治危地马拉时期,他尊重地方文化,尽可能地保护土著人,并试图把他们结合进他的政府。与大多数土著人在卡雷拉执政之前和之后几十年的自由主义的、欧洲化政府统治下的灾难性状态相比,他在这些方面所取得的实实在在的成功呈现出更大的意义。那个民众考迪罗完全没有受过外国理论的教育，却是个了解危地马拉及其人民的实干家。他在国内许多地方旅行并生活过,总是出现在他了解的普通人民中间。他从自己在危地马拉的实践中学习并汲取经验,这与受欧洲经验和理论所引诱的上层人士截然不同。卡雷拉赞赏土著人反抗自由主义者强加的欧化过程。他把允许“人们回到自己的风俗、习惯和特有的生活方式”作为主要任务。他断定,政府有义务代表人民的大多数,并提供“活生生的道德、公道、谨慎和正义的榜样”。在他的长时期行政管理中,这些原则看来成了他的指导方针。

在卡雷拉拒绝自由主义激进思想的同时,他从来没有抵制过改革。他认为改革一定要慢慢来,在特定的社会条件下实行,使人民能够接受,而不是强迫他们接受。总统认为,治理之本来自于“形成一个民有、民享的政府”。因此,政府正式地放弃自由主义者将土著人与西方文明结合的目标。人们还可以说,在卡雷拉的领导下,政府被“印第安化”。土著人,特别是梅斯蒂索人,以及所有相对低下的阶层直接参与政府工作,除了总统职位之外,他们占有相当高的职位,如副总统、部长、州长和高级军职。军队几乎成为土著人机构。在鼓励曾经被征服的种族在政治上跃居优势这一方面,卡雷拉政府在拉丁美洲是独一无二的。

为了减轻贫穷百姓的一些经济负担，卡雷拉总统降低了对粮食物品的税收,并取消了人头税。此外,他免去土著人向政府缴纳为应付财政危机而时不时征收的公债。通过免去土著人的许多税务,政府使土著人卷进货币经济的需要减少了,因为税收是用欧洲化的危地马拉官方流通的货币支付的,从而减轻土著人在大地产上劳动的压力。随之,土著人可以将那些时间和精力放在自己的农业和社团活动上。

在所有为土著人做出的努力中,没有一项可以与保护土著人的土地、归还土著人的公用土地和解决土地纠纷等有利于土著人的这些项目媲美。1845 年,政府宣布所有在无人认领的土地上劳动的人都应该将这些土地归为己有。更不寻常的是这一法令得到了实施。1848 年和次年,政府两次决定所有没有公用土地(ejidos)的村镇(pueblos)会被无偿授予土地。并且,如果人口超过可用地,其他地方的土地将提供给那些自愿决定搬去开垦土地的人。1851 年,卡雷拉颁布法令:"不准以出售土地为由将印第安人从他们的村社土地上赶走。"这一法令在几个月后得到强化,它禁止以任何理由剥夺任何村镇的土地。

卡雷拉因此有力而有效地指出了拉丁美洲最迫切的问题:土地集中在上层人士手中,而农村民众需要土地耕种。那几十年中,农业多样化愈益增加。意图主要不在于增加出口,而在于保证市场粮食供应充足,价格合理。从现成的证据可以看到,在卡雷拉执政期间,土著民众的生活质量有所提高。卡雷拉政府在印第安美洲所表现出的独有的特点是,政府对土著文化的尊重和不愿意将土著人口欧洲化。

在卡雷拉执政时,土著人所取得的胜利也像高乔人在德罗萨斯执政时一样短暂。1865 年卡雷拉的去世重新燃起上层人士行使权力的欲望,并在另一个不同类型的考迪罗——胡斯托·鲁菲诺·巴里奥斯(Justo Rufino Barrios,1873—1885 年)——的领导下成功夺权。作为一个实证主义者,巴里奥斯总统充分地强调秩序和物质进步。在巴里奥斯执政期间的自由主义改革下,资本主义最终进入了危地马拉,这意味着大规模的咖啡出口,以及所有伴随而来的对农业经济造成的结果。

卡雷拉统治危地马拉期间,另一个土著人占绝大多数人口的国家玻利维亚,经受了自己的民众考迪罗,曼努埃尔·贝尔苏(Manuel Belzú)独一无二的领导。他扮演了极其复杂的角色,将民众主义、民族主义和革命结合在一起,这种做法在半个多世纪中没有再在拉丁美洲用过。他建立了一个有效的权力基础，得到农民和城市手工业者的支持，使他在1848年成为总统，并一直维护他的权力，直到1855年他平静地离开总统府。玻利维亚的手工业者和农民与他们在整个拉丁美洲的同伴一样受剥削和贫困，他们团结在贝尔苏的周围，大概是因为他那新颖的讲话直接涉及他们的需要，而且肯定是由于他所采取的一系列受到广泛欢迎的措施。他鼓励成立了第一个工会，虽然它不算大，结束了一些自由贸易措施，停止了一些可憎的垄断行为，废除了奴隶制，允许无地的土著人占据为大庄园的上层人士耕作过的土地，并赞扬了土著人的过去。他的各种举措通常比较含糊，也往往不成功，但是得到了民众的支持。值得赞扬的是，他看来了解一直折磨着玻利维亚的基本问题：外国的经济渗透和操纵，以及土著人的土地转让。

在"为了饿死而使自己文明化"这一有趣的题目之下，拉巴斯的一家周刊在1852年登载了一系列的文章，重点放在反对自由贸易、主张保护主义的有力宣传上。文章写道，自由贸易剥夺了玻利维亚工人的工作，养肥了外国人和进口商。文章提倡以"保护主义"为促进地方工业发展的方法，从而造福工人阶级，这些目标显然都得到了总统支持。自由贸易的确对国家农业发展的不利有一定责任。1825年到1846年间周期性的贸易不平衡，使玻利维亚损失了近1,500万比索，大部分用于进口国家本来完全有能力生产的食品。譬如，拉巴斯进口了牛肉、羊肉、土豆等。当地的生产者也许应该受到保护，不受价格低廉的进口商品的打击，但是，仅保护关税一项，不一定能够提高大庄园众所周知的低效率。

虽然没有采取法律步骤改革土地结构，贝尔苏从来没有反对土著人占领他们原来的公用土地。地主们害怕骚动的土著民众，感到还是搬到城市较安全的区域为好，于是离弃他们的地产，土著人便立即占领。实际上的土地改革带来的两个主要结果是：大量的粮食作物进入市场，以及粮食作物价格的降低。贝尔苏减免了农民的一些税收，让农民更加高兴。

如果言辞可以衡量政府，贝尔苏的行政机构可称为是革命的。他的这些公开演讲可以作为标志：

同志们，一个无情的贵族群体已经成为你们的财富和命运的主宰者。他们不断地剥削你们,你们却看不到。他们不停地欺骗你们,你们却感觉不到。他们用你们的血汗积累巨大的财富,你们却意识不到。他们在自己范围内分派土地、荣誉、地位和特权,留给你们的只是痛苦、耻辱和工作,你们却保持缄默。你们还要睡多长时间?彻底地清醒吧!该让贵族拿出他们的土地所有权,调查私有地产的根据了。你们与其他玻利维亚人平等吗?所有人都平等吗?为什么只有少数人享受着知识、精神和物质发展的条件,而不是你们所有的人?

伙伴们，私有财产是玻利维亚大部分犯法行为和罪恶的主要根源。它是玻利维亚人之间永久性斗争的渊源。它是我们现有的、遭到普遍道德观永远谴责的自私行为之基础。不再有财产!不再有财产拥有者!不再有继承权!打倒贵族!土地归每一个人所有。我们受够了剥削……你不也是玻利维亚人吗?你难道不是平等地出生在这块有特权的土地上吗?

对于被剥削的农民大众来说,贝尔苏的猛烈言辞没有被等闲视之。一些农民占领了大地产。在地主抵抗的地方,贝尔苏的拥护者攻击并打败了他们。

民众对总统贝尔苏的认同使考迪罗和人民之间建立起和谐及统一。人民给予前者以势不可挡的权力，总统培植了这种认同感。在总统府的阳台上,贝尔苏向他的听众保证:“我是你们中的一员,贫穷并谦卑,一个被剥夺继承权的人民的儿子。为此，贵族和富人恨我，并为受我的统治而感到耻辱。”总统经常提醒他的追随者,所有权力是人民授予他的。他只是为人民和他们的利益服务的。贝尔苏当之无愧地宣称,秩序和稳定的新生力量支持了他的政府:“人民大众发出了他们的心声,并且自发地扮演他们的角色。他们制止了叛乱,为宪政政府而斗争。这一巨大力量之获得权力乃社会之实际现象,它是不可置疑的超越。”

在最后的分析中，由于贝尔苏非常欧化而感到长期作为民众考迪罗非常不适,因此他坚持将他的政府归入欧化的宪法范围之内。他的政治改革和1851 年宪法将总统任期减少到一个特定的时期,并禁止再参选。1855 年的选举被一位玻利维亚历史学家称为“最干净的一次选举”,结束了贝尔苏的总统时代,将这一位置授予总统提出的候选人——他的私生子豪尔赫·科尔多瓦(Jorge Córdoba),然而新总统并不适合这一艰巨的任务。1855 年 8 月,在他执政最佳时期,贝尔苏辞职了,他不愿意仿效过去一贯推行的留任制(continuismo),而将总统位置交给新选出的继承人,并暂时地离开了玻利维亚。对于土著民众来说,他仍然是他们的“贝尔苏大叔”、朋友和保护人,他的短暂而独特的政府给他们带来了利益。

土著人完全有理由担心选举程序,因为他们在里面起不到任何作用。当贝尔苏在欧洲时,老的上层人士迅速地夺取了权力。同时,他们占有了自己原来的土地,将农民逐回从属地位。在以后的年代里,土著人经常在造反时高喊“贝尔苏万岁!”但是,上层人士愈益融合于国际贸易中,并最终强大起来,他们不愿再犯过去的政治错误,允许一个民众考迪罗掌权。譬如,当的的喀喀湖的瓦伊库人(Huaichu)于 1869 年为了重新夺回公用土地而起义时,马里亚诺·梅尔加雷霍(Mariano Melgarejo)总统派出了军队对他们进行屠杀。

民众考迪罗在 19 世纪的拉丁美洲历史上写下了耐人寻味的一章。他们在 60 年间出现又消失。然而,1850 年,三个民众考迪罗同时掌权:卡雷拉、贝尔苏和德罗萨斯。其中两个国家有大量的、文化独特的土著人口,而阿根廷的高乔人也有同样特殊的民间文化。民众考迪罗与大多数人民认同,反过来也是一样。在所有这三个国家,外国投资都相对少或几乎不存在。政府和多数人都强烈表示反对外国人,并回避外国的影响。同时,多数人可以拥有土地,农民的压力减轻。生计农业支配着出口农业。有更多的粮食供人民消费。

虽然那些民众政府显然受到社会中一贯被冷落的大多数人的欢迎,我们不能看不到一个事实:这些政府为数不多,到 1870 年也全部消失了。上层人士成功地将自己的意愿强加给人民和拉丁美洲。然而,这些不多的民众政府也有益地提醒人们,采取与上层人士强加的欧化政府不同的另一种形式,是有可能的。的确,如果人们在民众考迪罗的领导下享受着更满意的生活质量,那么,那些政府指出了可行的发展道路——而它们在 1870 年后却遭到诋毁和忽视。

4.6 变化及延续

殖民时期和独立后 30 年间的延续性是显著的。经济变革几乎不存在。农业和大地产保持了他们的优越地位,新国家成为英国经济政策的附庸,如同他们曾经与西班牙和葡萄牙的关系。独立战争动摇并削弱了一些社会的基石,但大厦仍然完好无缺。一小群有特权的上层人士控制着缄默的、有时不安定的广大民众。只有不到十分之一的拉丁美洲人可以阅读,不到二十分之一的人的收入能够维持起码的生活舒适。土地仍然是财富、声望和权力的源泉,而大部分土地为少数人拥有。

然而,一些有意义的变革也发生过。第一个也是最明显的是权力从伊比利亚人手中转到了克里奥尔人和马松博人上层人士手中。政治权力不再来自欧洲,本地就有源头。第二个是西班牙美洲军事力量作为重要的政治机构而出现,注定要在拉丁美洲历史上起到决定性作用。军队是上层人士维持秩序的唯一担保,开始时它为一些富家子弟提供了有声望的职位,但也成为有抱负的平民向上升迁的办法。国家创建早期,自由主义者向军队地位提出质疑,使军官感到反感,便投怀于伸开双臂欢迎他们的保守派。巴西和智利早期的显著的稳定,部分原因便在于保守派和军队的紧密关系与和谐。

有些改革掩饰了延续性。譬如,有关种族区分和贵族出身的官方分类取消了。但实际状况一如既往:一个为数不多、基本是白种人的上层人士维持着对财富、权利和对有色人种民生的控制。上层人士仍然关心血统显赫(calidad)的问题,但血统显赫不再只限于种族和世袭问题。血统显赫意味着高尚,通过家庭背景、家庭组织和居处、接受过的正式训练和教育、职业、经济来源和肤色而赢得。另一个极端是平民(pleybeyos),基本上指粗野、平庸之辈。其他用于形容这种日益两极分化的词汇包括:上层人(gente alta)和下层人(gente baja),体面人(gente decente)和与之相对的老百姓(gente de pueblo)。大多数人也被称为民众或民众阶层。上层人想维持他们地位的意愿可以从宪法和法律的改变中看出来,这一改变将选举权的范围缩小,并试图继续控制土地和劳工。

墨西哥的民间语言总结了这场改革:“换汤不换药。”

推荐书目

布兰查德·彼得:“解放的语言:独立战争中奴隶的声音”,载于《西班牙美洲历史评论》,82:3, 499—523 页。

瓜尔蒂诺,彼得:《农民、政治和墨西哥国家的建立:格雷罗,1800—1857 年》,斯坦福,加利福尼亚州:斯坦福大学出版社,1996。

古顿伯格, 保尔:《设想发展: 秘鲁鸟粪“虚构繁荣”的经济思想,1840—1880 年》,伯克利:加利福尼亚大学出版社,1993。

马伦,弗洛伦西亚·E:《农民与国家:后殖民地墨西哥和秘鲁的形成》,伯克利:加利福尼亚大学出版社,1995。

沃斯,斯图尔特·F:《中期拉丁美洲,1750—1920 年》,威尔明顿,特拉华州:《学术资源》,2002。

瓦塞尔曼,马克:《19 世纪墨西哥的日常生活和政治:男人、女人和战争》,阿尔伯克基市:新墨西哥大学出版社,2000。

Blanchard, Peter, “The Language of Liberation: Slave Voices in the Wars of Independence,” *Hispanic American Historical Review,* 82:3, 499—523.

Guardino, Peter, *Peasants, Politics, and the Formation of Mexico's National State: Guerrero, 1800—1857,* Stanford, CA: Stanford University Press, 1996.

Gootenberg, Paul, *Imagining Development: Economic Ideas in Peru's “Fictitious Prosperity” of Guano, 1840—1880,* Berkeley: University of California Press, 1993.

Mallon, Florencia E, *Peasant and Nation: The Making of Postcolonial Mexico and Peru,* Berkeley: University of California Press, 1995.

Voss, Stuart F., *Latin America in the Middle Period, 1750—1920,* Wilmington,

DE: Scholarly Resources, 2002.

Wasserman, Mark, *Everyday Life and Politics in Nineteenth Century Mexico: Men, Women, and War*, Albuquerque: University of New Mexico Press, 2000.

从艺术看拉丁美洲

当西班牙人来到新大陆时，他们发现，这里的人已经用艺术形式来表现他们的生活了。这些艺术品包括从巴塔哥尼亚一个山洞里发现的手的形象，到公元 8 世纪博纳姆帕克(Bonampak)庙宇中多姿多彩的壁画。此后的 500 年里，美洲人民依然继续描绘并装饰他们的世界，汲取土著人、非洲人和欧洲人的影响，使之成为拉丁美洲社会和文化的特点。

在这个部分，我们可以看到一小部分从征服时期到 20 世纪拉丁美洲美丽的艺术代表作。这些作品展现出拉丁美洲文化既有变化也有保留的轨迹。它们与时俱进，反映出各个时期的历史现实状况，并为了解拉丁美洲社会和文化提供了一个小小的窗口。

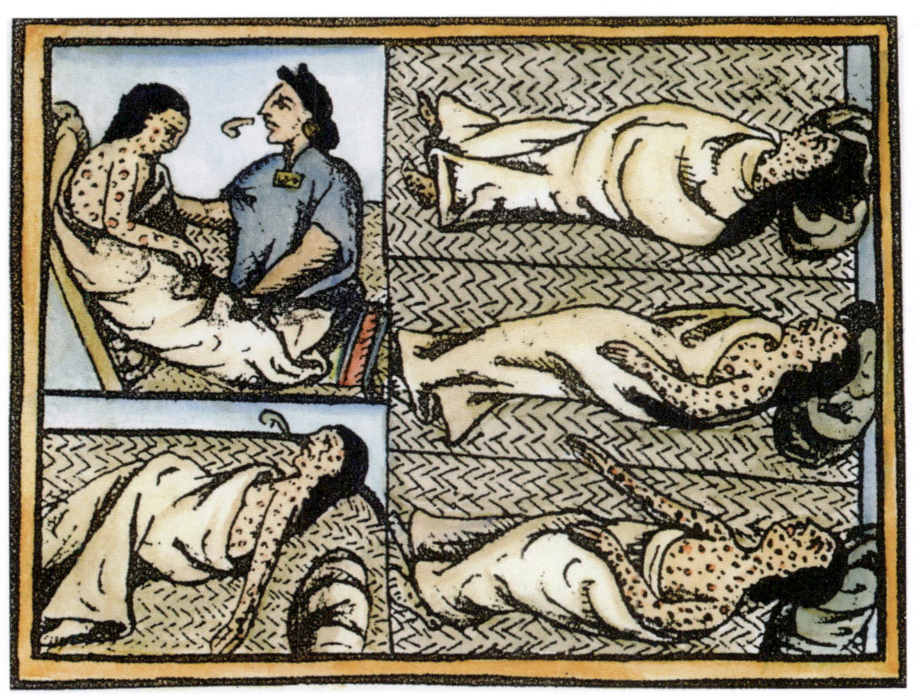

纳瓦人(Nahua)在方济各会修士——贝尔纳迪尔诺·德萨阿贡(Bernardino de Sahagún)的指导下叙述了征服前的阿兹特克帝国和征服的故事。德萨阿贡 16 世纪的论文《新西班牙事物通史》(*General History of the Things of New Spain*)，现在称为《弗罗伦廷抄本》(*the Florentine Codex*)是用两种语言写的文献，包括这幅插图，描绘一个纳瓦人的医师照看天花病人。插图反映出欧洲疾病对土著人的恶劣影响，使大批的土著人口死亡。

格兰杰收藏，纽约。

拉丁美洲社会是人种混杂的产物。但是,种族的混杂对西班牙殖民地的上层人士来说是一个极度扰人的现象。在这幅 18 世纪的油画中,艺术家描绘出各个种族群体,每一组由一个核心家庭代表,每个家庭有一个孩子。

《人类种族》(*Las Castas*),18 世纪油画,1.04×1.48 米,藏于墨西哥特波特索特兰的比雷纳多国家博物馆(Museo Nacional del Virreinato, Tepotzotlan, Mexico)。沙尔克韦克/艺术资料,纽约。

殖民地日常生活的详细状况在这类油画中反映出来。这幅描绘墨西哥市场的油画作者不详,作画时间大约在 1775 年。这幅欧洲风格的油画不仅展现了典型的出售商品,也勾画了商贩和顾客之间的阶级和种族差异。

油画。藏于墨西哥城卡斯蒂略·德查普特佩克的国家历史博物馆(Museo Nacional de Historia, Castillo de Chapultepec, Mexico City, D.F., Mexico)。沙尔克韦克/艺术资料,纽约。

拉丁美洲独立运动典型地通过描绘领导人的英雄姿势被记录下来。智利画家佛朗哥·戈麦斯(Franco Gomez,1845—1880年)不同寻常地描绘了一支毫无瑕疵、纪律严明、军装整洁的军队簇拥着驰名的拉丁美洲独立运动之父——西蒙·玻利瓦尔。玻利瓦尔威武地骑在一匹白马上,领导着他的部队翻越安第斯山去解放秘鲁。

SuperStock 公司。

无名画家留下了这幅反映较为平凡生活的画，两个妇女在墨西哥一个家庭的厨房里工作。作画时间大约在 1850 年。这幅画展现了墨西哥建筑的经典的高屋顶,细节展现了陶器、铜锅和贴瓷墙壁。这似乎是一幅和平的家务景象画,但也再一次显现出 19 世纪拉丁美洲种族和阶级的区别。

伊克苏尔·索拉尔(Xul Solar)是20世纪20年代南美洲先锋运动以及欧洲现代派运动的重要人物之一。原名奥斯卡·阿古斯丁·亚历杭德罗·舒尔茨·索拉里(Oscar Agustín Alejandro Schultz Solari,1887—1963年),1916年在巴黎居住时改为伊克苏尔·索拉尔,意思是反转的太阳光或从另一边进来的光。他的形象化写作体系对豪尔赫·路易斯·博尔赫斯(Jorge Luis Borges)等作家和画家有影响。他将这种体系称作"新克里奥尔",决意使其在整个拉丁美洲得到理解。新克里奥尔的经典作品是这幅1925年的油画《帕特里亚B》。

克里斯蒂影像/SuperStock公司/伊克苏尔·索拉尔基金会博物馆(Museo Xul Solar Fundación Pan Klub)。

坎迪多·波尔蒂纳利(Cándido Portinari,1903—1963年)被认为发展了独特的巴西风格的画。这幅作于1935年的画的题材显然是巴西的独特现象:咖啡种植园中的奴隶制。这里他描述了种植园中的非洲男女劳工,全部身着白色服装,用肩扛起巨大的麻包,将咖啡豆装进麻袋,而另一些奴隶则从树上采摘咖啡豆。

坎迪多·波尔蒂纳利,《咖啡》,艺术档案/巴西里约热内卢国家美术博物馆(Museu Nacional de Belas Artes Rio de Janeiro Brazil)/达格利·奥尔蒂。

如果没有墨西哥的弗里达·卡洛(Frida Kahlo,1907—1954 年)的形象,任何对拉丁美洲艺术的整体评价——无论多简单——都不能够算得上完整。卡洛已成为流行偶像,但更重要的是,她已成为 20 世纪拉丁美洲最重要的艺术家之一,也许甚至超过她丈夫——壁画家迭戈·里韦拉(Diego Rivera)——的名气。他们风波迭起的婚姻使迭戈·里韦拉成为卡洛许多画中的主题,这幅画也不例外。他在超现实主义的《爱怀抱着宇宙、地球(墨西哥)、我自己、迭戈和伊克索罗托先生》[Love Embrace of the Universe, the Earth (Mexico), Myself, Diego and Señor Xolotl]的中心。这幅 1949 年的画,明显地受到殖民地前的影响,探索了生与死、黑夜与白天、月亮与太阳、男人和女人的二分法。

石板油画。70×60.5 厘米,纽约贝赫尔基金会。澳大利亚国家美术馆雅克和娜塔莎·热尔曼收藏。2003 年版权。墨西哥银行迭戈·里韦拉和弗里达·卡洛博物馆,经国家美术和文学研究所(Instituto Nacional de Bellas Artes y Literatura)同意复制。

胡安·奥格尔曼(Juan O'orman,1905—1982 年)最为人所知的是他的建筑师的身份,他最有名的设计是墨西哥国立自治大学(UNAM)的图书馆。1932 年,他领导了墨西哥城房屋建筑部。他对建筑设计、艺术(他成为有名的壁画家)和墨西哥城的发展的兴趣都体现在这幅 1949 年的作品《墨西哥城》中。从画中可以看到天使拿着"墨西哥万岁"的横幅,展现了正在工作中前进的城市和国家。

石板胶画,66×122 厘米,现代艺术博物馆(Museo de Arte Moderno)。经国家美术和文学研究所——CONACULTA 同意复制。

鲁菲诺·塔马约（Rufino Tamayo，1899—1991 年）是与墨西哥著名壁画家——迭戈·里韦拉、何塞·克莱门特·奥罗斯科（José Clemente Orozco）和戴维·阿尔法罗·希凯罗斯（David Alfaro Siquieros）同一时期的艺术家。然而，塔马约反对他们强调政治和壁画至上主义，选择将注意力放在色彩、结构和抽象形式上。这幅抽象人体画以蓝色为背景，很好地体现了这位艺术家的风格，也使他遭到敌意，导致他选择在美国居住了十年。他后来成为墨西哥最著名的画家之一。

由安赫尔·乌尔塔多（Angel Hurtado）拍摄，美洲国家组织的美洲艺术博物馆（Art Museum of the Americas，OAS）。

费尔南多·博特罗（Fernando Botero）的膨胀、圆胖的人型使他的作品极易被认出。这位哥伦比亚的艺术家出生于 1932 年，他说他的作品深深地扎根于他的国家，展现农村、生活方式以及祖国的习俗。他的画通常被看做很风趣，但即便是最轻松的画也带有温和的讥讽性，而他那些更严肃的讽刺作品讥讽了有权人的自我膨胀的心态。这幅 1968 年的油画《老板》就是比较具有政治性的油画之一，描写了巨大肥硕的雇主站在他那位矮小但也圆胖的仆人旁边。

《老板》1968 年，油画，186.7×114.3 厘米。版权归费尔南多·博特罗所有，经纽约的莫尔伯勒画廊/布里奇曼艺术图书馆的同意。

20 世纪 80 年代，中美洲的艺术家们有关农村生活的民间艺术品得到认可。洪都拉斯的平托尔·费尔曼(Pintor Ferman)的这幅 1989 年的画是这一风格的典型：人们身着传统的服装，在石头铺的街道上散步，街道两边绿树茂密，这一风景以远处的教堂和房屋的红屋顶最为突出。

米雷列·沃铁尔(Mireille Vautier)拍摄，伍德芬·坎普及同人。

军事统治的恐怖激发了许多艺术家，包括阿根廷的卡罗斯·阿隆索(Carlos Alonso，1929—)。如同许多阿根廷人一样，阿隆索背井离乡以逃脱 70 年代军事统治的压迫。1981 年，他回到阿根廷，创作了一系列统称为《无名的手》的油画，谴责政府当时仍然实施的绑架、失踪和折磨。这幅 1982 年的作品描绘了一个年老的妇女，被施暴者伸出的双手捂住了眼睛和嘴，不让讲话。

《无名的手》1982 年，水粉画。

拉丁美洲一些最漂亮的当代艺术品可以在市场上找到，在那里，带有土著人主题的艺术作品如同 500 年以前一样，是重要的艺术表现形式。一个美丽的样品可以在色泽光艳的莫拉布（mola）上看到，这是巴拿马圣布拉斯岛（San Blas Islands）上的库纳（Cuna）印第安人制作的。

韦尔和德尼·麦金太尔（Will and Deni McIntyre）拍摄，格蒂影像公司。

另一件美丽的艺术品是这幅厄瓜多尔壁毯，描绘了戴着毡帽，披着粗毛斗篷（ponchos）的人眺望远处的雪山。也许人们可以认为这代表着拉丁美洲的不变性，但是这些纺织品的创作与艺术家的前辈们的作品有极不相同的背景。艺术如同历史，既有延续，也有变迁。

第五章

现代化国家的出现

到19世纪末,早期独立年代的混乱让位于新的政治稳定和经济繁荣的出现。外国的威胁减少了,共和主义的原则在除巴西之外的所有地区获胜,中央集权制政府逐渐得到承认。随着更多的公民在不同程度上表达了对祖国更大的骄傲感,赞赏它的独特性,追求它的进步,民族主义成为更明确的力量。争论不休的上层人士认识到,稳定的政府对他们利益最大,也会鼓励外国投资和贸易。实证主义思想是政府的主导思想,赞成外国投资和资本主义扩张。然而,在上层人士克服了内部的分歧,集中力量实施国家的"进步"计划时,人口中的大多数却感到了改革对他们的抛弃和威胁。他们以抗议,有时以暴力来回应改革。

虽然开国第一个50年是以政治改革和不稳定为特点,19世纪晚期和20世纪初的拉丁美洲,却以经济和社会的革新及政治稳定为特征。加快步伐的繁荣——至少对于得宠的阶层是如此——使物质的增长加快,并吸引了大规模的移民,特别是向阿根廷、巴西和智利的移民。稳定和繁荣的结合,有助于三个趋势的迅速发展:工业化、城市化和现代化,这些趋势反过来要对从殖民时期继承下来的一些早已形成的模式进行变更。

但要想了解这一时期的成功、失败和挑战,历史学家必须对经济增长的类型以及它的获益者提出疑问。拉丁美洲新发现的财富是否帮助了广大劳动人民?他们在上层人士进行的改革中是否有过发言权?

5.1 政治的稳定

建国初期上层人士之间的摩擦让位于对新经济计划的一致协议:大规

模地出口初级产品,进口外国资本和制成品,同时进行有限的工业化。这一新的经济秩序也需要政治秩序来保障,没有政治上的稳定,外国人不愿意在拉丁美洲投资。

随着内乱的消逝,国家领袖们巩固并扩大了自己的权力。他们至高无上地统治着国家,很少甚至根本没有受到国会和法庭的监督,反而十分习惯地控制着他们。在有些情况下,他们选出自己的继承人,并能保证他们的选举有惊人的胜利。无论如何,法定的程式得到更高的尊重,一些考迪罗看上去甚至比他们的前任更有法律观念,做事更慎重。他们对宪法手续问题讲得更好,有些甚至偶尔表现出对宪法的注重。上层人士的代表们穿着暗淡的礼服大衣,讨论和争辩着当下的政治问题。

上层人士(elite)一词的词义不很容易确定。首先,必须承认拉丁美洲任何一个国家都不存在单一的上层人士。更确切地说,是众多的上层人士以不同的方式联合起来以统治每一个国家。充其量,上层人士是一个简称,代表在社会、经济和政治上有控制权的人。上层人士用他们的经济力量、特权和教育来统治一个官方机构受到欧洲影响的社会。他们做出影响国家经济和政治生活的主要决定。

保守主义者和自由主义者之间早期存在的政治分歧很明显。自由主义者通常赞同联邦制计划,理论上一直对人权思想感兴趣,要求终止教堂的世俗权力,信奉自由放任的经济理论,声称愿意尝试任何新的理念和方法。在另一方面,保守主义者赞美中央集权制,捍卫等级制社会,允许教堂的特权,并更喜欢有控制或管制的经济制度。但是,任何政治派别都不愿意触及土地、劳工和社会等主要体制问题,也没有任何党派认真地考虑过扩大选举权。实际上,在19世纪末,选举权比刚刚独立之后的混乱年代更受限制。其结果,在许多根本问题上,两个主要党派没有分歧反而很和谐。在巴西,阿尔布开克子爵(the Visconde de Albuquerque)讽刺挖苦道:“什么也比不了一位保守主义分子以自由主义者的身份在掌权。”比党派标签更易区分的是个人的性格。能否得到人们的支持或遭到反对,取决于个人而不是含糊的政治思想分类。政客们作为个人和领袖比党派这一较抽象的机构发挥了更大的作用。

在19世纪初有两个国家取得了不同凡响的政治稳定性：巴西和智利。巴西在第一帝国(1822—1831年)期间是稳定的。但在佩德罗一世退位后的摄政时期,地方力量威胁到帝国的存在。从南到北,一个州接着一个州,人们起来反抗里约热内卢的政府。为了维护国家的统一,巴西人于1840年宣布年轻的佩德罗二世为国王,比他法定继承王位的年龄早四年。正如大家期望的一样,君主这个巴西唯一真正有效的国家机构,提供了完美的工具,对正在瓦解的国家强行实施统一。巴西近乎灾难性的联邦制试验随着佩德罗二世对国家重新实行高度的中央集权制而结束。1847年,国王创建了内阁主席一职,一种议会制也发展起来。国王操控着它,让两个政治党派——自由主义者和保守主义者——轮流执政。

1868年自由派内阁的下台划分了第二帝国的政治史。自由主义者责备国王对他们管制过多而造成他们权力的丧失。在他们看来,简直就是一次军事政变。结果,自由主义者于次年发布了改革宣言。如果实行了这一改革,他们的联邦制方案便会削弱里约热内卢政府。同时,联邦共和党成立了,他们1870年12月的宣言斥责了君主制,提倡联邦共和制。到1870年,重要的机制改革已经提出,包括废除奴隶制,以共和制代替君主制,以联邦代替中央集权制,以及扩大政治基础。

君主制的基础慢慢地被削弱。19世纪70年代初,教堂与君王的摩擦离异了与教堂结盟的保守主义者。奥林达主教执行教皇谕旨,将共济会员从罗马天主教堂做杂役的非神职僧侣中驱逐出去时,由于没有得到国王批准,分歧产生了。佩德罗二世命令主教取消处罚。主教的拒绝是向国王的直接挑战。政府将这个主教和另一个主教同时逮捕,并送往监狱,王室的法庭判处两人犯有不服从民法的罪行。1888年,情况变得更糟。奴隶得到解放,但奴隶主没有得到补偿,导致土地所有者阶层的一个重要部分离弃了国王。奴隶解放主要是城市中的社会群体带动起来的,他们不赞成君主制,因为他们认为君主制不能够代表他们的利益。他们把年龄渐老的国王看做是过去的象征,是对他们宣扬的现代化的诅咒。在这些城市群体中,共和思想传播开来。

这种思想以及城市人的心理也渗透到军队的军官群体中。佩德罗忽视了军官,但这是个在 19 世纪 80 年代愈益骚动的团体。不满的牧师、土地所有者、城市居民以及咖啡种植园主在他们身上找到了政治改革的工具。共和派的目标赢得了许多军队中的信仰改变者,特别是在下层军官中,他们将共和思想与进步和现代化等同。在军队的主要领袖德奥多罗·达丰塞卡(Deodoro da Fonseca)元帅转变他对君主的的忠诚、宣布支持共和派时,君主制的命运便决定了。1889 年 11 月 15 日,在他的领导下,军队推翻了君主制,并宣布巴西建立共和国。老国王退位,并且像他的父亲在他之前一样,流亡到欧洲。整个过渡没有流血。一部新的总统制的、联邦制的、民主的、共和主义的宪法在 1891 年 2 月 24 日得到颁布。

智利获得稳定的时间更早一些。到 1830 年,一个小而强有力的土地所有者阶层在智利中部一个较小的地理区域内很快地得到巩固。这个地区北到干旱的阿塔卡马沙漠,南至未被征服的马普切斯。从相对同质的保守派上层人士中,脱颖而出一位 19 世纪智利最有手腕的领导人——迭戈·波塔莱斯(Diego Portales)。通过他的武力和效率,他于 1830 年强制实行了保守主义的统治,直到 1861 年结束。虽然他从来没有当过总统,他在 1837 年遭到刺杀之前掌有不同的部长职务,并在幕后操纵。波塔莱斯关心的是权力、纪律、稳定和秩序,而不是社会或经济改革。与其他西班牙美洲地区截然不同的是,他成功地使军队从属于文人政府,从而取消了军队在 19 世纪政治中的作用。他还制定了 1833 年宪法的大纲,这一宪法一直被沿用到 1925 年。

被委任的总统在智利任职五年,可以续任五年。三个保守派领袖每人担任总统十年,大大地加强了波塔莱斯强行实施的稳定。曼努埃尔·蒙特(Manuel Montt)在 1851—1861 年的任职期满后,接受了温和派的何塞·华金·佩雷斯(José Joaquín Pérez)为继承人。1861—1891 年这 30 年是自由主义者掌权时期,夹杂了保守主义反对派的影响,与前 30 年的情况截然不同。自由主义者发起的主要改革标明了他们提倡的改革的方向和程度:在家庭和学校祈祷的私人自由、非天主教墓地的设立、教堂特权的取消、世俗婚礼、出版自由、总统不再连选连任、用文化测试代替土地所有权来衡量投票资格的选举法改革、地方政府更多的自治权以及国会有权使总统的否决无效。很明显,没有一项改变了智利的权力结构,没有一项试图改变国家社会和经济的不平衡性。智利的稳定和秩序鼓励了经济繁荣和物质文明。

阿根廷和墨西哥在寻求政治稳定上所经历的困难,比智利和巴西大得多。1852年德罗萨斯倒台后,布宜诺斯艾利斯市和省拒绝追随新阿根廷联邦,害怕它们要交出太多权力。港口和内陆省份之间积年的斗争一直延续到1862年。那一年布宜诺斯艾利斯有威望和权力的州长巴托洛梅·米特雷(Bartolomé Mitre)得以将自己的意愿强加给整个国家。他的力量和能力重新统一了国家。在他之后的几个总统都很强硬、能干,每一位总统在职六年。这些总统行使了几乎所有的权力。1880年,布宜诺斯艾利斯市和省的权力问题最终得到解决。新的法规将城市从省份中分出,使布宜诺斯艾利斯市加入联邦,宣布为国家首都。该市过去也做过首都。这一富裕省份的新省会是拉普拉塔。同时,国家政府将过去曾用于政治斗争中的精力投到了经济发展上。1879—1880年,胡利奥·罗加(Julio Roca)将军发起了一场战争,被称为"荒漠远征",然而战争的真正意图在于征服阿劳坎人(Araucanians)。随着转轮枪的发明,阿根廷人最终战胜了游牧的印第安人,这些印第安人曾经使用和在美国平原地区一样的驱赶做法,威吓了他们的西班牙人祖先。由于他的成功,罗加后来成为总统。

墨西哥寻求稳定的经历是拉丁美洲最困难的一个,其中还夹杂着联邦主义和教会在新国家中的位置问题。1810年开始的流血和冲突一直持续了半个多世纪,搞得国家精疲力竭。最终,一个强硬的梅斯蒂索人——波菲里奥·迪亚斯(Porfirio Díaz)——于1876年为墨西哥带来了和平。迪亚斯在军队的军阶中上升到将军,在此过程中曾反抗过圣安娜、法国人和马克西米利安。但这个和平时期最终成为铁的和平。之后的34年中,他在墨西哥强制建立了一个保守主义的中央集权制政府,但依据1857年的自由主义的、联邦制的宪法进行统治。他的政府带来了殖民地时期以来从没有过的秩序和稳定。

迪亚斯的力量和政治生涯时间之长有赖于他得到自己创建起来的同盟

的强有力支持。教会、军队、外国资本家和大地产主都认为支持他的政府有利可图,他们也的确因为他们的结盟而受到了大量的物质奖励。另一方面,狡猾的迪亚斯为达到自己的目的,随意玩弄他们。譬如,他提升了潜在对手的职位,使他们必须搬家,如此便破坏了任何建立地方权力基础的机会。在他的指挥下,墨西哥取得了显著的物质上的进步,其繁荣程度超过殖民地时期采矿业繁荣的最好年代。迪亚斯组成的支持他的联盟成为推行政治稳定最有效的力量结合体。在不同的程度上,其他国家的首领也用相似的结合体支持自己的权力。最主要的两个团体显然是军队和土地所有者。

19 世纪后期的拉丁美洲各个国家中,上层人士追随了阿根廷和墨西哥的模式。他们意识到,多年来的政治内讧没有为国家作出任何贡献,为他们个人也没有带来多少财富。拉丁美洲为英国膨胀的工业财富提供了投资机会,但外国人不情愿在政府年年更换、投资得不到保障的国家投资。拉丁美洲上层人士为了经济的统一利益将自己的政治分歧放在一边。政治统一是为了得到能够吸引外国投资的稳定。

从某种意义上讲,平民在新的稳定下丢失的比获得的要多。第一个 50 年的混乱常常给人民一定的空间去设法生活。但有了稳定后,国家的控制更严, 并且随着最新技术的发明得到加强。起义的消息可以通过电报送到首都,政府可以用火车派军队前往镇压。

5.2 实证主义与进步

拉丁美洲上层人士对英国、法国、德国和美国的物质文明垂涎欲滴。他们中间许多人能讲很好的法语,因为法语是上层人士的第二语言,有些还会英语或德语。这样一来,他们可以直接接触到其进步给他们以深刻印象的国家传来的信息和文学。报纸全面报道西方世界中首要国家的事件,受过教育的人士常常讨论工业化国家的先进技术。上层人士中许多人出国旅游,亲眼看到那些发明。他们回到新大陆自己较安静的首都,怀念巴黎,不可抗拒地期望模仿他们在那里看到的一切。当然,进口货物使更多的人看到技术先进的社会的制造技巧和独创性。

上层人士紧紧地追随欧洲文化潮流。实际上，他们对埃米尔·左拉(Emile Zola)或古斯塔夫·福楼拜(Gustave Flaubert)的小说的熟悉胜过对豪尔赫·伊萨克斯(Jorge Isaacs)或马查多·德阿西斯(Machado de Asis),他们会停下脚步赞赏欧洲艺术家,却忽视了自己同胞的油画。毫不奇怪,有些上层人士对实证主义的新哲学有所了解。这一哲学思想是欧洲在19世纪的第二个四分之一个世纪中，由法国哲学家和社会学家奥古斯特·孔德(Auguste Comte)系统阐述的。他们最终将它引入拉丁美洲,得到政府的热烈欢迎。

拉丁美洲人从启蒙思想、查尔斯·达尔文(Charles Darwin)、赫伯特·斯宾塞(Herbert Spencer),以及其他来源中抽取出来的许多有关进步的思想,似乎都汇聚在孔德的实证主义中。孔德坚持认为,社会能够通过科学而合理的进程得到发展。他明确了三个社会发展阶段:神学阶段,以相信超自然为特征;形而上学阶段,相信思想为真实;实证阶段,现象通过观察、假设和试验得到解释。进步的外在表现——铁路和工业化是最佳例证——在实证主义中很重要,特别对拉丁美洲人来说更是如此,无论他们承认孔德与否。

由于将重点放在物质增长和福利上,实证主义十分适合19世纪下半叶的趋势。它有助于资本主义的心理,认为私有财产是神圣的。的确,私有财产的积累是进步的标志,也是进步的工具。由于国内私有机构软弱,国家只好承担指导发展的职责。根据国家对个人所起的作用,实证主义为拉丁美洲的等级制度作了补充。当然,根据实证主义思想,为了提倡资本主义和指导发展,国家必须维持秩序,强加稳定。由于特别强调秩序和进步,实证主义在1880年到1900年达到了其影响的最高峰。它成为墨西哥迪亚斯政府的官方政策。一些被恰当地称为科学家派(cientificos)的主要官员深受孔德思想的影响,试图用科学的办法解决国家生计的问题。正如墨西哥获得诺贝尔奖的诗人奥克塔维奥·帕斯(Octavio Paz)后来反思道:“实证主义为社会的等级制做了一个新的辩护。不平等得到解释,但并非是用种族或遗传或宗教的说法,却是用科学作解释。”

在委内瑞拉,安东尼奥·古斯曼·布兰科(Antonio Guzmán Blanco)总统从 1870—1888 年的统治期间,直接或间接地受到实证主义的影响。起先,他强制推行秩序,随后开始追求难以理解的进步。秩序意味着巩固过去,进行最小的社会变革,而进步则表明采纳欧洲文明的外在表现形式。由于对巴黎梦寐以求,古斯曼·布兰科拓宽加拉加斯的林荫大道,建筑大歌剧院,并且为民族英雄建了伟人祠。新铁路和扩大的港口设施加速了委内瑞拉向欧洲市场的出口,以支付物质进步的代价。

实证主义也吸引了巴西的许多拥护者。特别是在技术和军事学校刚毕业的学生和初起的中产阶级的成员中,追随者甚多。他们主张废除奴隶制,建立共和国(虽然不是民主的),政教分离。1888—1891 年间,巴西的确出现了改革。物质进步成为他们的主要关注点。巴西共和国 1889 年创制的国旗至今还带有实证主义的箴言:"秩序与进步。"

只要有政治稳定和经济繁荣,物质文明就很显著。毫不奇怪,巴西和智利在拉丁美洲国家中最早经历了创造和革新阶段,与欧洲和美国提供的进步模式并驾齐驱。蒸汽机在这两个国家最早出现。1815 年,巴伊亚有了第一架蒸汽带动的制糖机,到 1852 年,就有 144 架机器运转。类似的技术改革出现在整个拉丁美洲,尽管在较小的国家中进行得较为缓慢。

没有一种革新可以超过铁路的影响。它的钢轨可以连接以往分割的地域。铁路可以渗入到遥远的地区,发掘经济繁荣的新资源。过大和易腐坏的产品可以迅速地从遥远地区运往等待着的市场。同样重要的是,军队可以通过铁路,将国家权力带到最遥远的角落。铁路的扩建得到政府的鼓励,进口物资和机械免税,保证利息,授予土地。英国资本迅速地作出反响,控制了铁路建设。英国提供了技术人员和工程师,并向铁路公司出售英国煤炭,供蒸汽机使用。

古巴建成拉丁美洲第一条铁路,从哈瓦那到吉内斯(Güines)约长 30 英里,1838 年开始运行。阿根廷的铁路时代始于 1857 年一条 7 英里的铁路线通车,到 1914 年,它拥有拉丁美洲最广泛的铁路网络,居世界第八位。总起来算,南美洲的铁路里程从 1870 年的 2,000 英里增长到 1900 年的 5.9 万英里。

没有任何技术比铁路对拉丁美洲影响更大。照片中墨西哥(约1884年)行进的火车创造了市场并强化了国家,使之可以向曾经遥远的地区派出军队。(美国国会图书馆)

在新铺的铁轨沿线、铁路交叉点以及铁路总站,村庄和城镇纷纷兴起。老的居住区有了新的生机。铁路使农村和城市的联系更密切,其结果是,孤立的、家长制统治下的大种植园和大庄园的生活模式受到前所未有的挑战。铁路为大城市初起的工业打开了新的市场,为穷乡僻壤带来了迄今为止人们从未见过那么多样化的各种产品。因此,铁路帮助推动了刚刚起步的工业。在早期年代,铁路也提供了某些娱乐。当铁路在19世纪80年代最终到达危地马拉城的时候,这个首都的各阶层居民习惯于聚集到火车站,观看每周两次的火车到来和离去。在这种场合,国家乐队在火车站前的广场奏乐,为人群助兴。

但是铁路也有破坏性,这在墨西哥就很清楚地表现出来。当波菲里奥·迪亚斯于1876年掌权时,墨西哥只有400英里的铁路轨道。到1910年他倒台时,共有约1.5万英里的铁路。投机商们买下铁路沿线的土地,常常使土著人失去他们的土地。然而,在铁路通过他们的地区时,土著人并没有消极地默许。从1877—1884年发生过55起农民起义,有些起义规模甚大,政府不得不派联邦军队进行镇压。在这些起义中,50起发生在离铁路线40公里以内的地方,32起发生在20公里以内。

但上层人士更关心的是铁路带来的繁荣。由于产品可以从最远的地区运过来,国家市场随之建立起来。铁路开辟了新的矿物供出口。墨西哥在铁路建成之前只出口白银,铁路建成后,它开始出口锌、铅和铜矿,加速了墨西哥的自然资源向工业化国家的流出。值得注意的是,墨西哥的出口在

1877—1910 年间增长了八倍半，与铁路建设的加强时期正好吻合。美国的投资完成了从国界到墨西哥城的铁路线连接，因此在 1880 年 5 月人们第一次可以乘火车从芝加哥到墨西哥城旅游。

虽然铁路完美地表现出拉丁美洲对进步的愿望，也对发展起到了讽刺

表 5.1　1913 年拉丁美洲的铁路

国家	公司数量	铁路线长度(公里)	每千人铁路线长度(公里)
阿根廷	18	31,859	4.3
玻利维亚	2	1,284	0.7
巴西	15	24,737	1.0
智利	10	8,069	2.4
哥伦比亚	11	1,061	0.2
哥斯达黎加	1	878	2.5
古巴	6	3,752	1.6
多米尼加共和国	2	644	0.9
厄瓜多尔	2	1,049	0.6
萨尔瓦多	1	320	0.3
危地马拉	1	987	0.6
海地		180	0.1
洪都拉斯	6	241	0.4
墨西哥	13	25,600	1.8
尼加拉瓜	1	322	0.6
巴拿马	4	479	1.4
巴拉圭	1	410	0.7
秘鲁	9	2,970	0.7
波多黎各	3	408	0.4
乌拉圭	10	2,576	2.3
委内瑞拉	4	1,020	0.4
拉丁美洲		**83,246**	**1.4**
澳大利亚		31,327	6.9
加拿大		49,549	6.5
新西兰		4,587	4.3

资料来源：维克托·布尔默—托马斯：《独立以来拉丁美洲的经济发展》，第 2 版，105 页，纽约，纽约州：剑桥大学出版社，2003。

性的消极影响。铁路加深了拉丁美洲的依附性,加强了新殖民主义机制,使政府愈益贫瘠。之所以有这样截然相反的效应,首要原因是铁路通常由外国人进行建设并拥有,而且是为了北大西洋经济发展而不是拉丁美洲的经济发展所建。阿根廷便是其中的一例。在那里,英国出资、建设、装备并管理的铁路,将富饶的潘帕斯草原的资源,运载到布宜诺斯艾利斯港,最终出口到其他国家。正如这一例证贴切地指出的,铁路为出口市场服务,降低大宗物件的运费,将新的地区农业商品化,开发新的土地和矿山。通常,铁路使其到达的大庄园得到扩大和加强,因为铁路将曾经不值钱的土地提高到相当的价值。以前土地所有者让农民生存在那些不值钱的土地上,但这些土地的新价值使土地所有者先将农民赶出去,然后把他们变成大地产的强迫劳动力。主要面向出口的商业化农业代替了生计农业,小地产的数量和面积大大减少。

玻利维亚是一个令人清醒的实例, 证明了铁路建设对于单一出口经济的依附性,对于供应本国市场的粮食生产的减少,都负有责任。到 19 世纪末,连接高山地区和太平洋港口的铁路线加速了锡矿的出口。从安第斯山脉下来的火车满载着锡矿。为了在回程中不致空车,火车装载了从秘鲁、智利和美国进口的农产品。粮食的进口对土地肥沃的圣克鲁斯地区的农业经济造成了巨大的破坏,夺去了它的国内市场。生产大幅度下降。玻利维亚被锁入双向依附状态:为其单一出口而依附外国市场,为其部分粮食作物的供应而依附外国粮食生产商。

哥斯达黎加稍稍不同,但以更为惨重的方式说明了铁路建设对小国。经济的危害。为了向市场提供更大量的咖啡以赚取资金搞现代化,政府鼓励修建一条铁路(1870—1890 年),从生产咖啡的高山地区到向海外运输的利蒙港(Puerto Limón)。由于政府向无耻的外国借贷者付出惊人的利息,沉重的债务压得财政部透不过气来。此外, 政府给予总工程师迈纳·基斯(Minor Keith)80 万英亩正对铁路的土地,后来成为联合果品公司种植园的中心。同时,铁路一直掌握在外国人手中。英国投资者也控制了港口、矿山、电力、主要公共工程,以及外国商业和主要国内市场。总之,在 1890 年前,哥斯达黎加为了取得某些物质方面的现代化，放弃了自己所有的经济独立性，将自己的前途抵押出去。

拉丁美洲其他政府大多也为了建设铁路而负债累累。这些债务通常导致外国纠纷，并且总是在经济独立方面作出一些牺牲。一个由于铁路资金问题引起外国干预的无耻例证就发生在委内瑞拉。1903 年，德国兵舰出现在海岸线，强迫政府偿还 140 万英镑铁路建设的债款。

由于铁路在 19 世纪的拉丁美洲占有极其重要的位置，它成为这一时期小说中的主角就不足为奇了。在克洛林达·马托·德特纳(Clorinda Matto de Turner)的《无巢的鸟》(*Birds Without a Nest*，1889 年)中，铁路线将人们从落后的农村运送到现代化的利马。在路上，火车与一群拒绝让路的牛相撞而翻车，这是对农村传统和城市现代化之间斗争的贴切的隐喻。另一个时代的标志是，拯救火车的是美国工程师史密斯先生。在阿根廷人里卡多·吉拉尔德斯(Ricardo Güiraldes)的短篇小说《罗绍拉》(*Rosaura*)中，铁路是中心人物。故事讲述一个年轻的乡下妇女遭到城里欧洲化青年的追求和抛弃。吉拉尔德斯刻画了铁路对城镇的影响：

> 洛沃斯的灵魂简单而淳朴得像红色花朵。洛沃斯以自己的方式思考、爱和生活。然后来了飞快的铁轨的平行线，无限制地伸向远方，火车钢盔铁甲地从地平线开往地平线，从陌生人到陌生人，将它喷出的蒸汽掠过居民区。洛沃斯对那种毒气感到不适。

电报的影响比较缓和，但是它也推进了拉丁美洲的通信革命。电报对国家的统一作出贡献，至少在上层人士中是如此，也有助于将邻近的国家联系得更加紧密。1852 年，智利和巴西都开始用短途电报。1866 年，一条电缆连接了布宜诺斯艾利斯和蒙得维的亚(Montevideo)。次年，美国开通了与古巴的电报通信。其他国家随之跟进。跨越大西洋的电缆使拉丁美洲与欧洲有了实时通信。佩德罗二世于 1874 年口授了从巴西到欧洲的第一份电报。有意思的是，里约热内卢与欧洲的电报联络远早于它能与帝国内其他地区进行电报联络。

国际交通也得到加强。国际轮船公司通往拉丁美洲的航线愈益增加，使这一地区得以直接、规律地与欧洲和美国的主要港口接触。航行越来越频繁，船只装载更多货物，航运服务得到改善。主要港口进行了大规模的改进，增加更大的新仓库、更快的装卸机器、更大更结实的码头，并挖掘更深的航道。

显然，并非所有拉丁美洲国家都得到进步。1885 年，一位来到厄瓜多尔高山地区和基多的游客惊讶地唏嘘道："这个国家不懂得进步和繁荣的意义。"当时，基多这个坐落在高高的安第斯山脉中的首都与太平洋港口瓜亚基尔之间的通信仍然靠驴车，由于雨季，这个通道一年中有六个月无法通车。在最好的情况下，通过这条已经使用几百年的道路需要八至九天。作为港口，瓜亚基尔与世界各地有联系，比起孤立的首都来，早已开始有现代化的标志。瓜亚基尔有公共有轨电车、煤气街灯以及其他便利设施，比在首都早许多年便可以看到。直到 20 世纪第一个十年末，瓜亚基尔和基多之间才建有铁路。从港口到首都的 227 英里需要两天的时间爬升。厄瓜多尔的缓慢增长并非特例，它代表了远远落后于阿根廷、巴西、智利和墨西哥的许多拉丁美洲国家。

对改善交通和通信的关心，象征着为进步作出了贡献。从广义上讲，物质文明衡量了现代化：铁路线有多长，蒸汽机的马力有多大，港口每小时的吞吐量有多大，电报线有多少英里长？数字越大，进步越大。上层人士对物质进步的满意，使他们好像忘记了现代化的另一个方面：正是这些轮船、铁路和港口，将他们和他们的国家与西欧和北美的几个工业化国家更紧密地联结在一起。这些国家购买他们的原材料，并且作为交换，向他们提供制成品。

他们还忽视了一个重要事实，许多铁路并没有将国家的主要城市联系起来，而是将大种植园或矿山直接与港口连接，将国家统一的目标，附属于工业化国家对农产品和矿产品的需要之下。随着为新物质进步所作的贷款增加，政府必须在预算中用更大一部分偿还利息。随着外国投资的增加，利润汇款的外流成倍增加。外国投资者和银行家在东道国经济决策中的发言权日益增大。当地的经济选择自由愈益减少。总之，在 19 世纪拉丁美洲逐步成型的进步方面，重点在于满足一小部分拉丁美洲上层人士及其外国经济伙伴的需要和欲望。

5.3 经济繁荣

上层人士追求的进步以经济繁荣为目标，他们没有失望。由于贷款、投资和不断增长的出口量，19 世纪后半叶的拉丁美洲部分地区经济有所增长。这一增长来自于出口经济的巩固。

工业化国家对原材料的需求在整个 19 世纪后半叶迅速增长。不仅西欧和美国的顾客数量增加很快，而且他们的平均购买力也更大。美国成为世界上最主要的工业化国家，和拉丁美洲出口商品的最大顾客。随着工业中心从拉丁美洲买走更多的农产品和矿产品，拉丁美洲地区的贸易急剧扩大。大种植园主和矿主生产更多的粮食、咖啡、蔗糖、棉花、可可、香蕉、牲畜、铜矿、白银、锡矿、铅矿、锌矿以及亚硝酸盐，以供出口。自然物品，如棕榈油、坚果、木材、橡胶和草药，也找到现成的国外市场，其出口量迅速增长。与殖民地时期完整建立的形式相似，经济的出口部门一直最活跃，是投资、技术改善、官员关注以及劳动力需求的核心。通常，外国人带着他们自己的意图掌控了这一经济部门。

为了重点发展出口，上层人士试图垄断土地。他们有两个目的：使土地从维持生计的粮食生产转到出口作物生产，怂恿农民放弃自己的小片土地而为大地产主劳动。为了达到目的，大多数拉丁美洲政府利用法律剥夺土著人的公用土地，并立法强迫农民离开自己的小片口粮地，到大地产上劳动。

这些措施实施的成功率不一，很大程度上看国家政府的力量和对地方的控制力。在实力强的地方，上层人士获胜。但在其他许多地方，老百姓仍然可以继续应付国家体制。最成功的政府之一是墨西哥的迪亚斯政权。墨西哥在 19 世纪 50 年代改革政府时期通过了土地商业化的法律，但由于改革战争（War of the Reform）及法国的入侵和占领，法律无法施行。迪亚斯的统治以及他的农村武警（Guardia Rural）使法律得以施行。到 1894 年，墨西哥

表 5.2 1913 年出口商品集中的比例

国家	第一产品	百分比(%)	第二产品	百分比(%)	总计(%)
阿根廷	玉米	22.5	小麦	20.7	43.2
玻利维亚	锡	72.3	白银	4.3	76.6
巴西	咖啡	62.3	橡胶	15.9	78.2
智利	硝酸盐	71.3	铜	7.0	78.3
哥伦比亚	咖啡	37.2	黄金	20.4	57.6
哥斯达黎加	香蕉	50.9	咖啡	35.2	86.1
古巴	蔗糖	72.0	烟草	19.5	91.5
多米尼加共和国	可可	39.2	蔗糖	34.8	74.0
厄瓜多尔	可可	64.1	咖啡	5.4	69.5
萨尔瓦多	咖啡	79.6	贵金属	15.9	95.5
危地马拉	咖啡	84.8	香蕉	5.7	90.5
海地	咖啡	64.0	可可	6.8	70.8
洪都拉斯	香蕉	50.1	贵金属	25.9	76.0
墨西哥	白银	30.3	铜	10.3	40.6
尼加拉瓜	咖啡	64.9	贵金属	13.8	78.7
巴拿马	香蕉	65.0	椰子	7.0	72.0
巴拉圭	巴拉圭茶	32.1	烟草	15.8	47.9
秘鲁	铜	22.0	蔗糖	15.4	37.4
波多黎各	蔗糖	47.0	咖啡	19.0	66.0
乌拉圭	羊毛	42.0	肉类	24.0	66.0
委内瑞拉	咖啡	52.0	可可	21.4	73.4

资料来源:维克托·布尔默—托马斯:《独立以来拉丁美洲的经济发展》,第 2 版,58 页,纽约,纽约州:剑桥大学出版社,2003。①

20%的土地转换了主人。到 20 世纪初,大多数村庄失去自己的公用土地。到 1910 年,墨西哥的一半农民生活并工作在大庄园内。

劳工更经常被债务劳役制束缚在大庄园，这种制度在殖民地和独立初期曾经实行,但并不如这时成功。债务劳役者(peon)预先拿到现金,但必须一直劳动到偿还所有贷款。他们通常拿到的是代价券而不是钱,只能在大庄

① 参见该书中文版《独立以来拉丁美洲的经济发展》,70 页。——译者

园的商店(tienda de raya)里购物。债务劳役者被索要昂贵的价格,并且在工资上受到惯例性的欺骗。如果劳役者死去,他的债务由其子女偿还。墨西哥的债务劳役制在尤卡坦的西沙尔麻庄园和恰帕斯的橡胶园中尤为成功。德国小说家比·特拉文(B. Traven)曾经创作出描绘20世纪初的墨西哥的经典小说《马德雷山脉的宝藏》(*The Treasure of the Sierra Madre*),他在《悬吊人的起义》(*The Rebellion of the Hanged*)一书里,描写了一群劳役者逃出了在尤卡坦的鞭笞,却又陷进恰帕斯桃花心木采伐营的地狱。在那里,劳役者被吊在树上几天几夜,遭到环境和动物的伤害。

但是,在许多地区,上层人士的措施惨遭失败。尼加拉瓜议员于1835、1841、1843、1847、1853、1859、1862、1869、1876、1879、1880、1881、1883、1886、1892、1894、1898、1899、1901、1903、1904、1906、1908、1919及1923年多次立法试图控制劳工,在1905年和1911年的宪法中也提到过这个问题。过多的法律显然证明了它们的无效。咖啡大庄园的劳工通常拿到预付现金,然后跑到其他庄园劳动。在卡拉索(Carazo)咖啡种植地区,大地产主抱怨地方政府没有能力追捕造反的劳工。

尼加拉瓜人总结道,将劳动力保留在周围的最好办法是,为他们提供小块土地,面积仅供他们生产口粮,但如果要获得额外收入,就必须去做劳工。

外国观察家对19世纪后半叶拉丁美洲贸易的迅速增长感到惊叹。到1890年,拉丁美洲对外贸易总值超过了每年10亿美元,在1870—1884年,增长率达到近43%。相较来说,英国贸易在同一时期增长了27.2%。五个对外贸易的主要地区是巴西、阿根廷、古巴、智利和墨西哥,占拉丁美洲贸易总量的四分之三。除了阿根廷以外,各国的出口都大于进口。每个国家贸易统计数字都很惊人。在1853—1873年间,阿根廷的出口增长七倍,到1893年又翻了一番。1877—1900年,墨西哥的出口翻了两翻。小一些的国家也得到利益。1855—1915年,哥斯达黎加的咖啡出口翻了两番。

一些技术革新,包括铁路、铁丝网、罐头制作和冷冻船,便利了对阿根廷迄今仍然粗犷的潘帕斯草原地区进行探索。这个地区是世界上最有潜力的肥沃地区。1876年第一艘从布宜诺斯艾利斯开往欧洲的原始冷冻船改变了阿根廷经济史的航道。航行的成功证明了冷冻的牛肉可以在有利可图的欧洲市场销售。他们立即采取措施改进牛肉质量。到1900年,278艘冷冻船在英国和阿根廷之间航行。19世纪70年代,阿根廷也向欧洲运送了第一批小

表5.3 1850—1870年、1870—1890年、1890—1912年间的年平均出口增长率和出口购买力增长率(%)

国家	1850—1870年		1870—1890年		1890—1912年	
	出口增长率	出口购买力增长率	出口增长率	出口购买力增长率	出口增长率	出口购买力增长率
阿根廷	4.9	4.1	6.7	8.2	6.7	5.4
玻利维亚	2.8	2.0	2.3	3.8	2.5	1.2
巴西	4.3	3.5	2.5	4.0	4.3	3.0
智利	4.6	3.8	3.3	4.8	5.0	3.7
哥伦比亚	7.8	7.0	0.5	2.0	2.4	1.1
哥斯达黎加	4.7	3.9	5.6	7.1	0.5	–0.8
古巴	3.5	2.7	2.3	3.9	2.4	1.1
多米尼加共和国	4.5	3.7	5.1	6.6	5.9	4.6
厄瓜多尔	4.9	4.1	1.7	3.2	3.9	2.6
萨尔瓦多	5.7	4.9	2.0	3.5	2.6	1.3
危地马拉	3.2	2.4	6.9	8.4	1.1	–0.2
海地	2.5	1.7	3.3	4.8	–1.0	–2.3
洪都拉斯	–0.5	–1.3	14.8	16.3	–0.3	1.6
墨西哥	–0.7	–1.5	4.4	5.9	5.2	3.9
尼加拉瓜	0.8	0	6.1	7.6	2.3	1.0
巴拉圭	4.4	3.6	6.0	7.5	2.2	0.9
秘鲁	6.4	5.6	–4.9	–3.4	6.9	5.6
波多黎各	0.1	–0.7	1.8	3.3	7.6	6.3
乌拉圭	3.1	2.3	3.7	5.2	3.4	2.1
委内瑞拉	4.6	3.8	2.4	3.9	1.2	–0.1
拉丁美洲	**4.5**	**3.7**	**2.7**	**4.2**	**4.5**	**3.2**

资料来源:维克托·布尔默—托马斯:《独立以来拉丁美洲的经济发展》,第2版,64页,纽约,纽约州:剑桥大学出版社,2003。[①]

---

① 参见该书中文版《独立以来拉丁美洲的经济发展》,79页。——译者

麦，即1876年运送的区区21吨。而到1900年，小麦出口已达225万吨。这种突出的经济增长使阿根廷成为拉丁美洲最繁荣的国家。

智利提供了一个极好的但绝不是特殊的矿物出口经济发展实例。早在独立后的第一个十年中，智利出口的白银和铜矿不断增长。到19世纪中期，智利的出口中，各种矿产品和农产品保持平衡。1878年以后，出口多样化结束了，新的硝酸盐出口变得愈益重要，直到几年之间控制了出口部门。由于依附于世界对硝酸盐的需要，智利经济根据一种商品的需求量和价格而衰退或繁荣。经济的脆弱性显而易见。

大多数政府官员对国际经济比对民族的、国内的经济更感兴趣。拉丁美洲经济的出口部分比国内部分增长快得多，国际贸易收入在国民生产总值中占相当高的比例。国际贸易显然不是指拉丁美洲国家之间的贸易往来。它们的市场相互之间很陌生，经常是同一出口产品的竞争者。它们的经济满足了遥远的西欧和美国主要资本主义经济体的需要。

19世纪下半叶，拉丁美洲经济中的外国投资也愈益增长。欧洲大方地向拉丁美洲投入资本、技术和技术人员，以确保其工厂和城市居民所需的农产品和矿产品不断增加。拉丁美洲确凿的稳定给予外国投资者更大的信心，使他们慷慨解囊。拉丁美洲的政客发现外国投资可以创造新的财富，考迪罗、政客以及上层人士都享受着这些成果。以在整个西半球确立的形式为榜样，波菲里奥·迪亚斯小心翼翼地偿还了墨西哥的贷款，并颁布有利于外国投资商的法律。外国投资蜂拥进入墨西哥。随着投资的增加，利润汇款流出了拉丁美洲。外国资本家投资可能部分是为了获取他们所需的原材料，但他们也期望有丰厚的利润、利息、专利费以及佣金作为回报。

为了管理新的现金流入，本国银行和外国银行以惊人的速度在拉丁美洲主要城市中出现。1845年，巴西只有一家银行，但在之后的12年里，12家新的银行成立了。在这一地区的其他地方也有相似的状况。银行有助于国际贸易和投资，但广大人民继续从自己社区的个人手中借取小额贷款。

到第一次世界大战前夕，外国投资总额达85亿美元。英国人投资最多，达50亿美元，占英国海外投资的20%。法国第二，达17亿美元。美国紧随其

表 5.4 1914 年拉丁美洲的直接投资和证券投资

国家	公共外债			外国直接投资量		
	百万美元	英国 %	美国 %	百万美元	英国 %	美国 %
阿根廷	784	50.8	2.4	3,217	46.7	1.2
玻利维亚	15	0	20.0	44	38.6	4.5
巴西	717	83.4	0.7	1,196	50.9	4.2
智利	174	73.6	0.6	494	43.1	45.5
哥伦比亚	23	69.6	21.7	54	57.4	38.9
哥斯达黎加	17	47.1	0	44	6.8	93.2
古巴	85	58.8	41.2	386	44.0	56.0
多米尼加共和国	5	0	100	11	0	100
厄瓜多尔	1	100	0	40	72.5	22.5
萨尔瓦多	4	100	0	15	40.0	46.7
危地马拉	7	100	0	92	47.8	39.1
海地	1	0	100	10	0	100
洪都拉斯	26	0	61.5	16	0	93.8
墨西哥	152	92.1	7.9	1,177	54.0	46.0
尼加拉瓜	6	50.0	0	6	33.0	67.0
巴拿马	5	0	100	23	0	100
巴拉圭	4	100	0	23	78.3	21.7
秘鲁	17	47.1	11.8	180	67.2	32.2
波多黎各	44					
乌拉圭	120	75.0	0	355	43.4	0
委内瑞拉	21	47.6	0	145	20.7	26.2
拉丁美洲	**2,229**	**67.8**	**13.8**	**7,569**	**47.4**	**18.4**
农业				255	4.7	93.7
采矿业				530	19.1	78.3
石油业				140	2.9	97.1
铁路				2,342	71.2	13.0
公共事业				914	59.7	13.9
制造业				562	14.8	3.0
贸易				485	0.4	7.0
其他				2,341	50.0	5.2

资料来源：维克托·布尔默—托马斯：《独立以来拉丁美洲的经济发展》，第 2 版，纽约，纽

约州:剑桥大学出版社,2003,102 页。①

后,为 16 亿美元。德国第四,接近 10 亿美元。最大部分的投资流入阿根廷、巴西和墨西哥。投资最多的部门有铁路、公用事业和采矿业。英国投资在南美占统治地位,美国资本家的投资则在墨西哥和加勒比海地区占主导。

有了资本来源、市场以及海外总部,外国投资者和商人既不认同他们的东道国,也不关切当地的需要。他们指导投资的能力,他们对关税的敌视,以及他们对自由贸易的偏爱,对拉丁美洲的经济发展产生了不利的影响。

5.4 小型的工业化

19 世纪下半叶,为了满足国内对制成品的需求,更平衡地发展经济,以及保护国内经济免受国际贸易巨大波动的影响,较大且稳定的国家开始了工业化。一些有远见的政治家相信,没有这样的工业化,拉丁美洲将遭到经济依附和落后的厄运。智利总统曼努埃尔·布尔内斯(Manuel Bulnes)执政期间(1841—1851 年)的财政部长曼努埃尔·卡米洛·比亚尔(Manuel Camilo Vial)劝诫道:“任何一个国家,如果以农业主导一切,奴隶制或封建制露出其丑恶嘴脸,它将尾随着失落人群的队伍……如果我们不用强硬的手段和坚定的意愿推行工业化,这种前景也威胁着我们。”特别是在 19 世纪的最后数十年中,政府提高了关税以鼓励和保护新的工业发展,并时不时地颁布其他法律,如对进口机械给予税收优惠,并允许免除关税,从而进一步推动这一进程。尽管资本不足、劳动力缺乏技能、劳动生产率低、煤炭匮乏、市场有限,又强调继续将重点放在矿山的开采和农业的发展上,等等,工业化在 19 世纪最后几十年里仍然逐渐得到发展。

刚刚发展起来的城市为新的工业化提供了有准备的劳动力。妇女以及过多的儿童在工厂做工。妇女过去一直在农业中起到主要作用。19 世纪中期在中美洲旅游时,威廉·V·韦尔斯(William V. Wells)观察到:“我总是发

① 参见该书中文版《独立以来拉丁美洲的经济发展》,124 页。——译者

现,中美洲的底层妇女很质朴、善良、热情,总是做最重的工作,从来没有被没完没了的工作压倒。她们是真正的砍柴挑水人。”在 19 世纪后半期,操纵新的工业机械的妇女不断增加,她们与男工劳动时间相等,却拿更少的工资。

刚开始,工业化主要是为当地市场或出口加工自然产品。面粉加工厂、炼糖厂、肉类包装厂、制革厂、木材厂、葡萄酒厂以及啤酒厂在任何有必不可少资源的地方发展起来。然后,服务业随之而来:煤气和电力公司,修理店和铸造厂,以及建筑公司。最后,受保护的工业开始生产其他商品供家庭消费,主要是纺织和食品加工。

在巴西,纺织业的重要性远远超过其他。1865 年的 9 个棉花厂到帝国垮台前已增加到 100 个。1889 年掌权的新共和政府为国家设计了一个工业扩展方案。为了表示他们的雄心,共和派将农业部改名为工业部。为了进一步鼓励工业化,他们于 1890 年颁布了关税保护法,将 300 种产品的进口税收提高到 60%,主要是纺织和食物制品,因为这些产品与国内的产品发生竞争。相反,用于国内制造业的原材料的关税下降了。政府还在 19 世纪 90 年代建立了 4 所新的工程学校,作为工业化的发展基础。

阿根廷政府在 19 世纪 70 年代开始认真地鼓励工业化发展。它在 1876 年开始实行关税保护。工业化集中在布宜诺斯艾利斯及其周围,到 1889 年,已有大约 400 家工业企业,雇佣了约 1.1 万工人。19 世纪最后十年中,更大的工厂出现了,工业开始渗入其他地区,但布宜诺斯艾利斯一直保持为中心。1895 年的调查表明约有 2.3 万个加工厂或作坊,雇佣了 17 万工人(雇佣十人以下的小作坊是最普遍的)。1914 年的另一次调查中,工厂和作坊数量上升到 4.9 万个,雇工 41 万。到那时,阿根廷生产了国民消费的加工食品的 37%,穿戴衣物的 17%,以及使用的金属和机械的 12%。

在波菲里奥·迪亚斯的领导下,墨西哥也用自己在出口商品上赚来的钱投资制造业。到 1902 年,墨西哥有 5,500 家制造厂。最重要的工业是由外国和本国合资发展起来的钢铁业。新的工业包括水泥制造、纺织、香烟、肥皂、墙砖、家具、面粉和啤酒业——包括何塞·施奈德(José Schneider)1890 年建的塞韦塞利亚·夸特莫克(Cerveceria Cuathemoc)酒厂,生产卡塔布兰卡酒。工业生产在波菲里奥的统治下增加了三倍，工业产品的产值每年增长6%。尽管如此,制造业仍然远远不如初级产品的生产,工业劳动力不超过全国劳动力的15%。

最大的制造业进步发生在阿根廷、巴西、智利、墨西哥和秘鲁。在这五国中,消费产品的50%到80%是由国内生产。但是,大部分产品质量低下,受关税保护,没有发展出生产出口商品的工业。

5.5 边缘地区的进步

几乎没有任何拉丁美洲地区没有受到19世纪晚期追求进步的潮流的影响。甚至在殖民地时期贫穷落后的地区也仿效其他地区的模式,将自己的经济和政治制度转向出口市场。中美洲的小国尼加拉瓜就是一个例子。

早在1835年,尼加拉瓜政府试图促进出口,对靛蓝、胭脂红以及咖啡的生产给予十年免税。很快就清楚了,在尼加拉瓜肥沃的土地上最可能生产成功的是咖啡。到1846年,政府允许咖啡种植者、他们的家庭及工人免服兵役,并对咖啡种植农场免税。1858年,政府鼓励生产咖啡,允许种植者进口相当于他们出口的咖啡价值的免税商品。政府负责交通和通信的改善,因为他们的眼睛盯着咖啡市场。1876年,第一条电报线建立起来。1882年,海底电报线将尼加拉瓜和世界主要城市联系起来。到1890年,电报线已长达2,478公里。到1905年,这个数字达到4,330公里。尼加拉瓜太平洋铁路公司(Ferrocarril del Pacífico de Nicaragua)于1878年在科林托开始铁路建设,到1886年,铁路修到尼加拉瓜湖的莫莫通博港。到1909年,铁路线达275公里。此外,咖啡种植者在政府铁路上运输他们的产品免费。显然,尼加拉瓜的经济和政治领袖对发展经济很感兴趣,并从19世纪中期开始,认为咖啡是他们的出路。无论是保守派政府(1862—1903年)还是何塞·桑托斯·塞拉亚(José Santos Zelaya)的自由主义政府(1893—1909年)都支持新的出口商品。

19世纪末咖啡成为拉丁美洲最重要的出口商品之一。这张立体的画面展现了1903年尼加拉瓜妇女将咖啡分类，也展现了如何将拉丁美洲的形象作为稀罕之物向外国顾客销焦。(美国国会图书馆)

尼加拉瓜的农场主对政府和市场提供的刺激做出回应：到1892年，2,600万棵咖啡树结果。出口从1880年的450万磅上升到1890年的1,130万磅。从1904—1924年，咖啡出口平均每年2,300万磅。1871年，咖啡只占尼加拉瓜出口总值的10%，排在靛蓝、橡胶、黄金之后，居第四位。到19世纪80年代，咖啡成为国家最重要的出口商品。到1890年，咖啡至少占出口总量的60%。

可可、靛蓝和蔗糖的大生产商很快转向种植咖啡。他们寻求更多的土地进行开垦，政府上层人士则用法律将土地商业化。一小部分国家所有的土地卖给了大种植园主，一小部分地方村落和土著人的公用土地也变成咖啡种植园。但是，尽管1877年和1881年的法令允许出售公用土地，地方政府继续从联邦政府手中获得大片土地，作为村落。他们将村落里的小片土地分给小农，其中大多数将继续种植维持生计的口粮。小片土地的捐赠仍然迅速地继续下去，而租赁土地直至20世纪仍只需交纳低廉的租金。

通过提供小块土地，政府为咖啡大种植园主保证了季节性的劳动力。一年之中，咖啡需要很少的照看，但在收获季节，则需要大量的劳动力。政府采取了大量的流动法和规定，要求尼加拉瓜人在收获季节参加劳动。由于劳工经常跑到竞争对手那里去，大多数法律根本没用。最简单的办法是为劳工提供土地,使他们能够种口粮维持生计,并有附近的大庄园吸引去做季节工,以赚取需要的额外收入。

大的咖啡种植园在农村扩散开来，同时还有更多的小的或中等规模的咖啡园与之一齐兴起。这些小农场主生产了大量的咖啡,成为咖啡经济的重要部分,为他们参与经济和政治体系中的活动提供了合法性。男人只要拥有相对小的农场就有投票权,他们参加地方和地区中激烈的选举。他们也利用法律体系保护自己的权益。

尼加拉瓜不同的土著社团对新的商业刺激作出不同反应。在卡拉索,有些印第安人在国家独立初期生产蔗糖,很容易地转换到种植咖啡,从而加入了西班牙化的拉迪诺(ladino,印欧混血)人世界。在附近的马萨亚的部分地区,土著人失去了自己的土地,大多数变成旧殖民地时期首都格拉纳达的大利益集团的劳动力。在北部省份马塔加尔帕,咖啡种植来得相对较晚,许多土著社团在保护自己的土地和土著人文化方面做得相当成功。

危地马拉和萨尔瓦多的模式相似，小农场主伴随着大种植园的创建而出现。有些土著社团将自己的土地一直保留到20世纪。有些获利,有些失去一切，但几乎没有人没有受到出口经济的增长和伴随出现的政府机构增长的影响。

5.6 城市的发展

虽然大多数人口仍然留在农村,19世纪后期的出口经济促进了城市的发展。从定义的角度出发，大多数拉丁美洲国家把具有某种形式的地方政府、至少1,000到2,000居民的地方都称为城市。

城市在每一个国家都起到很重要的作用。政府和管理机构,商业和工业都在城市中。逐渐地,城市成为复杂的交通和通信网络的中心。此外,城市有重要的娱乐、文化和教育设施。由于更多的外国移民的到来,不断的人口增长（在1900年拉丁美洲人口为6,000万)，以及城市对许多农村居民的吸引,城市得以迅速发展。更好的工作和更舒适的生活每年吸引了成千上万的农村人进城,尽管这条道路已经变得越来越难。另一方面,即使在看不到希望的地方,贫困的折磨和农村的现代化也将许多走投无路的人推进城市。

但是城市并没有在鼓励国家发展方面起到它们可能起到的作用。城市现代化的表象有很大欺骗性。土地高度集中在少数人手里支配了城市所起的作用,就像它对生活其他方面形成了影响。面向出口的经济促成了个别港口的繁荣,交通体系集中在港口,出口赚来的财富美化了首都,在外地主集中在首都这个权力中心。首都和港口(在阿根廷,首都即主要港口)吸收了出口经济的财富。大地产对出口经济的过分依赖,以及由此产生的依附性,可以帮助解释为什么每一个拉丁美洲国家只有一个或两个主要的"现代"城市,为什么城市的现代化只维持在表面。

城市文化具有资本主义—消费的特性,对许多城市居民起到特殊的心理影响,进而使之形成了不同于大多数农村居民的世界观。在城市环境中,传统的关系往往屈从于无奈或新关系的榜样。总的说来,由于城市中较拥挤的生活条件和居民对外国文化更加熟悉,使他们接触到不同的思想和其他的价值观。许多人读报并参加公共活动。他们了解世界正在进行的转变,他们知道机会属于训练有素、有才能的人,并愿意努力追求这些机会。因此,他们为未来作计划,尽最大的努力实现他们的计划,他们通过努力,塑造自己的命运。城市提供的教育机会、多种职业,以及工作可能性激励他们不断向上。

关于拉丁美洲城市繁荣的统计数字令人震惊。1869—1914 年间,阿根廷的城市人口翻了一番,53%的阿根廷人住在城市,其中 25%住在布宜诺斯艾利斯。巴西也经历了类似的城市发展。1890—1914 年间,政府创建了约 500 个新的市政建制。1890—1920 年,累西腓(Recife)和里约热内卢的面积都扩大一倍。圣保罗(São Paulo)增长了八倍,成为世界上增长最快的城市。1910 年,英国杰出的外交家和作家詹姆斯·布莱斯(James Bryce)描写圣保罗为"巴西最生气勃勃,最先进的地方……警觉的脸庞,进退的神态和举动,以及漂亮的公共建筑在四面立起,城市中间是一个大而且有多种植物的公共花园,给人以精力旺盛和进步的感觉。"圣保罗当时已是有近 50 万人口的城市。

然而,城市生活的真实一面是,许多人属于下层阶级,贫困潦倒。巴西小说家阿卢伊齐奥·阿泽维多(Aluísio Azevedo)在他 1890 年出版的小说《贫民窟》(*The Slum*)中刻画了城市的真实面貌。他把贫民窟的增长描写为“一个残暴和精力充沛的世界”。“在水洼遍地的泥地上,在闷热的潮湿中,一个活生生的世界,一个人类的社区,开始蠕动,沸腾,在那个泥潭中自发崛起,像粪堆上的蛆成倍增加。”在这个环境中,受雇佣的机会不能满足潜在的劳工数量,妇女参加了工作,当洗衣女工、家政工或妓女。

然而,对上层人士来说,城市提供了享乐。到 20 世纪初,几乎所有首都以及许多大城市都有了电、电话、公共有轨车、覆盖的下水道、铺好的街道、装饰美丽的公园,以及受到法国建筑影响的新建筑物。城市不断繁荣的环境给予知识分子活跃的空间。拉丁美洲一些最负盛名的报纸就是这一时期创刊的:智利的《信使报》(*El Mercurio*)和巴西的《商业日报》(*Jurnal do Commércio*)于 1827 年创刊,秘鲁的《商业报》(*El Commercio*)于 1839 年创刊,阿根廷的《帕伦萨报》(*La Prensa*)于 1869 年创刊,《民族报》(*La Nacíon*)于 1870 年在布宜诺斯艾利斯创刊。从 1843 年智利大学开始,拉丁美洲的主要大学都开始出版评论、杂志、年报和书,进一步促进了智力的发展。强调个性、强烈的感性和大自然的美妙的浪漫主义,在 19 世纪的大多数时候支配着文学圈。阿根廷的何塞·马莫尔(José Múrmol),哥伦比亚的豪尔赫·伊萨克斯(Jorge Isaacs),以及巴西的何塞·德阿伦卡尔(José de Alencar)都是写浪漫小说的大师。过量的浪漫主义激励了 1880 年对现代主义和现实主义的文学试验,这种试验在欧洲已经流行。才华横溢的尼加拉瓜诗人鲁文·达里奥(Rubén Darío)将现代主义介绍到拉丁美洲,到 19 世纪末,他主宰着诗歌界。评论家认为他是他的时期中最有独创性,最有影响的诗人之一。

在现实主义的影响下,城市作家描述并谴责了他们在社会中观察到的不公正现象。克洛林达·马托·德特纳写了第一部意义重大的小说《无巢的鸟》(*Aves sin Nido*,1889 年),抗议秘鲁的克丘亚人和艾马拉人恶劣的生活条件。她看到土著人成为罪恶体制的牺牲品,在她看来教堂便是这些体制之一。除了两个显著的例外,拉丁美洲文化追随着欧洲,特别是巴黎领先的潮流。这两个例外是:里卡多·帕尔玛(Ricardo Palma),他最早的《秘鲁传统》

(*tradiciones peruanas*),讲述有趣的秘鲁历史轶事,凭借风趣和想象力重现国家的过去;以及阿根廷的何塞·埃尔南德斯(José Hernández),最重要的高乔诗人,创作了真正的美洲史诗《玛丁·菲耶罗》(*Martin Fierro*),描述了阿根廷粗壮朴实的牛仔生活。

教育仍然是上层人士的特权。绝大多数的平民还是文盲。在巴西,19世纪的文盲率从未降到85%以下。阿根廷将国家预算的一大部分用于教育。结果,阿根廷人的识字率从1869年的22%增长到1914年的65%,这个记录足以让拉丁美洲大多数国家都羡慕，因为它们在19世纪后半叶的文盲率从40%到90%不等。农村的文盲率总是比城市高得多,妇女的文盲率又比男人高。受过良好教育的少数人和无知的大多数人之间有着明显的差距。许多人不能上新学校,因为他们要工作。但是,上层人士的子女很少有上公共学校的。他们的父母请家教或送他们上私立学校,接受典型的古典教育。这种隔离进一步使将来的领导人与国家现实脱离。

现代化的上层人士开始担忧，只要母亲——至少上层人士的母亲——缺乏教育儿子成为好公民的技能,他们就不能持续发展。墨西哥记者弗洛伦西奥·德尔卡斯蒂略（Florencio del Castillo)1856年宣布:“提高国家道德水准的最有效方法是教育妇女。”正如殖民地时期妇女成为西班牙文化的传递者，有文化的妇女现在要将对拉丁美洲现代化极为重要的共和思想及发展价值观传承下去。在阿根廷,胡安·包蒂斯塔·阿尔韦迪和多明戈·福斯蒂诺·萨米恩托(Domingo Faustino Sarmiento)将妇女包含在他们关于一个有文化的、进步的国家的构想中。

当然,保守主义分子担心,教育会鼓励妇女脱离自己传统的角色,因此,教育妇女的理念没有立即被接受。要赢得妇女接受教育的权利,并不是只要像萨米恩托这样的人表明开明态度就可以实现。许多妇女,特别是中产阶级妇女参加了争取教育机会的运动。她们创办了报纸杂志,发表社论谈需要教育的问题。巴西杂志《女性》(*O Sexo Femenino*)的一篇文章写道:“我们的欠缺是你们(男性)造成的。我们的智力与你们相等,如果你们的自豪占了上风,那是因为我们的智力还没有启用。从今天开始,我们希望改善我们的心智。无论好坏,我们要把自己的思想在报刊上发表,为此目的我们有《女性》。这个杂志完全是为我们女性所办,也只由我们来写。”

随着妇女教育机会的改进,雇用机会也有所改善。由于男女儿童通常分校学习,女校由女老师上课。随着后来男女合校,妇女被认为最适于在小学教育少儿。开办师范学校就是为此而训练教师。

妇女教学并办报刊推动了早期的女权运动。不仅要求基本教育,而且关心为妇女打开高等教育以及专业之门。她们的行动没有被高层男士轻视。墨西哥国务大臣胡斯托·谢拉(Justo Sierra)清楚地阐明了波菲里奥政府对妇女教育问题的态度:“有文化的妇女将是真正的一家之主: 她在家是男人的伙伴和合作者。你们(妇女)承担塑造灵魂的任务,护卫丈夫的灵魂。为此,我们让你们受到教育……以继续民族永恒的创新。亲爱的女儿们,不要在我们中间成为女权主义者。”

智利在向妇女提供职业教育方面成为先锋。1877 年,政府颁布特别法令,允许妇女获得职业学位。在 1886 年,埃洛伊萨·迪亚斯(Eloisa Díaz)成为拉丁美洲第一名取得医学学位的妇女。1892 年,马蒂尔德·特鲁珀(Matilde Throup)从圣地亚哥的法律学院毕业,成为拉丁美洲第一位女律师。巴西政府于 1879 年为妇女开办了职业学校。

在古巴和巴西,妇女也成为废奴运动的积极分子。正像美国的妇女,她们把重点放在黑人缺乏自由的问题上,因而也看到了自己自由的局限性。当巴西奴隶于 1889 年得到解放,一家报刊宣称:“再一次,我们(妇女)要求平等权利、行动自由以及家里的自主权。”但是,这些要求一直没有得到满足。

5.7 表面性的现代化

19 世纪下半叶,新的势力出现,向深深扎根于殖民地时期的社会、经济以及政治体制进行了挑战。城市化、工业化和现代化三足鼎立,威胁着传统旧习。一旦形成,这些相互支撑的力量便无法阻挡。政治、经济和社会中心过去集中在大种植园和大庄园中,现在却逐渐而不可逆转地转向城市。

乌拉圭蒙得维的亚市立宪广场上，公共有轨电车和欧洲式的建筑设计是现代化的一些标志。摄于1880年到1900年（美国国会图书馆）

到20世纪初，一些拉丁美洲国家——毫无疑问有阿根廷、巴西、智利和墨西哥——至少在外表上显示出接受了最先进的欧洲国家和美国的格局和模式。他们的宪法体现了西方政治思想中最高尚的原则。他们的政府机制效仿了当时最进步的样板。政治稳定代替了混乱。交通和通信基础设施的扩建，使政府得以控制前所未有大面积的地区。新的工业出现了。更大的银行系统便利并鼓励商业发展。社会比从前任何一个时期都更加多样化。在首都和最大的一些城市，新建筑的设计与巴黎最新式样完全相同：多少拉丁美洲城市里，当地居民骄傲地指着歌剧院，宣称它是巴黎歌剧院的翻版？有些拉丁美洲国家在形式上与西方世界主要国家如此相似，因为它们有意识地把后者当做现代化的样板，以至可以下结论说，这些国家有资格被称为是现代化国家。然而，许多人会反驳说，这种现代化只是一层虚饰，为顽固的机制加上装饰性的点缀，同时却不去实现这一概念所涵盖的改革。拉丁美洲的现代化缺乏真正的实质。

现代化的表面性保证了过去的继续统治。农村贵族仍然掌握权力，他们的地产仍然巨大无比并且普遍效率很低，他们对劳工的控制是绝对的。19世纪，通过损害土著社团和他们的传统土地所有制的利益，通过没收教堂地产和公有土地，大庄园实际上扩大而不是缩小了面积。

到1888年初，奴隶制被废除。但是，以前的奴隶和他们的后代，仍然处在社会和经济地位的最底层。教育、机会以及流动的大门对他们仍然紧闭，仅有极少数例外。土著人也没有比他们好多少。各种形式的债务劳役成为劳动市场的某种特征。期望法律会干涉这类凌辱是愚蠢的，因为法律的制定、实行和裁决都掌握在土地所有者及其同情者手中。

拉丁美洲最富裕和最有权力的阶级通常是白种人或接近白种人。作为克里奥尔人和马松博人的继承者，他们享受着长久的经济优势，独立之后，又加上政治权力。波菲里奥·迪亚斯周围的人称自己是“新克里奥尔人”。这个称呼有足够的象征性。

农村传统很麻利地与19世纪拉丁美洲精力充沛的资本主义结盟。实证主义还为这二者提供了方便的、意识形态的保护伞。如同拉丁美洲当时和之后的许多经济和政治思想一样，它并不认为，在传统农业的基础上进行资本主义工业化有何不妥。实证主义将重点放在秩序和等级制度上，保证了上层人士显赫的特权、相对的繁荣和有选择的发展，并向骚动的中产阶级作出相同的承诺。但是，对广大的下层人士却没有任何承诺。

但是社会不平等、家长式统治、特权以及依附性，显然与19世纪下半叶开始的新潮流不相符。智利知识分子米格尔·克鲁查戈·蒙特（Miguel Cruchago Montt）在他1878年出版的《智利经济组织和公共财政研究》（*Estudio sobre la organización económica y la hacienda pública de Chile*）一书中指出，殖民地的过去主宰着现在，阻挠了发展。一旦拉丁美洲人开始思考国家发展问题，过去就不能再这样不受挑战地存在下去。

20世纪初，哥伦比亚人拉斐尔·乌利韦（Rafael Uribe）提出，基本的经济问题涉及“人民”的生活质量：“他们是否能满足自己的基本需求？”事实是，不能。在20世纪初，大多数拉丁美洲人的生活并不比一个世纪前更好。实际上，可以提出有说服力的论据，说明他们比原来生活得更差。对乌利韦的问题的否定回应预示着冲突的到来。

5.8 民众的挑战

拉丁美洲国家在上层人士奏出的音乐声中向进步迈进，但并非没有下层广大民众发出的不和谐的音弦。对于大多数拉美人来说，进步意味着土地不断地集中在更少的土地所有者手中，人均粮食生产量的下降，以及必然的进口粮食价格的上升，人们更加贫穷，更少的食物，对不受情感影响的国际市场的突变更无防范，不平衡的增长，失业和不充分就业的增长，社会、经济和政治的边缘化，以及有特权的少数人掌握了更大的权力。讽刺的是，越是强迫民间文化与世界贸易结合，民众获得的物质利益越少。但是，对于进步过程中的贫困，不应仅从物质方面看，如下降的工资、购买力或营养水平。传统的生活方式和它们所体现的文化伴随着土著人村庄一起被毁坏。悲惨的精神和苍凉的文化伴随着物质的贫困。

贫困的大多数人不仅背负着不公平的体制结构的负担，还要为特权阶层享受的现代化付出代价。少数人对多数人的剥削、压迫和文化冲击，造成了紧张局势，通常导致暴力反抗。穷苦大众抗议现代化的发展带给他们日益加深的苦难。特权阶层决心发展现代化，为此而要维持所需的秩序。他们能自由地调用所需的一切力量达到这两个目的。其结果是，强加的现代化挑起了社会动荡。

从墨西哥到智利，土著人起来反抗了。大地产主加剧了土地吞并，而土著人拒绝将自己所剩无几的土地拱手相让。铁路的开通加速了土地吞并，引起更大的暴力行为。毫无疑问，在 19 世纪的美洲，时间最长、伤亡最大、意义最重大的土著人反抗是尤卡坦半岛上玛雅人和半岛白人及梅斯蒂索人之间的卡斯特战争（Caste War）。

墨西哥宣布独立后的许多年间，蔗糖和西沙尔麻种植园扩大种植面积，将印第安人的土地合并到大庄园，并强迫他们服债务劳役，以致威胁到玛雅人的玉米文化。玛雅人为自己的土地和自由进行了斗争。他们是为保护自己的世界。在另一方，尤卡坦上层人士声称是为“秩序、博爱和文明的神圣目标”而战斗。1847—1855 年之间的伤亡最大，但战争一直延续到 20 世纪初。在这几十年中，尤卡坦东部和南部的玛雅人自己掌权。

脱离了白种人的控制，玛雅反抗者称自己为克鲁索博人（Cruzob），不再理睬白种人，发展出自己的文化，也就是玛雅遗产和西班牙影响的综合产物。克鲁索博人保留了哥伦布到达美洲之前的农业知识以及村庄和家庭组织。克鲁索博的独特之处是发展了自己的宗教,大部分源于他们对基督教的解释。与拉丁美洲其他调和性宗教不同的是,克鲁索博没有依靠罗马天主教神父不时的参与(主持洗礼、婚礼或特殊场合的布道),不受白种人的监督发展起来。他们采用了民间方式,加强了克鲁索博人的力量,并为其他土著人仍然缺乏的独立性提供了精神支柱。值得注意的是,克鲁索博人提供了可行的印第安人模式来代替欧洲化模式。这一模式虽然有西班牙文化的印记,却与哥伦布到达美洲之前的玛雅社会极其相似。通过拒绝接受"外国"统治,用自己的价值观代替"外国"价值观念,他们使自己的文化复苏,使自己的社会充满新的活力。他们重新成为自己土地上的主人。

19世纪末,一些克鲁索博人无法应付的因素使他们难以招架。玉米生产造成尤卡坦的土地贫瘠,已无法再生产足够的口粮。疾病比战争更迅速地使玛雅人口减少。同时,在波菲里奥·迪亚斯领导下的墨西哥不能容忍克鲁索博人,决心铲除他们,以对尤卡坦进行开发。墨西哥和英国之间达成协约,停止了英属洪都拉斯向克鲁索博人的开放,从而斩断了他们获取现代化武器和弹药的唯一来源。最后,从尤卡坦北部延伸过来的大车道和铁路以及随之迅速扩展的西沙尔麻种植园,深入到了克鲁索博人的领土范围。不断发展的森林木材市场甚至将白种人吸引到克鲁索博人那些似乎不可逾越的森林安全地带。结果,克鲁索博人口的下降,和墨西哥政府的严酷镇压,一齐终结了玛雅人半个世纪的独立。长期而顽强的抵抗,说明了印第安人反对上层人士喜欢的现代化。

土著人并非是唯一的反抗者。在巴西,奴隶制在19世纪中期之后仍然存在,奴隶们强烈地反抗对他们的奴役。上层人士中的明智派把奴隶看做是"不断地威胁着整个社会的火山,即将爆炸的地雷",这是一位19世纪的知识分子在他对巴西奴隶制的研究中所描述的。外国游客也感到了奴隶社会引发的紧张状态。普鲁士王子阿达尔贝特(Adalbert)访问了一个管理有序的大种植园,他称赞为模范。在描述主人和奴隶之间看似很融洽的关系之后,他揭示:"他(主人)的卧室中挂着上膛的枪和手枪,说明他不是完全相信他们(奴隶)。而且确实,他不止一次不得不用上膛的枪来面对他们。"奴隶解放前夕的19世纪80年代,奴隶反抗运动达到顶点。奴隶逃离种植园,杀死主人,并火烧田园和房屋。一位激烈的非洲裔巴西废奴运动领袖路易斯·贡萨加·德平托·伽马(Luis Gonzaga de Pinto Gama)宣布:“每一个杀死主人的奴隶都是在自卫,无论当时情况如何。”他还提倡“起义的权利”。一旦得到解放,整个美洲的黑人都起来抗议他们的贫穷状态,以及他们认为造成这些问题的体制。譬如,从1850—1880年的几十年中,巴拿马城的种族问题一直紧张。美洲黑人,城市平民不满自己受压迫的状况,诉诸暴力——抢劫、焚烧、暴动——以进行抗议。许多人称之为“种族战争”,由于黑人贫穷、白人富裕的经济现实而加剧。

农村起义此起彼伏,表明上层人士的机构和他们决意实行的现代化面临着其他挑战。多半来说,这些反抗背后的思想理念是含糊不清而且自相矛盾的。然而,起义者都希望挽救自己的土地,改善自己的生活水平,并且分享权力的运作。两次民众起义,一次在巴西,另一次在阿根廷,揭示了动机、暴力和镇压。

克布拉—基罗(the Quebra-Quilo)起义发生在1784年底到1875年初,意义最为重大,因为巴西内陆东北部生产口粮的农民,成功地抑制了政府新的现代化进程(虽然1871年开始实行,但在1875年之前一直没有成效)。起义的原因并不独特:新的税收和小农户从大地产主吞并他们农场的行为中感到的威胁;为了正式改换并启用重量单位,强制实行国际量度制所需要的费用则使得情况更为复杂。一位采访起义过程的记者把它称作“内地劳动阶层遭受伤害和剥夺的直接结果”,内地的起义人员则宣称:“土地的出产属于人民,不应该对此征税。”随着起义在市场上席卷,市里和省里的政府都害怕“野蛮势力”会猛然地横扫整个东北部。农民们异常地成功。他们无视新税收,毁坏新的度量衡,烧毁官方纪录和档案(通过将合法文件化为灰烬来保护他们的非正式土地所有权)。在许多情况下,生产口粮的农民没有土地所有权,但实际地占领了土地并几代人在上面劳动生产。他们面对着被任何能够拿出合法所有权文件的人赶出土地的可能性。毁坏了纪录,他们便销毁了证据——譬如地方上的土地登记——使之无法在司法过程中起作用，因而他们便能与当地有土地的上层人士有同等合法权利。构成起义的星星点点的反抗达到了他们的目的，暂时阻止了上层人士渗入他们的地区。

在阿根廷，1893 年的起义震动了圣菲省。那里的小农抗议对小麦征税，以支付有利于大地产主的政府革新项目，包括铁路。他们还对移民得到土地，而本地人被排除在照顾行列之外的事实不满。同时，从 1876—1895 年，阿根廷的图库曼省的社会混乱迅速蔓延。在那 20 年间，被捕的人数从每年 2,000 增长到 1.7 万，大多数是没有文化的工人，而同一时期总人口才增长了一倍。

民众的反抗形式也不仅仅是起义。19 世纪期间，土匪活动和太平盛世运动（millenarianism）昌盛。根据 E.J.霍布斯鲍姆（E.J. Hobsbawm）提出的概念框架，可以谨慎地认为土匪活动是社会反抗的一种形式，而太平盛世运动则是民众革命的一种。

太平盛世运动的内容是宗教性的，提倡世界有一个激烈的变化，深刻而完全地拒绝现世，热切地期望一个更加美好的未来。追随这些理念的人相信，世界将会突然中止，但他们并不清楚这将如何出现，代替旧社会的新社会具体什么样。虽然政治革命家也提倡新社会，但他们不与太平盛世者为伍，因为革命者对重建社会有清楚的计划，并且传播其思想。反之，太平盛世者期望通过神的干涉，根据上帝的意愿和计划进行变革。他们的责任是为迎接新大陆的到来作好自身的准备。显然，希望有新的和更好的生活的人，表达了对目前生活的某种不满。虽然他们不期望对抗，但事件通常逼迫他们采取暴力行为。

巴西经历了一系列引人注目的太平盛世运动。毫无疑问，最有名的出现在干燥贫穷的巴伊亚州的内陆地区。在这里，神秘的安东尼奥（Antônio the Counselor）于 1893—1897 年之间聚拢了他的虔诚信徒。成千上万的人赶往他在卡努杜斯（Canudos）的驻地听这位大师宣讲。他们住下来，在那里建立起一个兴盛的农业社团。他得罪了政府，因为他劝告他的追随者不要交税。此外，他的家长制思想带有君主主义色彩，与在里约热内卢刚建立起来的共和政府作对。教会领袖谴责他，对他在民众中间的影响很反感。当地的地主恨他，因为他将农村的劳工吸引出去，并且与法森达的扩大对垒。那些有权势的敌人决定逮捕安东尼奥，并驱散他在卡努杜斯的信徒。然而，他们没有考虑到这些信徒的力量和决心。经过四次军事战役，动用了所有巴西军队可能搜集起来的现代化武器，以及残杀无数生命，他们才镇压了这一个太平盛世运动。最后一次战役由陆军部长直接指挥，挨门挨户地将卡努杜斯聚居地蹂躏一空。人民拒绝投降。这一史诗性的斗争激发了欧克利德斯·达库尼亚写出 1902 年的巨著《腹地》。

这一次的征服之后，救世主运动在安第斯山人民中间兴盛起来。他们盼望恢复秩序，主要是被西班牙征服者所摧毁的传统印卡秩序，因为这有利于他们而不是外来人。19 世纪的这类运动中的典范，是 1891—1892 年间在玻利维亚的库鲁亚基(Curuyaqui)人中的一次运动。一位叫图姆帕(Tumpa)的人以“超人”闻名，在社团里宣讲他“把人们从白种人手中解放出来”的使命。图姆帕保证在他所预言的新体系下，白种人将为土著人工作。在这位救世主首领的怂恿下，他的信徒拿起武器。白种人纷纷逃往城市，军队开到了，将起义残酷镇压。大屠杀证明了图姆帕预言中至少有两个错误：第一，士兵的枪中出来的只是水；第二，为事业献身的人在三天后会重返人间。

墨西哥西北部出现过特蕾莎·乌雷亚(Teresa Urrea)的神奇疗法。成千上万的信徒称她为特蕾西塔(Teresita)[1]或圣女卡布拉 (Saint of Cabora)。1889 年，在一次严重的心理冲撞之后，她陷入了休克状态。人们以为她已死去，她却在下葬之前苏醒过来。她说她曾与贞女对话，贞女授予她治疗疾病的能力。到 1891 年，朝拜的人涌向卡布拉，寻求她的帮助。特蕾西塔对穷人的怜悯为她赢得了大众对她的忠诚，也导致迪亚斯政府的怀疑。亚基人(Yaqui)和玛约人(Mayo)向她诉苦，在她面前吐露他们的悲惨生活。他们相信她对上帝有一定的影响力，迫切要求得到她的帮助和建议。1890 年，塔拉乌玛拉(Tarahumara) 的托莫奇克(Tomochic)山村将特蕾西塔奉为他们的圣人，在

[1] 特蕾莎的昵称。——译者

教堂中陈放她的塑像。村民开始将罗马天主教修改得与土著人的宗教更接近，以崇拜圣女卡布拉为主。次年，托莫奇克人起来反抗政府，要求特蕾西塔向他们解释上帝的愿望。政府立即对此做出强烈反应，但仍然经过几次武装进犯才镇压了起义。村庄被毁坏，没有一个 13 岁以上的男童和男人躲过大屠杀。1892 年 5 月中旬，大约 200 名玛约人攻击了纳沃华城，高喊着“圣女卡布拉万岁！”迪亚斯政府认为特蕾莎·乌雷亚是危险的民众挑唆者，便将她流放到美国。特蕾西塔本人反对暴力，她更多的是运动的一个名誉领袖，一个催化剂，一个相当有魅力的人物。她的同情心给予墨西哥西北部悲惨的人民一个团结的象征。

土匪活动吸引了那些在体制中损失殆尽的亡命之徒，他们有的是贫民，有的则是陷入贫穷的中产阶级。无论土匪活动的其他意义何在，它仍然是反抗不合理或纠正错误的一种方式，就像它可以平均分配财富或实行政治报复一样。19 世纪中期的巴西法官塔瓦雷斯·巴斯托斯(Tavares Bastos)虽然对土匪活动并不同情，却意识到，土匪通常是国家机器的牺牲品，而他们决意不再屈服于法律，而要寻求他们自己的正义。

19 世纪中，土匪在巴西内地滋生，特别是在贫困的东北部地区。他们在那里赢得了穷人的赞美，富人的尊敬。富人还不时地吸纳他们，让他们为自己服务。一些研究人员认为，19 世纪后期土匪活动的增长与农村地区家长制的破坏有关联。巴西的民间诗歌充满了绿林英雄的故事。20 世纪初的一部著名诗歌，就是关于安东尼奥·西尔维诺(Antônio Silvino)的赞美诗。安东尼奥·西尔维诺在 1896 年为报复一桩不公正案件而成为土匪：他父亲被一个警察杀死，而警察却没有受到政府的处罚。其他诗歌讲述了若苏伊诺·布里良特(Josuíno Brilhante)的历险，他看来也是为报复家庭遭受的不公正被迫成为土匪。他劫富济贫，豪爽地说从来没有为自己打劫过。

土匪活动在西班牙美洲也很多。墨西哥土匪兴盛，有趣的是，土匪迭出的地区，如东莫雷洛斯（Eastern Morelos）的查口—弗里约河（Chalco-Río Frío)地区和普埃布拉(Puebla)西北部地区，在 19 世纪结束之前已经发动了农业革命，为土匪可以充当一定的社会角色提供了进一步的证据。秘鲁有许多农民土匪。恩里克·洛佩斯·阿尔武哈尔(Enrique López Albujar)在他的研究中描述土匪活动是“一种抗议,一种反叛,一种偏离,或一种简单的生存手段”。他总结说,19 世纪秘鲁的土匪活动产生出一系列民间英雄,因为,这些土匪纠正了不合理现象,劫富济贫,抗议社会和经济的不平等性。而智利政府官员则把安第斯山脉的印第安人和土匪统称为“犯罪分子”。他们也经常抱怨当地民众支持土匪,有利于土匪反对政府的活动。

土匪的动机和行动差别相当大。但至少在某种意义上可以说,他们是抗议他们所认为的社会不公正。由于他们的力量大,也由于他们通常反对上层人士和官方机构,他们得到了底层大多数人民的支持和赞美。这些广大人民常常掩护他们,为保护他们向政府撒谎,带领他们穿过陌生的地带,并给他们粮食。对穷人来说,土匪就是考迪罗,帮助他们维持民间文化,使现代化转歪偏斜。

民众并非只是为保存不变的旧事物而反对变革。他们实际上希望在一个更长的时间里用调解的方法进行改革。他们反对上层人士强加的改革,因为他们认为那是有害的,或有潜在的威胁性。他们看出,出口经济和推崇出口经济的资本主义思想,对他们所剩有的土地以及他们对自己的劳动力的控制权,构成很大的威胁。上层人士对民众的愿望、告诫以及关注的问题没有多少耐心,更不能容忍。他们残酷地对付任何抗议行为,从而增加了暴力强度。上层人士终于得逞。他们毕竟掌握着警察、武警和军队。此外,民众的抗议地区性强,而且不统一。因此,尽管这类抗议经常发生,上层人士还是强制按照他们的意愿,去进行他们的那种发展。这一发展的胜利为拉丁美洲 20 世纪的历史确定了方向。它留给后人的是大众的贫穷和不断的冲突。

推荐书目

布尔默—托马斯,维克托:《独立以来拉丁美洲的经济发展》,第 2 版,纽约,纽约州:剑桥大学出版社,2003。

伯恩斯,伊·布拉德福德:《19 世纪拉丁美洲进步的贫困》,伯克利:加利福尼亚大学出版社,1980。

查利普,朱莉·阿:《咖啡种植:1880—1930 年尼加拉瓜卡拉索省的农民》,阿森斯:俄亥俄大学出版社,2003。

霍布斯鲍姆,埃里克:《土匪》,第 4 版,纽约:新出版社,2000。

劳里亚·圣地亚哥,阿尔多:《一个农业共和国:1823—1914 年萨尔瓦多的商业化农业和农民社团政治》,匹兹堡,宾州:匹兹堡大学出版社,1999。

莱文,罗伯特·M:《含泪的告别:重访 1893—1897 年巴西东北部的卡努多斯大屠杀》,伯克利:加利福尼亚大学出版社,1992。

里德,纳尔逊·A:《尤卡坦的卡斯特战争》,斯坦福,加州:斯坦福大学出版社,2001。

托比克,史蒂文·C 和艾伦·韦尔斯编:《拉丁美洲的第二次征服:1850—1930 年出口繁荣时期的咖啡、西沙尔麻和石油》,奥斯丁:得克萨斯大学出版社,1998。

Bulmer—Thomas, Victor, *The Economic History of Latin America Since Independence,* 2nd ed, New York, NY: Cambridge University Press, 2003.

Burns, E, Bradford, *The Poverty of Progress: Latin America in the Nineteenth Century,* Berkeley: University of California Press, 1980.

Charlip, Julie A., *Cultivating Coffee: The Farmers of Carazo, Nicaragua, 1880—1930,* Athens: Ohio University Press, 2003.

Hobsbawm, Eric, *Bandits*, 4th ed, New York: New Press, 2000.

Lauria Santiago, Aldo, *An Agrarian Republic: Commercial Agriculture and the Politics of Peasant Communities in El Salvador, 1823—1914,* Pittsburgh, PA: University of Pittsburgh Press, 1999.

Levine, Robert M., *Vale of tears: Revisiting the Canudos Massacre in Northeastern Brazil, 1893—1897,* Berkeley: University of California Press, 1992.

Reed, Nelson A., *The Caste War of the Yucatan,* Stanford, CA: Stanford University Press, 2001.

Topik, Steven C., and Allen Wells, eds., *The Second Conquest of Latin America: Coffee, Henequen, and Oil During the Export Boom, 1850—1930,* Austin: University of Texas Press, 1998.

第六章

故伎重演

在拉丁美洲接近独立百年纪念时,两个趋势愈益清楚,一个源于外界,一个源于内部。第一个趋势是,美国成为世界主要大国。由于经济利益的推动,美国领导人采用“天定命运论”的哲学思想,将侵略行为合理化,声称是为了拉丁美洲的安全,并大肆张扬对拉丁美洲的种族主义的态度。第二个趋势是拉丁美洲两大新人口群的出现:一个小的中产阶级,他们渴望获取上层人士通过美国所展现的进步道路而取得的财富;以及工人阶级(working class),他们更多地采用涌入巴西和阿根廷等国的移民所介绍的欧洲工会途径,改善自己的命运。美国和拉丁美洲的中产阶层共同决定了拉丁美洲 20 世纪的历史。他们的动力和目标是什么?他们如何影响历史的进程?

6.1 美国的介入

外国,特别是英国的影响,决定了拉丁美洲 19 世纪的历史进程。起先,英国在它对这一地区的经济控制方面没有真正的竞争对手。但随着美国的日益强大,它的资本家和政客都决意占据整个北美洲大陆,并控制加勒比海地区。到 20 世纪初,美国成功地做到了这两点,并且准备取代英国在拉丁美洲长达一个世纪的统治。对安全问题的考虑以及对贸易的要求决定了美国对拉丁美洲的态度和政策。显而易见,美国和拉丁美洲地处相同的地理位置——西半球,因此从某种浪漫的意义上说是邻居,但是美国大部分地区与欧洲的距离比与多数南美洲地区的距离更近。

尽管 1823 年的《门罗宣言》口气很强硬,美国当时还不是世界大国,华盛顿官员对此宣言忽视了几十年。在同一时期,欧洲势力随时干涉拉丁美洲

表 6.1 美国与拉丁美洲的关系

1823 年	《门罗宣言》宣布西半球不允许欧洲重新拓展殖民地,并宣称对拉丁美洲的任何攻击将被视为是对美国的攻击。
1835—1845 年	得克萨斯的盎格鲁美洲移民反叛墨西哥,建立了独立国家,并最终加入美国。
1845 年	《民主周刊》主编约翰·L·奥沙利文创造了"天定命运论"一词,美国许多人相信国家向西扩张是上帝的意愿。
1846—1848 年	北美侵略战争(在美国称为美墨战争)
1848 年	《瓜达卢佩·伊达尔戈条约》将墨西哥北半部割让给美国。
1850 年	美国和英国在《克莱顿—布尔沃条约》中同意任何一方不得在未经另一方同意的情况下兴建尼加拉瓜运河。尼加拉瓜没有参与条约的签订。
1853 年	从墨西哥手中购买加兹登(Gadsden),使美国得以在自己的领土上修建横穿亚利桑那南部和新墨西哥的铁路。
1854 年	美国外交官发表奥斯坦德声明,敦促从西班牙手中获取古巴,必要时动用武力。
1855 年	美国煽动者威廉·沃尔克和雇佣人员帮助尼加拉瓜自由主义者打败保守派竞争者,却又反过来对付自己的联盟。沃尔克宣布自己为总统,在美国的承认下统治了两年。
1857 年	美国企业家科尼利厄斯·范德比尔特资助反对沃尔克的战争,因为沃尔克破坏了范德比尔特的轮船生意。
1860 年	英国军队逮捕了沃尔克,将他交给洪都拉斯,在那里遭到枪决。
1865 年	美国在墨西哥边界调集军队,威胁法国的占领军。
1889 年	在华盛顿举行第一届美洲会议。
1895 年	美国强迫英国仲裁它与委内瑞拉的边界争议。在"炮舰外交"的第一次行动中,美国向危地马拉派出"瓦丘塞特"号(Wachusett)保护北美人的生命和财产。
1898—1902 年	当独立运动势力即将打败西班牙时,美国入侵古巴。美国占领古巴,并控制了波多黎各、关岛和菲律宾。
1898 年	美国入侵尼加拉瓜。
1899 年	美国入侵尼加拉瓜。
1899 年	联合果品公司(UFCO)成立,在洪都拉斯买下七个独立的公司。
1901 年	在《哈伊—蓬塞弗特条约》中,英国将开凿中美洲运河的权力让给美国。尼加拉瓜仍然没有参加谈判。

1901 年	美国威胁直到新宪法包括《普拉特修正案》才会终止对古巴的占领,这一修正案使美国有权入侵古巴。
1903 年	西奥多·罗斯福向巴拿马派出炮舰,防止哥伦比亚镇压这一地区的独立运动。《哈伊—布诺—瓦利亚条约》给美国以奖励,使美国对巴拿马运河区有“永久性”的主权。 美国入侵洪都拉斯和多米尼加共和国。
1904 年	西奥多·罗斯福发布他对《门罗宣言》的推论,宣布美国将成为加勒比海的警察。 美国军队把多米尼加共和国置于海关破产事务长官管辖之下。
1905 年	美国海军陆战队在洪都拉斯登陆。
1906—1909 年	美国军队占领古巴。
1909—1913 年	威廉·霍华德·塔夫脱提倡“金元外交”,目的在于在海外创造稳定局势,从而推动美国商业利益。
1909—1910 年	美国军队帮助尼加拉瓜保守派推翻何塞·桑托斯·塞拉亚政府。
1912—1925 年	美国海军陆战队入侵尼加拉瓜。
1912 年	美国武装势力在古巴、巴拿马和洪都拉斯登陆。
1914 年	巴拿马运河通航。
1914 年	美国海军在多米尼加共和国与起义者对垒。 美国军队入侵海地。 美国部队轰炸并占领墨西哥的韦拉克鲁斯。
1915—1934 年	美国海军陆战队入侵海地。
1916 年	潘乔·比利亚袭击新墨西哥的哥伦布市。 美国军队入侵多米尼加共和国。
1916—1917 年	在约翰·J·“黑杰克”珀欣将军率领下,美国派遣军在墨西哥北部地区徒劳无功地追剿潘乔·比利亚。
1916—1924 年	美国海军陆战队占领多米尼加共和国。
1917—1922 年	美国军队入侵并占领古巴。
1918 年	美国军队在巴拿马登陆,保护联合果品种植园。
1918—1919 年	美国干涉墨西哥内政。
1919 年	美国海军陆战队在洪都拉斯总统竞选时登陆。
1920—1921 年	美国军队支持危地马拉政变。
1921 年	美国干涉哥斯达黎加和巴拿马。
1924 年	美国军队在洪都拉斯大选时入侵。
1925 年	美国军队在巴拿马总罢工时登陆。
1926—1933 年	美国海军陆战队占领尼加拉瓜，并攻打奥古斯托·塞萨尔·桑迪诺的民族主义军队。

事务:英国不顾阿根廷的强烈反对重新占据了马尔维纳斯群岛;法国入侵墨西哥和普拉塔地区;法国和英国联合封锁布宜诺斯艾利斯。对于所有这些行动,美国从来没有利用《门罗宣言》的内容或意图,阻止欧洲人的干涉。只有当英国和法国试图阻挠得克萨斯加入美国联邦时,约翰·泰勒(John Tyler)总统才于1842年援引了宣言的原则,警告欧洲人不要干预西半球事务。确实,《门罗宣言》为19世纪40年代中期北美洲的向外扩张提供了方便的挡箭牌。詹姆斯·波尔克(James Polk)总统向西凝视着加利福尼亚一带,他告诉欧洲人,他的国家反对将新大陆的疆土从一个欧洲国家转让给另一个欧洲国家,或者从一个西半球国家转给另一个欧洲国家。但是,按照他的解释,《门罗宣言》没有禁止这一半球国家之间的疆土转让。这一解释帮助美国完成了1845年对得克萨斯以及1848年对亚利桑那、新墨西哥和加利福尼亚的吞并。当星条旗穿过整个大陆向太平洋飘去时,扩张主义的情绪极度高涨。1848年,很有影响力的《德鲍商业周刊》(*De Bow's Commercial Review*)的社论表达了一个信心十足的国家那种沸腾的情绪:

> 北美人将扩展到远远超越现有边界的地区。他们将不断地侵入他们的邻国。新的疆土将被开垦并宣布独立,然后被吞并。我们有了新墨西哥和加利福尼亚!我们还要得到老墨西哥和古巴!

这篇社论反映了那个时代的主导思想:"天定命运论"(manifest destiny)。这个名词是《民主周刊》(*Democratic Review*)主编约翰·L·奥沙利文(John L. O'Sullivan)在1845年创造的。这个词意味着,由于盎格鲁—撒克逊的优越性,美国必定蚕食其邻国。正如奥沙利文所说:"这个大陆是白人的,不仅仅是大陆,而且包括周边的岛屿,黑人必须用奴隶制来管辖。"

美国最初的扩张主义行为,深深地与美国和拉丁美洲的奴隶制问题纠缠在一起。奥沙利文的姐夫是克里斯托瓦尔·马丹(Cristobal Madán),一个古巴的种植商,1845年在纽约成为吞并主义游说团的领袖。马丹代表了古巴的种植商,他们希望作为实行奴隶制的一个州加入美国。美国南部的奴隶主把古巴、墨西哥和中美洲视为潜在的实行奴隶制的州。

19 世纪中期，英国是美国向南扩张到美洲中部和加勒比海的主要障碍。当时美国可能做到的就是在 1850 年签订《克莱顿—布尔沃条约》(Clayton-Bulwer Treaty),两国均允诺不占领、不设防、不殖民或不主宰中美洲。特别是,任何一国不得寻求开通两洋的运河。这一条约暂时地阻止了两国向动乱而诱人的中美洲共和国进行领土扩张,不然的话,这些国家会在两个侵略性的盎格鲁—撒克逊大国面前毫无希望。值得注意的是,条约所针对的拉丁美洲国家没有派任何代表参加条约的签订。大约同一时期,美国的注意力再一次转向国内,因为这个分裂的国家开始准备内战。

当内战使美国处于分裂状态时，一些欧洲国家在新大陆追寻着自己的利益。西班牙再一次吞并多米尼加共和国,并攻打秘鲁和智利。法国干涉墨西哥内政。只有当美国北方在内战中明显取胜,并决心反对欧洲对西半球的干预时,西班牙才从多米尼加共和国撤出,并将钦查群岛还给了秘鲁。当拿破仑三世踌躇不决是否从墨西哥撤出法国势力时，华盛顿政府向墨西哥边界派出了大量军队,去帮助法国国王做决定。欧洲对拉丁美洲的威胁一旦终结,美国似乎对此地区至少是暂时性的有所忽视,因为整个国家正集中精力重建家园,修筑铁路,并大搞工业化。

但是,内战后工业的迅速发展最终促使美国商人和领袖寻求新的市场。没有一处比拉丁美洲更有前景，因为长期以来，这里一直是欧洲的贸易市场。最卓越的国务卿之一,詹姆斯·G·布赖恩(James G. Blaine)懂得需要本半球所有国家的友谊和合作,便寻求刺激更加紧密的商业关系,并把它作为巩固美洲大家庭的一种合理方法。美国长期以来意识到拉丁美洲的战略重要性,但一直没有与这一广袤的地区迅速地发展贸易关系。19 世纪下半叶,北美与拉丁美洲的贸易和投资逐渐增加。在美国,工业化开始蓬勃发展,国务卿布赖恩预见到半球间兄弟般的贸易往来,美国提供制成品,而拉丁美洲提供初级产品。带着这一思想,他主持了 1889—1890 年在华盛顿举行的第一届美洲会议。虽然会议在友好气氛下进行,但越来越明显,拉丁美洲国家对签订新工业产品的订单并不感兴趣，他们更希望有野心的邻居能够允诺尊重他们这些国家的主权,以抑制其扩张。当时美国不可能做出这种保证。

实际上，就在此时，赞成扩张的情绪愈益高涨，再一次席卷美国。

和布赖恩一样，美国其他人意识到拉丁美洲拥有巨大的财富和潜力。但与他不同的是，他们更公开地觊觎这些财富。在许多人眼中，拉丁美洲人似乎在完成大自然对这一地区赋予的使命中，行动过于缓慢。越来越多的美国公民认为拉丁美洲需要一点儿"新教徒的道德和美国佬的技术"将潜力变为现实。乔赛亚·斯特朗牧师（Reverend Josiah Stong）在他 1855 年出版的、很有影响力的《我们的国家》（*Our Country*）一书中总结了他的同胞们的基本见解，他写道："（美国）已经发展出一种极有进取心的性格，要将自己的机制强加于人类，它将在整个地球扩张。如果我没有看错，这个强有力的种族将开进中美洲和南美洲、海洋中的岛屿、非洲以及更远的地方。能有人怀疑这种种族竞赛的结果是'适者生存'吗？"以当时很受欢迎的斯宾塞主义和达尔文主义哲学作为武装，他的书中充满了他同代人的激情、信心和傲慢。

其他有影响力的喉舌很快对他的见解做出回应。参议员亨利·卡波特·洛奇（Henry Cabot Lodge）谈到"我们在西半球正当的至高无上权利"。海军军官、历史学家和战略家艾伯特·T·马汉（Albert T. Mahan）游说建立更大更好的海军，最好能够迅速横跨大陆，保护两边的海岸线。参议员艾伯特·J·贝佛里奇（Albert J. Beveridge）相信更强大的力量："上帝指定美国人民作为它的选民来最终领导世界复兴……我们是世界进步的托管人，正义和平的保卫者。"国务卿理查德·奥尔尼（Richard Olney）于 1895 年向世界宣告，美国在西半球至高无上，会按自己的意志行事。

因此，到 19 世纪末，政府、宗教和商业领袖都支持扩大世界市场和制定全球外交政策。他们的言语很快转化为行动——美国对太平洋和加勒比海的海外扩张。值得注意的是，这一扩张是在征服了美国西部边疆之后，在几十年的工业飞速发展之后，在 19 世纪 90 年代经济困难时期进行的。1898 年，美国干涉古巴从西班牙独立的战争时，机会来了。迅速的胜利，标志美国作为世界大国开始走上跨大洲扩张的新国际道路。当时一位有影响力的记者赞赏地称之为"自由帝国主义"。华盛顿吞并了波多黎各，并将古巴变成了一个保护国，这种依附状况一直延续了 35 年。只是在 1901 年美国坚持古巴

通过美国对古巴独立战争的干涉，一直到重新命名为1898年美西战争，美国成为世界强国和对拉丁美洲的威胁。在这一张镌版印刷的照片中，《哈珀周刊》(Harper's Weekly)的特约艺术家费德里克·雷明顿(Federic Remington)表现了《攻打圣胡安，冲锋在前》。(美国国会图书馆)

将《普拉特修正案》(Platt Amendment)纳入其宪法后，正式的占领方才结束。修正案由美国参议员奥维尔·普拉特(Orville Platt)起草，提出"古巴同意美国可以为保卫古巴独立，维持一个有能力保护生命、财产和个人自由的政府而随时进行干涉"。

美国官员怀疑古巴人是否值得信任来处理自己的事务。这一观点根植于种族主义。在一次谈到菲律宾战后地位的讲话中，参议员贝佛里奇明确地表达了对美西战争所解放和征服了的人民的普遍看法：

> 有主在上，我们不会放弃作为世界文明监政官所起的作用……总统先生，这个问题比任何党派政治都深刻，甚至比我国任何孤立的政策问题都深刻，甚至也比任何宪法权力的问题深刻。这是基本原理。这是种族问题。上帝创造出讲英文的人和日耳曼人，并非是要让其无所事事，只会做徒劳无用的自我沉思和自我欣赏。不！它创造出我们，使

我们成为世界的组织者，在混乱无序的地方建立起体系。

此后，美国转向建立海洋间的运河问题，这是从军事和商业利益方面考虑的。开凿运河的第一步是废除原有的《克莱顿—布尔沃条约》。在国际压力下，伦敦于 1901 年在《哈伊—蓬塞弗特条约》（Hay-Pauncefote Treaty）中同意允许美国开凿、运行并加固跨地峡的运河。华盛顿然后开始与哥伦比亚谈判，要求穿过巴拿马的权利，但波哥大的议会回避了提出的条件。就在这一时刻，巴拿马人从哥伦比亚退出，于 1903 年宣布独立。由于地域上远离波哥大，巴拿马人长期以来寻求独立，但是这一次的起义，他们能够得到强大的外国力量的支持。美国派出两艘美国炮舰——“纳什维尔”号和“狄克西”号，防止哥伦比亚军队镇压巴拿马的非暴力起义。纳什维尔号的舰长受命占领铁路，阻止哥伦比亚军队利用铁路从科隆开往巴拿马城。一周之内，巴拿马宣布独立，美国还派出炮舰“亚特兰大”号、“缅因”号、“五月花”号和“大草原”号到科隆，派出“波士顿”号、“马布尔海德”号、“协和”号以及“怀俄明”号到巴拿马城。

巴拿马人发现，他们新的主权严重地受到 15 天之后签订的条约的制约。这一条约是由美国国务卿约翰·哈伊和法国人菲利普·比诺—瓦利亚（Philippe Bunau-Varilla）签订，比诺—瓦利亚是个国际冒险家，声称代表巴拿马的利益。他以巴拿马的名义签订的条约授予美国对地峡沿线十英里的狭长地带“永久性”的控制权和裁判权：“就像是自己的国家。”条约的谈判根本没有与巴拿马人协商。运河工程于 1904 年开始，十年后结束。运河以及使之成为可能的条约所引起的争议不断，直到 1999 年 12 月 31 日运河终于交回巴拿马人手中。

北美大国对拉丁美洲主权的侵害，引起了反抗并激起了不信任感。许多当时的拉丁美洲学者公开谴责“美帝国佬”。由于不能实际阻止入侵，拉丁美洲政府诉诸国际法来救助自己。他们花了很长时间，决心说服美国放弃这一条约。

但是西奥多·罗斯福，这位 1904 年就职之前在古巴率领莽骑兵的总统，明确地表明了美国新理念，即被称为对《门罗宣言》的《罗斯福修正案》：“长

1906年，西奥多·罗斯福总统在巴拿马运河库莱布拉河道(Culebra Cut)的挖土机驾驶座上。三年前，美国帮助巴拿马脱离哥伦比亚，因为后者拒绝了美国的运河河道提案。(美国国会图书馆)

期的错误或一次的无能会带来文明社会的松散，在美洲，如同在其他地方，最终需要比较文明的国家进行干涉。在西半球，不论美国多么犹豫，在发生这类错误或无能的状况下，美国对《门罗宣言》的信奉可以迫使美国实施国际警察的权力。”

国家的声音反映了这种态度。在1908年出版的对美国与拉丁美洲关系的研究中，乔治·W·克里奇菲尔德(George W. Crichfield)自负地谈到对拉丁美洲强行实施“文明”的责任：“美国在道义上必须在南美洲维持法律和秩序，我们不妨完全地控制某些国家，趁我们在时建立起像样的政府。”他愤怒地说，超过一半的国家“已经糟蹋掉他们美好的时光。他们是半野蛮的抢掠中心……他们是对20世纪文明的亵渎。”

外交政策要求这些思想的表达要缓和一些。但是毫无疑问，同样的情绪支配了20世纪华盛顿政府在拉丁美洲寻求贸易和安全这两个目标的行动。理论上说，美国在19世纪末20世纪初已经准备将炮舰外交政策放在一边，采用更缓和的“金元外交”。但是，美国没有任何踌躇就派军队保护这些美元。威廉·霍华德·塔夫特(William Howard Taft，1908—1912年)对他的政府在这些问题上站在哪一边的态度非常明确。根据他担任美国控制的菲律宾岛屿第一任州长(1901—1904年)和古巴临时州长(1906年)时的经验，他宣布外交政策将包括“积极的干预，以保证我们的商人和资本家有利可图的投资机会”。

1890—1913年间，美国军队入侵拉丁美洲23次。美国于1890年向阿根廷派遣军队,1891 年向智利派出军队，但首当其冲受到美国控制的还是加勒比海一带的国家，这个地区被美国看成是他们的后院。美国军队于 1894 年、1896 年、1898 年、1899 年、1907 年、1910 年和 1912 年入侵尼加拉瓜,成为对它的 20 年占领的开始。邻国洪都拉斯也遭到入侵:1903 年、1907 年、1911 年和 1912 年。海地、巴拿马、波多黎各、多米尼加共和国和墨西哥都感到了美国的疯狂。

美国入侵的理由各异。海军陆战队登陆多米尼加共和国和海地,表面上是要抢在欧洲为索取债务而威胁入侵之前。在尼加拉瓜,所谓混乱的财政状况导致了美军的出现，但可能更重要的是传说尼加拉瓜政府可能将在自己的领土开挖运河的专有权利出售给日本或英国。对美国公民或财产的威胁,无论真假,导致美国其他的一些入侵。

所有这些侵略中,1898 年对古巴独立战争的干涉真正地震撼了拉丁美洲。美国称这次冲突为美西战争 (Spanish—American War),如此称呼将古巴撇在一边,没有来由地将两个大洲[①]的名字硬归于美国一家。美国对古巴的兴趣从 1808 年托马斯·杰斐逊(Thomas Jefferson)企图从西班牙手中购买它失败就开始了。尽管古巴当时还是殖民地,到 19 世纪 40 年代,古巴的一半贸易是与美国进行的。古巴人在十年战争(1868—1878 年)中试图从西班牙独立,1895 年再次起义。到 1898 年,古巴接近赢得自己的目标。美国派出“缅因”号到哈瓦那,表面上是保护美国公民。船只受到西班牙政府的欢迎,“缅因” 号的船长甚至与西班牙指挥官一起去看斗牛。1898 年 2 月 15 日,“缅因”号爆炸,炸死 266 名水手,很可能是由于船上装的火药引起。美国怪罪西班牙人,4 月进入战争。到 12 月,战争结束。西奥多·罗斯福称此为“一场令人满意的小战争”。美国所获得的结果确实很令人满意,获得了对关岛、菲律宾和波多黎各的控制权。美国确信古巴不能够管理自己，从 1899—1903 年,美国海军陆战队占领了这个国家。美国撤离的条件是古巴在自己的宪法中加上《普拉特修正案》,此修正案给予美国随时入侵古巴的权利。

[①] 此处似指拉丁美洲和北美洲。——译者

美国利益所在是清楚的。1900 年,美国在古巴的投资达 5,000 万美元。经济利益推动了美国排挤英国的政策和愿望，以使自己成为主要贸易伙伴。到 1914 年,美国在拉丁美洲有 1.4 亿美元的直接投资,在中美洲有 7,900 万美元直接投资,并且在拉丁美洲有近 3,100 万美元的公共贷款。但是这些数字只占这一地区公共贷款的 14%,直接投资的 18%。1913 年,拉丁美洲与美国的贸易往来只占 25%。美国企图代替欧洲作为这一地区的主要经济力量。但美国经济利益与这一地区新的民族主义思想产生了冲突。

拉丁美洲人钦佩美国从宣布独立到 19 世纪后期惊人的工业化发展。但到了 19 世纪末,一些拉丁美洲人开始怀疑外国模式是否普遍适用,并且特别怀疑美国的企图。

何塞·马蒂是著名的拉丁美洲人中,最先提出这些疑点的人之一。马蒂的批评很有特色,因为他在成为古巴独立的"导师"之前是整个拉丁美洲有名的诗人和散文家。此外,他住在通常被他称为"野兽的腹部"的纽约,在那里组织古巴独立运动,并研究美国。(他的文字是这样写的:"我在怪物中生活,我了解它的五脏六腑,我的弹弓来自大卫。")马蒂谴责美国的扩张主义计划,也谴责愿意将此岛屿拱手相让给美国政府的古巴人。马蒂在 1895 年美国入侵并占领古巴之前战死疆场。

美国在将古巴独立战争转成美西战争中的做派，使许多拉丁美洲上层人士对庞大的北方刮目相看。1900 年，乌拉圭的何塞·恩里克·罗多(José Enrique Rodó)出版了散文《阿列尔》(*Ariel*),模仿莎士比亚的《暴风雨》(*The Tempest*)将美国刻画成半兽人——物质主义和实证主义的罪恶灵魂,与拉丁美洲的阿列尔——美与诚的爱者——完全相反。他告诫拉丁美洲人不要鹦鹉学舌地向有效率但没灵魂的美国学习，赞赏拉丁美洲道德和精神的优越性。

罗多的顾虑在 1913 年得到秘鲁外交官弗朗西斯科·加西亚·卡尔德隆的共鸣,他写道:"警告、建议、不信任、入侵首都、财政霸权计划,这些都证明南部民众的忧虑是合理的……没有任何旧文明所特有的方法如嘲讽、感恩或怀疑可以阻挡(北美洲)人鄙俗的粗暴、过度的乐观以及激烈的个人主义情绪。”

这就是为什么波菲里奥·迪亚斯曾经抱怨:“可怜的墨西哥！离上帝太远,靠美国太近。”

6.2 新的中产阶级

拉丁美洲的上层人士不仅受到国内，也受到外国势力的挑战。在城市中,小规模的中产阶级崛起,在20世纪进程中得到发展并起到很大作用。自由职业成员、学校老师和教授、官僚、军官、商人和参加了新生工业化的人,成为这一阶级的骨干。中产阶层的共同特性基于一个事实,他们既不被允许加入传统的上层社会,又不与低下贫穷的社会阶层认同。20世纪第一个十年末,观察家詹姆斯·布赖斯(James Bryce)在他的南美洲旅行过程中注意到:“在城市,在富人和劳动人民之间,存在着一大批专业人员、店主和职员,他们也许比欧洲国家的中产阶级地位低一些。”他们有改变自己命运的巨大动力,只要可能,他们倾向于模仿上层人士。

一开始,克里奥尔人和马松博人的后代在中产阶层中占多数,但不断增多的穆拉托人和梅斯蒂索人也开始变得重要起来。教育和军队服务为向上发展提供了两条最有保证的道路,但是除了罕见的或受宠的个别人之外,对大多数人来说,一开始的坡很陡。在许多拉丁美洲国家,梅斯蒂索人和穆拉托人占人口的大多数。墨西哥、危地马拉、厄瓜多尔、秘鲁、玻利维亚和巴拉圭有大量的梅斯蒂索人口,而多米尼加共和国、委内瑞拉和巴西则有大量的穆拉托人。19世纪后期的几十年中,梅斯蒂索和穆拉托的代表大量地进入中产阶层,宣称他们有在国家命运中起到政治和经济作用的权利。在某些情况下,传统的社会上层分子容纳他们的志向;在另一些情况下,他们被排除在统治、荣誉或财富之外,使他们更加感到失意。

虽然中产阶层人数不多,他们在每个国家首都却占有优势,允许他们施加远比他们人数大得多的影响。大多数学者、作家、教师和记者来源于这一阶层,他们强有力的声音表达了19世纪后期的公众意见。到世纪末,他们有

成千上万的移民涌往阿根廷，如这张照片上成群的男人聚集在布宜诺斯艾利斯移民旅店的饭厅，摄于1890年到1923年。(美国国会图书馆)

足够的能力对某些国家的事态进程施加更大的影响，特别是在阿根廷、巴西、智利、墨西哥、乌拉圭和哥斯达黎加。只有在后来，他们才有足够的实力和能力在其他国家施加相似的影响。

只能按照有根据的猜测估算出中产阶层的规模。据估计，在19世纪末，墨西哥的城市中产阶层人口约75万，另有25万农村中产阶层。相比之下，城市无产阶级超过33万，还有庞大的800万债务劳工在大庄园劳动。到19世纪末20世纪初，墨西哥、智利、巴西、阿根廷和乌拉圭的中产阶层占人口的10%。在其他许多国家，中产阶层人数远不及此。

膨胀的外国移民潮使中产阶层得到发展。许多新移民来自底层阶级，但仍然有大量的移民代表了欧洲的中产阶级，并且，移民在他们选择的土地上向上攀升的几率很高。1914年在阿根廷，移民占有46%与中产阶层有关的工作。智利在第一次世界大战前接受的欧洲移民只有10万人。他们当时只占4%的人口，却拥有智利32%的商业和49%的工业。

中产阶层的某些特点逐渐变得明显。他们大多数住在城市里，受到高于平均水平的教育。他们的收入水平将他们摆在少数富裕和大多数贫困的人口之间。虽然参差不齐的中产阶层从来没有统一过，有时大多数人可能达成共同目标，如改善并扩大教育，进一步实行工业化，或更迅速地发展现代化。他们对达到目标所采取的方法也有共识，如建立政治党派或提升民族主义思想。他们都赞成通过政府进行改革，在有最低程度的意见分歧状况下，他们欢迎政府参与，甚至指导经济发展。然而，他们中间的政治偏向各有不同，从极右到极左都存在。

虽然中产阶层表现出强烈的民族主义情绪，他们也和上层人士一样向外国寻求模式。这种矛盾主要表现在他们对美国的模棱两可的态度上，一方面认为美国是进步的典范，另一方面又认为它是带有侵略倾向，并且过于强大的邻国。他们的民族主义思想导致经常对“美帝国佬”的强烈抗议。然而，中产阶层把美国看做“成功”的新大陆国家的范例，一个贵族欧洲宣扬过，但并非总是实行的“进步”的典范。的确，美国具有令人难忘的贫困和财富，但似乎大多数，甚至绝大多数美国人生活在拉丁美洲社会特有的贫富两大极端之间。美国中产阶层的积极力量激励了拉丁美洲相对应的阶层。

他们认为，美国明显成功的一部分原因在于工业化和教育。因此他们也开出工业化的万灵药方来治疗自己国家的疾病。北美洲的高文化水平似乎能够为工业化社会提供适当的准备，而且中产阶层意识到教育可以为技术国家的公民提供向上发展的机会。美国教育家霍勒斯·曼(Horace Mann)成为许多拉丁美洲国家领袖崇拜的对象。他们急切地引进不仅是他的思想，而且是美国佬的书籍和学校教师。多明戈·F·萨米恩托见过曼，吸收了他的思想，在担任阿根廷总统期间(1868—1874年)雇用了新英格兰的教师来指导建立新的师范学校。危地马拉总统胡斯托·鲁菲诺·巴里奥斯(1873—1885年)鼓励北美传教士建立基督教学校。最后，美国中产阶级那种享受大量消费品的

表 6.2 拉丁美洲妇女获得选举权的年份

厄瓜多尔	1929年	阿根廷	1947年
巴西	1932年	智利	1949年
乌拉圭	1932年	海地	1950年
古巴	1934年	玻利维亚	1952年
萨尔瓦多	1939年	墨西哥	1953年
多米尼加共和国	1942年	洪都拉斯	1955年
巴拿马	1945年	尼加拉瓜	1955年
危地马拉	1945年	秘鲁	1955年
哥斯达黎加	1945年	哥伦比亚	1957年
委内瑞拉	1947年	巴拉圭	1961年

舒适生活方式,得到拉丁美洲寻求中产阶级地位的人的羡慕。

在20世纪初,中产阶级妇女开始组织起来要求选举权。就像在美国一样,古巴和巴西妇女常常是因为她们在废奴运动中所起的作用而加入了女权运动。寻求选举权的中产阶级改良派并不想进行激烈的改革。实际上,许多人并不期望妇女担任公职,只愿意给予男性选举权。他们的立场通常是道德的:妇女可能会通过选举把她们的最高道德观念带到政界,却不用实际参加残酷且混乱的政治竞赛。并非所有女权主义者都支持妇女选举权。有些人声称,这是对效率低的政治体系过于信任,实际上在这种体制中,选票基本上毫无意义。许多人更关心的是物质需求。

中产阶层偏爱改革,而不是革命。他们企图进入国家体制,而不是必须毁坏这一体制。实际上,他们表明愿意进行经济发展,而不十分关心政治结构的改造。虽然上层人士开始不信任中产阶层,但最终意识到他们是潜在的联盟者,便不仅把他们结合进特权机构,还在一定时候让他们管理这些机构。对于这种信任,中产阶级没有辜负。

6.3 工人阶级

上层人士对城市人口中的另一个重要组成部分——工人阶级(working class)——了解较少。随着城市化和工业化的扩大,一个更大、更团结、更有斗志的无产阶级出现了。这些工人逐渐地意识到共同的问题和目标,在政府强烈反对下成立了工会。第一批工会成立于1850年之后,从互助社会团体演变而来。它们一般是当地的小组织,存在时间不长。

排印工人、搬运工人、铁路雇员、手工业者、矿工和纺织工人是第一批组织起来的,大部分早期工会活动集中在布宜诺斯艾利斯、蒙得维的亚、哈瓦那、圣地亚哥—瓦尔帕莱索和墨西哥城,以及智利北部和墨西哥中部的矿区。到1914年,约有六个国家有了组织良好的工会,而在其他国家也至少有过一些建立工会的尝试。

在智利,工会一开始是由海运、港口和铁路工人组织起来的,他们很快得到硝酸盐矿工的支持。从 1900 年开始，他们联合起来成立了联合会(mancomunal)，一个将技术工人和非技术工人团结在一起的地方组织。联合会既是互助协会(mutual aid society)，又是工人阶级的保护者。很快，在每一个主要港口城市和南部煤矿地区都有了一个联合会。1904 年，有 2 万成员的 15 个联合会在一起召开了第一次全国代表大会。《无产阶级报》(*El Proletario*)报道了这次大会："今天已经不是只有一个联合会强盛，而是所有的联合会都强盛了。从伊基克(Iquique)到瓦尔迪维亚(Valdivia)，我们看到了难以置信的工人运动，看到了骨干力量的增强和惊人的激情。"

整个拉丁美洲的劳工条件都很差，但智利硝酸盐矿工的情况最差。硝酸钠矿沉积在炎热而艰苦的阿塔卡马沙漠地下三到十英尺深处。一个矿工要找到储藏地，挖出孔，再将炸药放进去。爆炸后(很容易炸伤或炸死这个工人)，其他矿工将硝酸盐敲碎，装上小推车，送到磨坊，在那里，矿石被粉碎，溶解在水里，然后晒干。炎热、缺水以及有毒气体是工作中固定的一部分。

1907 年，一些硝酸盐公司拒绝根据稳定汇率支付搬运工和船夫工资，而铁路工人已争取到这一权利。工人还要求增加工资，因为他们的工资刚够买食品用。当公司不理睬他们时，他们要求将他们送回南方老家。当这一要求也被拒绝后，工人组织了罢工，矿工也很快加入进来。他们将请愿书交给了公司，条件没有被接受。

几天之内，8,000 到 1 万名工人聚集在伊基多城。在曼努埃尔·蒙特广场和附近的圣玛丽亚学校建起了临时宿营地，在工人的身边是妇女和儿童。当更多的工人向伊基多进军时，政府派了两个团的军队去加强已在那里驻扎的两个团。罢工领袖与政府官员谈判时，军队为了阻止工人加入罢工，开枪打死六名工人，更多的人受了伤。追悼会之后，公民自由立即被暂时取缔，罢工工人被命令离开广场和学校。当罢工工人没有执行这些命令时，军官向学校开了枪。根据消息来源，有 130 到 1,000 人被打死。这次屠杀对今后几年的劳工运动都有令人寒心的影响，但是恶劣的劳动条件不可阻挡地导致工人重新组织起来。

在阿根廷，上层人士试图进行工业化时遇到了劳工短缺的问题。尽管多次努力，还是没有办法让潘帕斯草原的高乔人在工作中接受管理。为了找到工业劳动力，并希望欧洲人使人口白色化，政府鼓励外国移民。政府官员希望吸引北欧人，特别是德国人，因为他们很勤劳。使他们懊恼的是，来的都是意大利人和西班牙人，他们成群结队地移民过来。1914 年，布宜诺斯艾利斯的人口中至少 50%是外国出生，同一时期，纽约人口中只有 30%是同样情况。

到 19 世纪末 20 世纪初，布宜诺斯艾利斯的人口中 60%是手工劳动者，许多是外国出生。到 1914 年，移民构成 60%的城市无产阶级。意大利和西班牙移民带来了他们的社会主义、无政府主义和无政府—工团主义的思想。1895 年，社会主义党成立了。1910 年的百年开国大庆遭到无政府主义者游行和政府镇压的破坏。

巴西也很欢迎大量的欧洲移民，特别是意大利人、葡萄牙人和西班牙人。1891—1900 年间，每年约有 112,500 名移民到达。这一趋势继续下去，并在第一次世界大战前达到了最高峰。从 1911—1913 年，50 万移民进入巴西。然而，移民在巴西总人口中的比例从未超过 1900 年达到的 6.4%。由于移民集中在南部和东南部，特别是由于他们在这两个地区城市中的重要性，他们起到的影响远远超过他们的人数可能代表的。传统上层人士很快开始担心移民太多，并将正在发展的城市中心开始经历的许多罪恶推到他们身上。

随着越来越多的妇女加入到劳动大军，劳工问题对她们来说也越来越重要。1870 年在哥伦比亚，70%的手工业者是妇女。1895 年在墨西哥城，275,000 名妇女做家庭佣工。早在 1880 年，烟草业和纺织业的妇女领导了罢工，组织起像“阿纳华科的女儿”(Hijas de Anahuac)这类群体。在智利，劳动妇女为工作条件问题组织起来，比中产阶级妇女开始作为女权运动者而组织在一起要早得多。

但女工并非总是被男工当作同盟者。有些无政府主义者鼓动妇女待在家里，因为他们害怕劳工人数增加会影响到他们的收入。然而，妇女通常做那些最没有技术性的、机械性的工作。在 19 世纪末 20 世纪初的阿根廷纺织业中，妇女们仍然在家做纺织工和缝纫工。由于工业扩大的缓慢，社会改革者极力推行保护法，妇女地位受到限制。直到1914年，在家工作的工业劳动妇女人数仍然与在工厂的一样多。

在拉丁美洲的工厂里雇佣了大量的妇女，她们的工资比男工低。这些妇女在智利圣地亚哥生产钢盔。摄于1929年。

在工厂找不到工作的城市妇女基本没有太多选择：家佣、洗衣、熨衣和卖淫。在危地马拉城，从19世纪80年代开始，卖淫就合法化了，由政府进行管理。15岁以上的妇女如被判“不良行为”罪，可以被送到妓院。无论是被迫还是自愿来到妓院都要签订合同，相当于债务劳役。这类妓院一直到1920年还存在。也许危地马拉是唯一送女犯人去妓院的，拉丁美洲大多数国家则试图控制这一职业，通常强迫妇女找其他工作。譬如，在墨西哥，流浪罪被用来强迫妇女去纺织厂和糕饼店工作，在那些地方，妇女们基本上像是被关进了监狱。

在阿根廷，贫穷妇女经常做家佣，理论是她们会受到家庭的保护。然而，家佣的工作条件通常是最坏的。住在雇主家的仆人的住处和饮食通常都很糟糕，雇主要求她们不分日夜地工作，并且受到家里男人的性骚扰。如果她们怀孕，就被赶出去。抱怨被看做是那些“女孩子”不感恩的标志，因为她们是被当做家庭成员看待的。

劳动妇女变得在政治上积极后，她们很可能加入社会主义和无政府主义运动，而不是新的中产阶级组织起来的党派。阿根廷的社会主义党从1896年建立起，就支持妇女的权益。第一位入选国民议会的社会主义者阿尔弗雷多·帕拉西奥斯（Alfredo Palacios，1804—1808年，1912—1915年）在议会作证，证明女工工作环境的恶劣。他是女权中心（Feminist Center）的支持者,这一中心要求更短的工作时间、托儿所和更安全的机械,这些都是还没有施行的措施。

面对工人的骚动和反对资本家的情绪，上层人士感到中产阶级的威胁性小得多。

6.4 政治中的中产阶级

随着各种中产阶级(middle class)的出现,它的成员要求在政治上起到作用。他们没有经验,于是便开始试验。他们的第一个目标就是掌权。

在巴西,中产阶层相当强大,于 1889 年帮助推翻了君主制,并在一个很短的时期与军队携手统治着国家。巴西社会的结构在 19 世纪有了很大的改变。在独立时期,新帝国只有 400 万居民,可能有一半是非洲出生的奴隶或他们的后代。65 年之后,巴西有 1,400 万人口,约 60 万是奴隶。在社会天平的另一端,是 30 万种植园主和他们的家庭。大多数人口生活在两个极端之间。大多数是贫苦的农村文盲。但一个重要的城市居民群体在增长,其中许多人达到中产阶级的水平。

农村和城市之间的鸿沟在 19 世纪最后几十年加宽了。农村残存着许多殖民地时期的痕迹,而城市则要求不断进步。与农村人口相比,城市居民对从过去继承下来的两个基本体制——奴隶制和君主制更不赞成。他们把这些体制看做上层人士地位的支柱,对自己的利益没有好处。确实,他们认为,这两个体制是传统的农村上层人士将殖民地因素保留在巴西社会与经济中的手段,虽然从严格的法律角度讲,这些上层人士仍然排斥殖民地的地位。军队由于反对奴隶制,遭到国王的忽视并且不安分,他们与城市中产阶层看法相同,因为军官们在家庭和哲学思想上与他们联系更紧密。双方的合作终止了奴隶制和君主制。

毫不奇怪,1889 年军队建立起来的新共和政府反映出巴西中产阶层的目标和抱负。国家的新元首德奥多罗·达丰塞卡(Deodoro da Fonseca)是一位下级军官的儿子,他的内阁有另外两名军官、一名工程师、四名律师。他们都是在城市成长,有大学文凭,与前一届政府中的贵族子孙们相比,差别悬殊。在最初的几年中,共和政府与军队和城市中产阶层的认同度,比与君主制的认同度高得多。他们的目标之一是通过工业化改变国家。政府提高了与国家产品相竞争的商品关税,却降低了用于国内制造业的原材料商品的关税。为了增加技术人员,四个新的工程学校在19世纪90年代开办。咖啡出口的高收入、银行慷慨的贷款和政府发放的更多的现钞,将经济活动推到了狂热程度。投机买卖成为当时的正常状况,皮包公司多如牛毛,但遗憾的是,巴西的投机没有导致真正的工业发展。1893年,政治危机使经济困境陷得更深。海军造反,南部的南里奥格兰德州(Rio Grande do Sul)也起义。两者威胁着共和国的生存。

有权势的咖啡种植者控制着圣保罗、米纳斯吉拉斯和里约热内卢的州政府,在政府和造反人员之间搞权力平衡。他们保证帮助政府,但是要求政府保证在1894年进行公开的总统大选。双方都履行了各自的诺言,在大选中,咖啡利益集团把他们的竞选人送进了总统府。咖啡利益集团的政治胜利,反映出咖啡在巴西经济中所起的决定性作用。便宜适合的土地、高利润、大量的移民工人以及世界需求的增长,使咖啡种植非常受欢迎,并且有利可图。到19世纪末,咖啡占国家总出口的一半。

咖啡种植者和联邦政府在1894年的结盟,取代了过去所有的政治安排。此后,咖啡利益集团的政治统治成为第一共和国(1889—1930年)的特征。新的寡头政治集团主要来自圣保罗,但也来自米纳斯吉拉斯和里约热内卢,他们为了自己的利益统治巴西达36年。咖啡利益集团掌握着总统选举,选出对自己利益友好的人,并任意控制政府的政策。咖啡总统追求健全财政、政治稳定和分权化。由于城市中产阶层的不可靠的同盟者——军队——夹在分裂和争吵中,城市中产阶层失去了实施时间甚短且不稳定的权力。

在中产阶层逐渐成熟并第一次在广袤的巴西执掌政权的同时,小国哥斯达黎加开始受到自己的中产阶层的影响。哥斯达黎加一直远离西班牙帝国的控制,与中美洲其他地区的政治动乱比较隔离。由于在殖民地时期没有产生出特权富裕阶层,这种相对的贫困导致这个到世纪末只有 25 万人口的国家形成简陋的平等状况。直到 19 世纪中期成为重要的咖啡生产国,哥斯达黎加才开始有最低程度的对外贸易。虽然有大地产制,哥斯达黎加的中小型农场主的比例在世纪末比拉丁美洲其他任何地区都高。一个没有经济极端性的社会为中产阶级的形成提供了良好的条件。从 1882 年到 1917 年,立宪政府成绩显著,四年一换的总统制得到实施并且以和平方式得到更替。政客和政党支持将中产阶级作为主要目标的政纲。在 19 世纪 80 年代后半期,教育部长毛罗·费尔南德斯(Mauro Fernández)为免费义务公共教育体制奠定了基础,最终造就了拉丁美洲最有文化的人口。政府也开始注重公共卫生问题。政府为公民提供的广泛的医疗和卫生健康活动使他们成为中美洲最健康的人口群体。较为平等的土地所有制、对教育的积极支持以及公民较广泛地参与政治,表明哥斯达黎加本质上是个中产阶级国家。

20 世纪初,拉丁美洲的中产阶层在乌拉圭赢得了最大胜利。乌拉圭在中产阶层政府的领导下,发生了戏剧性的变化,成为拉丁美洲和平过渡的最佳典范。由于阿根廷和巴西的僵持不下,乌拉圭于 1828 年独立。阿根廷和巴西的僵持局面一直持续下去,形成对普拉塔河左岸的百年葡—西之争。乌拉圭分成两个政治派别,保守派(Blancos,白党)和自由派(Colorados,红党)。从独立到 1872 年,他们为权利几乎没有停止过相互争斗。当自由派在 1872 年夺取权力后,尽管保守派和军队进行挑战,他们还是一直设法掌权到 1959 年。19 世纪最后的几十年中,这个小共和国出现了相对和平的时期。到那时,整个国家正在进行经济变革。繁荣帮助了国家的和平。羊毛、羊肉、皮革和牛肉的出口增长了。牲畜繁殖的新方法、设置栅栏、冷冻船和铁路建设(里程数增加了四倍,从 1875 年的 200 英里增加到 1895 年的 1,000 英里)将经济推向现代化。

在同一时期,乌拉圭建立了值得羡慕的教育制度的基础。新的教师培训学院和公共学校成倍增长。乌拉圭正在逐步变成南美洲最有文化的国家。扩大并改善教育是中产阶层最关心的问题,乌拉圭注重教育反映了他们不断增长的影响。

当时,不仅在乌拉圭,而且在整个拉丁美洲,中产阶级杰出的政治代表是何塞·巴特列(José Batlle)。他最初作为蒙得维的亚一家为中产阶层利益说话的著名报纸的编辑,闻名遐迩。通过为他们提供说话的地方,他帮助将这一群总是无一定方向的人组织起来了。到19世纪末,他领导了红党(自由派)。他当了两届总统(1903—1907年,1911—1915年),对政府的影响一直延续到1929年他去世。在这几十年中,他试图扩大教育,限制外国控制,启动了一个广泛的福利项目,并且统一了共和国。他的每一个项目都干得非常成功。通过他的力量和预见性,他将乌拉圭转变成典型的资产阶级国家。

在19世纪末20世纪初,保守派牢牢地掌握了一部分部门(地方上的土地管辖部门),从而基本上从中央政府的管辖下解脱出来。巴特列通过向保守派保证,按比例给予他们在政府中的代表权,从而将他们归属在政府领导之下。他平衡了预算,偿付了外债,使国家货币增值。国家银行有信心地发展起来,能够向乌拉圭人借贷,从而不用再向外国寻求资本了。为了保护民族工业,国会提高了关税。政府开始进入商业,接手了光源、电力、保险以及许多其他以前为私人所有的企业,并继续以前所未有的更大规模做下去。政府进入肉类加工业,与把持这一行业多年的外国公司竞争,这对于依靠牲畜养殖业的国家来说是非常关键的。进步的社会福利法的规定保证了工人有权组织工会,享受最低工资、八小时工作制、养老金、事故保险和带薪假日。巴特列说,政府应该在改善条件较差的公民生活环境中起到积极作用。有一次他宣布:“在富人和穷人之间的巨大差距中存在极大的不合理性。差距必须缩小,政府有责任承担起这个任务。”这些改革,如同同一时期在拉丁美洲其他地区发生的一样,只影响到城市地区,根本没有深入到农村中。

虽然巴特列很有势力,他从来没有直接向土地所有者或农村社会经济结构提出挑战。事实上,如同他在1910年说过的,他认为没有理由那样做。他讲:“没有迫切的农业问题需要政府去解决。地产的划分将按照在我们农村起作用的自然力量来进行。”这个看法在当时流行于中产阶层领袖中。因此,他们允许最古老、最基本的土地和劳工机制延续下去。显然,这一忽视限制了国家的改革,约束了改革的深度。对农村改革的忽视,反映了中产阶层害怕土地所有者的权力,反映了他们对城市的专注、他们本身与土地所有者家庭的通婚和联系,以及他们拥有自己的地产的愿望。

巴特列改革的顶点是新宪法的创建。宪法于 1917 年写成,1919 年颁布。宪法提供了中产阶级在当时期望的政府模式,当然那是能保证他们权力的政府。宪法批准直接选举,削减总统权力,并创建一个全国执政委员会(Consejo Nacional de Administracion,CAN),共同享有总统权力(希望避免今后任何独裁的可能),建立通过按比例代表制的方法选举出来的两院制立法机构,将军队降为次要建制,政教分离,并提供完整的社会福利体系。通过创建西半球第一个社会福利国家,中产阶级承认了他们欠工人阶级的政治债,并对他们的支持予以奖励。

在阿根廷,中产阶级掌了权,但主要是因为上层人士害怕工人阶级。19 世纪 80 年代的政治领袖都是大地产阶级的成员,或与他们结盟。他们垄断了国家权力的工具——军队和选举制,在需要时就作弊。他们控制了掌权的国家自治党(Partido Autonomista Nacional),通过非正式协议作出决策。但到了 20 世纪初,这些上层人士面对着新崛起的土地所有者、没有得到出口繁荣好处的内地老贵族和蒸蒸日上的中产阶级的挑战。这三种力量结合起来,成立了激进党。

1890 年,一次谋划好的武装起义,以一项非正式协议的签订和承认 1892 年成立的激进公民联盟(Radical Civil Union)而结束。1910 年的游行使保守派明白,只有与中产阶级结盟,才能对抗老百姓。1912 年,在罗克·萨恩斯·培尼亚(Roque Saenz Peña)的监督下,《萨恩斯·培尼亚法》获得通过,该法将男子选举权给予所有阿根廷公民,并要求强制用无记名投票方式进行选举。激进派借机掌握了权力,并一直维持到大萧条。

拉丁美洲的上层人士通常发现中产阶级是他们反对穷困百姓的重要盟友。中产阶级提倡各种改革,但实际上,他们是保守的,害怕太多的改革可能对他们不利而不是有利。如果上层人士怀疑接纳中产阶级进入政权是明智的举动,他们可以看一下墨西哥排他主义的暴力结果。

推荐书目

伯奎斯特,查尔斯:《拉丁美洲劳工:对智利、阿根廷、委内瑞拉和哥伦比亚的比较研究》,斯坦福,加州:斯坦福大学出版社,1986。

科尔维尔,唐·M·和琳达·B,霍尔:《纠缠的命运:拉丁美洲和美国》,阿尔伯克基:新墨西哥大学出版社,1999。

埃里克,克里斯廷:《弱者的庇护人:乌拉圭女权主义和状况,1903—1933年》,阿尔伯克基:新墨西哥大学出版社,2005。

兰利,莱斯利·D:《香蕉战争:美国对加勒比海的干涉,1898—1934 年》,威尔明顿,特拉华州:学术资源丛书,2002。

麦克利里,戴维·J:《眉头上的汗水:拉丁美洲劳动史》,阿蒙克,纽约州:M.E.夏普股份有限公司,2000。

佩雷斯,路易斯·A:《1898 年战争:美国和古巴在历史和编年史中的地位》,查珀尔西尔:北卡罗来纳大学出版社,1998。

Bergquist, Charles, *Labor in Latin America: Comparative Essays on Chile, Argentina, Venezuela, and Colombia*, Stanford, CA: Stanford University Press, 1986.

Coerver, Don M., and Linda B., Hall, *Tangled Destinies: Latin America and the United States*, Albuquerque: University of New Mexico Press, 1999.

Ehrick, Christine, *The Shield of the Weak: Feminism and the State in Uruguay, 1903—1933*, Albuquerque: University of New Mexico Press, 2005.

Langley, Lester D., *The Banana Wars: United States Intervention in the Caribbean, 1898—1934*, Wilmington, DE: Scholarly Resources Books, 2002.

McCreery, David J., *The Sweat of Their Brow: A History of Work in Latin America*, Armonk, NY: M,E, Sharpe Inc., 2000.

Pérez, Louis A., *The War of 1898: The United States and Cuba in History and Historiography*, Chapel Hill: University of North Carolina Press, 1998.

第七章

墨西哥的爆发

19 世纪末 20 世纪初，拉丁美洲特有的争取政治发言权和经济空间的斗争，在墨西哥没有以选举方式得到解决。从 19 世纪初罕见的混乱，到该世纪末对自由主义现代派考迪罗波菲里奥·迪亚斯(Porfirio Diaz)的惊人忍耐，墨西哥继续代表着拉丁美洲模式的极端性。这位独裁者拒绝向新的经济上层人士打开政治体制的大门，他们拼命要在体制中起作用的欲望，引起了与民众之间酝酿已久的争执。其结果是墨西哥革命，或更确切地说是几次革命(“长期的”革命从 1910 年持续到 1940 年)。

称之为革命，意指突然地、强有力地并用暴力推翻以前相对稳定的社会，以及用其他体制代替那些丧失信誉的体制。因此，通过革命进行的变革意味着彻底的改变，破坏旧的社会、政治和经济模式，建立新的一切。用这一概念是为了把真正的革命与无数的宫廷政变、军队篡权、内战和独立战争区分开来，后者只是在相同或相似的群体中变换掌权者，没有任何经济、社会和政治的根本变革。这些变革带来了新的意识形态以及反映权力平衡变化的国家神话。

奥克塔维奥·帕斯(Octavio Paz)对墨西哥革命的描述中有一段最著名、最感人的话:“像我们喜欢的节日一样，革命是一次无节制行为和一次浪费，一次极致之行，一次欢乐和绝望的爆发，一次孤儿和喜悦、自杀和生命的呼唤，所有这些搅在了一起。”但在这一爆发中，很多问题不清楚:谁赢了?谁输了? 目的是什么，目的是否达到? 其结果值得牺牲一百多万生命去获得吗?

7.1 政权的缺陷

到 1910 年，波菲里奥·迪亚斯和“新克里奥尔人”在没有民众授权的情况下，为本地特权阶层和外国投资者的利益掌权，已经达 34 年。经济仍然依附于外国人的一时冲动和指挥，统计数字很清楚地反映出新殖民主义趋势：墨西哥分红利的矿山中，75%由美国资本拥有。外国资本代表了矿山投资的 97%，橡胶投资的 98%，石油投资的 90%。有些墨西哥人反对外国投资数量如此之多。其他人则担心波菲里奥的繁荣基础很狭窄，大多依靠矿山、公用事业、商业和大规模农业，只有很少的工业。

人口中的大多数没有分享到财富。对于这些大多数来说，真正的财富实际上下降了：大庄园雇工的平均日收入为 35 分，这在整个 19 世纪基本没有变过。而玉米和辣椒的价格上涨了一倍多，豆类的价格是 19 世纪初期的六倍。城市工人的生活略微好一点，但他们每天工作 11 至 12 个小时，每周干 7 天，住在肮脏的房屋中，每 1.5 万居民中才有一个澡堂。

墨西哥革命的最初目标是波菲里奥·迪亚斯，他在 1911 年被推翻时已统治墨西哥达 36 年。（美国国会图书馆）

财富的主要来源——土地，仍然掌握在少数人手中。外国人拥有 14%到 20%的土地。95%的农村人口没有一寸土地。占有土地的土著人社团还不到 10%。不到 1,000 个家庭拥有墨西哥的大部分财产。事实上，不到 200 个家庭拥有 25%的土地。私有地产占极大的部分。科阿韦拉州的德拉加尔萨大庄园共占有 11,115,000 英亩的土地，下加利福尼亚的乌勒地产遍布在 13,325,650 英亩土地。生产力很低，在外地主很平常。墨西哥大多数人生活在农村从事农业这一现实，使土地分配的不平等更为不合理。

同时，日益增长的梅斯蒂索城市阶层，对从过去继承下来的不公正体制不满。梅斯蒂索人数在 19 世纪迅速增长。到 19 世纪末，他们的人数超过了土著人口，远远超过很小的“克里奥尔”阶层。从他们的规模、技术和志向来看，梅斯蒂索人显然是墨西哥未来的关键。城市的梅斯蒂索工人阶级和中产阶层对自己在波菲里奥统治下的墨西哥社会中处于低下和静止的地位表示出不满。墨西哥新殖民主义体制妨碍了他们的流动性，阻止了他们的上升。

早在 1900 年，波菲里奥政权就受到强烈的抨击。无政府主义者赫苏斯(Jesus)、恩里克(Enrique)和里卡多·弗洛雷斯·马贡(Ricardo Flores Magón)在他们的《新生》(*Regeneración*)周刊中兴师问罪。1901 年，三兄弟因批评瓦哈卡(Oaxaca)的政治首领而被监禁。在他们后来的流放地密苏里州圣路易市，他们发布了《自由计划》(Liberal Plan)，要求八小时工作制，每周工作六天；废除臭名昭著的庄园商店；废除只能在庄园商店使用的白条工资；恢复村社，以及重新分配没有开垦的土地。

然而，是墨西哥国内的行动揭露了波菲里奥政府的激烈矛盾。1906 年，全世界十大矿山之一，威廉·格林(William Greene)上校的卡纳内阿联合铜矿公司工人罢工。工人的一个主要不满是墨西哥工人比美国工人的工资低。所有的技术工作和管理工作都是美国工人做的。此外，外国工人工资用黄金美元支付，而墨西哥工人是用白银比索，白银比索的价值低得多。3,000 名墨西哥工人进行罢工，格林拒绝谈判。当赤手空拳的工人们试图强行穿过公司堆放木材处一座上了锁的大门时，公司用高压水管对付他们。大门被冲开，工人冲进院子里。公司门卫朝人群开枪，打死几十个工人。混乱状况传播到镇上，在那里格林的警卫向人群随便开枪。当迪亚斯无法将他的农村警察及时地派到现场时，格林向美国求救，275 名亚利桑那别动队开了进来，直接侵犯了墨西哥主权，使得墨西哥上层人士很恼火。

六个月后，在韦拉克鲁斯州的奥里萨巴(Orizaba)，一场新的暴行在白河纺织厂爆发。那里的工人工资很低，每天却要工作 12 个小时，劳动力中包括只有八岁的儿童。1907 年的摩擦是由于公司的商店拒绝让工人家属赊账买东西引起的。以推推搡搡开始的事件最后以开枪结束，农村警察向人群近距离开枪，打死妇女、儿童和工人。当活着的人后来回来认尸时，又遭到骚扰。

尽管这些问题早已存在，发起起义的还不是受压迫的工人。发起起义的是对政府不满的上层阶级。波菲里奥政府理论上的合法性是“秩序和进步”，但是秩序变得僵硬，进步变得缓慢。那些怀有不满情绪的上层人士渴望分享政治权力，他们对独裁制度提出疑义。特别是北部上层人士对墨西哥城通过电报、铁路和迪亚斯的集权进行控制感到恼怒。此外，迪亚斯对外国商业利益的支持，给北方带来了令人讨厌的竞争，也影响他们的经济利益。因此毫不奇怪，北部的人士发起了这次起义。

7.2 有效的选举和反对连选连任

弗朗西斯科·I·马德罗（Francisco I Madero）是靠近边界的科阿韦拉州一个富裕庄园主埃瓦里斯托·马德罗（Evaristo Madero）的儿子，其父是迪亚斯政府早期的支持者。弗朗西斯科在伯克利加利福尼亚大学和巴黎大学文理学院受过教育。马德罗家族是贵族之一：家族的巨大财富中包括索诺拉土地公司（Compañía de Tierras de Sonora），占地 145 万英亩，以及铁矿和煤矿。

尽管富裕，像马德罗家族一样的北方上层人士距离墨西哥城太远，无法与在迪亚斯身边的外国利益集团竞争。迪亚斯对外国公司的让步直接损害了墨西哥的商业发展。譬如，马德罗家族是棉花种植园主之一，多年来陷入要求降低英国特拉华里罗公司（Tlahualilo Company）无限制用水权利的官司中。马德罗家族还是洛克菲勒大陆橡胶公司唯一有竞争可能的对手，洛克菲勒公司便试图通过与美国橡胶公司合并及倾销，将橡胶价格从每磅 1 美元降到 25 美分来排除竞争。另外，马德罗是少有的几家拥有冶炼厂的墨西哥家族之一，他们有能力与外国采矿公司竞争，也是在迪亚斯给予古根海姆（Guggenheim）的美国冶炼精炼公司（American Smelting and Refining Company）极优惠的特权之后，仍然生存下来的家族。

1908 年，上层人士吃惊地发现迪亚斯在接受美国一家刊物《皮尔森杂志》（*Pearson's Magazine*）记者詹姆斯·克利尔曼（James Creelman）的访问时说，他将不再参加 1910 年的竞选。“我已经耐心地等待着墨西哥共和国的人民作好准备，在每一次选举中选择和改换他们的政府，而没有武装革命的危险，没有对国家信誉造成破坏，没有使国家进步受到干扰。我相信，这一天已经来到……无论我的朋友和支持者怎么说，在我这一届任期满，我就退休，我不再谋职。”

他的反对者立即开始表态。1909 年，安德烈斯·莫利纳·恩里克斯(Andrés Molina Enriquez)发表了《国家的巨大难题》(Las Grandes Problemas Nationales)一文。莫利纳并非革命者。实际上，他是实证主义者，希望改革，特别是农业改革，可以防止革命。同一年，弗朗西斯科·I·马德罗发表了《1910 年总统后继者》(The Presidential Succession of 1910)一文，号召政治改革。地方上也出现挑战：在莫雷洛斯，帕特里西奥·莱瓦(Patricio Leyva)向迪亚斯派的候选人巴勃罗·埃斯坎东(Pablo Escandón)挑战。莱瓦的候选资格受到像埃米利亚诺·萨帕塔(Emiliano Zapata)这样的地方领导人的支持。

然而，虽然已经宣布不再参选，迪亚斯在 1910 年还是选择了再次竞选。马德罗作为反对连选连任党(Antireelectionist Party)的成员也参加了竞选。他的政纲是政治改革和自由公开选举。他的口号和迪亚斯本人很久以前在图斯特佩克革命(Revolution of Tuxtepec)中提出的一样：有效的选举和反对连选连任。但是，当被问到经济问题时，马德罗回答道，墨西哥人民要自由，不要面包。马德罗更愿意向迪亚斯妥协，甚至提出出任迪亚斯的副总统。但是迪亚斯拒绝了他，相反在大选的前一天晚上将马德罗送进监狱。迪亚斯在投票处宣布胜利——100 万人选他对 200 人选马德罗——并没有使人们感到惊讶。这是他第八次成为总统。

马德罗逃到了美国。当他看到在政治上对老独裁者的反对得到人民的支持时，他选择了发动革命。在得克萨斯的圣安东尼奥市，他写下了革命计划，然后于 1910 年 10 月跨过边界线，在墨西哥国土上宣布了《圣路易斯波托西计划》(Plan de San Luis Potosi)。他的计划表明他行动的简单目标：强迫迪亚斯辞职以及改革选举制度。再一次，他的追随者喊出了口号“有效的选举，反对连选连任”，暗示了这一次革命只是一场政治革命、城市革命和起源于中产阶层的革命。

7.3 紧邻地区

墨西哥的广袤疆土包括许多地区，每一地区都有自己的地方传统和问题。对马德罗所呼吁的革命，各地依据当地条件和对迪亚斯政权的不满程度，作出了相应的反响。的确，迪亚斯的政策在不同地区有不同的影响。两个主要的地理区划是北方和南方。北方包括邻近西北部的奇瓦瓦州(Chihuahua)、索诺拉州(Sonora)、锡那罗亚州(Sinaloa)、杜兰戈州(Durango)和科阿韦拉州（Coahuila)。南部则由相接的中部五个州组成，包括格雷罗州(Guerrero)、莫雷洛斯州(Morelos)、普埃布拉州(Puebla)、特拉斯卡拉州(Tlaxcala)和韦拉克鲁斯州(Veracruz)。

总之，北部地区的特点是远离政治权力的中心——墨西哥城。那里没有定居的土著人口，边界地区的殖民者团结一致对付阿帕切人(Apaches)。作为一个边界地区，不安定的劳工可以越过边界去美国寻找更好的工作。这个地区的天主教影响较小，美国的新教和摩门教有所侵蚀。如果说北方这些州有任何传统，那就是独立性和流动性强。这种独立性在波菲里奥时期遭到威胁，国家机构的干涉日益增加，却没有相应地增加地方上层人士在国家权力结构中的作用。在这个地区，各州均有自身特点。譬如，奇瓦瓦的居民对特拉萨斯—科雷尔家族在政治和经济上的垄断深感不满，而在杜兰戈州，由于迪亚斯对外国采矿公司的大力支持，这里的中产阶级与他疏远了。

另一方面，南部和中部各州的天主教和大庄园形成了社会的主要结构。小村庄的农民艰难地维持他们的农场，避免受到现代化和不断扩大的大庄园的吞噬，后者对他们的土地和劳动力都虎视眈眈。这种现象在莫雷洛斯州最为明显。在那里，甘蔗种植园威胁着传统庄园、被称为牧场的小型农村定居地以及整个村庄的继续生存。而在韦拉克鲁斯州，产业工人在外国人拥有的纺织厂劳动，条件极其恶劣。

在墨西哥的偏僻地区，革命在一开始时几乎没有什么影响。直到1913年和1914年，马德罗时期过去很久，恰帕斯州（Chiapas）和塔瓦斯科州

(Tabasco)的人民才意识到革命的到来。偏僻只是尤卡坦远离革命高潮的原因之一:另一个原因是西沙尔麻产业的铁腕权力。结果,革命运动在1915年才来到这个半岛。瓦哈卡州却很平静,因为大部分土地仍然在传统的土著人村庄中,比较起来,他们没有受到资本主义的取代或波菲里奥政权的政治干涉。

7.4 马德罗分子的反抗

1910年11月20日,马德罗号召墨西哥人起来革命。唯一作出反响的是奇瓦瓦州,那里的反对连选连任党领袖阿夫拉姆·冈萨雷斯(Abraham Gonzalez)号召民众起义。当密谋者得知他们11月20日起义的计划已被当局发现时,他们提前在11月14日开始起义。他们由托里维奥·奥尔特加(Toribio Ortega)率领,这位农民领袖曾经于1903年带领本村人试图夺回失去的土地。奥尔特加开始只有60人,很快,周围村庄那些也为失去土地而斗争的农民,加入了他们的队伍。在一个矿区帕拉尔镇(Parral)上,一位富裕的商人吉列尔莫·巴卡(Guillermo Baca)带领40人攻击行政长官(jefe politico),很快有300人加入他的队伍。起义迅速蔓延到奇瓦瓦矿区城镇和老的军队聚居地。地方起义在响应马德罗的号召时,矛头主要对准不受欢迎的地方政府,因为起义是由地方问题挑起的。当革命人士对地方当局发难遭到失败时,他们转移到山区,重新组织起来,开展游击战。

像奥尔特加和巴卡这样的地方领袖很多,但两个人的出现协调了北方的地方起义:帕斯夸尔·奥罗斯科(Pascual Orozco)和潘乔·比利亚(Pancho Villa)。奥罗斯科是新中产阶级的成员,店主的儿子,接受过最低等教育。他是一个有事业心的赶骡人,带领载有珍贵矿石的骡队翻山越岭而发家。他对地区的熟悉和他所从事职业的危险性使他自然成为革命运动的领袖。最初他比潘乔·比利亚有名,比利亚只带了28人参加革命。

比利亚出生在图兰戈州一个庄园的债务劳役者家庭,原名多罗特奥·阿朗戈(Doroteo Arango)。据传说,他开枪打死了大地产主,或是他的儿子,或是一个管理人员，因为那人非礼他的姐姐。他逃到奇瓦瓦，并开始以做小强盗为生。他曾因轻微抢劫被逮捕并送去充军，在军队他服役了一年，便擅自离开了。他逃回奇瓦瓦，将名字改为弗朗西斯科·“潘乔”·比利亚。关于比利亚的生活的传奇故事很多，说他是几个帮派中的强盗之一，最终从半路抢劫做到掠劫牛群。但是他也从事过许多合法的工作，主要在外国公司，他曾为银矿赶过骡队，当过铁路线承包商，还组织过斗鸡。从事合法工作时，他诚实可靠并且是高效率的领导者。也许就是因为这些原因，阿夫拉姆·冈萨雷斯将比利亚吸收到革命中。比利亚第一个打败了政府的正规军队，他作为革命者的声誉吸引了很多人前来接受他的领导。

1916年革命领袖潘乔·比利亚和他的队伍在美国和墨西哥北部进行扫荡。（美国国会图书馆）

一开始，南部的行动不大。那些后来成为革命者的人，包括萨帕塔，于11月在莫雷洛斯开会，但他们没有采取任何行动，直到他们12月中期向马德罗派出的代表团于2月份回来，并且正式任命了领导岗位。3月11日，头头们开进阿亚拉镇（Villa de Ayala），并宣读了马德罗的《圣路易斯波托西计划》，集合了70人，向普埃布拉州南部的山区挺进。

尽管马德罗在10月号召行动起来，他本人一直在国外，直到2月才回到奇瓦瓦接过领导权。他命令攻打华雷斯（Juárez）城，因为这是一个边界城市，他可以得到控制关税的权力。攻打失败，但马德罗人在墨西哥激起了更多的起义。到3月21日，联邦军队节节败退，4月1日，迪亚斯承诺进行改革，包括土地改革和终止连选连任制。但这一承诺来得太晚，只是向革命者表现出政权的软弱。

到4月中期,革命者的游击队已变成有组织的军队,马德罗再一次命令他们向华雷斯城进军。奥罗斯科和比利亚每人带领了一支500人的骑兵队伍,马德罗带领了1,500人。迪亚斯政府慌张地要求谈判,为了进行谈判,马德罗实行了停火。4月22日,马德罗和政府代表签订了一个条约,不要求迪亚斯辞职,但马德罗在私下被告之,总统将下台。比利亚和其他领导人非常气愤,致使马德罗改变他的态度,坚决要求迪亚斯辞职。此时,谈判失败,但马德罗继续停火。他被政府说服,认为进攻会刺激塔夫脱(Taft)政府,后者已在3月将2万美国军队派到边界,并派了舰艇巡逻墨西哥海岸线。

奥罗斯科和比利亚这时选择了不服从命令,向联邦军队开了枪。他们很容易地拿下了城市。5月21日,《华雷斯城条约》结束了战争。革命者对条约的尊重并不比对停火命令高,因为条约没有保证进行多少变革。迪亚斯和他

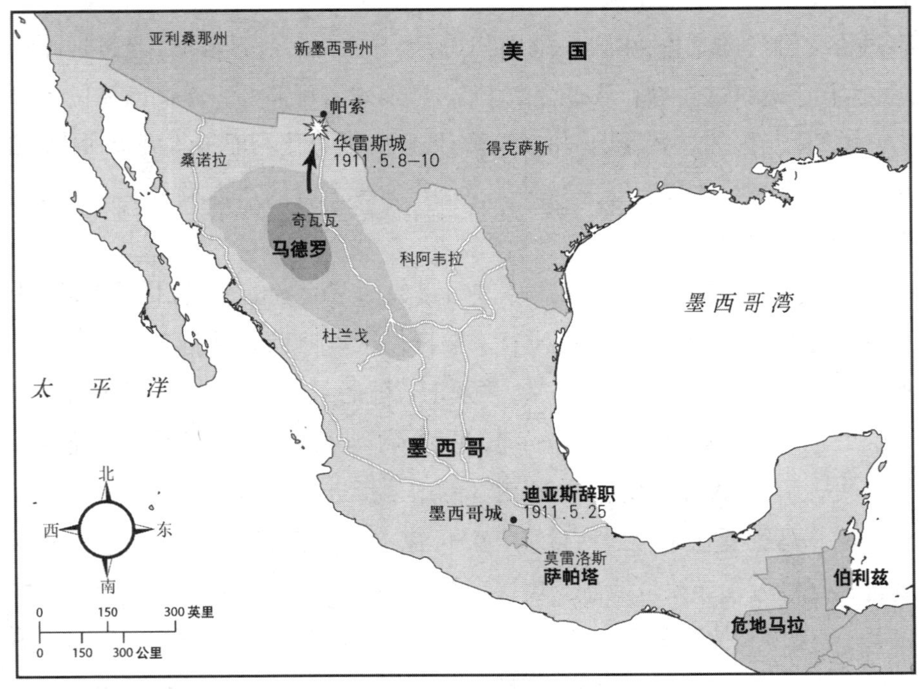

地图7.1 推翻迪亚斯

资料来源:http://users.erols.com/mwhite28/mexico.htm.

的副总统拉蒙·科拉尔(Ramón Corral)将辞职,外交部长弗朗西斯科·德莱昂·德拉巴拉(Francisco de León de la Barra)成为临时总统,直到不久后举行新的选举。马德罗将批准过渡时期的内阁,任命14个临时州长,但其他一律不动:法官、市长、州立司法人员、警察全部留任。然而,革命军却需要解散,这绝对标志了马德罗目标的局限性。

1911年5月26日,波菲里奥·迪亚斯登上开往巴黎的“伊比兰加”号(Ypiranga),开始了流放生活。他于1915年在那里去世。在离开时,他说:“马德罗放出了一只老虎,让我们看他是否能够制伏它。”

7.5 马德罗掌权

就在迪亚斯离开的当天,另外两个主要事件发生了:胜利的埃米利亚诺·萨帕塔率领4,000士兵挥动着贞女瓜达卢佩的旗帜骑马进入了库埃纳瓦卡(Cuernavaca)。萨帕塔和他的追随者受到马德罗《圣路易斯波托西计划》第三条款的鼓动,虽然这一条款只是一个模糊的政纲条目,但要求将非法得到的土地交还给原来的主人。就在同一天,马德罗颁发了自战争结束后的第一个宣言,他特别说道:“《圣路易斯波托西计划》第三条款所包含的目标不可能会充分地得到满足。”

在莫雷洛斯,土地是战斗的原因。萨帕塔下令恢复村庄的土地,并且在战斗期间占领了大庄园。然而,条约的款项实质上恢复了莫雷洛斯州的迪亚斯政府。州长、州立司法机构、城镇行政长官和市政长官全部恢复原职。这些曾经因为反抗革命而要被逮捕的旧掌权人,现在则期望革命者尊重他们的权力。

6月7日,马德罗来到墨西哥城。在火车站迎接他的人中有萨帕塔。第二天他们见面时,萨帕塔试图说服马德罗,让他知道土地改革的重要性。马德罗不屑一顾地告诉萨帕塔,那是一个很复杂的问题,对萨帕塔来说,更重要的是解散他的军队。萨帕塔极其吃惊,不理解马德罗怎么能够相信军队会忠实于没有武装的革命政府。不言而喻,马德罗的目标没有任何革命之处。

埃米利亚诺·萨帕塔是体现了穷苦农民目标的革命领袖。在这里他永远成为墨西哥革命形象的代表：头戴墨西哥大草帽，胸前挂着子弹袋，手持温切斯特单发步枪和带鞘的军刀。（美国国会图书馆）

萨帕塔说服马德罗去莫雷洛斯看看，但是这次访问起了相反作用。马德罗受到墨西哥城报界和莫雷洛斯“革命的”上层人士的影响，前者称萨帕塔为“南部的阿迪拉(the Attila of the South)”，后者则坚信萨帕塔不能够控制他的“野蛮”队伍。

当临时总统德拉巴拉命令军队向南开往莫雷洛斯，去解散萨帕塔的队伍时，马德罗无能地站在一边。8月9日，在庆祝结婚纪念时，萨帕塔得到消息说，一千多名士兵在维多利亚诺·韦尔塔(Victoriano Huerta)将军率领下开进了莫雷洛斯州。到8月29日，萨帕塔被宣布为逃犯。韦尔塔的军队在莫雷洛斯胡作非为，农民纷纷成为萨帕塔分子。

在那个夏季的几个月中，墨西哥几乎没有和平时期。尽管马德罗意在调和，他仍然受到各方面的攻击。马德罗将他的势力转向蒂华纳(Tijuana)的无政府主义者的墨西哥自由主义党(Partido Liberal Mexicano)，开始遣散他的军队。7月，矿工组织起工会，开始一系列的罢工。8月，右翼领袖贝尔纳多·雷耶斯(Bernardo Reyes)开始向马德罗发起攻击，但是，当他遭到马德罗分子的猛烈攻击，国会又拒绝延期选举时，他于9月逃到了美国。

马德罗在10月的选举中赢得了广泛的支持，于11月就职。但是他对所面临的艰巨任务束手无措。他的政治纲领包含一些含糊不清的政治改革要点，几乎没有任何实质性的社会或经济改革计划。他代表了19世纪传统的自由主义思想，没有与更新的需要相协调。虽然他恢复了一些村社，农民仍然需要拿出证明来要回土地。他用军队驱散罢工工人，他的教育预算只有

7.7%，比迪亚斯时期的7.2%略高一点。他非但没有更换波菲里奥旧政府，反而与他们合作，以终止威胁到上层人士的社会动乱。科阿韦拉州州长贝努斯迪亚诺·卡兰萨(Venustiano Carranza)抱怨道，马德罗"向反革命分子递交了一个死亡了的革命运动，为此还要再战斗一次"。他的话很有预见性。

7.6 萨帕塔万岁

埃米利亚诺·萨帕塔不是典型的农民。他拥有交谷租种的土地，并显然与迪亚斯的女婿大地产主伊格纳西奥·德拉托雷—米耶尔（Ignacio de la Torre y Mier)有私交，因为在萨帕塔与法律擦肩而过时，米耶尔用他的影响帮助萨帕塔离开了军队。萨帕塔曾经是有名的骑手，受过一些教育，有时雇佣劳工，使自己成为老板以及农村中产阶级的成员。他深受尊重，曾被选为

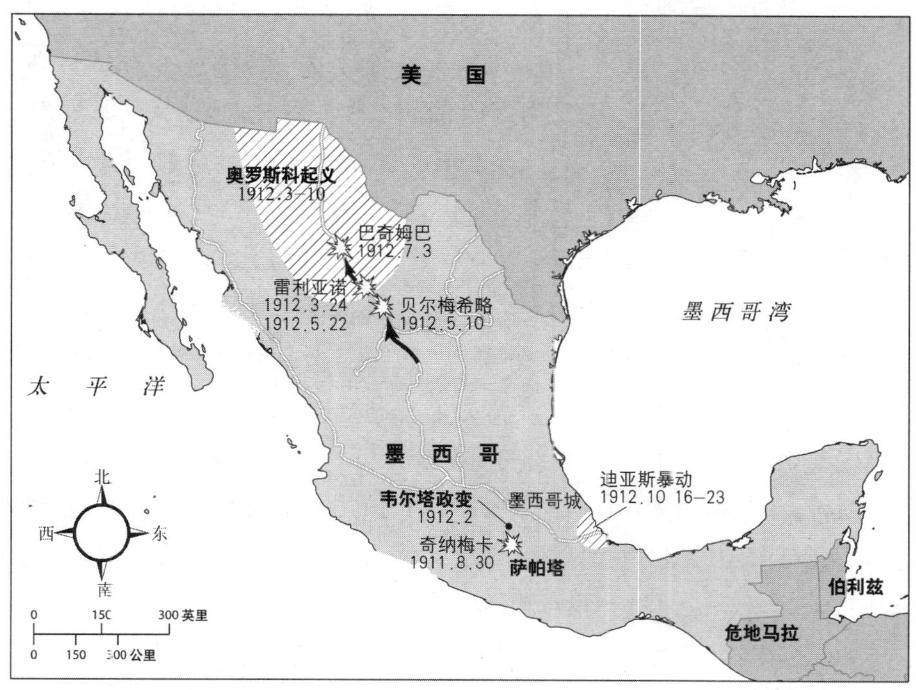

地图7.2　马德罗政权

资料来源：http://users.erols.com/mwhite28/mexico.htm.

革命由弗朗西斯科·I·马德罗领导，他是北部的牧场主，希望得到政治民主，但是对经济改革不甚关心。（美国国会图书馆）

阿内内圭尔科(Anenecuilco)村的头领。作为村里的头领，他曾把80名村民武装起来，夺回了政府允许大地产主从村里抢去的土地。

在马德罗领导下的战斗中，萨帕塔赢得了赞赏。但是，当马德罗放弃了土地改革目标时，萨帕塔抛弃了马德罗。在1911年11月发布的《阿亚拉计划》中，萨帕塔号召推翻马德罗，并将土地交还给人民。农民们支持他的奋斗目标。新的势力出现了，它代表了墨西哥革命与拉丁美洲过去所有运动的区别：民众的激发。很清楚，一场社会革命开始了。

到1912年1月，萨帕塔分子的行为激发了特拉斯卡拉州、普埃布拉州、墨西哥州、米却肯州(Michoacán)、格雷罗州和瓦哈卡州的运动，在南方造成危机。与此同时，帕斯夸尔·奥罗斯科在北方正愈益疏远马德罗。萨帕塔请求奥罗斯科领导新的革命。一开始，奥罗斯科仍然忠实于马德罗，但到3月，奥罗斯科被特拉萨斯—科里尔(Terrazas-Creel Clan)家族说服，也将矛头指向政府。尽管他得到富裕的上层人士的支持，他的《奥罗斯科计划》(Plan Orozquista)要求终止十小时工作日和童工、提高工资、改善工作条件、关闭庄园商店，并且如同萨帕塔一样，要求农业改革。然而，比利亚仍然忠实于马德罗，马德罗要求比利亚将他的军队与韦尔塔的军队合并。两军并肩作战，于5月打败了奥罗斯科。韦尔塔和比利亚自然有摩擦，因为韦尔塔原来为保护迪亚斯政权曾与比利亚作战。韦尔塔用捏造的罪名将比利亚逮捕，比利亚在监狱待了七个月，于1912年12月逃到得克萨斯的埃尔帕索(El Paso)。

如同以往，对马德罗的攻击来自四面八方。贝尔纳多·雷耶斯回到墨西哥领导了一次反对马德罗的起义，失败后被捕入狱。在狱中，他和波菲里奥的侄子费利克斯·迪亚斯(Felix Díaz)贿赂了一个将军将他们放走，于1913

年2月又发动了一次政变。在后来所称的著名的"灾难性的十天"(Decena Tragica)中,墨西哥城成为街垒和战壕的迷宫。汽车在街心焚烧,马匹疯狂乱跑,枪弹夺走上千名百姓的生命。商店关门,粮食的短缺使绝望的人们吃老鼠,尸体在街上腐烂。

马德罗依赖于韦尔塔来保护政府机构。韦尔塔向马德罗保证他将带来和平,但这是费利克斯·迪亚斯和韦尔塔在美国大使馆协调达成的和平,得到亨利·莱恩·威尔逊(Henry Lane Wilson)大使的同意。2月20日,韦尔塔倒戈,逮捕了马德罗,很快将他枪决。

7.7 韦尔塔和反对革命

韦尔塔成为反动和反革命的象征。韦尔塔是哈里斯科州(Jalisco)人,一个在非灌溉土壤上劳动的、贫穷的惠乔尔(Huichol)土著农民的儿子。他为了接受教育而参了军,一位将军让他当了私人秘书和助手。他被送进军事学院,他的生涯与波菲里奥·迪亚斯的生涯恰好相合:两人都在亚基人和玛雅人的起义中与他们打过仗。他的政变得到上层阶级、商业利益、教会和联邦军队的支持。奥罗斯科一开始反对韦尔塔,到3月份却与他为伍。

韦尔塔政变让比利亚和萨帕塔感到悲哀,但是他们两位在国家一级都没有任何影响。只有一位马德罗政府官员号召抵抗韦尔塔,那就是科阿韦拉州长贝努斯迪亚诺·卡兰萨。卡兰萨不大可能变成革命者。他是一位来自旧殖民家族的富裕大地产主,在迪亚斯政权中任过职,是贝尔纳多·雷耶斯的支持者。当迪亚斯反对卡兰萨成为州长时,卡兰萨转变为对抗政府。但他只是在雷耶斯被流放之后才加入马德罗政权。卡兰萨在所有问题上都比马德罗保守,只有一个问题除外:民族主义。作为科阿韦拉州的州长,他支持过在外国公司工作的罢工人员。

卡兰萨试图将北部的其他州长也发动起来。但他不久发现,由于州长们或被谋杀或被监禁,自己孤立无援。然后,他又试图与韦尔塔谈判。当这也失败之后,他拿起了武器。比利亚从美国回来,在奇瓦瓦州组织抵抗。而在索诺

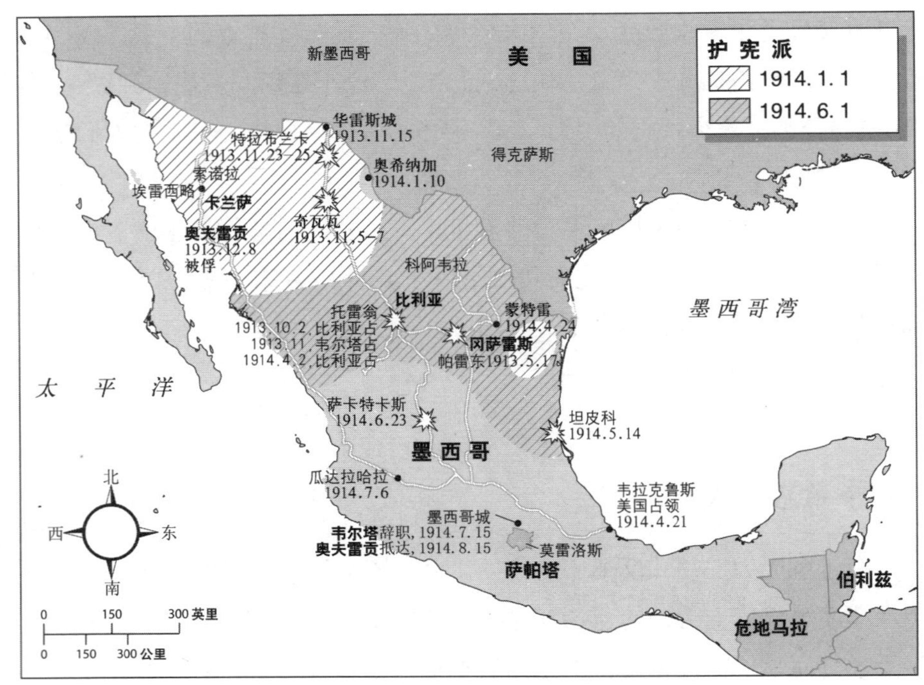

地图 7.3　韦尔塔与护宪派的对垒

资料来源:http://users.erols.com/mwhite28/mexico2.htm.

拉州,是一位中等规模牧场的主人,也当过汽车修理工、教师和佃农的阿尔瓦罗·奥夫雷贡(Alvaro Obregón)领导着队伍。他虽然没有参加马德罗革命,却参加过反对奥罗斯科起义的战斗。在反对韦尔塔的斗争中,奥夫雷贡很快成为革命运动中最有才华的军事领袖之一。3 月份,卡兰萨发布了《瓜达罗佩计划》(the Plan de Guadalupe),宣布自己为“护宪主义军队的第一首领”,并宣称是马德罗当然的接班人。同时,萨帕塔继续在南方孤军奋战,既不相信韦尔塔,也不信任护宪主义者能够恢复村社。

从 1913 年到 1914 年,墨西哥陷入到一场血腥的战争中。然而同一时期,韦尔塔政府开始了一些国内的改革:教育预算在国家预算中的比例提高到 9.9%,教育部长内梅西奥·加西亚·纳兰霍(Nemesio Garcia Naranjo)推翻了加维诺·巴雷达(Gabino Barreda)的实证主义理念。131 座农村学校建立起来,许多土著村落里开展了社区项目,包括恢复索诺拉州亚基印第安人和玛雅印第安人的村社。

然而，韦尔塔不断增长的独裁措施，超过任何取得的成就。韦尔塔关闭了国会，命令谋杀他的对手，并从街上将可怜的应征士兵拽进可憎的征兵队伍。但是，他最大的问题也许是，尽管美国大使鼎力相助，美国总统伍德罗·威尔逊(Woodrow Wilson)拒绝承认韦尔塔政权。韦尔塔最终责怪美国是他垮台的原因。

1914 年 4 月，美国舰艇"海豚"号在离坦皮科(Tampico)海岸不远处停泊。舰艇的舰长派了几个海军士兵去寻找燃料，他们迷路走进了禁区。他们立即遭到逮捕，但几小时之内又被释放，还带有官方的道歉书。然而，美国拒绝让这小小的意外轻而易举地就此了结，相反，要求墨西哥人悬挂美国国旗，并且鸣枪 21 响致敬。墨西哥政府勉强地同意了，但提出美国官员应该向墨西哥国旗致礼，威尔逊认为这等于承认韦尔塔政府。在墨西哥人能够解决问题之前，美国接到通知，说德国军舰给韦尔塔政府运来了武器。美国海军奉命占领韦拉克鲁斯，防止德国人登陆，并控制了海关，杀害上百名老百姓。只要这一行动能够颠覆韦尔塔政府，比利亚对美国的占领并不特别关注。萨帕塔说，美国的行为使他"热血沸腾"，但他联合韦尔塔反对美国的想法，也会产生同样效果。护宪主义势力极力反对美国的入侵。但很明显，韦尔塔不能够联合护宪派。反对美国行动的自发性游行在墨西哥爆发，韦尔塔在东部集中了他的部队，抗击美国入侵。

北方的革命者利用了美国事件转移焦点这一大好时机。6 月，在反对韦尔塔战争中流血最多的一次战斗中，比利亚占领了萨卡特卡斯(Zacatecas)，这是通向墨西哥城的铁路线的交叉要道。这场战斗中有 6,000 名联邦士兵和 1,000 名造反者战死，3,000 名联邦士兵和 2,000 名护宪分子受伤。7 月 15 日，韦尔塔辞职。与迪亚斯一样，他也乘"伊比兰加"号逃亡欧洲。

但是，韦尔塔的下台并没有比迪亚斯的倒台更能统一各方势力。革命者在集中注意力推翻某一个领袖的问题上能够统一。但是，他们的利益有冲突，因而无法赢得和平。相反，每一股革命势力都试图第一个到达墨西哥城，控制联邦政府。北方势力分裂为两派，分别由卡兰萨和比利亚领导，而奥夫雷贡最终支持卡兰萨。比利亚和萨帕塔的势力讨论联合的可能性,同时,其他革命势力试图阻止他们进入首都。

8 月 20 日,卡兰萨到达墨西哥城,宣布自己为新的行政长官。他号召于 10 月 1 日召开大会,并保证只有卡兰萨分子参加。令他感到沮丧的是,大会投票赞成将会址转移到阿瓜斯卡连特斯(Aguascalientes),这样,比利亚派可以参加大会。代表们然后宣布他们掌握主权,并邀请萨帕塔参加大会。大会分裂,一边由卡兰萨和奥夫雷贡率领,另一边是比利亚和萨帕塔。卡兰萨和奥夫雷贡代表了上层人士和中产阶级,他们的注意力集中在政治而不是经济和社会变革。萨帕塔和比利亚代表了低层阶级,渴望重新分配土地和经济机会的墨西哥老百姓。大会试图在欧拉利奥·古铁雷斯(Eulalio Gutierrez)身上找到妥协,因为他得到比利亚军队的支持。愤怒的卡兰萨逃走,在韦拉克鲁斯建立起自己的政府。

当 1914 年即将结束时,萨帕塔和比利亚会面,试图联合他们更激进的阿瓜斯卡连特斯会议派(Conventionist)势力反对护宪派。不幸的是,无论是萨帕塔还是比利亚,都无法明确地提出超越他们的地区和社会基础的纲领。他们都没有统揽全局的意识形态,有人还认为萨帕塔所关心的问题有时代性错误,幻想回到早已一去不复返的过去。

比利亚和萨帕塔继续他们的努力。但到 1915 年末,潮流转向。古铁雷斯放弃了墨西哥城,到新莱昂(Nuevo León)进行统治,卡兰萨可以回到墨西哥城,巩固他的位置。萨帕塔被赶出墨西哥城,但他的势力继续对首都施加压力。比利亚控制了奇瓦瓦,但他在北方其他地区艰难地与奥夫雷贡势力作斗争。

比利亚的终结始于 1915 年 4 月在塞拉亚镇(Celaya)的一场败仗。奥夫雷贡用欧洲战争的新战术,挖战壕,用有倒刺的铁丝网围住防御阵地,并用机关枪扫倒 1.4 万名比利亚的士兵。由于随后在莱昂的失利,比利亚的势力作为一支全国性武装已被摧毁。比利亚的军队解散了,甚至许多与他关系密切的合作者也转过来反对他。在他的鼎盛时期,他的北方军有 5 万人。到他开往索诺拉时,这支军队只剩下 1.2 万人,缺衣少粮。致命一击是 1915 年 11

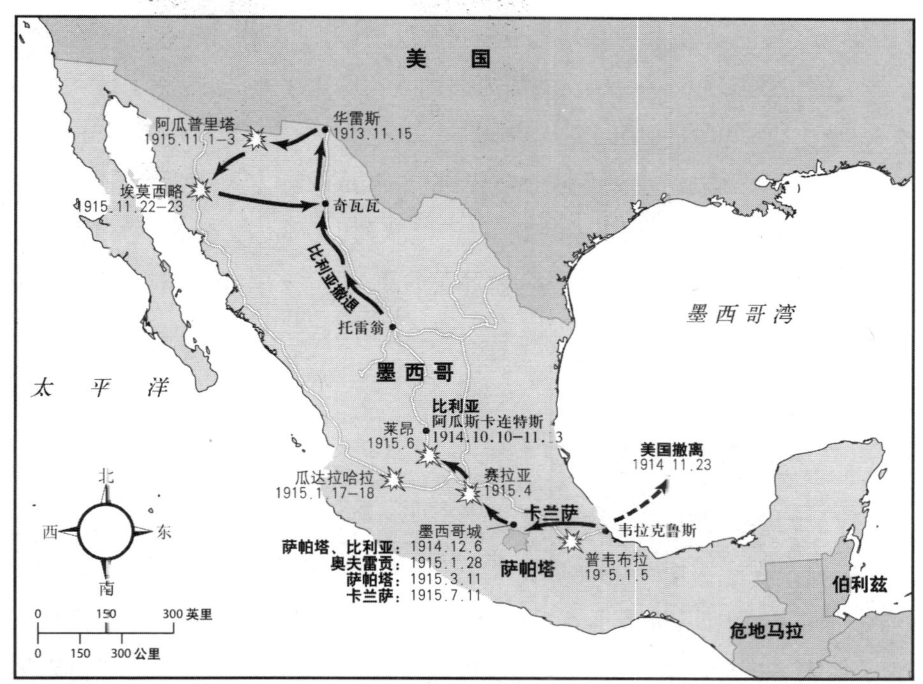

地图 7.4　卡兰萨与阿瓜斯卡连特斯会议派的对垒

资料来源：http://users.erols.com/mwhite28/mexico2.htm

月 1 日在阿瓜普里塔(Agua Prieta)遭到的埋伏。这次埋伏由于美国总统威尔逊允许卡兰萨军队穿过美国才得以成功。比利亚遣散了他的军队，带了几百人消失在深山中。没有人认为还会再听到他的任何消息。

然而，比利亚责怪他的失败是威尔逊造成的。他想报复，他希望挑动美国入侵，造成对卡兰萨政权强烈和不利的反应。首先，比利亚势力阻止了一列载有美国库西矿业公司(Cusi Mining Company)采矿工程师和技术员的火车，这些人是去重新开采矿山的。他们被拖下火车，15 人被杀。比利亚于 3 月再次实行报复，在新墨西哥的哥伦布市有 17 名美国公民遭到杀害。比利亚没有拿到钱财、给养或武器，却在扫荡中失去了 100 人。然而他成功地将美国引入了墨西哥。

威尔逊总统派约翰·J·珀欣将军带领 5,000 美国士兵进行讨伐，这支军队包括骑兵、步兵、炮兵和八架飞机，号称“珀欣远征”。1916 年 4 月和 5 月，

1 万名美国士兵和 1 万名联邦军占领奇瓦瓦，比利亚受伤并隐藏起来。他似乎被打垮。但是，到了年底，他的势力达到 6,000 至 1 万人，控制了奇瓦瓦的主要地区，得到广大民众的支持。

这一年对萨帕塔分子不是十分有利。卡兰萨的势力入侵莫雷洛斯，造成了巨大浩劫，致使农民用了一个新词，卡兰塞阿（carrancear），意指打劫。到了 1916 年秋季，萨帕塔解散了他那 2 万人的正规军，只留下 5,000 人进行游击战。

7.8 一部激进的宪法

在萨帕塔分子几乎被打败，以及美国势力驱逐了比利亚的情况下，卡兰萨决定通过在克雷塔罗（Querétaro）召开立宪大会使自己的位置制度化。这一次，他不再犯阿瓜斯卡连特斯的错误，只允许护宪派与会。卡兰萨预想对 1857 年宪法进行小的改动。但是他很快发现，护宪派并不比其他革命者更加团结。希望更激进的社会改革的呼声占主流，呈交给卡兰萨的文件与他所想象的有很大不同。

意识形态的差异造成代表们的分裂。激进分子得到奥夫雷贡的支持，获得控制权，并将自己的观点强加于人。经过在克雷塔罗两个月激烈讨论产生出来的宪法，包括许多传统的启蒙思想，与旧宪法中的思想一致。以拉丁美洲的一贯方式，宪法授予总统强有力的权力。然而，新宪法也大幅度地改动了一些基本的传统概念。

新宪法将国家和社会凌驾于个人之上，并授权政府重新制定社会方针。关键的条款是关于宗教、劳动力和土地等问题。第 130 条条款对教会和牧师加以限制。教会不能成为法人，不能拥有土地。国家可以用法律限制牧师人数。牧师不能选举、参政或批评政府。教会不准参与小学教育。这些条件使国家对教会有至高无上的权力。这是墨西哥自由主义者自 19 世纪中期以来一直寻求的目标。

第 123 条条款通过制定劳工法，保护墨西哥工人不受剥削。劳工法规定

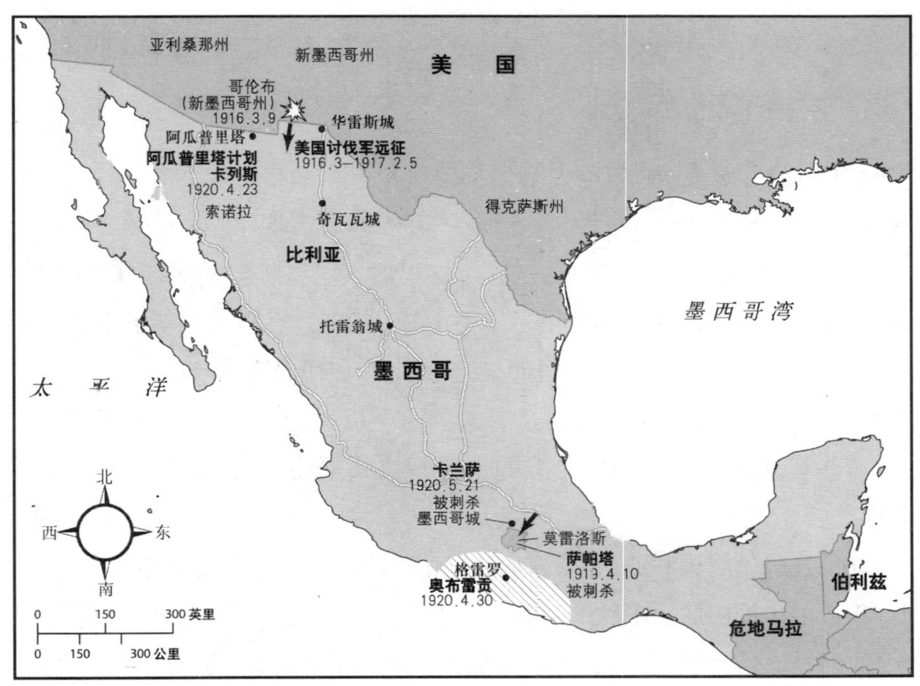

地图 7.5　卡兰萨掌权
资料来源：http://users.erols.com/mwhite28/mexico2.htm.

了最低工资以及最长工作时间。工人还要有工伤保险、退休金和社会福利。成立工会和罢工的权利受到保障。由于外国在墨西哥工业化进程中的投资占很大比例，这一条款可以作为约束外国资本运转的方法。

最大改动是第 27 条条款，为土地改革和限制外国经济控制奠定了基础。这一条宣布政府拥有矿物和水资源，私人财产从属公众福利，并且授权政府征用土地。这一条款取消了自 1857 年以来村社的所有转让，承认公共土地所有权。

卡兰萨不满意新的宪法，当他于 1917 年 5 月在没有对手的情况下当选总统并宣誓就职时，就没有打算遵守其宗旨。无论如何，宪法改革窃取了萨帕塔革命的一部分光泽，有其成功之处。

7.9 激进派的失败

到 1917 年夏季,萨帕塔艰难地维持着他的革命事业。1918 年 3 月,他发表了新的宣言,第一次承认不同地区有不同的需要,但没有得到新的支持。11 月,西班牙流感肆虐莫雷洛斯,这里的农民已经蒙受斑疹伤寒、疟疾和痢疾的影响。人口在 1918 年一年中下降了 25%,萨帕塔只剩下 2,000 士兵,每人只有 304 发子弹。最后的打击发生在 1919 年 4 月 10 日,萨帕塔走进了埋伏圈。那天他去与据说是卡兰萨的反叛者会面,当号声响了三次之后,那些看来是准备好为他而战的士兵却按兵不动,反而近距离朝他放了两枪。

在北方,显然比利亚不会被抓住。由于对欧洲局势愈益关心,美国开始于 1917 年 2 月初撤回珀欣的远征军。比利亚继续与卡兰萨作战,但似乎已没有太大意义了。到了年底,比利亚失去了民众的支持。由于力量有限,他在 1918 年的帕拉尔攻击中失败,1919 年准备不充分的、绑架卡兰萨的计划也遭到失败。

卡兰萨相信战争已经结束,便试图提名他的总统继承人。他的傲慢迎来了又一次反抗,这次反抗由三名索诺拉人领导:阿尔瓦罗·奥夫雷贡、阿道弗·德拉韦尔塔(Adolfo de la Huerta)和普鲁塔科·埃利亚斯·卡列斯(Plutarco Elias Calles)。卡兰萨逃跑,被他自己的警卫打死。卡兰萨死后,比利亚准备好谈判。德拉韦尔塔作为临时总统大赦了比利亚的士兵,并给了比利亚一个叫卡努蒂约(Canutillo)的牧场,使他能获得安全并在退休后有办法生活。然而,比利亚和萨帕塔的下场一样,在一家报刊文章暗指他可能计划复辟之后,他于 1923 年遭到刺杀。

7.10 从破坏到建设

对墨西哥革命的分期一般将 1910—1920 年划为暴力阶段,1920—1940

年为建设阶段。从某种意义上说,这种划分有些误人子弟。在比利亚和萨帕塔运动陷入混乱，宪法保证了一个新的政治秩序后，全面战争基本已于1917 年底结束。然而暴力继续扰乱着农村,并且直到 20 世纪 20 年代,一直在政治中起到作用。

1920—1934 年间主要由两名老革命战士控制局面:奥夫雷贡和普鲁塔科·埃利亚斯·卡列斯(Plutarco Elías Calles)。奥夫雷贡是革命无可争议的领袖,他策划了击败比利亚军队,领导了政变,防止了卡兰萨继续维持总统的控制权。两人都来自索诺拉下层中产阶级家庭。但奥夫雷贡是成功的中产阶级企业家的缩影。他在 150 英亩的农场种植了鹰嘴豆,成为机械专家,甚至申请了收割机的专利。卡列斯的运气不如奥夫雷贡。他是一位显赫的大庄园主的私生子,革命前他的事业几乎没有成功过。作为学校的一名教师,他因家长的抱怨而被解职。在市里掌管财物时，因为他的部门丢失资金又被开除。他尝试酒店管理,酒店被烧毁;种地,农场破产;采矿,也失败。他的成功伴随革命而来:他是马德罗的早期支持者,升为将军,率领一个师,又是索诺拉的州长。在成为总统之前,卡列斯是奥夫雷贡政府的秘书。

这些来自索诺拉的领袖宣称他们是马德罗的合法继承人，并宣布了和平建设时代的到来。奥夫雷贡是个实际的人,他试图在各个有摩擦的部门之间搞调和,以重建国家。战争的破坏确实相当严重:铁路瘫痪,成为废墟。一千多英里的电报线遭到破坏,农业和采矿业的生产下降一半。外债高达 10 亿美元,利息过期未付,外国政府要求对他们的公民财产的破坏给予补偿。军队开支占国家预算的 60%。

与此同时,战争中服役的老兵期望满足他们的目标。正如莫雷洛斯农村的萨图尼诺·塞迪略告诉新政府的:“我想要土地。有了土地后,我想要武器来保护我的土地,否则,其他人就会来抢走我的土地。我想要耙犁,我想要孩子上的学校,我想要老师,想要书本和铅笔,黑板和道路。我想让我的人也能看上电影。我不想要任何教会或酒馆。”

奥夫雷贡明智地任命了萨帕塔分子为农业部长和新的农业改革委员会的主任。但是农民要等五到八年才能拿到土地拨让权。奥夫雷贡分配了 300万

表 7.1 墨西哥革命中的土地分配(%)

	村社	0.1—1000 公顷	1000 公顷
1910 年	1.6	26.6	71.8
1923 年	2.6	19.6	77.9
1940 年	22.5	15.9	61.6

资料来源:阿道弗·基利:《墨西哥革命》,1983。经贝尔索同意重印,新罗夫特有限出版公司版本。

英亩的土地,使 14 万人受益。但是,路易斯·特拉萨斯拥有的土地和奥夫雷贡分配的一样多。他是经过奥夫雷贡允许从奇瓦瓦流放地回来的。1923 年,一半以上的墨西哥领土掌握在 2,700 个富裕家庭手中,25%的土地属于 114 个家族所有。此外,墨西哥大部分农村人口是居住雇农,他们不符合得到土地的条件。卡列斯比奥夫雷贡更进一步,从 1924—1928 年分配了 800 万英亩土地,大部分是以村社形式分的。伴随着土地拨让的,还有信贷和农业学校。但是在 1928—1934 年,农业改革成为次要项目,几乎没有再分配过土地。

劳工改革的结果也各有不同。战争期间,奥夫雷贡培植了墨西哥城的工人组织"世界劳工同盟"(Casa del Obrero Mundial,COM)。他支持他们反对墨西哥电报电话公司的罢工,结果这一组织的 5,000 名成员加入他的部队,组成了红色旅。1919 年他参加总统竞选,又一次寻求工人的支持,与墨西哥区域工人联合会(Confederación Regional Obrera Mexicana,CROM)联合。然而,工人真正的工资几乎没有增加,保持在最低一天 3 比索的水平,国家劳工委员会声称,这个水平能够维持生计。卡列斯将与工人的联合更进一步,任命墨西哥区域工人联合会的领导人路易斯·莫罗内斯(Luis Morones)为工业、商业和劳工部长,广泛的组织工会运动甚至将墨西哥城的妓女也纳入到工会中来。

建立新墨西哥最重要的一个方面是建设新文化。奥夫雷贡任命墨西哥著名学者之一,何塞·巴斯孔塞洛斯(José Vasconcelos)为教育部长。巴斯孔塞洛斯决心在民众中普及教育,一方面通过推广农村教育,一方面通过在公共场合画壁画使民众得以接触艺术。

壁画运动开始于国家预备学校(Escuela Nacional Preparatoria)的壁画。这个学校是培养学生进入国立大学(National University)的。在这里,伟大的艺术家迭戈·里韦拉(Diego Rivera)、何塞·克莱门特·奥罗斯科(José Clemente Orozco)和戴维·阿尔法罗·西凯罗斯(David Alfaro Siquieros)在运动中作出首要贡献。1922年,里韦拉发动组织起墨西哥革命技术工人、画家和雕塑家工会(Sindicato de Pintores, Escultores y Grabadores Revolucionarios de México),鼓励集体艺术的创作,在为争取民众合法权益的斗争中起了重要作用。这个工会反对画家,号召"各种形式的不朽艺术作品,因为这是公共财产"。然而,保守的艺术家们排斥壁画,甚至有学生向奥罗斯科和西凯罗斯的壁画上扔泥团和石块。

三位艺术家继续画其他壁画,反映他们激进的政治观点。但是,正是里韦拉的作品,成为表现墨西哥文化中传统民间艺术的典型。评论家批评说,他代表了理想化的土著人的过去,而真正的墨西哥民众会很高兴地用他们那些彩色陶器和纺织品换回大量生产的现代商品。对土著农民的崇拜,与巴斯孔塞洛斯将教育推广到农村的期望相呼应。但是,虽然这场革命应该歌颂而不是诋毁农民,它仍然持有旧的自由主义思想,想将土著人同化到与他们格格不入的社会。巴斯孔塞洛斯设立了"印第安人部",集中精力向印第安人教授西班牙语,使他们能够进入学校,融入梅斯蒂索人的社会。

为了教育老师并将他们送到农村而作出的努力相当巨大。1920—1924年,一千多所农村学校建立起来。课程都是最基础的,读、写、数学、地理和历史。由于都是世俗教育,老师通常遭到教会和农民家庭的反对。教会是因为失去了其通常扮演的教育角色,而农民家庭则认为老师是无神论的外来者。然而,政府仍然重视教育,1924—1928年又增加了两千所农村学校。

20世纪20年代,墨西哥的教育转向社会主义化。数学课计算工厂主赚取多少利润,地理课上探索帝国主义的侵略行径。新的历史书把注意力放在受压迫的劳苦大众反对资本家、帝国主义,以及更重要的,反对教会的斗争上。1929年塔瓦斯科州拯救出版社(Redemption Press)出版的教科书中提醒道:"工人的无知是很危险的,这样,他们会成为剥削者、神父和酒精的牺牲品。”

学校表现出来的对教会的态度，是导致克里斯特罗起义（Cristero Revolt)的因素之一。这是富于战斗性的基督徒和政府之间的一场武装较量。激发这次造反的因素是，卡列斯决心实行1917年宪法中反对教士的条款。教会从一开始就反对这场革命。1911年，牧师组织了国家天主教党(Partido Católico Nacioanl, PCN)。在1912年国会选举中，他们的竞选人在哈利斯科州和萨卡特卡斯州大获全胜，使之成为一个政治大党。马德罗分子宣告结果无效，使国家天主教党转为反对马德罗和他领导的革命。韦尔塔讨好教会，萨帕塔和比利亚都与教会保持有良好关系。特别是萨帕塔分子趋于信仰宗教，打着贞女瓜达卢佩的旗帜进入战斗。卡兰萨反对教会，赞成1917年宪法中反对教士的条款，但他并没有实行这一条款。

奥夫雷贡决心协调墨西哥的各个方面，因此没有实行宪法。但在1914年和1915年战争最激烈的日子里，奥夫雷贡曾不遗余力地驱逐反对革命的牧师。教会领袖对他逮捕神父和修女、占领教堂和修女院，以及关闭教会学校等行为不予原谅。在奥夫雷贡担任总统期间，教会领袖变得更加公开地反对革命。教会还向国家和它与劳工的关系挑战，于1920年创建天主教劳工同盟(Confederacion Nacional Católica de Trabajadores, CNCT)。到1922年，这一组织有8万成员，与墨西哥区域工人联合会人数相当，因此墨西哥区域工人联合会派地痞去殴打神父，砸坏教堂。

卡列斯决心表明国家的至高无上，并且终止教会的挑战。在上台后的几周，他将目标对准教会，提醒州政府他们需要控制牧师的活动。各州立即采取行动，譬如，塔瓦斯科州将牧师数量限制为六名，每3万居民中有一位牧师。1926年，墨西哥大主教何塞·莫拉—德尔里约(José Mora y del Rio)在报纸采访中谈到，鉴于各州发生的这些事件，罗马天主教会不能接受宪法。他的讲话使卡列斯得到攻击教会的理由，于是解散宗教游行，放逐外国出生的神父和修女，关闭修道院、修女院和天主教学校。教会开始罢工，拒绝做弥撒或圣礼。罢工时间长达三年，婴儿无法接受洗礼，老人入葬前也没有下葬仪式。

忠诚的天主教徒被激怒,作好了战斗的准备。大多数神父——3,600 名中的 3,390 名——逃往城市。留下的神父中,只有 40 名公开支持克里斯特罗起义,这一名称来自于他们的呼喊,基督国王万岁!(Viva Cristo Rey!)起义主要由一系列互不相干的地区性抗议构成。在基本属于世俗性质的北方各州没有太多行动。在南方也是如此,因为类似瓦哈卡州和恰帕斯州中那些强韧的土著人文化与教会形成竞争。但是在中部地区,如米却肯州、哈利斯科州、瓜纳华托州和科利马州都有公开反抗。

这次行动的暴力不亚于革命斗争中最黑暗的时期。天主教斗士谋杀教师,焚烧政府的学校。政府军队以一个神父的命抵每一个死去的教师的办法实行报复。战争结束时,9 万战斗人员死亡,上千民众死于政府和天主教徒的斗争中。战争终于结束,卡列斯的继承人埃米利奥·波特斯·希尔(Emilio Portes Gil)同意用较为缓和的手段执行法律。

波特斯·希尔在克里斯特罗起义者得到他们最终的牺牲品——奥夫雷贡之后担任总统。奥夫雷贡已再次当选,但在他就职之前,他遭到克里斯特罗战士的刺杀。[①]波特斯·希尔被委任从 1928 年到 1930 年任总统。之后,卡列斯的门徒帕斯夸尔·奥尔蒂斯·鲁维奥(Pascual Ortiz Rubio)竞选成功,就任 1930—1934 年的总统。奥尔蒂斯是新的国民革命党(Partido Nacional Revolucionarío,PNR)的第一个竞选人,这个党由卡列斯创建,目的在于巩固革命。奥尔蒂斯·鲁维奥就职两年便辞职,由阿韦拉多·罗德里格斯(Abelardo Rodriguez)接任。

然而,每个人都清楚,1928—1934 年担任总统的三个人中,没有一个有任何权力。卡列斯仍然是控制一切的最高首领,为这一时期提供了一个名字,至高无上(Maximato)。在此期间,卡列斯把革命活动推向右翼,同时却仍然创造出滔滔不绝左翼言论的公众形象和思想意识。譬如,萨帕塔被捧为正式的国家英雄,很随便地忽视了革命胜利者曾积极地反对过萨帕塔、对他的

---

① 奥夫雷贡曾于 1920—1924 年出任总统,1928 年 7 月再次当选总统,同月 17 日在圣安吉尔(San Angel)遇刺身亡。——译者

死有直接责任这一事实。包装萨帕塔的形象正是在农业土地分配缩小的同时发生的。

7.11 变革的顶点

卡列斯期望在下一届总统拉萨罗·卡德纳斯(Lázaro Cárdenas)任职期间继续统治墨西哥。卡德纳斯 15 岁参加革命,是卡列斯的门徒,卡列斯称他为“小鬼”。他随着他的良师升了上去。1930 年,他被任命为国民革命党的主席,1934 年,他被要求作为党派的总统候选人参加竞选。

虽然胜利在握,卡德纳斯在全国搞竞选活动,建立了支持者的网络。他以谦虚闻名,主要是因为他拒绝住在查普特佩克城堡(Chapultapec castle)——传统的总统府。[①]他担任总统后的首要目标就是夺取卡列斯的控制权。他清除了内阁中的卡列斯分子,为将军们提供了丰厚的退休金,以便能够用自己的人替换。他喜欢新的劳工组织——墨西哥工人联合会(Confederación de Trabajadores de México,CTM),而不是墨西哥区域工人联合会。最后的冲突发生在 1936 年,游行的工人要求卡列斯从政治舞台上消失,卡德纳斯命令将卡列斯流放,以真实的自己展示了身手。

卡德纳斯还将革命党重组为墨西哥革命党(Partido Revolucionario Mexicano,PRM),其基础为四个社会支柱:军队、劳工、农民和民众。墨西哥人民被动员起来组成群体,直接与政府对话,鼓励垂直的民众和国家关系,而不是横向的民众组织之间的联系。这种合作结构将社会摩擦减到最小,在卡德纳斯掌权期间,这种结构主要对民众有利。譬如,工会直接和政府而不是与公司对话。政府代表劳工进行干涉。然而,各阶级合作组织也为国家今后更深地控制社会创建了基础。

总统也将注意力转向了农业改革,想重新建立传统的村社。在他掌权期间,是墨西哥首次实行总统六年任期制,卡德纳斯政府分配了近 5,500 万英

---

① 位于墨西哥城西端,高约 60 米,历史上久负盛名。1554 年西班牙人在此建造教堂,18 世纪为西班牙总督府的夏宫,后成为墨西哥历届总统的官邸所在。——译者

亩的土地,占 1917—1940 年间土地分配总量的 66%。除了土地分配,政府创建了村社信用银行(Banco de Credito Ejidal),提供资金。大量的土地分配在墨西哥某些地区产生了巨大的社会影响,摧毁了旧的大庄园阶层。但是这一阶层又被另一个新的庞大的上层阶级——农村改革官员和地方政治首领所取代。获得土地的手续通常既漫长又繁难,获得的土地量又常常不够。在墨西哥的许多地方,根本没有进行土地的再分配。

虽然卡德纳斯在农民中被描绘成受到爱戴的形象,许多人也反对他对教会的憎恨,以及学校课程中强调的社会主义精神。甚至在他出生的米却肯州,在他的政策下受益最大的农民,也联合抵制学校,说如果当地教堂不重新开门,他们宁愿不要土地。

卡德纳斯总统任期间最富戏剧性的事件是没收外国石油公司。冲突开始于 1936 年,工人罢工,要求提高工资和改善工作条件。争端送到了工业仲裁委员会那里,委员会裁决工人有理。石油公司向墨西哥最高法院申诉,最高法院维持原判。这时,石油公司就干脆拒绝服从判决。卡德纳斯坚持外国公司必须遵守国家法律,命令将 17 个石油公司国有化。总统在他的日记中写下他的决定:"我相信,很少有像这样特别的机会使墨西哥从帝国主义资本中独立出来,由于这个原因,我的政府将遵守革命赋予的责任感。"被没收的公司组成了墨西哥石油公司(Petroleos Mexicanos,PEMEX),成为经济主权的象征。

但是,石油公司的强烈抗议与美国和英国政府的抗议相辅而行。卡德纳斯进行了谈判,结果是赔偿这些公司 2,400 万美元,远远不到他们要求的 2亿美元,但远比他认为合理的 1,000 万美元高。美国和英国以联合抵制墨西哥石油和白银作为回应,致使石油产量下降 60%,白银产量下降 50%。

然而,没收外国公司在墨西哥受到极大的欢迎。甚至天主教会也在国家大教堂升起墨西哥国旗,表示支持这一决定。在整个国家,人民聚在一起捐出自己的比索,来支付给那些公司的赔款。

美国大使约瑟夫斯·丹尼尔斯(Josephus Daniels)观察到,妇女在墨西哥城的主要广场——索卡洛广场捐赠"她们取下结婚戒指、手镯、耳环,放在她们看做是国家圣坛的地方。全天下来,整个容器都装满,并装不下了,那些妇女给呀给呀。当夜幕降临,人群仍然等着捐出他们的东西,从黄金、白银到动物和玉米。”

7.12 一张革命资产负债表

到 1940 年,墨西哥已与 1910 年时大不相同。许多地区都有进步,但国家还有很多问题。虽然近 23%的国家土地被重新分配到村社,62%的土地仍然掌握在面积 1,000 公顷或更大的农场手中(低于 1910 年的 72%)。6 岁到 10 岁儿童的入学率从 30%增长到 70%。但农村的贫困仍然处处可见。1940 年,27%的人口穷得买不起鞋, 在土著人居多的恰帕斯州和塔瓦斯科州,这个数字增长到 75%。墨西哥城以外的人口中,80%没有室内水管或下水道。

到 1940 年,批评家们开始疑惑墨西哥革命是否已经结束,或者墨西哥根本就没有过革命。有些人将它贬为一场资产阶级革命,中产阶级获胜,从而代替了过去的波菲里奥上层人士。其他人抱怨,国家仍然掌握在考迪罗手中,新的政党和它的前辈一样腐败。

迈克尔·J·冈萨雷斯(Michael J. Gonzales)大概作出了最好的分析:“革命的民众性和农民性证明了这是一场社会革命。冲突激起无地农民、工人阶级以及不满的地方绅士反对独裁者迪亚斯、他的支持者和联邦军队。革命赶走了旧的护卫,又重新发明了国家,使历史性的社会和经济改革成为可能。革命的国家给予农民成百上千公顷的土地,将外国石油公司国有化,有效地扩大了公共教育。即便最后的结果没有消除贫困、创建民主或获得经济独立,整个事件仍然具有革命性。”

推荐书目

贝克尔,马乔里:《点燃贞女:拉萨罗·卡德纳斯、米却肯农民,以及墨西哥革命的拯救》,伯克利:加利福尼亚大学出版社,1995。

布伦克,塞缪尔:《埃米利亚诺·萨帕塔！墨西哥革命和背叛》,阿尔伯克基:新墨西哥大学出版社,1995。

冈萨雷斯,迈克尔·J:《墨西哥革命,1910—1940年》,阿尔伯克基:新墨西哥大学出版社,2002。

哈特,约翰·梅森:《革命的墨西哥:墨西哥革命的起源和进程》,伯克利:加利福尼亚大学出版社,1987。

卡茨,弗里德里希:《潘乔·比利亚的生活和时代》,斯坦福,加州:斯坦福大学出版社,1998。

奈特,艾伦:《墨西哥革命》,第1卷,《波菲里奥,自由主义分子和农民》,第2卷,《反革命和重新建设》,剑桥:剑桥大学出版社,1986。

小沃马克,约翰:《萨帕塔和墨西哥革命》,纽约:伦道姆豪斯出版社,1968。

Becker, Marjorie, *Setting the Virgin on Fire: Lázaro Cárdenas, Michoacán Peasants, and the Redemption of the Mexican Revolution*, Berkeley: University of California Press, 1995.

Brunk, Samuel, *¡Emiliano Zapata! Revolution and Betrayal in Mexico*, Albuquerque: University of New Mexico Press, 1995.

Gonzales, Michael J., *The Mexican Revolution, 1910—1940*, Albuquerque: University of New Mexico Press, 2002.

Hart, John Mason, *Revolutionary Mexico: The Coming and Process of the Mexican Revolution*, Berkeley: University of California Press, 1987.

Katz, Friedrich, *The Life and Times of Pancho Villa*, Stanford, CA: Stanford University Press, 1998.

Knight, Alan, *The Mexican Revolution, v.1. Porfirians, Liberals and Peasants v. 2. Counterrevolution and Reconstruction*, Cambridge: Cambridge University Press, 1986.

Womack Jr., John, *Zapata and Mexican Revolution*, New York: Random House, 1968.

第八章

从两次世界大战到冷战时期

当墨西哥面临着国内的分裂时，整个地区也遭到一系列国际动荡的冲击:第一次世界大战(1914—1918 年),大萧条(1929—1940 年)和第二次世界大战(1939—1945 年)。这些危机对拉丁美洲影响甚大,因为到 20 世纪初,出口经济扎根于整个拉丁美洲,使这一地区极其依赖外国经济状况。拉丁美洲的粮食销售依赖于欧洲和美国工人阶级(working-class)的购买力。锡矿、西沙尔麻以及其他初级产品生产的扩大依赖于外国技术的发展。国家政府机构依赖出口收入来平衡预算,保证军队开支和武器装备,以及满足国内的各种需求。

国际危机破坏了拉丁美洲的对外贸易:经济衰退导致政治不稳定,在整个地区,独裁者开始掌权。这些独裁者使政府在经济中的作用加强,新的机构建立起来,以协助制止各种危机。进口替代工业化(Import Substitution Industrialization,ISI)和农业减少了拉丁美洲地区对国际经济的依赖,加强了相互依赖性。

第二次世界大战后,美国取代欧洲成为拉丁美洲的样板。他们向北方看去,思考着两个问题:民主和发展。美国在战争年代中反对法西斯的言辞激励了拉丁美洲人,使他们重新认识了自己的独裁者。美国战后年代中前所未有的财富,鼓舞了拉丁美洲人重新思考如何使自己的经济现代化。然而,到 50 年代,拉丁美洲人发现,他们自己试图进行的民主和发展将与美国的经济扩张和新的冷战现实纠缠在一起。

老问题重新出现：为什么拉丁美洲还没有发展起来？如何能够得到发展？民主和发展是否能够同时进行？

8.1 经济危机

1914—1945 年，拉丁美洲受到国际事件的冲击，为对世界经济过于开放付出了代价。由于欧洲开始陷入第一次世界大战，它在拉丁美洲的投资急剧下降。向巴西发放的公共债务从 1913 年的 1,900 万美元下降到 1914 年的 420 万美元，到 1915 年的零。由于船运不足和欧洲对货物需求的减少，商品出口大受损失。由于大部分拉丁美洲政府依靠进口税收，政府收入急剧下降。譬如，1911—1915 年，智利政府收入减少了三分之二。

第一次世界大战也为少数拉丁美洲国家提供了机会。委内瑞拉开始出口石油，墨西哥石油进口增加。秘鲁的铜矿、玻利维亚的锡矿和智利的硝酸盐都是需求产品。尽管有这些产品的成功，由于进口价格上涨、贸易顺差、预算赤字和燃料涨价，经济仍然蒙受损失。通货膨胀使城市实际收入下降，导致政治动乱。

与欧洲贸易的减少对美国有利，美国成为不仅是墨西哥和中美洲，也是整个地区的主要供应商。但是，对于那些与美国有竞争的产品，如谷物和牛肉，美国的市场有限。战争末期，英国恢复缓慢，使美国得以巩固它通过成为拉丁美洲主要贷款者而获得的重要地位。然而，美国的资本一般是与对外政策联系在一起的。这是金元外交的时代，美国向外大量贷款，然后接管海关，保证贷款得到偿还。

欧洲在 20 年代的恢复对拉丁美洲几乎没有任何帮助。欧洲人口出生率的下降，导致对拉丁美洲原材料的需求减少。欧洲投资者将注意力放在本大陆上。新的化学替代品使对拉丁美洲的棉花、橡胶、植物染料、木材和硝酸盐的需求市场消失。商品价格的不稳定导致拉丁美洲增加生产，又使价格进一步下降。此外，战略战争物资如石油、铜和锡的世界性生产导致市场饱和，价格下降。

为了重建经济，拉丁美洲寻求贷款。美国用大量的资金作出反响，1926—1928 年，出资 10 亿美元，被称为百万美元的舞曲（the dance of the

表 8.1 1928 年与 1938 年
拉丁美洲国内生产总值中出口所占的份额(%)

国家	1928 年	1938 年
阿根廷	29.8	15.7
巴西	17.0	21.2
智利	35.1[A]	32.7
哥伦比亚	24.8	24.1
哥斯达黎加	56.5	47.3
萨尔瓦多	48.7	45.9
危地马拉	22.7	17.5
洪都拉斯	52.1	22.1
墨西哥	31.4	13.9
尼加拉瓜	25.1	23.9
秘鲁	33.6[B]	28.3
乌拉圭	18.0[C]	18.2
委内瑞拉	37.7	29.0

[A,B] 数字是 1929 年的; [C] 数字是 1930 年的

资料来源:维克多·布尔默—托马斯:《独立以来拉丁美洲的经济发展》,第 2 版,190 页,纽约,纽约州:剑桥大学出版社,2003。①

millions)。一些钱投进了仍然属于小规模的工业部门。到 1914 年,这类部门在阿根廷、巴西、智利、墨西哥、秘鲁和乌拉圭已经完好地建立起来。但是,大部分工业生产的扩大,是由于更集中地利用了现有设备。到 30 年代末,在整个拉丁美洲地区,只有阿根廷的工业占国内生产总值的比例超过了 20%。大部分地区仍然依赖于出口。到 20 年代末,几乎所有出口收入仍然来自于初级产品的生产,仅仅三种产品却占据全部外汇收入的至少一半。对外贸易的 70%是与美国、英国、法国和德国进行的。

1929 年大萧条来临时,拉丁美洲政府眼看着他们的产品市场缩小。随着工业化国家的工业收缩,他们不再从发展中世界进口矿产品。初级产品的需求和价格都下跌,1928—1932 年,出口的单位价值下跌了 50%以上。在阿

① 参见该书中文版《独立以来拉丁美洲的经济发展》,230 页,表 7—1。——译者

根廷，出口价值从1929年的15.37亿美元下降到1932年的5.61亿美元。但是，当出口价格和出口量下降时，20年代庞大的外国贷款的利息却没有减少。政府开始拖欠还贷，新的信贷尚未就绪。

表8.2 1939—1945年各部门的年均增长率（%）

国家	出口值[A]	出口量[B]	国内生产总值[C]	农业[D]	工业[E]
阿根廷	8.0	–2.9	2.1	0.2	3.6
玻利维亚	15.7	+6.0			
巴西	13.6	–2.0	2.4	0	5.3
智利	7.1	+3.4	4.0[F]	0[G]	9.3[H]
哥伦比亚	10.4	+3.4	2.6	2.2	5.1
哥斯达黎加	5.6	–2.2	–0.1	0	–3.5
古巴	17.1	+2.0[I]	1.8	n/a	4.3
多米尼加	15.4	–1.4			
厄瓜多尔	20.1	+2.5	4.2	2.7	5.2
萨尔瓦多	9.8	–1.1	2.2	1.4	3.9
危地马拉	8.5	+3.7	0.9	–6.3	4.4
海地	15.2	+1.5			
洪都拉斯	3.5	+2.1	3.5	2.4	4.7
墨西哥	9.4	+1.3	6.2	2.3	9.4
尼加拉瓜	6.2	–4.9	3.9	–2.6	7.9
巴拿马	4.7	–9.3			
巴拉圭	21.6	+8.0	0.4	–1.7	1.0
秘鲁	6.6	–1.8	4 8[J]	n/a	4.8
乌拉圭	11.7	+1.8	1.7	–1.0	3.5
委内瑞拉	13.6	+8.9	5.3	0	9.2
拉丁美洲	**10.5**	**–0.5**	**3.4**	**0.8**	**5.7**

[A] 基于美元市价；[B] 基于不变价格（1963年）；[C] 基于1970年价格；[D] 农业净产值（1970年价格）；[E] 制造业净产值（1970年价格）；[F、G、H、J] 数字是1940—1945年的；[I] 只基于蔗糖出口量

资料来源：维克多·布尔默—托马斯：《独立以来拉丁美洲的经济发展》，第2版，237页，纽约，纽约州：剑桥大学出版社，2003。①

① 参见该书中文版《独立以来拉丁美洲的经济发展》，288页，表8—2。——译者

经济混乱导致拉丁美洲将注意力转向另一种形式的民族主义：经济民族主义。困难的年月再一次告诫拉丁美洲人,他们经济的依附性和脆弱性。单一产品出口经济崩溃了。古巴经济破产,它在 30 年代初的对外贸易量为 1929 年的 10%。乌拉圭的出口在 30 年代初下降了 80%。巴西的出口从 1929 年的 44,590 亿美元下降到 1932 年的 18,060 亿美元。总之,到 1932 年,拉丁美洲出口比 1929 年减少 65%,再一次证明了,对外贸易在很大程度上造成了拉丁美洲经济周期性的波动。

民族主义分子要求采取步骤增加民族经济的活力，并且相应的减少对国际市场波动的依赖，因为这种波动是受少数高度工业化国家一时的购买兴致所左右。他们推出了加强经济多样化和促进工业化的计划。工业化既符合常规,也令人感到骄傲。一方面,这能使经济多样化,另一方面,这可以防止将外汇花费在国内也可以生产的进口货物上。同时,外汇的极度短缺使这些国家或者生产自己的商品,或者根本不去用它。

经济危机促使政府在国家经济中起到日益积极的作用。他们制订长期的经济计划,施加新的控制,并提出刺激措施。货币的贬值、进口的控制以及更高的关税都刺激了民族工业,所有这些措施得到了民族主义分子的支持。政府更多地介入经济,以及越来越多的人要求更快地发展,使得民族主义运动的领导权从知识分子手中转到了政府手中。长期以来,这种领导权一直由知识分子独揽,如今政府开始理解民族主义思想的潜在力量。与此同时,支持民族主义的基本力量有时扩大到城市工人阶级。

拉丁美洲对付大萧条的办法是:自己生产过去进口的商品,不但有制成品，也包括粮食作物，因为那些将自己的土地转向生产出口商品作物的国家,过去通常进口粮食作物。两个策略——进口替代工业化(ISI)和进口替代农业(ISA)——加上促进出口,帮助建立起国内对产品的需求。一些国家,如巴西、墨西哥、智利、古巴、秘鲁、委内瑞拉、哥斯达黎加和危地马拉很快有了恢复。其他地区的恢复来得慢得多,特别是洪都拉斯、尼加拉瓜、乌拉圭、巴拉圭和巴拿马。有些恢复可归功于新的贸易伙伴。从 1932 年到 1938 年,德国、意大利和日本成为拉丁美洲产品的主要进口国。到 1938 年,欧洲市场购买了55%的出口商品，提供了45%的进口商品。

但是，这些新的市场被第二次世界大战的爆发切断。然而，第二次世界大战也为拉丁美洲提供了新的机会，因为拉丁美洲是世界上唯一没有敌对国的原材料生产地。拉丁美洲和美国之间的贸易增加，特别是锡和石油。拉丁美洲国家之间的贸易也有增加，较大的工业地区向其他地区进行出口。阿根廷、智利、巴西和墨西哥甚至发展了有限的资本货工业。巴西总统热图利奥·瓦加斯(Getulio Vargas，1930—1945年，1951—1954年)利用德国对付美国，说服美国取代德国钢铁制造商克虏伯(Krupp)已经计划好的对钢铁工业的投资。其结果，美国出资建成沃尔塔雷东达(Volta Redonda)钢厂。

民族主义一直是一种无定型的情绪。但是情感可以在一定问题上爆发，没有任何问题能比石油更有燃烧力。石油象征了经济民族主义，并且代表了许多拉丁美洲人渴望控制自己的自然资源的情感。民族主义者主张，勘探并开发自己的石油，不仅在经济上是有必要的，也保证了真正的民族独立。而且，对几个大一些的国家来说，这还关系到世界强国地位的问题。一位拉丁美洲民族主义领袖告诫说："谁把石油交给外国人，谁就威胁到我们自己的独立。"在近代的记忆中，没有任何行动能比玻利维亚在1937年和墨西哥在1938年将外国石油工业国有化更受欢迎了。

机敏地解决石油问题能够成为支撑民族主义政府的强大支柱。巴西的瓦加斯能干地利用石油问题以有利于自己。当他感到石油无论在情感还是经济方面都越来越重要时，他在30年代创建了国家石油委员会(National Petroleum Council)，以协调并加强对石油的勘探。1939年，第一口井成功地钻出。兴奋的民族主义者立即要求建立国家石油工业。为了得到更广泛的支持，瓦加斯鼓励建立国家石油垄断，以监督石油勘探，并促进石油资源的开发。1953年石油垄断的建立紧跟着一场激昂的全国竞选运动，标志了民族主义的亘大胜利。他们战胜了竞选对手，后者认为让更有经验的外国公司钻取石油、向巴西支付石油产地使用费是更经济的办法。民族主义者痛斥了这种观点。毕竟，这个问题是带有感情色彩的，不是经济问题。他们想让巴西维持对它最宝贵、最重要的资源的控制权。他们相信国家石油工业代表了主权、权力、独立和福利。民众给予他们热烈的支持，显现出经济民族主义能够聚集的力量。

阿纳斯塔西奥·索摩查·加西亚（Anastasio Somoza García）是20世纪30年代在拉丁美洲掌权的独裁者之一。然而，索摩查的掌权时间比其他独裁者都长得多。他的儿子们——路易斯和阿纳斯塔西奥·索摩查·德瓦伊莱——继承了他的位置。（美国国会图书馆）

8.2 独裁者与民众主义者

随着20年代的繁荣让位于30年代的大萧条，动乱蔓延到整个拉丁美洲，政府更迭频繁。1930年，武装势力推翻了多米尼加共和国、玻利维亚、秘鲁、阿根廷、巴西和危地马拉的政府。1931年，巴拿马、智利、厄瓜多尔和萨尔瓦多也经历了相同的政变。

30年代掌权的人，一般是个人至上的独裁者，将政府打上自己的烙印。他们以残暴和腐败闻名，在他们有绝对控制权的年代中聚敛了大量的财富。其中一些是通过在美国占领期间建立的机构掌权的：拉斐尔·莱昂尼达斯·特鲁希略（Rafael Léonidas Trujillo）是军队指挥员，而军队脱胎于美国1924年撤离在多米尼加共和国的占领军之前建立的警察队伍，他于1930—1961年统治了多米尼加共和国；阿纳斯塔西奥·索摩查·加西亚（Anastasio Somoza García）是以国民警卫队头目的身份掌权的，国民警卫队则是美国为了保证在美国军队于1934年撤离尼加拉瓜时的秩序而建立的。索摩查于1936年掌权，直到他在1956年被刺杀。他的长子路易斯（Luis）继承了职位，直到1967年去世，他的弟弟阿纳斯塔西奥又立即继位。

新的独裁者通过保障秩序为美国的利益服务。在富兰克林·德拉诺·罗斯福（Franklin Delano Roosevelt）的不干涉这一地区的新政策下，他们的独裁主义遭到忽视，这个新的政策被称为“睦邻政策”（Good Neighbor Policy）。这些政权的残暴对美国并不是秘密，一个常被提到但显然不真实的故事可以证实，罗斯福曾经谈到索摩查：“他是一个浑蛋，但他是我们的浑蛋。”这句话

表 8.3 20 世纪 30 年代大萧条时期独裁制的建立

国家	政权
阿根廷	何塞·乌里武鲁(José Uriburu)将军,1930—1931 年 阿古斯丁·P·胡斯托(Agustin P.Justo)将军:"当选的"总统,1932—1938 年
玻利维亚	1930 年,自我政变[①]和军政府监督下的"选举"。1934 年,军队"逮捕"丹尼尔·萨拉曼卡(Daniel Salamanca)总统。戴维·托罗(David Toro)上校,赫尔曼·布什(Germán Busch):"军事社会主义",1936—1939 年
巴西	军政府,然后是军队支持的热图利奥·瓦加斯政权,1930—1945 年
智利	"社会主义共和国",1932 年
古巴	富尔亨西奥·巴蒂斯塔(Fulgencio Batista):"上士政变",1933 年
多米尼加共和国	拉斐尔·特鲁希略将军,1930—1938 年,1942—1952 年
厄瓜多尔	1931—1948 年有 19 个总统,没有一位完成其任期。1932 年,经过四天的内战,基多的驻军将国会逐出首都,州政权恢复了国会。1935 年发生政变,军队强行立费德里科·派斯(Federico Páez)为总统,1935—1937 年。国防部长阿尔韦托·恩里克斯(Alberto Enriquez)将军发动政变,1937—1938 年
萨尔瓦多	马克西米利亚诺·埃尔南德斯·马丁内斯 (Maximiliano Hernández Martínez)将军,1931—1944 年
危地马拉	豪尔赫·乌维科(Jorge Ubico)将军,1931—1944 年
洪都拉斯	蒂武西奥·卡里亚斯·安蒂诺 (Tiburcio Caría Andino) 将军,1931—1947 年
尼加拉瓜	阿纳斯塔西奥·索摩查·加西亚将军,1936—1956 年
巴拉圭	拉斐尔·佛朗哥(Rafael Franco)上校,1936 年。何塞·费利克斯·埃斯蒂加里维亚(José Félix Estigarribia)将军,1937—1940 年
秘鲁	路易斯·桑切斯·塞罗(Luis Sánchez Cerro)上校,1931—1933 年。奥斯卡·贝纳维德斯(Oscar Benavides)将军,1933—1939 年
乌拉圭	加夫列尔·特拉(Gabriel Terra)总统(自我政变),1933—1938 年
委内瑞拉	埃莱亚萨·洛佩斯·孔特雷拉斯 (Eleazar López Contreras) 将军,1935—1941 年

资料来源:布莱恩·洛夫曼:《为了祖国:拉丁美洲政治和军事力量》,1999。经 SR 出版社允许重印,现有罗门和利特菲尔德出版联合公司的版本。

---

① 指立宪政体的首脑突然宣布中止宪法、解散议会,并实行独裁统治的行动。——编者

很可能是罗斯福的国务卿科德尔·赫尔(Cordell Hull)说出来的,但罗斯福肯定有这种想法。有意思的是,一些多米尼加人坚持说这和特鲁希略有关,不是索摩查。

特鲁希略和索摩查都实行新闻审查,压制或收买劳工运动,用警察惩罚他们的敌人和不同政见者。特鲁希略以妄自尊大著称。他至少有 40 个官衔,包括"和平天才"和"第一个和最伟大的多米尼加国家领袖"。他的残暴最明显地显示于 1937 年派军队残杀海地工人,受害者超过 2.5 万人。

索摩查·加西亚对动用国民警卫队恐吓或铲除自己的敌人从不犹豫,刺杀奥古斯托·塞萨尔·桑迪诺(Augusto César Sandino)将军就是实证。桑迪诺是自由派将军,他的杂牌军在 1927—1933 年一直作战,反对美国的占领。索摩查也看到了结盟的需要。30 年代期间,他劝诱劳工;40 年代,他和政治对手进行交易,保证他们的代表性,但保留自己的权力。索摩查政权以他的贪婪和不为人民着想为特征,他也许是尼加拉瓜最富有的人。据报道,当有人建议尼加拉瓜会受益于得到更多教育的民众时,索摩查回答说:"我不想要受过教育的民众,我要的是公牛。"

然而,特鲁希略和索摩查的残暴与马克西米利亚诺·埃尔南德斯·马丁内斯(Maximiliano Hernandez Martínez)相比真是小巫见大巫了。马丁内斯于 1932 年推翻按宪法选举出来的总统阿尔韦托·阿劳霍(Alberto Araujo)之后,在萨尔瓦多掌权。阿劳霍在他的竞选中采纳了萨尔瓦多学者阿尔韦托·马斯费雷尔(Alberto Masferrer)的思想,要求重新分配财富,提供"最低生存条件"。阿劳霍任命埃尔南德斯·马丁内斯为他的副总统,并且观望着法利本多·马蒂(Faribundo Martí)领导下刚成立的共产党组织所领导的绝食罢工和抗议,而农村由于咖啡经济的衰败愈益骚动(咖啡的平均价格从 1928 年的每一百个重量单位 15.75 美元降到 1932 年的 5.97 美元)。松索纳特省一次极易击败的起义导致了埃尔南德斯·马丁内斯政府的大屠杀(la matanza)。这是一次对土著人为主的农村人口的攻击,估计有 3 万人死亡。大屠杀之后,埃尔南德斯·马丁内斯成为巫师(El Brujo),因为他崇拜占星术。他在总统府举行降神会,鼓励儿童光脚,这样他们可以"更好地接受星球的有益气体和地球的波动”，并在圣萨尔瓦多的街上挂满彩灯以阻挡天花的传染。

在古巴，独裁的道路略有不同：民主选举出来的总统变成了独裁者。赫拉尔多·马查多（Gerardo Machado）于1924年靠“革新的政纲”当选。他的改革计划包括出口多样化、鼓励新工业以及关税改革。他的努力使他在1828年再次当选。但是他的改革依赖于繁荣。随着经济大萧条的到来，繁荣也将结束。在20年代繁荣时期，蔗糖售价每磅22.5美分，但到1930年，价格降到2.5美分。蔗糖生产下降60%，使整个经济受到影响。马查多对社会和政治动乱采取了镇压手段。到1931年，温和派领袖被捕入狱，公开的战争开始。他为掌权而采取的残暴手段，导致军队在1933年将他推翻，而不愿意让美国入侵成为可能。

在巴西，热图利奥·瓦加斯（Getúlio Vargas）政权持续时间较长，他是被击败的总统候选人，于1930年通过军事政变篡了权。瓦加斯解散了国会、州立法机构和地方政府，改用政令统治。1934年，他筹划了选举，制定了宪法，将银行和保险国有化。他还强调工业化，并监视国家石油工业（Petrobras）的形成和沃尔塔雷东达钢厂的建立。工人阶级因此扩大，导致工人被动员起来以及社会革命可能发生。对此，瓦加斯于1937年以新国家（Estado Nôvo）政策回应，这个思想是他从意大利的墨索里尼那里学来的。他的政府变得越来越独裁，他依靠新闻检查和秘密警察来防止不同意见。

然而，瓦加斯发现，他可以通过民众主义（populism）[①]这个新的政治工具赢得民众。民众主义是大约1930—1965年在拉丁美洲大部分地区掀起的政治运动。这个运动被称为人民运动，因为运动的基础是民众参加选举，并立誓解决民众关心的问题。但是，民众主义也是等级森严的，由上至下受到有魅力的领袖指导。这些城市运动主要依靠工人阶级、劳工工会、中产阶级和工业上层人士的联盟。在运动的进程中，他们吸收了民众中较激进的思想，将民众重新指引到非革命的方向。首先由于大萧条，其次由于工业发展和城市增长的性质，贫困变得日益严重，引起了对革命的恐惧。民众主义适应当

---

① 一译民粹主义或平民主义。——译者

时状况，并似乎受到愈益多样化的拉丁美洲社会各阶层的欢迎，只有寡头政治上层人士和反对他们的革命者持不同态度。寡头集团对他们失去了权力和财富重新分配给工人阶级大为不满。左翼革命集团则抱怨，民众主义依赖于民众派领袖的慷慨，而不是靠组织起来的民众赢得结构的改革。

但是，有魅力的民众主义领袖讲的都是令人陶醉的民族主义思想。他们在言辞上有说服力，在思想体系上不充分。他们提出来的都涉及到直接利益，如更高收入、医疗保障、资源国有化，而不是体制改革。除了墨西哥的拉萨罗·卡德纳斯（Lázaro Cárdenas）以外，他们都将注意力放在了城市。

瓦加斯清楚地懂得巴西日益强大的无产阶级的重要性。在1930年掌权之后，他几乎立即创建了劳工部，作为政府对付工人的工具。通过精心策划，他利用城市工人，帮助监督传统上层人士原有的巨大权力。工人发誓支持他，以换取他给予他们的利益。有了家长式的——有人说是蛊惑性的——繁荣，瓦加斯给予工人的利益，比他们过去通过自己的组织和罢工得来的利益更高。法令规定，劳工部将工人组织到受政府监督的新工会中。到1944年，大约有800个工会成立，成员超过50万人。政府禁止罢工，但是建立了特别法庭和法规保护工人，并为他们的不满提供解决办法。在政府的监控下，工人可以并且确实与管理部门进行过谈判。此外，瓦加斯颁布了各种有利于工人的社会法案。他制定了退休和退休金计划、最低工资标准、周工作时间限制在48小时、带薪年假、女性津贴和幼儿园、教育机会和扫盲运动、工作中的安全和健康标准，以及保证工作机会。总之，瓦加斯在不到十年中，向劳工提供了工业化国家的无产阶级在前一个世纪一直鼓动获取的利益与好处。因此毫不奇怪，城市工人阶级（这些利益没有延伸到农村地区）一致支持他们的总统。1945年，瓦加斯创建了巴西工党（Brazilian Labor Party）[①]，坦率而大胆地寻求城市工人的支持。这个党派刚建立起来时很小，但其后20年很快在人数和力量上都有增长，而另外两个主要党派在力量上都有衰减。

---

① 即 Partido Trabalhista Brasileiro，PTB。1964年军事政变后被迫停止活动。1979年重建。同年，一部分工党成员另组民主工党（Partido Democratieo Trabalhista，PDT），主席为莱昂内尔·布里佐拉。——译者

拉丁美洲民众主义的偶像之一是胡安·多明戈·庞隆（Juan Domingo Perón）。他是作为从 1930 年开始通过政变掌权的一连串军政府的一员，在阿根廷上台的。尽管工业有所增长，劳动力阶层有所扩大，原来的阿根廷政府基本没有为工人做过任何事。庞隆预见到工人阶级的潜力，并在 1943 年的军事政变之后，利用他们帮助自己掌权。作为新政府的劳工部长，他把大量的注意力放在增加工资上，并为被忽视的工人制定了社会法规，工人们因此热烈地支持他们的恩人。在庞隆当劳工部长的两年中，工会人数几乎翻了两番。庞隆巧妙地操纵了劳工运动，只有对他感激涕零的工会领袖和工会才能得到正式承认。1945 年 10 月，当军队首领怀疑并对他日益增长的权力不满而将他逮捕入狱时，全国各地的工人们生气地赶到布宜诺斯艾利斯市中心，造成首都瘫痪。军队缺乏明显的民众支持，立即改变初衷，释放了庞隆。有了劳工的完全支持，庞隆在 1946 年的总统竞选中以 56%的选票轻易当选，他的追随者主宰了新的国会。在他十年的执政期间，庞隆深深地依靠劳工组织的赞同和支持。那些大多数还没有完全习惯城市生活的工人，成为庞隆极其成功的群众运动的基础。

庞隆在工人群众中的名望之高，只有他的夫人埃娃·杜阿尔特·庞隆（Eva Duarte Perón，1915—1952 年）可以媲美。人们深情地称她为埃维塔（E-vita）。埃维塔曾经是广播电台演员，她那戏剧性的气质使她成为有感染力的演讲者，对她丈夫有很大的帮助。此外，她谈到自己贫穷的家庭背景，赢得民众的同情。她建立了埃娃·庞隆基金会帮助阿根廷的穷人，资金来自私有财产，有时通过铁腕策略，如政府检查、罚款和关闭公司等手法威胁捐款。据说庞隆夫妇的政治活动是有性别分工的。埃维塔以母亲的形象帮助穷人和有需求的人。虽然藐视女权主义者，她将很多时间花在增强庞隆派的妇女党（Women's Party）的工作上，并在 1947 年授予阿根廷妇女选举权中起到关键作用。在 1951 年的大选中，二百多万名妇女第一次参加投票，6 名女参议员、24 名女众议员——全部是庞隆分子——进入了国会。

评论家注意到这些民众主义政府给予工人极大的关注，其代价则是政府对劳工运动的控制。然而，如果说在庞隆掌权期间劳工没有自由的话就太

1950 年，阿根廷总统胡安·多明戈·庇隆和他的夫人——受人尊崇的埃维塔，从总统府玫瑰宫的凉台向支持者们挥手致意。庇隆声称他代表了“无衬衣”的人。（美国国会图书馆）

简单化了。实际上，劳工在过去的政府治下从来没有享受过多少自由——充其量得到容忍。而且可以肯定，在庇隆之前，工会几乎没有为普通会员争取到过任何利益。工会的确对他们的自由作了妥协，但是，他们这样做是为了得到无可争议的利益和参与政府事务的良好感受。这是上层人士管理阿根廷时工人从没有感受到的，只有伊里戈延（Irigoyen）的中产阶级政府时期可能是个例外。庇隆的民族主义言辞赞颂了工人，工人对他的计划比对以往任何政府都更有认同感。他们坚决地支持他嘲笑外国和本国资本家，因为他们认为这些资本家剥削了他们。正如其他同时期的民众主义领袖一样，庇隆散发出迷人的魅力。他从来没有失去过工人阶级的支持。他于 1955 年失去权力是由于经济问题，失去教会的支持，传统寡头集团坚定并愈益有效的反对，以及最重要的一点，过去支持他的军队的退出。中产阶级和上层人士对他的下台感到欢欣鼓舞。这一事件震惊了民众中的各个阶层，他们给予他们的领袖坚决的支持，从而获得了更多的利益和尊严，这些利益和尊严远远超过过去所有政府给予他们的总和。

显然，庇隆所代表的这种民众主义政府在拉丁美洲上层人士中几乎没有势力。这些上层人士包括传统上层人士，和那些由于 20 世纪更大的社会流动性而新近获得更高社会地位的人。他们对从下面侵蚀他们权力的任何势力都不满。逐渐地，中产阶级也对民众主义政府的前途感到恐惧，从而倾向于与上层人士结盟。20 世纪开始的十几年中，城市劳工和中产阶级之间原有的一致在某些情况下十分明显，但由于中产阶级担心他们的地位被威胁——无论是真是假——以及担心劳工的野心，他们之间的一致崩溃了。到20世纪中期，中产阶级与上层人士有更多的认同。他们虽然曾经反对过上层人士，但他们不断地模仿着那种生活方式，所以当他们被迫在主张改革的民众和坚持现状的上层人士之间作出选择时，中产阶级选择了后者。

8.3 拉丁美洲的内向性

随着第二次世界大战的结束，拉丁美洲面临新的世界秩序，它由美国控制，致力于自由贸易。新的秩序是由同盟国在布雷顿森林会议上建立的，确定了如何重建战后经济。美国通过开放边界和单方面减少关税的方法，来提供一个市场，以保证形成一个更国际化的经济贸易，通过固定美元和黄金比价为每盎司黄金35美元来稳定货币，以及通过向世界其他地区投资来提供资本。从体制上看，新的秩序依靠三个支柱支撑：国际货币基金组织(IMF)，通过向政府借贷来稳定货币关系；国际复兴与开发银行(IBRD，世界银行)，向发展中国家提供长期贷款来建设基础设施，以吸引私人投资；以及国际条约组织，该协定是为协调关税的减少和自由进行世界贸易而设计的，它导致贸易和关税总协定(GATT)的形成。

1945年，在墨西哥查普尔特佩克举行的第八届美洲国家大会上，美国代表宣布他们赞成自由贸易，结束了对拉丁美洲提供保障的战时协议。然后，美国将注意力转向通过马歇尔计划重建被毁坏的欧洲大陆。这样一来，美国可以再次从亚洲获取由于战争被卡断的原材料，拉丁美洲不再受到重视。

拉丁美洲试图回转到自己过去的欧洲市场。但欧洲正在艰难地重建家园，几乎没有能力购买拉丁美洲的产品。虽然出口量缓慢增长，出口价格急剧提高，外汇储备增加，但由于偿还债务和对再次充斥这一地区的进口需求大量增加，外汇储备很快耗尽。由于对出口的消极情绪以及受到经济民族主义的鼓励，拉丁美洲领袖们选择了面向本洲。

他们的观点得到联合国拉丁美洲经济委员会(Economic Commission for Latin America,ECLA)[1]理论的支持。这个组织成立于1948年,由阿根廷经济学家劳尔·普雷维什(Raúl Prebisch)领导。联合国拉丁美洲经济委员会和普雷维什坚决主张,从长远看,贸易条件对拉丁美洲不利,因为拉丁美洲用低价格的初级产品换取高价值的制成品。而且,国际市场非常靠不住,商品价格受繁荣—破产周期影响太大。联合国拉丁美洲经济委员会建议采取战争时期和大萧条时期非正式的进口替代工业化政策,把它变成明确的政策决定。进口替代工业化政策得到了一些拥护者:认为有必要建立本地工业以满足国家需求的民族主义分子,希望看到工业扩大的城市工业家和工人,以及期望与工业化相关联的服务行业有所增长的中产阶级。

阿根廷、巴西、智利和乌拉圭热情地采取了进口替代工业化模式,建立关税壁垒来限制与初始工业相竞争的进口商品。他们补助工业生产所需的投资,对创建和扩大工业基础提供低息信贷,并且通过法规要求在市场上有一定量的国内商品。巴西充分地表现出工业在经济中越来越大的重要性。1939年,工业部门占国民收入的17.9%,到1963年,工业已占35.3%。

并非所有拉丁美洲国家都同等地加入了工业高潮。工业化集中在几个地理条件优越的地区。到60年代末,三个国家——阿根廷、巴西和墨西哥——占有整个拉丁美洲工业生产的80%。实际上,工厂生产总量的30%以上集中在布宜诺斯艾利斯、墨西哥城和圣保罗这样的大都市地区。其他五国——智利、哥伦比亚、秘鲁、乌拉圭和委内瑞拉——的工业品生产占拉丁美洲的17%,剩下的3%是由其他12个共和国制造的。

工业化为拉丁美洲带来新的问题。其一是创造了一种新的依附性,整个地区更严重地依赖外国的投资、技术、技术人员和市场。另外就是将财富越来越多地集中在少数工业上层人士手中。此外,工业家和大地产主之间的关系比大多数人所意识到或愿意承认的更加紧密。有时地产阶层和工业家阶

---

[1] 联合国经社理事会下属五个区域性经济委员会之一,1984年更名为拉丁美洲和加勒比经济委员会(Economic Commission for Latn Amtrica and the Caribbean,ECLAC)。——译者

层是分开的，但在许多情况下，两个群体是搅在一起的。因此，可以看到工业愈益集中在少数人手中，与此同时，土地所有权也更加集中，通常，同一个人既是地主，也是工业家。这种利益的相互关系使改革变得更加复杂。

工业化的一个重要结果是，划分得更清楚的城市无产阶级对自己的目标和权利有更深的觉悟。随着劳工运动在1914—1933年间的扩大，其领袖更多地谈到了大的社会改革。劳工运动的理论思想、效率不断提高的工会组织，以及劳工掌握的新的权力，都使上层人士和中产阶级感到惊慌。政府让步于劳工最基本的要求，限制了工作时间，规定了最低工资，提供了假日，保证了病假和产假，并且制定了其他社会福利法。但同时，政府开始统治、控制并最终接收了劳工运动。

劳工提出的要求之一是便宜的食物，特别是在他们难以保证有更高工资的时候，此项必须得到保障。然而，农业仍然是地区经济的基础，几乎没有任何国家试图改革几个世纪以来的农业结构。墨西哥是50年代以前唯一的例外。拉丁美洲大多数国家的土地所有制一直是恶名昭彰地不合理，而且至少部分建立在用武力、欺骗和可疑的措施等方法积累了大片土地，这些措施通过时间的推移和官僚的默许而得以允许实施。

世界上没有任何一个面积相当的地区像拉丁美洲那样，土地高度集中在少数人手中。20世纪50年代，这个地区80%的土地集中在5%的人口手中。在天平的另一端有着另一个问题：小地产，这种地产极小，通常连它的主人都无法靠它维持生计，更谈不上为地区或国家经济做任何贡献。这些小农场占所有农场总数的80%，但仅占土地总数的5%。60年代初的统计数字显示，63%的农村人口，或1,800万成年农民不拥有任何土地；另外550万农民拥有数量不足的土地；190万人有足够的土地；10万人拥有的土地过量而酿成对地区社会和经济的不良后果。

除去明显的例外，用非常概括的语言讲，大地产的特征是缺乏效率。大地产的大量土地或是没有得到开发，或是开发不足。据专家估计，20世纪中期的拉丁美洲只开垦了所有农田的10%左右。50年代末，在巴西、委内瑞拉和哥伦比亚，80%左右的农田没有用于耕作，或用于非生产性的养牛业。

1960 年对哥伦比亚的一个研究揭露，最大的农场主控制了 70%的农田，但只开垦了 6%的土地。在另一方面，地产少于 13 英亩的农民却开垦了 66%的土地。

地主继续占有他们的地产，不是为了开垦，而是为了特权、投资和投机买卖。如同过去一样，控制了土地就保证了对劳动力的控制，因为没有土地的人不得不到大地产上工作。有了这样大量的廉价劳动力，大地产主认为根本没有必要使农业技术现代化。刀耕火种仍然是清理土地最流行的办法。农民几乎不用化肥，即使用也非常少。其结果是，土地被侵蚀，地力被迅速耗竭，一贯很低的生产力下降更多。农民用的锄头几百年都没有改进过，犁很少见到，拖拉机就更不必说。

拉丁美洲对粮食的进口需要日益增加。譬如，智利在 20 世纪 40 年代从农业纯出口国变成纯进口国。到 50 年代中期，农产品占智利总进口的 25%。这个国家将艰难赚取的外汇的 18%用在了本来可以自己生产的粮食进口上。智利的这一悲剧并非独特。到 1965 年，粮食占拉丁美洲从外国购买货物总量的 20%。虽然有进口补充当地的生产量，贫困的民众仍然无法支付昂贵的进口食品。饥饿并非无人知晓，营养不良在拉丁美洲的广阔地区极其普遍。

20 世纪的农业并没有失去过去重商主义时期那种投机性和迎合性的特点。为了繁荣，农业仍然严重地依赖少数出口商品，这些商品在国际市场上一贯很脆弱，它们的价格依赖于少数工业化国家的需求。此外，新的产品和替代品开始向这些传统商品挑战，它们的售价更低，从而使拉丁美洲经济愈益脆弱。特别是非洲作为令人生畏的对手出现，与拉丁美洲争夺国际市场。第二次世界大战之后，农产品的价格逐渐下降到使拉丁美洲沮丧的地步（同一时期，进口的资本货价格直线上升）。但是大地产主基本上仍然沿用他们一贯的做法，只出售一种农作物。譬如，在 50 年代末，惊人数量的拉丁美洲人的福祉依赖于咖啡的合理价格。咖啡占哥伦比亚出口的 67%，萨尔瓦多出口的 42%，巴西出口的 41%，海地出口的 38%，危地马拉出口的 34%和哥斯达黎加出口的 31%。其他的拉丁美洲经济依赖于蔗糖、香蕉、可可、小麦、牛肉、羊毛和羊肉的出口。

8.4 尝试民主

经济不是战后拉丁美洲期望改革的唯一方面。伴随着美国参与第二次世界大战的言辞,响遍了整个半球。同盟国的胜利标志着民主战胜了独裁,其结果震动了拉丁美洲。许多拉丁美洲人奇怪,为什么他们要支持欧洲为民主而战,却在国内遭受独裁统治,于是开始要求将自己的政治结构民主化。一群杰出的巴西中产阶级反对瓦加斯继续其独裁统治。他们公开宣讲:“如果我们站在联合国一边反对法西斯主义，使自由和民主可能在人民中得到恢复,那么要求我们自己得到这种权力和保证,肯定不过分。”

在要求民主的运动中,19 世纪自由主义思想又开始出现。这个时期有利于中产阶级声称的民主概念。落后的政府被推翻。言论自由、出版自由和结社自白的浪潮淹没了拉丁美洲大部分地区,中产阶级得到满足。新的政党出现了，代表了人口中更广泛的阶层。在任何地方都是一棵脆弱植物的民主,似乎就要在整个拉丁美洲开花了。

没有任何地方比危地马拉更能充分地表现出这种改革。危地马拉从 1931 年到 1944 年一直在豪尔赫·乌维科(Jorge Ubico)的统治之下。乌维科曾任陆军部长，他执政时期，实行了前所未有的中央集权和对反对派的镇压。虽然从法律角度上讲,他结束了债务劳役制,但 1934 年的流亡法要求人人带有身份证,加强了地主在与劳工发生纠纷时的处境。由于他禁止独立的劳工组织的存在,地主支持他的政权。他屠杀造反的土著人,杀害劳工领袖和知识分子,使他自己的朋友们富裕起来。

1944 年 5 月和 6 月出现了一系列反对乌维科的抗议游行，主要由教师、商店店主、技术工人和学生参加。他们受到弗兰克林·德拉诺·罗斯福的四大自由的影响:言论自由,信仰自由,免于匮乏的自由,免于恐惧的自由。他们也受到了墨西哥总统拉萨罗·卡德纳斯将石油工业国有化和农业改革计划的影响。

面对他的反对派，乌维科不能指望美国的支持，因为美国认为他不可靠。他公开倾向纳粹，直到美国对他施加压力支持同盟国。他极其不值得信任，联邦调查局居然派人监督他没收德国财产。美国在危地马拉城附近建立空军基地，一方面是为了监视巴拿马运河，另一方面就是为了监控乌维科。

导致乌维科倒台的一系列非暴力抗议活动始于教师拒绝参加每年一次的教师日游行。在一次抗议活动中，危地马拉骑兵出动，杀死杀伤大约200 人。乌维科宣布戒严。随着危机加剧，一群支持抗议活动的著名教师、律师、医生和商人递交了 311 请愿书，要求乌维科辞职。请愿书由他认为是朋友的几位著名公民递交给他。乌维科这才承认自己的失败，于 1944 年 7 月 1 日将权力交给了费德里科·庞塞（Federico Ponce）将军。庞塞同年秋季参加竞选，反对派提出他们的候选人胡安·何塞·阿雷瓦洛（Juan José Arévalo）博士，他是一位著名的教育家，曾写过多本历史、地理和民事教科书，流亡阿根廷。

阿雷瓦洛认为自己是“精神社会主义者”，他说是受到了罗斯福的鼓舞。在就职演说中，他谈到美国总统时说：“他让我们认识到用不着为了吹进一点社会主义精神而放弃民主体制中的自由概念。”阿雷瓦洛解散了秘密警察，将所有的将军解职，取消了国民议会，并废除了宪法。经过选举形成的制宪议会制定了新的宪法，选出新的国民议会。新政府四个最重要的任务是进行农业改革、保护劳工、改善教育和巩固政治民主。

任务极其艰巨：危地马拉的一个有经验的银行工作人员每月工资为 90 美元，一个农场工人每天挣 5 到 20 美分。2%的大地产主拥有 72%的土地，90%的土地所有者只占有 15%的生产面积。印第安人每年仍然有 150 天做债务劳役。总人口中有 75%没有文化，其中 95%是土著人，土著人占总人口的一半以上。拉迪诺人的平均寿命是 50 岁，而土著人只有 40 岁。

咖啡生产由危地马拉上层人士控制，香蕉生产由美国巨商联合果品公司（United Fruit Company，UFCO）掌控。阿雷瓦洛通过采纳劳工法，制定最低工资标准，创建国家生产机构（National Production Institute）向小农场主分配信贷、专业技术和材料等措施来对付这一系列问题。他将没收的德国人的地产分配下去，保证小土地所有者登记他们的所有权，并通过《强迫出租法》来保证任何占有一公顷（约 2.5 英亩）以下土地的人都可以租种土地。他还建立了国家银行和国家计划办公室。

1950 年，载入史册的自由选举之后，哈科沃·阿本斯（Jacobo Arbenz）当选，他在这次所有观察员都认为诚实合理的选举中赢得了 65%的选票。虽然阿雷瓦洛巩固了民主，经济改革的工作就要由阿本斯进行了。在 1950 年，农业工人的人均年收入是 87 美元。在 400 万英亩的种植园中，不到 25%的土地得到开垦。在就职演说中，阿本斯发誓将国家从依附性状态转变成经济独立，从“封建”状态转变到现代的资本主义经济，并提高民众的生活水平。

他的蓝图是国际复兴与开发银行 1950 年印发的一份报告。报告建议政府制订对能源公司的管理规则和国家电力管理的自主权，制定工资要考虑到物价，制订对外商的规定，进行工业化来降低对外贸的依赖，以及将资本盈利税制度化。报告批评危地马拉上层人士在获取巨大利润之后却投资国外。

阿本斯知道必须从农村开始。他宣称那里是封建的，需要重新建立成功的资本主义。他的工具是 1952 年的《土地改革法》。这一法律宣布，超过 220 英亩土地的大地产中如果被开垦的部分不到三分之二，未开垦的部分就要被征收并重新分配。小于 220 英亩的农场不动。只要土地全部开垦，农场面积大小没有限制。被没收的土地按 1952 年 5 月大地产主报税时申报的地产价值，以 3%的利息用 25 年的债券来补偿。土地划分成不超过 42.5 英亩的面积重新分配，10 万人得到了 150 万英亩的土地。在被没收的地产中，有 1,700 英亩是阿本斯本人的。阿本斯对他打算进行的改革握有坚实的法律基础。1945 年的宪法宣布大地产非法，并授权政府没收并重新分配这些土地。然而，拥有土地的上层人士立即高声控诉改革属于共产主义性质。

对共产主义的控诉足以引起美国官员的注意。美国从来没有对社会主义和共产主义有过友好态度，从苏联之初就一直非常留神，第二次世界大战中也是极不情愿地与它联合。但是，反对轴心国的“热”战结束后，美国开始沉浸在一场新的战争中:冷战。这一次没有战斗,至少不是在美国和苏联之间直接发生战斗。但是美国决心制止共产主义或任何被看做共产主义的事物在世界各地传播。共产主义是以计划经济而不是市场经济为基础的,而美国现在比以往任何时期都更加坚定于市场经济。

危地马拉进行的土地改革比邻近的墨西哥的土地改革缓和得多，但是进行的时间不对,地点也不对。在其他时期,美国会鼓励这类项目的实行。但在 20 世纪 50 年代,对联合果品公司的攻击被看做是对美国资本的攻击。在冷战的冰点期,任何限制资本主义发展的行为必定具有社会主义性质。社会主义就是想象为坚如磐石的苏联共产主义。

在华盛顿，国务院紧张地注视着事态的发展，但一直没有表态，直到 1953 年危地马拉政府没收了 233,973 英亩联合果品公司没有使用的土地,这个数字后来升到 413,573 英亩。联合果品公司有着极大的经济实力,不仅是这个国家最大的农业企业，而且拥有并控制了主要铁路和主要港口巴里奥斯港(Puerto Barrios)的设备。这个公司在民族主义分子中极其不受欢迎,并且由于是外国公司，又对被认为是半封建和剥削性的经济具有太强的影响力,因此也容易遭受攻击。据记载,这个公司付给危地马拉政府的关税和所得税是公司年利润的 10%,这个数字在当地民族主义者看来太低。

美国国务院急忙支持联合果品公司的要求，以政府补偿不足为由反对危地马拉政府。但是，补偿的价值是与公司为缴税而公布的土地价值相等的。在这一刻,国务院开始指控危地马拉政府如果不是已被共产党控制,至少是受到共产党渗透。联合果品公司与美国政府有着不寻常的紧密关系,这导致一些美国外交政策的批评家怀疑政府的动机。国务卿约翰·福斯特·杜勒斯(John Foster Dulles)的法律办公室起草了联合果品公司 1930 年和 1936 年与危地马拉政府签订的协约。美国中央情报局局长、国务卿的兄弟艾伦·杜勒斯(Allen Dulles)曾是联合果品公司的董事长。说到这方面,当时的美洲事务助理国务卿约翰·穆尔斯·卡伯特(John Moors Cabot)的家族还握有香蕉公司的股票。

虽然联合果品公司与美国政府可能有不一般的紧密联系，但为保护美国公司而进行干涉肯定没有任何不一般。实际上，干涉是美国多年来的政策。此外，美国公司不是唯一对阿本斯的经济政策深表反感的。危地马拉商业，特别是咖啡业，也同样反感。他们欢迎美国反对阿本斯，如果不是美国已经进行干涉，他们也会提出要求这种帮助。

尽管压力增加，为了减少危地马拉的依附性，阿本斯推行了他的计划。他宣布政府有意向建设一条从危地马拉城到大西洋海岸的公路，从而终止了联合果品公司拥有并运行的中美洲国际铁路公司（International Railways of Central America）对交通的垄断。此外，他决定建设国家水电厂。在这之前，是外国公司生产危地马拉的电力，价格之高居于拉丁美洲前列。

到 1953 年底，阿本斯政府害怕美国干涉。阿本斯反复地要求加强武装，理由是，比较保守的邻国洪都拉斯和萨尔瓦多正在鼓励人们外逃，以准备对他的国家发动进攻。美国国务院禁止对危地马拉出售武器和运输。在无法用美国物资武装军队的情况下，阿本斯转向另一个来源。1954 年 5 月 17 日，一船武器从捷克运了过来。对美国国务院来说，这些武器的到来证明了危地马拉已经受到共产党的控制。

美国空军立即将军事物资送往特古西加尔巴（Tegucigalpa），以装备在危地马拉军队逃亡者卡洛斯·卡斯蒂略·阿马斯（Carlos Castillo Armas）上校领导下的一支小规模的武装部队。1954 年 6 月 18 日，卡斯蒂略·阿马斯以及约 150 人穿越国界线进入危地马拉。他们深入近 25 英里，但没有任何重大行动。他们没有必要行动。由于军队拒绝采取行动，而工人又

在 1954 年美国发起推翻哈科沃·阿本斯总统的政变中，一架小型飞机在危地马拉城上空散发传单。（美国国会图书馆）

没有武器,阿本斯政府倒台了。对没有武装的首都进行的一系列空袭,使居民感到恐惧,人们的士气一蹶不振。对首都的攻击在心理上而不是肉体上有更大的伤害。据美国前总统德怀特·D·艾森豪威尔(Dwight D. Eisenhower)在公开录音的访谈中揭露,飞机是由美国中央情报局提供,美国驾驶员驾驶的。美国大使约翰·普里福伊(John Peurifoy)处理了政府交接事宜,在华盛顿的热烈支持下,卡斯蒂略·阿马斯就任总统。美国触犯了联合国和美洲国家组织的条约和国际法,公然地入侵一个小国。在 1954 年 6 月 30 日的广播讲话中,约翰·福斯特·杜勒斯告诉美国人民有关危地马拉政府的变换,他进而宣布:“最近几个月发生的事件在美洲国家已经很伟大的传统上添加了新的光荣的一章。”

美国将卡斯蒂略·阿马斯扶上台后一年,副总统理查德·尼克松(Richard Nixon)写道:“卡斯蒂略·阿马斯总统‘在两年中为人民做出比共产党在十年中能够做出的更多’的目标很重要。共产党政府由一个自由政府所取代,这在历史上是第一次。整个世界都在注意谁能做得更好。”

在仿效乌维科 1931—1944 年间做法的一次公民选举中,卡斯蒂略·阿马斯巩固了自己的权力。他从当地上层人士、联合果品公司和美国国务院中得到主要的支持,在掌权的三年中没有提过一次选举的问题,无论是自由选举还是其他。然而,他采取预防措施,废除了所有他不喜欢的政党派别,剥夺所有文盲的选举权,也就是取消半数以上成人的选举权。警察将政治对手逮捕、折磨、流放和杀害,指控他们是共产党作为他们的罪名。卡斯蒂略·阿马斯根除所有可能发现或假造的共产党痕迹,但在这一过程中也取消了民主和改革。

危地马拉在 1954 年后是拉丁美洲第一个将土地改革倒转回去的国家。卡斯蒂略·阿马斯向联合果品公司交回了他前任收归国有的土地。更重要的是,他签订了新的合同,使这个公司得以剥削危地马拉直至 1981 年,将公司税金限制在不超过利润的 30%(这个数字与石油公司交给委内瑞拉的 69% 相差太大)。约 150 万英亩的土地交还给原来的地主,这些土地是根据 1952 年《土地改革法》判定为闲置土地而没收并分配给 10 万无地农民家庭的。新形成的农民阶层损失惨重。交还给原来的地主的土地大部分被荒废,而危地马拉进口那些自己完全能够生产的食物。

1957年,卡斯蒂略·阿马斯被他自己的总统卫队的人暗杀,但这没有使国家的政治压迫得到终结。在20世纪下半叶,一系列军人政府打着反对共产党的旗号,对土著人展开大屠杀。在反思危地马拉军事政权的残暴和傲慢时,洛杉矶时报(1984年7月5日)把中央情报局1954年的干涉和凄惨的后果称为"美国与拉丁美洲关系史上最目光短浅的'成功'之一"。

推荐书目

布尔默—托马斯,维克多:《拉丁美洲独立以来的经济发展》,第2版,剑桥:剑桥大学出版社,2003。

弗雷泽,尼古拉斯和玛丽萨·纳瓦罗:《埃维塔》,纽约:W.W.诺顿及公司,1996。

格莱赫斯,彼罗:《破碎的希望:危地马拉革命和美国,1944—1954年》,普林斯顿:普林斯顿大学出版社,1991。

普洛特金,马里亚诺·本:《明天属于圣庇隆:庇隆的阿根廷的文化史》,威尔明顿,特拉华州:学术资源丛书,2003。

罗克,戴维编:《20世纪40年代的拉丁美洲:战争和战后的变迁》,伯克利:加利福尼亚大学出版社,1994。

施莱辛格,斯蒂芬和斯蒂芬·金泽:《苦果:美国在危地马拉的政变》,剑桥,麻省:哈佛大学出版社,1999。

Bulmer-Thomas, Victor, *The Economic History of Latin America Since Independence,* 2nd ed, Cambridge: Cambridge University Press, 2003.

Fraser, Nicholas, and Marysa Navarro, *Evita,* New York: W,W, Norton & Co,, 1996.

Gleijeses, Piero, *Shattered Hope: The Guatemalan Revolution and the United States, 1944—1954,* Princeton: Princeton University Press, 1991.

Plotkin, Mariano Ben, *Mañana es San Perón: A Cultural History of Perón's Ar-*

gentina, Wilmington, DE: Scholarly Resources Books, 2003.

Rock, David, ed., *Latin America in the 1940s: War and Postwar Transitions*, Berkeley: University of California Press, 1994.

Schlesinger, Stephen, and Stephen Kinzer, *Bitter Fruit: The Story of the American Coup in Guatemala*, Cambridge, MA: Harvard University Press, 1999.

第九章

革命的选择

到20世纪50年代末，大部分有关发展和民主的允诺似乎都成了泡影。在大多数国家，对大多数人口来说，如果改革最终真能来到，那也来得太慢，太没有效率。在20世纪，对逐步展开的变化和改革感到绝望的拉丁美洲人，有五次选择了革命，以作为更快更保险的变革道路。墨西哥革命发生在20世纪上半叶。四个国家在20世纪下半叶爆发了革命：玻利维亚、古巴、智利和尼加拉瓜。

所有这四个革命都有共同点：革命领袖主要是年轻男女，他们都是中产阶级，个别还有上层人士的后代，但他们选择放弃阶级特权，为社会变革服务。这些革命领袖创建了中产阶级、城市工人阶级和农村贫民之间的联盟，并有不满的上层人士加入。他们要革命——一个在经济、政治、社会和文化结构上的彻底变革——并非只是改革。他们想创建为贫困百姓谋福利的计划。但每一个国家的特殊情况以及每次革命发生时的国际状况导致革命道路及结果各有不同。

革命是极端的选择，人们在用合法与和平手段进行改革都失败之后才会选择革命。革命是指突发地、强行地，通常带有暴力地推翻原有的稳定社会，并用其他体制代替已丧失信誉的体制。这是彻底和基本的变革，不只是在政治组织上，并且在社会和经济结构以及主导意识形态上都有一个变革。这些已不只是人员的变动，不像无数次政变，只改变了总统府的人，却没有改变任何社会结构。

布尔什维克领袖列夫·托洛茨基(Leon Trotsky)的著名见解是，如果人们只是因为贫困和受压迫而革命，那么整个世界每天都会有革命发生。革命的原因不是一夜之间发展起来的，而是长时期问题积累的结果。外国对经济或政治进程的控制可以引起本地人的不满。革命的另一个起因是公众对经济状况的直觉,这可能包括由于经济增长和发展计划而提高的期望值,或由于经济的迅速转变和经济危机的艰难而造成的社会混乱。

政治分歧也可能导致革命，特别是当新的经济领袖期望政治权力的时候,更是如此。政治开放可能引发对民主化的更大希望,而在预期的自由未能实现时,便会产生暴力反应。政府无法满足不同选民的要求和期望,导致自己的支持基础削弱。政府成为抗议的目标时,受到威胁的官员通常实施暴行,造成更多的人反对政府。

革命的产生必须包括领袖和追随者。雄辩的领袖将注意力放在民众的不满上,计划行动——通常是暴力行动,以点燃革命之火。但是他们也需要民众的支持,否则他们倡导的行动就无人响应。没有任何领袖可以自己进行革命。重要的是,领袖对革命做出指导并进行辩护,打碎旧的并创建新的神话。他们明确表达革命目标,这些目标通常集中在民族主义和某些形式的社会主义或财富的再分配上。

虽然玻利维亚发生了新的革命浪潮,但这一场革命最终在四次革命中影响力最小。玻利维亚革命由于内部问题而失败。此外,这次革命并不典型,因为没有遭到美国的积极反对,不同于古巴、智利和尼加拉瓜革命。

像危地马拉一样,玻利维亚人口以印第安人为主。20 世纪 50 年代,它的人口特点是没有文化、营养不良、多病、人均收入低,以及平均寿命短。玻利维亚主要依靠锡矿的出口,锡矿由三个玻利维亚家族拥有:帕蒂尼奥(Patiño)、霍赫希尔德(Hochschild)和阿拉马约(Aramayo)。帕蒂尼奥家族的年收入超过文人政府，每年给他一个儿子的花销比政府的教育预算还多。

1941 年，城市知识分子在维克托·帕斯·埃斯登索罗（Victor Paz Estenssoro)的领导下组织起民族主义革命运动党(Movimiento Nacional Revolucionario,MNR)。它的两个主要目标是锡矿国有化和反对国际帝国主义。在 1951 年的总统选举中,政府依照惯例控制选举机器,选举权只限于有文化的男性，他们仅占总人口的7%左右。尽管有这些阻碍，民族主义革命运动党取得了巨大的胜利。政府和军队拒绝让帕斯·埃斯登索罗就职，导致1952年4月的流血斗争，民族主义革命运动党用武力夺取了政权。这场革命代表了基础广泛的进步力量的联合，其中有中产阶级、学者和学生、组织起来的劳工和农村无地农民。城市和农村劳工中的民兵提供了主要的武装力量，成为关键的实力组织。

帕斯·埃斯登索罗总统将锡矿国有化，但没有给予矿主任何补偿，这一举动得到几乎全部人口的支持。然而，更大的问题是，没有预见到的农村骚乱，迫使城市运动进行农业改革。土著人站出来夺取土地，帕斯根据实际状况采取了行动：在1953年8月2日的法令中将改革具体化。

做了四年总统之后，帕斯·埃斯登索罗将总统职位交给了民族主义革命运动党的忠实同志埃尔南·西莱斯(Hernán Siles)，他在1956年的大选中获胜。由于一届不在位，帕斯·埃斯登索罗得以在1960年再次参加竞选，选民们热烈地拥护他再次当选。但当帕斯于1964年篡改宪法使自己得以再当一届总统时，军队篡夺了权力。革命活动减少，然后消失。

美国在玻利维亚投资不多，认为这个孤立的国家没有多少战略重要性。华盛顿不但没有强烈反对，反而慷慨地向玻利维亚的民族主义革命运动党政府提供了大量的资金、技术援助和支持，作为对温和的中产阶级革命领袖帕斯·埃斯登索罗和西莱斯的支持，以反对激进的工人阶级。玻利维亚政府于1956—1957年被要求接受乔治·杰克逊·埃德（George Jackson Eder)作为他们的稳定化计划的主任，后者在他1968年出版的《拉丁美洲通货膨胀和发展》一书中回忆道，他曾帮助削弱激进的工会在政府中的权力。他的稳定化计划"意味着否定，至少心照不宣地否定革命政府在过去四年中所做的一切"。

对于拉丁美洲其他地区来说，玻利维亚革命是一场虚幻缥缈的革命。这是一场中产阶级选择的革命，由于他们的领导阶层对权力的欲望大于革命目标而遭到毁灭。结果，其影响力极小。这场革命基本上没有激励其他任何革命运动。事实上，到1967年，玻利维亚的状况极其糟糕，致使古巴革命英雄埃内斯托·“切”·格瓦拉(Ernesto “Che” Guevara)试图在那里开始一场新的革命运动,最后以他的死亡而结束。[①] 古巴、智利和尼加拉瓜革命在这一地区有着大得多的影响,美国的作用在这三场革命中都成为关键。

作为历史学家,我们需要提出三个主要问题:这些革命者想得到什么结果,为什么?他们如何进行革命运动?以及,为什么美国那样强烈地反对他们?

9.1 古　巴

也许拉丁美洲历史上没有任何其他事件拥有如古巴 1959 年革命那样的影响力。它成为整个拉丁美洲和其他地区革命性变化的典型。它也成为美国冷战政策的样板。古巴革命特别激怒华盛顿的领导人,部分由于两国之间在历史上关系紧密,部分因为这场革命发生在离我们的海岸线仅 90 海里处。

乍看起来,20 世纪 50 年代的古巴似乎不像发生革命的地方。以拉丁美洲标准来看,古巴人文化程度高,人均收入也高。这是一个城市化的国家,有相对大的中产阶级。然而,笼统的统计数字可能误导人。人口中的大多数在农村居住,那里的情况大不相同:43%的成年人没有文化,60%住在泥地板和棕榈叶屋顶的住房,66%没有厕所或便坑,并且 14 户人家中只有一户有电灯。古巴最大的群体是农业雇佣劳动者,约 60 万人。他们大多数是甘蔗收割工,因此只在收割季节做全工。农业雇佣劳动者平均每年只有 123 天的工作日。古巴依赖于一种作物——蔗糖,占出口总收入的 75%到 85%。此外,它又主要依赖于一个市场,就是美国。

美国自从 1898 年在古巴即将从西班牙人手中赢得独立时进入古巴算

[①] 埃内斯托·“切”·格瓦拉(1928—1967 年),生于阿根廷。1953 年获博士学位和外科医生证书。同年 12 月,供职于危地马拉阿本斯政府。1955 年起参加卡斯特罗领导的‘七·二六运动”。历任古巴国家银行行长(1959—1961 年)和工业部长(1961—1965 年)。1965 年 4 月参加刚果游击战争。1966 年赴玻利维亚发动游击战争。(1967 年 10 月)被玻利维亚政府军俘获后遇害。——译者

起,就赫然耸现在古巴的历史中。随后,美国的军事占领剥夺了古巴人重组自己经济的机会。在这一过程中,美国巩固了自己对古巴经济的控制:早在1890—1895年,美国拥有的糖厂生产10%的古巴蔗糖。1953年,美国糖厂生产40%的蔗糖,并占有50%的铁路和90%的公共事业。1958年,美国在古巴的总投资达10亿美元,超过除了委内瑞拉之外的任何拉丁美洲国家,以人均计算,是其他任何一个拉丁美洲国家的三倍多。此外,蔗糖生产的大规模,以及随之而来的资本的需求,限制了古巴人扩大他们的拥有份额,第二产业的发展发生在美国而不是古巴。

美国是古巴最重要的市场,古巴可以出售的蔗糖量依赖于美国国会制定的配额,这就要看在美国的美国蔗糖种植者和炼糖厂的需求了。这种对美国国会的依赖,远远超出大多数农业出口边缘国家在国际市场上受工业化国家控制的不利境况。另外,为争取配额所作的交换条件是,古巴给予美国四百多种产品特惠,实际上换走了这个岛国工业化的机会。

给古巴人留下的机会只剩下地产投机和政府,政府成为偷窃和腐败的同义词,这在独裁者赫拉尔多·马查多(Gerardo Machado,1924—1933年)的统治下是非常明显的。反对马查多的运动动员起古巴的工人和学生,但他最后的倒台是通过富尔亨希奥·巴蒂斯塔(Fulgencio Batista)上士领导的军事政变。新总统拉蒙·格劳·圣马丁(Ramón Grau San Matin)是个医生和教授,他宣布社会主义革命的开始。华盛顿官员立即紧张起来,敦促巴蒂斯塔再次插手。这一次,巴蒂斯塔自己掌握了权力,统治古巴长达25年。许多古巴人感到又一次争取民主和主权的机会由于美国的干涉而被剥夺了。

1934—1940年间,总统只是个傀儡,真正掌权的是巴蒂斯塔。他于1940—1944年直接统治,然后退休到迈阿密,据估计财产比原来增加了2,000万美元。在他离开古巴期间,成为保守派的格劳终于赢得了他的总统职位。巴蒂斯塔于1948年回国,在卡洛斯·普里奥·索科拉斯(Carlos Prio Socorrás)总统任职期间成为古巴参议员,这一时期的政治腐败达到一个新的低潮。巴蒂斯塔对这种社会状况的回报是1952年的政变,并且直到1959年革命,一直进行着独裁统治。从1924年马查多掌权一直到1959年巴蒂斯塔被推翻,古巴似乎没有任何变化。的确,有些人会争论道,自从独立以来,古巴实际上没有任何改变。腐败的体制、欺诈性的选举以及整个岛国受到美国的控制,正是这种长期而痛苦的历史为古巴革命搭好了舞台。

巴蒂斯塔是在菲德尔·卡斯特罗(Fidel Castro)领导下的人民革命中被推翻的。卡斯特罗是中产阶级学生和知识分子的活跃而年轻的代表。他是出生于西班牙的地主和女仆的私生子,当时为代表穷人的律师。他是正统党的国会候选人,但选举被巴蒂斯塔的政变所废除。菲德尔采用了一种新颖的手法,控告巴蒂斯塔违反 1940 年宪法,但是,巴蒂斯塔的法院根本不受理此案。这时,菲德尔追随古巴长期的历史传统,进行了武装起义。1953 年,他和 162 名哥儿们出发攻打蒙卡达军营,遭到惨败。菲德尔从监狱出来以后,逃到墨西哥,在那里组织了一支攻击力量。

在墨西哥受训练的人中,有一个年轻的阿根廷医生叫埃内斯托·“切”·格瓦拉(Ernest “Che” Guevara)。格瓦拉在整个拉丁美洲旅行过,他得出结论,许多他希望得到解决的医疗问题都与贫困有关,只能通过制度改革来解决。1954 年他来到了危地马拉,对阿本斯尝试的改革很钦佩,却看到了其政府被美国的政变推翻。他很高兴加入菲德尔的 82 人的进攻队伍,于 1956 年乘坐 58 英尺的游艇“格拉玛”号(Granma)驶向古巴。大多数人或在海上遇难,或在登陆时被打死,但有 12 人活了下来,他们从马埃斯特腊山(Sierra Maestra)中的贫困农民那里得到了支持。游击队攻打农村哨所,迫使巴蒂斯塔向山区派遣部队。与此同时,在城市里,以攻打蒙卡达命名的七·二六人民抵抗运动,进行了持久的破坏和颠覆活动。他们安放炸药,切断电线,并撬掉铁轨。最后,美国撤销对古巴政府的支持,巴蒂斯塔下台。1959 年 1 月,胜利的革命队伍开进哈瓦那。

卡斯特罗设想一个改革了的古巴。他说,他的斗争目标是要结束大庄园制,限制外国所有权,建立合作社,公用事业国有化,制定社会立法,普及教育,以及实现国家工业化。这些计划受到广大古巴人民的欢迎,激发了全岛的民族主义情绪。他们与格罗·圣马丁在 1935 年建立的中产阶级党派的基础产生共鸣:“民族主义,社会主义,反对帝国主义。”

卡斯特罗倡导的变革有坚实的历史依据，最早可追溯到古巴反对西班牙时期。令人憎恨的《普拉特修正案》，美国的多次干涉，对巴蒂斯塔的支持，对古巴经济的控制，都留下了苦涩的回忆。古巴人憎恨华盛顿的霸权，一代又一代的爱国者对此提出挑战。卡斯特罗也注意到古巴 1940 年的宪法取缔了大庄园，限制外国人拥有土地，允许“由于公共事业或社会利益的原因”没收地产。宪法授权国家提供充分就业，地下财富为国家所有，政府有权“为人民利益指导国家经济”，并授权国家控制蔗糖业。接二连三的中产阶级政府不接受新的宪法，就像没有宪法似的管理着国家。但在古巴独立英雄何塞·马蒂的写作中，在推翻马查多势力的宣言中，在 1940 年的宪法中，菲德尔找到了许多对他所提倡的改革的激励。

虽然卡斯特罗有强烈的民族主义思想，他仍试图与美国保持良好关系。1959 年 4 月，他受到国家新闻俱乐部的邀请去华盛顿。在与副总统尼克松和国务卿克里斯琴·赫脱（Christian Herter）会面时，卡斯特罗争取增加蔗糖的配额，遭到官员的拒绝。菲德尔向他们保证，古巴将继续成为美洲国家组织的成员，不会废除给予美国在关塔那摩建立基地的权利的条约，并且，岛国将继续欢迎美国投资并保护美国战略利益。虽然美国曾经对巴蒂斯塔有过相当大量的财政支持，然而这次，没有提供任何美国或世界银行的帮助。

菲德尔对经济改革的尝试给他带来了与古巴上层人士和美国的冲突。革命的第一批行动之一就是降低美国公司所收取的过高的公用事业费用，并用国债来补偿。下一个步骤就是农业改革法。蔗糖公司拥有 70%到 75%的可耕地，3%的蔗糖生产商控制着 50%的生产。同时，虽然大部分可耕地没有开垦，7 万古巴人却没有工作，并且国家进口 50%的食物。

1959 年 6 月，卡斯特罗政府颁发了《土地改革法》。这一法律比较温和：限制农场面积在 1,000 英亩以内，但也有例外，包括生产率高的蔗糖和稻米种植园，限制在 3,333 英亩。如果政府认为外国人拥有的农场对国家有利，农场面积可以更大。实际上，只有 10%的农场受到 1,000 英亩限制的影响，但是它们代表了 40%的农业用地。没收的土地作为国家土地改革协会（Instituto Nacional de Reforma Agraria，INRA）管理的合作社土地使用。1959 年

9 月，艾森豪威尔做出反应，召回美国大使，指责公用事业费用的削减和农业土地的征收，尽管所有国有化的财产都得到了补偿。

1960 年 2 月，古巴与苏联达成协议，在四年中进行 2 亿美元的贸易，比苏联和巴蒂斯塔政府的贸易量低。但是，美国认为这一协议是古巴政府忠诚问题的标志。6 月，当特科萨克石油公司、荷兰皇家壳牌公司和标准石油公司要求支付石油进口的款项而不愿意延期信贷时，美国和古巴之间的关系更加紧张。菲德尔撤销了三个公司的专有合同，成立了一家国家石油协会寻找其他供应商。当西方没有任何国家向古巴出售石油时，菲德尔转向了苏联，用原油换取蔗糖。次日，艾森豪威尔降低了古巴的蔗糖配额。出于报复，1960 年 10 月 12 日，古巴没收了石油公司。10 月 14 日，美国宣布对除药物之外的所有商品实行贸易禁运。1961 年 1 月 4 日，华盛顿断绝了外交关系。

到这时，美国已将古巴革命标为共产主义革命，并且认为古巴是苏联的工具。这种判断表明了对古巴革命的国内根源的极度误解。此外，美国对革命政府的孤立仅留给菲德尔两个选择：转向苏联，或向美国的要求投降。但是，《普拉特修正案》的宿怨和美国长期与巴蒂斯塔政权的关系，使后一个选择成为不可能。断绝关系应该是无可避免的，因为古巴民众对平等社会抱有真诚的期望，这便意味着要被迫对抗国际资本。古巴社会的福祉和美国设定的投资，不可能和谐共存。

令人啼笑皆非的是，菲德尔当时并不认为自己或革命运动具有社会主义或共产主义性质。他不信任古巴人民社会主义党（Partido Socialista Popular，PSP，传统的共产党），因为该党曾与巴蒂斯塔结盟，以换取特权。而共产主义者认为，社会主义革命在没有经过卡尔·马克思预言的各个阶段之前，不可能获得成功。因此，古巴在全面变成资本主义和工业化之前，不可能发生革命。他们轻率地将菲德尔看成资产阶级的冒险家。

菲德尔转向古巴共产党是因为他需要管理上的帮助。先是巴蒂斯塔的财产，接着是没收的财产落入国家的掌握中。新的国家企业需要管理，而大多数有管理技术的资产阶级逃出了小岛。此外，组织良好的民众要求越来越多的社会计划以满足他们的需要。民众推动革命建立更彻底的计划，而共产

1959年2月，欢欣鼓舞的古巴革命者拿着步枪在马坦萨斯的一座塑像前合影。塑像是古巴独立英雄何塞·马蒂和挣断锁链的自由女神。(美国国会图书馆)

党提供管理技术。当美国拒绝援助，并对同盟者施加压力孤立古巴时，苏联成为援助的唯一来源。古巴成立了古巴共产党(Partido Comunista de Cuba, PCC)[①]，部分原因就是为了与苏联建立关系，但这个党在1975年之前没有召开过党代表大会。

卡斯特罗没有宣布古巴革命是社会主义革命，直至1961年的美国入侵。华盛顿不满足只与革命断绝关系，在冷战思想的指导下，必须打败革命，使之倒退。利用中央情报局训练的反卡斯特罗的流亡分子，美国发动了对猪湾(Bay of Pigs)的入侵。做计划的人期望看到另一个危地马拉，迅速而轻易地推翻政府。

为了准备登陆，中央情报局的行动人员猛烈扫射几个飞机场，杀死七人。在第二天的葬礼上，卡斯特罗第一次宣布，古巴革命是一次社会主义革命："这是一次社会主义民主革命，源于底层，有底层参与，并且为了底层。"这是向苏联求助的呼喊，苏联曾经保证援助世界上任何地区的社会主义革命。虽然苏联的援助对未来很重要，但是猪湾的军队是古巴人打败的。菲德尔本人在猪湾的吉隆滩率军反攻。他的名望直线上升。

菲德尔成为整个第三世界反对帝国主义的英雄象征。但是他在国内的名望还来自于新政府执行的改革计划。他认为教育是新未来的关键之一。教师培训机构建立起来。十年内，教师数量增加两倍，学校数量增加四倍，年轻

---

① 1961年7月，由"七·二六运动"、人民社会党和"三·一三革命指导委员会"合并成为古巴革命统一组织。1962年5月改名为古巴社会主义革命统一党，1965年12月改组领导机构，并改称古巴共产党。——译者

热切的志愿者铺散开，深入到岛上各个遥远的角落教人读书写字。在几年中，文盲几乎消灭。到1971年，整个国家的800万人口中近四分之一在学校读书。从幼儿园到大学的教育免费。阅读成为全国的娱乐活动。1958年，古巴出版了一百种书，总数达90万册。1973年，出版了800种书，总数达2,800万册。古巴是拉丁美洲人均图书生产量最高的国家，也是西半球识字率最高的国家。

医疗保健也成为革命的重点。医院建在遥远的城市，农村有史以来第一次有了医生。医疗全部免费。到1965年，古巴每人每年的医疗费达19.15美元，这个数字与墨西哥的1.98美元和厄瓜多尔的63美分形成鲜明对照。其结果，国民的健康状况有了明显改善，平均寿命也延长了。古巴的医疗制度成为西半球的羡慕目标，整个拉丁美洲地区的人都前往这里寻求医疗帮助。

关于哈瓦那的住房问题，政府保证每人可以用不超过收入10%的费用解决住房。任何人不允许有超过一座的房产，房产可以在家族中继承下去，但不能够出售。逃亡的巴蒂斯塔支持者所遗弃的建筑被改成住宅。志愿工作者加入建房的队伍，主要在农村建设更多的房屋。通过在农村地区建设住房和进行经济投资，政府防止更多的人流入首都。

政府还鼓励艺术发展。美术、文学和音乐活跃起来。国家芭蕾舞团成为世界上主要舞蹈公司之一，其巡回演出经常得到关键性的好评。西尔维奥·罗德里格斯(Silvio Rodriguz)这样的歌手和作词家率领的新歌运动，将革命主体思想与20世纪60年代的音乐结合，将摇滚乐和拉丁音乐融为一体，领导了席卷拉丁美洲的音乐运动。

但是，可能是在电影业中，古巴革命将文化成就表现得淋漓尽致。革命政府在文化领域颁发的第一项法律，是1959年3月创建了古巴电影协会(Instituto Cubano del Arte e Industria Cinematográficos，ICIC)。它生产纪录片、新闻片和故事片，并且出版了拉丁美洲最严肃的电影杂志《古巴电影》(*Cine Gubano*)。古巴电影作品展在纽约、旧金山和洛杉矶都举行过。古巴的电影也成为电影节的固定参展品，并经常赢得国际奖项。

多数古巴电影制作者的注意力集中在对古巴过去的重新认识上。温贝托·索拉斯(Humberto Solas)在他的抒情和现实主义交织的《露西亚》中，研讨了妇女在三次古巴革命中对现代古巴历史的形成所作的贡献:1895 年的独立战争,1933 年推翻马查多的斗争,以及 20 世纪 60 年代的文化运动。最后一个部分将注意力集中在古巴社会延续下来的大男子主义上，显示了古巴电影业吸引人的一个方面——有能力对革命运动提出批评。《特蕾莎的肖像》一片对双重标准使妇女受到处罚的现象再次提出批评。它讲述了一个妇女试图在工作、工会活动、文化工作和家庭之间搞平衡的故事。她的丈夫被广泛地认为是一个好工人、坚定的革命分子,但是在家里一点不帮忙,还沉浸在婚外情中。这个主题击中了古巴妇女的心弦。

“切”曾谈到古巴革命创造出的“新人”的无私美德。但是妇女们往往发现,尽管新政府作了努力,那些新人在很多地方仍然很像旧人。菲德尔在革命之初就把妇女作为一个团体来看待，在革命成功的三个月之后就鼓励她们成立古巴妇女联合会(Federacion de Mujeres Cubanas,FMC)。她们的首要目标是动员妇女通过工作以及参与文化运动和居民区项目来支持革命。政府对妇女在家庭之外作出越来越多的贡献给予回应，为她们提供了日托中心。特别是通过产前照顾和使人工流产合法与可行,满足她们的健康需求。女性参与教育的人数猛增,妇女成为职业人员的人数打破纪录。为了平衡工作和家庭,法律保证妇女有 18 周的带薪产假。

但是在家里,双重标准占了上风。革命政府对此制定了 1975 年的《家庭法》，要求革命伴侣平等。第 26 条要求两个家长都要参与抚养孩子和家务活。当然,并没有革命警察挨家挨户敲门,确定男人做了他们应该做的。但是,至少,革命的道德观支撑着平等的思想观念。

妇女角色的改变只是许多社会变革中的一项。这些变革击溃了旧的寡头集团,他们中的大多数人在革命的最初两年里逃走。随着变革的制度化,旧的寡头集团、军队和教会的传统权力消失了,国家和新的人民组织,如古巴妇女联合会,补充了真空。卡斯特罗宣称其政府是人民的一员。为了证明他对民众支持的信心,他将武器分配给农民和工人,来保卫他们的新政府。他常常召集民众大会,在会上,他口若悬河,对热烈的听众即兴讲上几个小时。旧的选举制度被废除,因为古巴人蔑视它的腐败。从 1976 年开始,随着人民政权(Poder Popular)的成立,新的权力体制建立起来。居民区选出代表参加市议会,再由他们选出州议会和国民议会的代表,以及市法庭的法官。国民议会选出国务委员会成员,菲德尔既是国务委员会,也是他的内阁——部长会议的主席。

到 70 年代初,古巴的成功是无可辩驳的,甚至得到革命运动批评者的承认。美国参议院外交关系委员会的主席帕特·M·霍尔特(Pat M. Holt)对古巴进行了一次短暂的出访,写了《为美国参议院外国关系委员会准备的工作人员报告》(*A Staff Report Prepared for the Use of the Committee on Foreign Relations, United States Senate*)。他作出结论:所有古巴人享有生活必需品,并且确实是,作为整体,生活水平令人羡慕。

古巴能够作出这些改革,部分原因是苏联集团以高于市场的价格购买蔗糖,理论是市场价格没有反映出对古巴人民劳动和利润的足够补偿。最初,古巴看到了蔗糖的低价值,因此奋力使经济多样化,并通过食品加工和制造化肥、甘蔗衍生物、农用产品、药品、纺织、服饰、机械、钢铁和建筑材料实行工业化。到 1961 年,为了支付工业化的开支,蔗糖生产重新受到重视。然而,蔗糖从 1975 年占出口总额的 90%降到 1985 年的 65%。在国内,政府允许私有农民市场起作用,直到 1986 年,由于害怕中间商的剥削而关闭市场。然而,其他私营商业并没有得到鼓励,1968 年,这些商业遭到没收,导致古巴人流亡迈阿密的第二个浪潮。

一般来讲,古巴的增长率要高于作为一个整体的拉丁美洲,在 70 年代为平均 6%,80 年代为平均 5%。但是世界经济危机最终也在岛上有反映,导致短缺。随着增长率的下降,革命运动使劳动人民中最边缘的分子远离革命。他们有的曾为革命作出牺牲,有的则不再能够接受以社会主义的名义所作的更多训诫。他们也想离开。卡斯特罗于 1980 年中期打开大门,十万多古巴人从马利耶尔(Mariel)港迁移到美国。

20 世纪 90 年代带给古巴新的挑战。随着苏联的解体,古巴开始了“特殊阶段”,一个既有紧缩,又有市场刺激的时期。私营商业被允许经营,菲德尔同意外国人进行投资，特别是在旅游业上。古巴国务委员会副主席卡洛斯·拉赫(Carlos Lage)注意到:“‘外国公司’不仅有机会在古巴经营,并且会发现,古巴是世界上唯一不用与美国公司竞争的市场。”但是政府仍然拒绝由市场决定对住房、医疗保健、教育和基本需要的分配。

在最初的下降趋势过去之后,经济开始复苏。然而,经济的更加开放带来了一些问题,譬如,随着新旅游业而来的是妓女的增加。外资的涌入帮助了古巴的恢复,到2005年,政府增加了工资和退休金。政府还决定对付新的市场机制带来的不平等问题,譬如旅游业的从业人员挣的小费是美金,他们的收入超出政府的雇员。2004年,政府取消了150种个体经营项目中的40种,2005年,2,000个私营商业执照被吊销。

古巴在两个关键问题上也受到批评,有的甚至来自于支持古巴的人:对艾滋病危机的处理和继续施行的审查制度。虽然古巴政府为艾滋病患者提供了全面的医疗保健,对同性恋的偏见也使人们蒙受耻辱。医疗保健的代价是隔离,尽管隔离区的条件得到世界其他地区艾滋病宣传员的羡慕。但是,国内对这一制度的批评遭到无休止的审查和扼杀。与政府有不同政见的作家发现自己的作品无法得到出版,并且得不到工作和旅游的机会。

2003年,古巴政府逮捕75名持不同政见者,他们因与美国密谋推翻古巴政府,被判处6年到28年不等的监禁。这些持不同政见者见过美国利益团体的负责人——美国在古巴没有大使馆——这位负责人曾公开要求推翻卡斯特罗。拘捕和监禁引起国际上的批评,但是古巴政府仍然将革命看做需要严阵以待,很大因素在于美国。

从猪湾事件开始,美国对古巴的敌意就没有停止过。一届又一届的美国政府通过中央情报局为无数的古巴流亡组织提供资金和影响，以支持美国对古巴政府的政策。中央情报局的诡计包括突击小分队在岛上登陆袭击,炮制假新闻报道，图谋刺杀，推翻拒绝与古巴断绝关系的拉丁美洲政府（如1961年厄瓜多尔J.M.贝拉斯科·伊瓦拉总统的政府)。美国政府对企图推翻古巴政府的不断尝试装着看不见，这些行动中包括以迈阿密为基地的古巴流亡者搞的对古巴酒店和旅游点的爆炸。

虽然美国政府继续等待菲德尔·卡斯特罗的死亡——他活得比美国十届总统任期还长[1]，古巴政府对未来有自己的计划，这些计划很可能将包括社会改革和更多政治自由的结合。前苏联和东欧集团在共产党政府倒台后，其社会安全网也遭到毁坏的殷鉴已成为警钟。古巴人不可能提倡归还没收了的财产以及将革命完全退回到过去的日子里，这只是许多流亡分子所盼望的。

尽管古巴对言论自由和旅游的限制遭到批评，菲德尔仍成为拉丁美洲受尊重的政界元老。他在拉丁美洲政府会议上受到欢迎，他仍然借此宣传平等和独立的信念。

9.2 古巴的影响

古巴革命迫使美国承认在拉丁美洲确实有许多根深蒂固的原因导致革命。当美国试图再搞一次危地马拉式的政变遭到失败时，美国意识到需要新的策略。如果美国不能够推翻古巴革命，也许可以防止类似的革命遍及整个拉丁美洲。正如约翰·F·肯尼迪所宣称的："那些不可能进行和平革命的人必然进行暴力革命。"

1961年，肯尼迪总统创建了争取进步联盟(Alliance for Progress)，这是为拉丁美洲设计的小型马歇尔计划，鼓励经济发展，从而可能促进民主进程。1961年在乌拉圭埃斯特角(Punta del Este)举行的美洲会议上起草了联盟宪章，倡导人均收入年增长率2.5%、建立民主政府、收入分配更平等、土地改革，以及制定经济和社会计划。拉丁美洲国家(除了古巴)在下一个十年中投资800亿美元。美国发誓投资200亿。

争取进步联盟艰难地维持了十年。所期望的结果通常很矛盾。譬如，增加农业生产和在农村重新分配土地是同时期的目标。大地主极其不愿意减少他们的土地所有量，作为重新分配的财产。事实上，增加生产的目的通常

---

[1] 此处指卡斯特罗的执政时间比整整10届美国总统的执政时间还长。这10个美国总统是：艾森豪威尔、肯尼迪、约翰逊、尼克松、福特、卡特、里根、老布什、克林顿和小布什。——译者

通过更高的土地集中和更多的机械化来达到，但这种做法却导致农村更多的失业和骚乱。争取进步联盟的资金通常用于基础建设，造福大地产主，却没有为农村的穷人作出任何贡献。由于传统的寡头政治并不自愿交出或出售他们的部分土地，不愿意缴纳更多税金，也不愿意与更广泛的民众共享权力，争取进步联盟最终失败。

在整个60年代，学者和政治活动家对"改革还是革命"的利弊关系进行了探讨。一些政治领袖真切地认为，对社会和经济结构的有意义的改革可以在现存的政治体制中进行。解决办法可以在发展主义(developmentalism)中找到，这个理论强调经济增长可以带动繁荣和稳定的中产阶级的扩大。但是这些改革需要代价，而许多上层人士不愿意支付。巴西的例子很说明问题。

儒塞利诺·库比契克(Juscelino Kubitschek)总统(1956—1960年)保证在"五年中给巴西带来五十年的进步"。他将注意力集中在建设现代基础设施上，建筑公路、大坝和水电站。他甚至通过将首都迁到新的城市——戈亚斯州(Goiás)的巴西利亚(Brasilia)，试图打开内地。库比契克鼓励国内工业的发展，但他也鼓励外国投资以扩大工业部门。其结果是巴西的汽车业成为世界第七大生产商，但是这一行业的69%为外国投资者所有。虽然它创造了工作机会，但也将利润送到国外。

同时，巴西仍然依赖咖啡为主要创汇部门，并且农业仍然没有改变。成千上万绝望的巴西人从农村流进城市，但他们在那里没有找到多少机会。资本密集型工业是高度机械化的，并没有创造太多新的工作机会。无技术的失业农村工人在环绕里约热内卢和圣保罗周围的山坡上建筑了贫民窟，到处是纸板搭的房子，由此证明了发展主义计划的局限性。贫民窟的居民卡罗利娜·玛丽亚·德赫苏斯(Carolina Maria de Jesus)很好地总结了这种矛盾状况："我们的总统库比契克先生的有利之处是他的声音。他唱歌像只小鸟，声音悦耳动听。现在小鸟住在一个金丝笼子里，叫做卡特特宫殿。小鸟，小心不要丢了这个笼子，因为如果猫饿了，会想到笼子里的鸟。贫民窟的人是猫，而且他们很饿。"

到1961年库比契克离任的时候，通货膨胀和腐败已经不可控制。他的接班人,圣保罗州古怪的州长雅尼奥·夸德罗斯(Janio Quadros)拿着扫帚作竞选,发誓要清扫腐败。夸德罗斯试图制定更独立于美国的外交政策,但在国内事务上，他对接受国际货币基金组织和争取进步联盟的帮助来保持经济平稳,没有感到一点不安。由于急躁,他在七个月之后辞职。

副总统是若昂·古拉特(João Goulart),在民众主义领袖热图利奥·瓦加斯(Getúlio Vargas)第二届政府中担任过劳工部长。古拉特试图用改革来纠正巴西经济中巨大的不平等:他敦促土地改革、限制外国利润汇出、进行税收改革、增加劳工工资、给予文盲选举权。农村和城市民众支持古拉特的提案,动员起来罢工。但他的政策以及它们鼓励的民众动员激怒了上层人士,吓坏了中产阶级。中产阶级报纸的头版社论要求他下台。里约热内卢的《晨报》(*Correio da Manhã*)用大字标题鼓吹“够了”和“下台”。曾遭到古拉特批评的军队上层很愿意满足这一要求。

军事政变在拉丁美洲当然不是新现象。1920—1960年,整个拉丁美洲除了墨西哥和乌拉圭之外的所有国家中,共发生过99起成功政变。但惊人的是,10次政变发生在1960—1964年的白银时代中。其理由通常是受到了共

表9.1 1961—1964年拉丁美洲的军事政变[A]

国家	日期
萨尔瓦多	1961.1.24
厄瓜多尔	1961.11.8
阿根廷	1962.3.29
秘鲁	1962.7.18
危地马拉	1963.3.31
厄瓜多尔	1963.7.11
多米尼加共和国	1963.9.25
洪都拉斯	1963.10.8
巴西	1964.3.31
玻利维亚	1964.11.4

[A] 宣布的政变动机差异很大,但是“更多古巴”的威胁是每一次政变的背景。

资料来源:布莱恩·洛夫曼:《为了祖国:拉丁美洲政治和军事力量》,1999。经SR出版社允许重印,现有罗门和利特菲尔德出版联合公司的版本。

1960年，古巴摄影师阿尔韦托·科尔达抓拍"切"·格瓦拉最著名的形象。照片题为"英雄的游击战士"，它似乎抓住了格瓦拉对革命变革的理想追求。

产主义的威胁，然而，即便是美国和争取进步联盟批准的改革，在拉丁美洲军队中的许多人看来，也带有共产主义的味道。

巴西挣扎在贫困民众的要求和上层人士拒不让步之间，这不过是20世纪60年代的拉丁美洲的一个极端例子。对中产阶级可能成为改革的温和派的希望，随着对共产主义的恐惧而破碎，这种恐惧因此加强了军队。由于争取进步联盟在一旁气急败坏地鼓动，美国官员的恐惧得以证实——革命运动在拉丁美洲风起云涌。

美国官员把革命运动的产生推到苏联和古巴奸细身上。但是拉丁美洲并不需要外国特务来酝酿革命，他们很清楚自己的贫困和压迫问题的存在。古巴提供的只是一个榜样和激励。古巴成功地推翻残酷的独裁者并蔑视美国的控制，这些使拉丁美洲人受到激励。但他们也受到最坚定的革命家"切"·格瓦拉的激励。

"切"·格瓦拉是一位阿根廷中产阶级医生。他拒绝了个人的经济前程，接纳另一个国家的事业为自己的事业。此外："切"将七·二六运动在马埃斯特腊山脉中出其不意地运用的战争策略转变成一本正式的战略手册《论游击战》(*Guerrilla Warfare*)，于1960年出版。他主张，革命者不一定要像传统的共产党所说的那样，等到理想的条件出现。根据他的理论，革命者通过自己的行动可以将其他人吸引到事业中，推翻地位牢固的独裁统治。

"切"还说到做到，选择离开古巴，试图将革命传播到玻利维亚，于1967年在那里被杀。两幅著名的照片在那一年出现：一幅是"切"的尸体，姿势几乎与耶稣一样。另一幅便是著名摄影师阿尔韦托·科尔达(Alberto Korda)抓拍的满怀希望注视远方的"切"，戴着好看的贝雷帽。这幅照片摄于1960

年，但直到意大利出版商奇昂契阿克莫·菲尔特利内利（Giangiacomo Feltrinelli）拿到这幅照片之后才发表。一位年轻、英俊的革命者眼睛向上注视的浪漫形象，挂满了全世界年轻的未来革命者的墙上，旁边还有“切”的理想主义的箴言：“让我冒着似乎荒唐的危险来说，真正的革命是由伟大的爱情所引导的。”

他的启示没有白费。

从60年代开始，游击运动在整个拉丁美洲展开。虽然50年代整个地区只有三次武装起义，包括古巴革命，但在60年代期间，25支武装力量成立了。到80年代，拉丁美洲的19个国家中有17个成立了武装组织。有些组织是短命的，成立后一年甚至不到一年就消失了。其他组织坚持十年或更长时间的斗争，有时转入地下也只是为了在条件更有利的时候再出现。他们通常遭到争取进步联盟武装的压制，政府这些反暴动的势力都是由美国装备和训练的，是为和武装革命组织进行战斗而设计的。肯尼迪政府从来没有公开过这些情况。

表9.2 拉丁美洲的游击组织

国家	游击组织	年代
阿根廷	虎人（Uturuncos）	1959—1960年
	人民游击武装（Ejército Guerrillero del Pueblo, EGP）	1963—1964年
	庇隆分子武装力量（Fuerzas Armadas Peronistas, FAP）	1967—1974年
	革命武装力量（Fuerzas Armadas Revolucionarias, FAR）	1967—1973年
	蒙托内罗庇隆运动（Movimiento Peronista Montonero, Montoneros）	1969—1977年
	解放武装力量（Fuerzas Armadas de Liberacion, FAL）	1969—1974年
	人民革命军（Ejército Revolucionario del Peublo, ERP）	1970—1977年
玻利维亚	民族解放军（Ejército de Liberación National, ELN）	1966—1970年

	EBN/内斯托尔·帕斯·萨莫拉突击队（EBN/Nestor Paz Zamora Commando）	1989—1990年
巴西	10月8日革命运动（Movimiento Revolucionario de Outubre 8，MR-8）	20世纪60—70年代
	民族解放行动（Acao Libertadora Nacional，ALN）	1968—1971年
	人民革命先锋（Vanguardia Popular Revolucionaria，VPR）	1968—20世纪70年代
智利	革命左派运动（Movimientode Izaquierda Revolucionaria，MIR）	1965年—
	曼努埃尔·罗德里格斯爱国阵线/智利共产党（Frente Patriótico Manuel Rodriguez/Partido Comunista de Chile，FPMR/PCC）	1980年—
哥伦比亚	工人、学生和农民运动（Movimientode Obreros，Estudiantes y Campesinos，MOEC）	1959—1961年
	民族解放军（Ejército de Liberación National，ELN）	1964年—
	哥伦比亚革命武装力量（FuerzasArmadas Revolucionarias de Colombia，FARC）	1966年—
	人民解放军（Ejército Popular de Libración，EPL）	1967—1984年
	四·一九运动（Movimiento 19 de Abril，M-19）	1974—1990年
哥斯达黎加	家庭（La Familia）	1981—1983年
	圣玛利亚爱国组织/民主与主权军（Organización Patriótica Santamaria/Ejército de la Democracía y la Soberanía，OPS）	1985—1988年
古巴	七·二六运动（Movimiento 26 de Julio，M-26）	1953—1959年
多米尼加共和国	六·一四运动（Movimiento 14 de Junio，M-14）	1963年，1970年
厄瓜多尔	阿尔法罗万岁，XX！（¡Alfaro Vive，Carajo！AVC）	1981—1992年
萨尔瓦多	人民革命军（Ejército Revolucionario del Pueblo，ERP）	1970—1992年
	法拉本多·马蒂—人民解放力量（Fuerzas Populares de Liberación-Farabundo Martí，FPL）	1970—1992年
	民族抵抗武装力量（Fuerzas Armadas de Resistencia National，FARN）	1975—1992年

	中美洲工人革命武装党/人民解放武装革命力量（Partido Revolucionario de Trabajadores de Centroamerica/Fuerzas Armadas Revolucionarias de Liberación Popular，PRTC/FARLP）	1976—1992 年
	解放武装力量（Fuerzas Armadas de Liberación，FAL）	1977—1992 年
	法拉本多·马蒂民族解放阵线（Frete Farabundo Martí de Liberación National，FMLN、FPL、ERP、FARN、PRTC、FAL 的联盟）	1980 年
危地马拉	反抗武装力量（Fuerzas Armadas Rebeldes，FAR）	1960—1996 年
	人民武装革命组织（Organización Revolucionaria del Pueblo en Armas，ORPA）	1971—1996 年
	穷人游击队（Ejército Guerrillero de Los Pobres，EGP）	1972—1996 年
	危地马拉劳动党/革命武装力量（Partido Guatemalteco del Trabajo/Fuerzas Armadas Revolucionarias，PGT-FAR）	1968—1996 年
	危地马拉民族革命联盟（UnidadRevolucionaria Nacional Guatemalteca，URNG、EGP、FAR、ORPA、PGT/FAR 的联盟）	1982 年—
洪都拉斯	洪都拉斯民族解放莫拉萨阵线（Frente Morazanista de Liberación National Hondureña，FMLNH）	1967—1991 年
	中美洲工人革命党—洪都拉斯（Partido Revolucionario de Trabajadores Centroameri canos - Honduras，PRTCH）	1977 年
	洛伦索·萨拉亚人民革命力量（Fuerzas Populares Revolucionarias Lorenzo Zelaya，FPR-LZ）	1981—1991 年
	解放“钦乔内罗斯”人民运动（Movimiento Popular de Liberación “Chinchoneros”，MPL-Chinchoneros）	1980—1990 年
墨西哥	工人和农民革命党/穷人党（Partido Revolucionario de Obreros y Campesinos/Partido de Los Pobres）	1969—1974 年

	九·二三共产主义同盟（Liga Comunista 23 de Septiembre, L-23）	1973—1976 年
	萨帕塔民族解放军（Ejército Zapatista de Liberación National, EZLN）	1994 年—
尼加拉瓜	桑地诺民族解放阵线（Frente Sandinista de Liberación National, FSLN）[①]	1961 年—
巴拉圭	民族解放联合阵线（Frente Unido de Liberación National）	1960 年
秘鲁	革命左派阵线（Frente Izquierdista Revolucionario, FIR）	1961—1963 年
	民族解放军（Ejército de Liberación National, ELN）	1962—1965 年
	革命左派运动（Movimiento de Izquierda Revolucionaria, MIR）	1962—1965 年
	图帕克·阿马鲁革命运动（Movimiento Revolucionario Tupac Amaru, MRTA）	1975—1993 年
	何塞·卡洛斯·马里亚特吉思想光辉道路的秘鲁共产党（Partido Comunista del Peru Por el Sendero Luminoso del Pensamiento de José Carlos Mariátegui, 光辉道路 Sendero Luminoso）	1980 年—
乌拉圭	图帕马罗斯民族解放运动（Movimiento de Liberación National Tupamaros）	1962—1972 年
委内瑞拉	革命左派运动/民族解放武装力量（Movimiento de Izquierda Revolucionaria/Fuerzas Armadas de Liberación National, MIR-FALN）	20 世纪 60 年代
	委内瑞拉共产党/民族解放武装力量（Partido Comunista de Venezuela/Fuerzas Armadas de Liberación Nacional, PCV-FALN）	1961—1968 年

资料来源：利萨·格罗斯：《拉丁美洲和加勒比海左派游击组织手册》，1985。经珀休斯图书公司成员西方观察出版社允许重印。

---

① 于 1979 年 7 月 19 日推翻了索摩查家族的统治，建立民族复兴政府，上台执政至 1990 年 4 月。2007 年 1 月重新上台执政。——译者

革命组织甚至在墨西哥出现。墨西哥政府仍然自诩革命。1946年,官方党派将自己的名字从墨西哥革命党换成革命制度党(Partido Revolucionario Institucional,PRI)[①]。到50年代,由于铁路工人受压制并遭逮捕,党的重点似乎更多地放在体制而不是革命上。1968年,学生组织了一系列和平抗议,要求民主改革,包括国家大学自治、释放政治犯和社会正义。10月2日学生和工人在墨西哥城的三文化广场(Plaza de las Tres Culturas)上举行的集会使抗议行动达到最高潮。他们遭到政府军队的攻击,数百人被杀,几十人被捕。

但是,1970年,有一个国家选择了另一种方式——和平革命。

9.3 智　利

智利与它的邻国一直有些不同。从最早的独立运动时期起,国家经历了比整个地区其他地方更大的稳定。它的民主政治时间也很长:1833—1973年,智利只有过两个宪法。总统权力强大,但国会也有很大权力。智利的宪法给予政党比例代表权,培育了积极的政治进程。

太平洋战争(1879—1883年)之后,智利首次成为地区性大国。在这次战争中,智利与玻利维亚和秘鲁开战,争夺硝酸盐丰富的阿塔卡马沙漠地区。到19世纪末,智利显示出成为世界大国的可能。当时智利的海军力量比美国强大,并从出口硝酸盐中赚得巨大财富,因为硝酸盐是制造化肥和炸药的原料。在第一次世界大战时期,德国开发了合成硝酸盐,因此智利丢失了自己的市场。在第二次世界大战时期,智利加速开发铜矿业,取代了硝酸盐。但是到20世纪,智利的企业已经耗尽容易开采的铜矿矿藏,需要外国资本和技术开采剩下的矿区。两个美国公司开始控制这一行业:阿纳康达(Anaconda)和肯尼科特(Kennecott)。

到1960年,30%到35%的智利人口达到上层阶级或中产阶级的水平。这个群体在圣地亚哥(Santiago)和瓦尔帕莱索(Valparaíso)比例更高,这两个

① 1929—1938年称国民革命党,1938—1946年称墨西哥革命党。从1929年起至2000年在墨西哥连续执政长达71年。——译者

城市的人口几乎占全国总人口的一半。全国人口的70%住在城市，其中90%有文化。整个国家有文化的人口占84%。但是智利的城市化、高教育水平和高生活水平的形象掩盖了总的不平等现象：最上层5%的人口人均收入为2,300美元，而最下层50%的人口人均收入只有140美元。铜矿的收入用于有限的工业化，而农村从19世纪以来几乎没有任何改变。改革显然是必须的。

20世纪60年代，智利成为争取进步联盟的样板，争取进步联盟因而向爱德华多·弗雷（Eduardo Frei）总统的政府进行了大量的投资。弗雷代表了这一时代的新政治潮流——基督教民主派。他们强调政府有道德上的责任减轻社会的不完善，但不提倡革命性的改革。弗雷政府保证"一场自由革命"，并且作出了一些根本的变革。到1970年，国家获得大部分铜矿所有权。农村改革将土地分给3万个家庭。农村劳动力建立了工会，并设有最低工资标准。大部分改革的资金来源于美国援助和铜的高价出售，铜价增长是因越南战争引起的。

弗雷的改革在政治上引起两个结果：一些人认为他改革不彻底，因而加入左派。另一部分人认为他走得太远而加入了右派。中间派失去了力量，因此，在1970年，萨尔瓦多·阿连德在大选中赢得了总统职位。阿连德是个医生，并且是忠实的马克思主义者，是1931年社会党的发起人之一。他是六个党派的候选人，这六个党派联合起来组成人民团结阵线（Unidad Popular）。阿连德是忠诚的民主主义者：他曾任智利参议院主席，效力国会30年，四次参加总统竞选。他获得多数票但不是大多数，这在智利非常典型，因为参加竞选的党派太多。

阿连德的选举获胜为革命给出了新的定义。1970年，智利人民相信，他们向全世界展示了社会主义革命可以在没有暴力和武装力量的情况下进行。智利继续了它140年的民主传统。但是，这一试验最终失败。三年之后，总统府火焰冲天，阿连德死亡，军队控制了街道，奥古斯托·皮诺切特（Augusto Pinochet）将军建立了残酷的独裁制度，直到1989年始终统治着智利。阿连德败在一个熟悉的联合体——智利右派力量和美国——的手下，因为美国反对新政府的政策。

阿连德的计划是激进的，要求废除“外国和本国资本垄断权，以及农业大地产所有权，从而开始建设社会主义”。他的经济顾问受到马克思理论的影响，但也受到结构主义理论的影响。结构主义是在第二次世界大战之后流行于拉丁美洲的理论，由劳尔·普雷维什和总部设在圣地亚哥的联合国拉丁美洲经济委员会提出。结构主义者的分析认为，由于市场受制于购买力的缺乏，经济不可能增长。解决办法是重新分配收入，从而增加消费者的需求。收入的重新分配则通过增加工资和稳定物价，没收大商业，特别是外国拥有的商业，从而使政府得以将利润重新引导到社会消费上。最后，更广泛的农业改革将使农业生产效率提高，生产足够的廉价粮食供劳动力消费，而不再需要昂贵的进口。政府提高了工资，给予穷人低息房屋贷款，并且创建新的社会项目，包括幼儿园、医疗保健和福利项目，以及学校的午餐供应。

第一年里，阿连德政策很有效，因为国家的外汇储备由于铜的高价而呈顺差，从而可以支撑这些项目的进行。政府还印刷了更多的现金，并贷款支付粮食和消费品的进口。但在 1971 年，经济急剧下降。首先，铜价大幅度下跌，然后，世界粮食价格上升，而且智利工业达到扩张极限，除非增加投资。于是，美国出面了。

美国从一开始就对阿连德有戒心。国务卿亨利·基辛格（Henry Kissiner）尖酸地说道：“我不懂为什么我们必须抱着胳膊坐在这里，看着一个国家因为它自己的人民不负责任而滑向共产主义。”尼克松总统命令“让经济哀叫起来”。中央情报局的 800 万资金用于支持阿连德的反对派，包括支持卡车司机的罢工，使国家瘫痪，以及对《信使报》进行渗透，不断谴责阿连德政府要对世界市场和美国实行的限制负责。美国切断了贷款，并对其他西方资金来源施加影响做出同样的举动。

到 1973 年，中产阶级家庭妇女上街游行，敲盆打碗，抱怨无法买到足够的粮食养家。在另一个极端，激进的工人占领了工厂，要求阿连德采取更激烈的行动。右翼分子、上层人士以及中产阶级吵嚷着要求改革。军队开始不安定,坚信平民政府毁掉了智利,只有军队控制才能恢复秩序。军队首领卡洛斯·普拉茨(Carlos Prats)将军忠实于智利宪法结构,但当他清楚地看到自己失去了军队的支持时,便辞职了。下一个首领便是皮诺切特,他联合了海军,命令占领瓦尔帕莱索、康塞普西翁(Concepción)和圣地亚哥等城市。9月11日,总统府莫内达宫被炸。阿连德在里面,宁可自杀而不愿意被皮诺切特势力逮捕。

智利人民大为震惊。他们的国家曾经是和平民主的,却突然成为残酷的军事统治国家。圣地亚哥的两个体育场关满了犯人,许多遭到残暴的杀害。在政变期间和之后,3,000到1万人被杀害。左翼政党被宣布为非法,皮诺切特系统地剪除在军队的对手,排除在工会、大学和其他机构中的左翼分子和温和派。智利陷入军事管制。

对其他拉丁美洲国家来说,教训很清楚:革命不能从投票箱里赢得,正如奥古斯托·塞萨尔·桑地诺(Augusto César Sandino)所说:"自由不是用鲜花赢得,而是靠枪炮。"

9.4 尼加拉瓜

20世纪尼加拉瓜历史的主要现实是,尼加拉瓜人民缺乏机会掌握自己的命运。1909年,美国入侵推翻何塞·桑托斯·塞拉亚总统,除了偶尔的短期例外,直到1933年初一直占领着尼加拉瓜。这一时期是国家和经济崩溃的时期。在最后几年的占领期间,美国创建了国民警卫队,并任命阿纳斯塔西奥·索摩查·加西亚为司令。国民警卫队的首要任务是维持秩序和稳定,并为此而接受美国训练、资金及装备。索摩查王朝——父亲和两儿子——从30年代中期一直统治到1979年。一位政治学家把索摩查的统治称为"盗贼统治的政府"。这个家族偷窃了一切可能偷到的东西。到1979年,索摩查拥有20%的可耕地(最好的土地,土壤肥沃,直通公路、铁路和港口)、国家航空公司、国家海运公司以及很大一部分国家商业和工业。索摩查贪得无厌的一大象征是拥有血浆厂。穷人以低到每升一美元的价格卖血,索摩查然后以十倍的价格卖给美国。

索摮查只忠实于国民警卫队和美国。国民警卫队是一个由亲戚和支持政府的原有上层人士组成的小圈子。尼加拉瓜在美洲国家组织和联合国的投票记录100%与美国保持一致。老索摩查支持推翻危地马拉的阿本斯，为他们提供机场跑道。猪湾事件是从尼加拉瓜的大西洋海岸出发的。确定无疑的是，路易斯·索摩查在场为参加者送行，并让他们给他带回菲德尔的一根胡须。

在索摩查几十年的漫长统治时期，尼加拉瓜人民既没有政治权力，也没有任何影响力。国民警卫队迅速并残酷地对付那些有足够勇气或傻气试一试的人。尼加拉瓜人民从1909年到1979年一直保持缄默。

1961年，一个反对派出来反对索摩查王朝的第三个成员——阿纳斯塔西奥·索摩查·德瓦伊莱(Anastasio Somoza Debayle)。像其他许多运动一样，这次也是受到古巴革命的激励。但是，他们也借鉴自己的历史，特别是奥古

成千上万名桑地诺主义的支持者聚集在革命广场上，纪念奥古斯托·塞萨尔·桑地诺。桑地诺是反对帝国主义的英雄，革命者以他命名。(朱莉·阿·查利普摄)

斯托·塞萨尔·桑地诺在1927—1933年抗击美国海军陆战队占领尼加拉瓜的历史，桑地诺于1933年被索摩查命令杀害。桑地诺民族解放阵线（FSLN）提倡将政治和经济权力交给人民、土地改革、民族团结、妇女解放、建立社会正义以及独立的外交政策。

桑地诺分子反对武器精良、训练有素的国民警卫队的斗争，经历了长期和流血的阶段，但最有效地帮助他们的却是最后一个索摩查的贪婪和残暴。一个例子是索摩查对1972年大规模地震的处理方法，这次地震几乎毁掉了整个马那瓜（Managua）。约2.5亿美元的援助很快到达了尼加拉瓜，却被索摩查和同伙偷光。反对派在索摩查的监狱受到残酷的折磨。到70年代晚期，甚至规模小但有势力的中产阶级和小部分上层人士也加入了反对派，索摩查的军队再也抵抗不过天怒人怨了。

像在古巴一样，美国清楚地看到独裁者不能坚持后，马上撤销对他的支持。国民警卫队和政府垮台了，桑地诺民族解放阵线率领着胜利的造反者于1979年7月19日喜悦地进入马那瓜。

重建家园的重担远远超过推翻政权的斗争。桑地诺分子接手的是经济废墟。索摩查炸毁了城市和工业。战争损失达约20亿美元，4万人死亡（占人口的1.5%），10万人受伤，4万儿童成为孤儿，20万家庭没有住处。国家财政空虚，外债超出16亿美元。加在这些苦难之上的是一个欠发达国家：52%的人口是文盲，平均寿命是53岁多一点，婴儿死亡率是每1,000个新生婴儿中有123个死亡，75%的儿童营养不良。

胜利后的最初几个月中，广泛的政治团体支持并加入革命。然而，桑地诺分子强调通过土地改革来重新分配财富以及支持劳工，这些都不是大多数尼加拉瓜中产阶级和上层人士的目标。他们撤销合作，开始批评政府，有些甚至很敌对。这种行为遵循革命运动的典型模式：团结一致反对共同敌人，混杂的统一体带来最后的胜利。之后，暂时的联合崩溃，因为有些人意识到他们的利益不可能通过革命改革来实现。作为最后的手段，不满的群体试图用武力阻止革命，通常与某些同情他们的外国势力相结合，从而加强自己的力量。尼加拉瓜发生的事件就是沿着这一可预见的模式进行的。

天主教会在革命问题上有分歧。教会上层一直与索摩查为伍，但他最后年代中的残暴导致教会与政权分离。因此，教会上层祝福推翻索摩查，这在拉丁美洲教会是极其少见的立场。虽然教会上层反对索摩查，他们也没有支持桑地诺分子提出的许多改革。他们如同中产阶级和上层人士的反对派一样，希望得到桑地诺分子所称的“没有索摩查的索摩查主义”。

虽然教会上层恐惧革命，许多下层牧师和修女却赞成革命。宗教信徒代表了天主教的新潮流——解放神学，这一思想源于梵蒂冈第二次大公会议(1962—1965 年)。这次会议由教皇约翰二十三世召集，在教皇保尔六世领导下继续进行。会议的结果是向现代世界的教会签发了《牧师宪法》，力劝天主教徒不要逃避对穷人和被压迫者的责任。世界各地的牧师和修女作出响应，开始卷入到社会组织中去。

梵蒂冈第二次大公会议产生的最大影响是在拉丁美洲，因为这里的经济及社会不平等极端严重。拉丁美洲神学家发展了新的学说，称为解放神学，吸收了《路加福音》(4:18—4:21)中基督的第一个训诫，福音中说基督来“解放那些受压迫的人”。1968 年在哥伦比亚的麦德林召开的第二次拉丁美洲主教大会，给予这一地区的解放神学以推力。教皇保尔在大会上讲了话，他是第一个来到拉丁美洲的教皇。他告诉主教们：“我们希望基督是穷人和饥饿者的化身。”主教们接受“给予穷人优先选择”，也就是说，他们将社会正义放在了首位。他们还选择通过祝福基督教团体组织（comunidades de base)，从而解决训练有素的宗教信徒短缺的问题。这些基督教团体是圣经学习组，许多桑地诺分子通过这类团体和其他基督教青年团体加入了革命。有些神父还在政府供职。革命中的宗教成分是尼加拉瓜革命区别于墨西哥和古巴革命的特点之一。

桑地诺政府开始了一个改善大多数人生活质量的宏伟计划。1980 年的学文化运动将文盲率从 52%降到 12%。政府随后在四年中将学校数量翻了一番，将从学前班到研究生的教育全部免费。1988 年，超过 100 万(占人口总数的 40%)尼加拉瓜人在学校学习。

注意力还放在了扩大医疗保健工作上。尼加拉瓜消灭了麻疹、白喉和小儿麻痹症,这些疾病曾经是儿童中的多见多发病。诊所和医院在农村和小镇上出现。保健中心的数量从 26 个猛增到 99 个,古巴医生和护士志愿来这里工作。婴儿死亡率下降 50%。尽管药物、医疗设备和医生短缺,医疗卫生服务仍然非常出色,世界卫生组织将尼加拉瓜评为 1983 年的模范国家。适当的饮食进一步说明尼加拉瓜人民的健康得到改善。热量摄入增加,因为更多的人可以得到更多的基本食品。

桑地诺民族解放阵线的三个创建人之一,卡洛斯·丰塞卡(Carlos Fonseca)发誓:"在尼加拉瓜,不会有农民没有土地,土地也不会没有人种。"1981 年颁布了意义深远的土地改革法案,它是以桑地诺的希望、丰塞卡的保证,以及全球农村建设经验为基础的。法案为任何希望得到并愿意开垦土地的人提供土地。作为中美洲最大的国家,尼加拉瓜有足够的土地(54,864 平方英里)提供给相对少的人口(320 万)。改革的主要目标是将土地利用起来,这样,尼加拉瓜便既可以生产足够粮食供国内消费,也可以出口换取需要的外汇。六年中,政府只将曾经是索摩查或与他们关系紧密的同伙的土地、遗弃的土地和没有利用的土地分配下去。1986 年 1 月 11 日,在成功地将 500 万英亩的土地分给了 8.3 万个家庭之后,政府对土地改革法案进行了重要的改动,允许没收任何没有利用的土地而不给予补偿,还可以为了确保将土地分给任何希望开垦的人这一目标而没收任何需要土地。政府第一次开始在农村工人要求土地的地区分配已经用于生产的土地。尽管有这些改变,政府继续保证私有财产权,大部分土地仍然掌握在私人手中。

在重新分配土地的过程中,政府优先考虑愿意组织合作社的人。合作社组织促进了政府的服务工作——医务室、学校、幼儿园、信贷、机械以及技术援助。此外,合作社享有效率高的声望。然而,政府也授予个人土地所有权。有这种所有权的人无偿拿到土地,但他们不能出售或让渡所有权,以防止未来的土地集中。虽然土地所有权可以继承,土地不可以在继承人之间分割,从而避免小地产的形成。

革命运动中还有一个重要的文化成分。民间文化中心教授民间舞蹈。文

桑地诺民族解放阵线九名指挥员之一——丹尼尔·奥尔特加(Daniel Ortega),成为尼加拉瓜第一个以民主方式选举出来的总统。(朱莉·阿·查利普摄)

化部支持原始风格的艺术运动，这一运动始于索伦蒂娜梅(Solentiname)岛上埃内斯托·卡德纳尔(Ernesto Cardenal)神父的社团。民间诗歌班在工地、工厂、合作社和居民区出现，鼓励尼加拉瓜人仿效西班牙语现代派诗歌之父、民族英雄鲁文·达旦奥(Rubén Darío)。路易斯·恩里克(Luis Enrique)兄弟和卡洛斯·梅希亚·戈多伊(Carlos Mejía Godoy)等音乐家谱写了革命乐曲,加入到类似古巴和智利的新歌(nuevo canción)运动中去。

妇女从武装斗争之初就在桑地诺主义革命中起到重要作用，当时她们在拿起武器的人民中占30%。革命运动的目标是让妇女鼓动群众、办幼儿园和扩大工作机会。虽然在90年代以前没有妇女在最高领导层工作,但有一些妇女职位很高,包括卫生部长多拉·玛丽亚·特列斯(Dora Maria Telles),她在1978年攻打国家宫时是第二指挥员，并在1979年率领一支纵队拿下莱昂(León)。但是许多妇女对被另眼看待以及把武装斗争看得比家庭需求更重要的趋势感到愤恨。譬如,桑地诺分子拒绝人流合法化,以避免与教会产生进一步的冲突。但是,在育龄妇女中,个人引流所导致的死亡最多。不过,尽管有这些摩擦,许多妇女感到,桑地诺革命为她们提供了更多的机会,比以往任何体制都更有利于社会。

民族主义、社会主义和基督教在尼加拉瓜聚集为一体,提供了与其他革命所代表的任何改革都不同的模式。革命运动引起国际注意,包括美国政府不安的注视。吉米·卡特总统在战争的某灰暗时期曾试图阻止桑地诺分子夺取权力。但在罗纳德·里根总统政权下,尼加拉瓜被称为是共产主义的威胁。

华盛顿联合了已丧失信誉的国民警卫队的残余部队、被驱除出去的上层人士以及恐惧的中产阶级分子，来终止革命运动并将桑地诺分子赶出政权。中央情报局出资、训练并武装了称为“孔特拉斯”(contras)的反革命分子,这个名字是西班牙文中“反革命分子”(contrarevolucionario)的意思。他们早在 1979 年 11 月就从洪都拉斯,后来又从哥斯达黎加入侵尼加拉瓜。他们残酷无情，将目标特别对准学校和诊所，因为这些是桑地诺分子改革的象征。随着战争的加剧,桑地诺分子缺乏资金重建这些目标,教师和医生害怕进入交战地带。1984 年,中央情报局炸毁尼加拉瓜的港口,违背了国际法,引起国际团体的愤怒和谴责。1985 年,里根总统对尼加拉瓜实行贸易禁运,使经济陷入危机。

1984 年,尼加拉瓜进行了第一次自由选举,有八个政党参加。桑地诺阵线赢得 67%的选票。1990 年初,革命政府庆祝举行第二次总统选举。同前一次一样,它也是公开和民主的选举。但是,在两次选举之间的这些年里发生了太多的事件。1984 年,尼加拉瓜人民精神百倍,满怀希望,并且对革命取得的成果感到骄傲。到了 1990 年,他们对为时过长的战争和破坏感到焦躁不安。华盛顿强大的压力对小而穷的国家比任何一个时期都更沉重。桑地诺民族解放阵线在 1990 年的大选中失败,一个政治联合体——全国反对党联盟(Unión Nacional Opositora,UNO)——获胜。这个政治组织是由华盛顿出资、指导并鼓励的。21 个政党联合在这个组织里,在美国的支持下击败了桑地诺分子。然而桑地诺分子仍然获得 41%的选票。新总统比奥莱塔·查莫罗(Violeta Chamorro)许诺她与美国的紧密关系将带来援助和投资,从而使尼加拉瓜受益。但是美国一旦达到将桑地诺分子赶下台的目的,尼加拉瓜就从美国的议事日程上消失了。其后历届尼加拉瓜政府不断地削减了桑地诺分子所取得的成就。

古巴、智利和尼加拉瓜革命是拉丁美洲历史上的里程碑。古巴证明了革命的可行性,也显示出一个小国在超级大国的争夺中的局限性。智利试图证明和平道路的可行性,但随着革命火焰的消失,拉丁美洲革命者认识到,如果阿连德解散了军队,并武装了工人和农民,革命原本有可能生存。尼加拉瓜试图走一条政治多元化和混合经济的新路，但遇到了华盛顿通常的不妥协性，不愿意让拉丁美洲人决定自己的命运。到1990年，许多人怀疑革命时代是否的确结束了。如果确实没有革命这一选择，那么政治、经济和社会改革的机会何在？

推荐书目

布莱克，乔治：《人民的胜利：尼加拉瓜的桑地诺革命》，伦敦：齐德出版社，1981。

格林德尔，梅里丽和皮拉尔·多明戈编：《宣告革命：从比较观点看玻利维亚》，剑桥，麻省：戴维·洛克菲勒拉丁美洲研究中心，哈佛大学出版社，2003。

德赫苏斯，卡洛琳娜·玛丽亚：《黑暗中的儿童：卡洛琳娜·玛丽亚·德赫苏斯日记》，戴维·圣克莱尔译。纽约：新美洲图书出版，1962。

小佩雷斯，路易斯·A：《古巴：在改革和革命之间》，第3版，纽约：牛津大学出版社，2005。

拉贝，斯特芬·G：《世界最危险的地区：约翰·F·肯尼迪在拉丁美洲对垒共产主义革命》，查珀尔西尔：北卡罗来纳大学出版社，1999。

赖特，托马斯·C：《古巴革命时期的拉丁美洲》，修正版，西港，康州：普雷格出版社，2001。

Black, George, *Triumph of the People: The Sandinista Revolution in Nicaragua*, London: Zed Press, 1981.

Grindle, Merilee, and Pilar Domingo, eds., *Proclaiming Revolution: Bolivia in Comparative Perspective*, Cambridge, Mass: David Rockefeller Center for Latin American Studies, Harvard University, 2003.

Jesus, Carolina Maria de, *Child of the Dark: The Diary of Carolina Maria de Jesus*, David St, Clair, trans, New York: New American Library, 1962.

Pérez, Louis A., Jr., *Cuba: Between Reform and Revolution*, 3rd ed, New York: Oxford University Press, 2005.

Rabe, Stephen G., *The Most Dangerous Area in the World: John F, Kennedy Con–*

fronts Communist Revolution in Latin America, Chapel Hill: University of North Carolina Press, 1999.

Wright, Thomas C., *Latin America in the Era of the Cuban Revolution*, Rev. ed, Westport, CN: Praeger, 2001.

第十章

债务与独裁

20世纪后期，拉丁美洲历史的主要动力是公平与效率、民主与独裁之间的较量。领导人寻求经济增长的办法，有时寻求重新分配财富的办法。为了防止革命的发生，改革者试图对民众让步，但通常他们的失败引起了动荡、反应和镇压。在整个70和80年代，拉丁美洲经济迅速从繁荣走向崩溃，民主的登台与残暴的军事政权交替，革命的幽灵一直在游荡并激励着人民。

从许多方面来看，70和80年代重新出现了20和30年代的问题。大量的贷款刺激了经济增长，但当国际经济衰退使偿还贷款成为不可能时，债务就成了一个陷阱。经济负担把民众动员起来了，却被军事独裁打垮。但是，20世纪后期带来了新的军事独裁，它注重经济发展，并将压迫提高到新的水平。军事政权最终被打败，并不是因为新的政治运动，而是因为他们的经济失败。

10.1 改变经济模式

早在1965年，一些拉丁美洲国家就经受到进口替代工业化（ISI）战略的局限性。这一策略在20世纪大部分时期主宰着这一地区，有的是由于没有其他政策可行，有的是作为一种有意识的政策。进口替代被指责为造成周期性通货膨胀的缘由，因为关税和高估了的汇率人为地使外国商品价格提高，而本国生产商没有任何动力去进行更有效的生产。虽然许多国家生产更多的消费品，他们仍然需要进口资本货，进口制造业所需要的复杂机械。资本密集型的工业更多地依附于机器而不是人工，因此对城市就业没有多少帮助。但是不断增长的机械化和出口作物的生产，使越来越多的人口流入城市。20 世纪 50 年代开始在拉丁美洲首都周围形成的贫民窟，到 70 年代成为大面积的贫困中心。由于促进工业化的政策趋向于将收入集中在上层阶层手中，甚至连中产阶级也陷入贫困境地。其结果是，新消费品的市场有限。而这些产品的生产效率低下，有时在关税的保护下，生产质量极差，也不可能出口。

一种理论认为，拉丁美洲需要更多的资金投到已有改进的基础设施中，改善并扩大面向出口的工业化。多边机构和官方贷款组织，如世界银行，并没有提供所需的大量资金，或对如何运用资金提出过多的限制。拉丁美洲领导人到其他地方寻找资金，发现他们借贷大量资金的想法幸运地与国际银行业和投资业的增加相吻合。

在 70 年代，资金大量流入。贷款的刺激部分是由于 1973 年的石油危机。1973 年阿以战争之后，石油输出国组织（Organization of Petroleum Exporting Countries，OPEC）提高了石油价格，限制了出口量。石油输出国组织成员国在美国和欧洲银行存入大量的石油美元，而这些银行也在热切地寻找投资机会。拉丁美洲似乎是这类商业冒险的理想去处，导致新的百万舞曲，与 20 年代的繁荣时期如出一辙。墨西哥财政部长戴维·伊瓦拉（David Ibarra）说："许多银行家追着要借给我更多的钱。"利率低于通货膨胀，也就是说，贷款的偿还按实际费用折算，比借款成本要低。

60 年代后期，拉丁美洲每年从私人贷款机构借贷近 3 亿美元。到 70 年代初，这一地区的债务达到 340 亿美元。只要资金放在生产性的投资上，债务就可以得到偿还。世界贸易在增长，商品价格处在有史以来的最高点，拉丁美洲正在繁荣昌盛。

繁荣依靠几个主要因素：用于投资的外国资金的供应，健康的国际贸易产生偿还债务的收入，以及一支驯顺而且成本低廉的劳工队伍，最后一点也许是最重要的。工资的额度能够使拉丁美洲政府和资本家增加公司利润，使本地区更能够吸引外国公司。从理论上讲，财富的集中会增加投资的资金。但在拉丁美洲，上层人士将增长的收入装进自己的腰包，通常送出国，存入更安全的外国银行中，却依靠借贷来刺激投资。

镇压劳工运动对于独裁政权来说非常容易，因为他们认为劳工组织者是威胁着西方民主的国际共产主义运动的一部分。由于60年代对冷战的恐惧,这种独裁主义的观点很容易得到拉丁美洲上层人士和中产阶级的支持,也得到美国的支持。

这些政策的成功可以用拉丁美洲经济惊人的增长率来衡量。“巴西奇迹”创造了国内生产总值年增长率11%的成就。墨西哥的状况没有如此惊人,但也达到每年增长6%到8%。考虑到国内生产总值达到3%的年增长率就已经是健康的,这些增长率实在令人惊愕。

大部分债务是由政府借贷,再给私人企业、投资国家企业,或是创造公私合营项目。大部分资金用于工业投资,特别是在巴西,在钢铁生产、汽车业和机械制造方面出现了巨大的增加。更多的资金用于新的基础建设:巴西的伊泰普(Itaipu)水电站,委内瑞拉的古里(Guri)大坝,阿根廷—巴拉圭边界的亚西雷塔(Yacyretá)水力发电大坝,甚至危地马拉也建了奇索伊(Chixoy)大坝。大型发展项目需要巨大的投资,但是这些项目需要许多年完成,然后才能产生盈利。

问题随着1979年的第二次石油危机出现了,石油危机是在伊朗国王倒台之后发生的。为了控制迅速上涨的通货膨胀,美国联邦储备将利率提高到20%以上。美国利率的提高影响了欧洲金融市场,那里的利率是按伦敦银行同业拆息率（LIBOR）而定的。伦敦银行同业拆息率于1981年升到17%,1982年升到14%。拉丁美洲贷款的利率是浮动的而不是固定的,通常比伦敦银行同业拆息率高出1%。突然间，拉丁美洲政府发现他们的利率从9%飞升到19%。

然后是最后的一击:由于世界经济衰退,其他国家的买主停止或大量削减了对拉丁美洲商品的购买。没有了销售,就没有收入来支付直线上升的贷款。在1981年和1982年,仅仅为了满足现有贷款的还本付息,拉丁美洲政府疯狂地借款,通常是借短期高利息的贷款。根据国际结算银行(Bank for International Settlements)的数据,在1981年下半年,这一地区一个月中就借款40亿美元。

就连石油丰富的墨西哥——在70年代发现了更多的原油储量——也陷入到国际贷款的泥潭。墨西哥政府不是依靠自己新发现的石油收入，而是借款发展石油化工、钢铁生产和更新基础设施。大部分花费用于非生产性项目，包括对私人工业的资助和对上层人士奢侈生活方式的补贴。

1982年8月12日，墨西哥财政部长赫苏斯·席尔瓦·埃尔索格（Jesús Silva Herzog）向美国和国际货币基金组织报告，墨西哥没有钱偿还贷款。次日，贷款谈判开始。11月，巴西也发生同样现象。1983年危机波及整个第三世界。无力偿还贷款的幽灵威胁着整个国际银行体系。银行依靠贷款的利息收入支付存款人的本金利息和自己从其他银行的借款。这在美国银行尤为重要，因为他们从欧洲银行借了石油美元。关键一点是要保持利息收入流入银行系统。

谈判导致为偿还债务而重新筹资，而不是豁免债务。在拉丁美洲政府和国际银行的谈判中起关键作用的是国际货币基金组织。国际货币基金组织保证提供资金帮助拉丁美洲公司履行自己的职责，但是有一个条件：借款国政府需要削减政府开支。最后的结果是进一步增加债务，用新的贷款偿还原有贷款的利息。偿还贷款的代价就转嫁到拉丁美洲民众身上，因为国际货币基金组织强制实行紧缩计划，也就是削减社会开支。

墨西哥外债从1975年的145亿美元剧增到1984年初的850亿美元，到1989年超过1,100亿美元。民众付出了代价。1983年，米格尔·德拉马德里（Miguel de la Madrid）总统按照国际货币基金组织的建议，将政府开支削减一半，废除对某些基本食品和交通的补助。与此同时，通货膨胀维持在75%到100%的范围内，总统将工资增长率控制在15%到25%。从1981年到1987年，消费品价格增长了14倍，失业和不充分就业增加到约45%。国际货币基金组织强加的紧缩计划没有创造任何就业机会，然而，墨西哥每年需要70万新的工作岗位来消化加入劳动大军的新生力量。

在整个80年代，人均收入每年下跌1.1%，致使拉丁美洲和加勒比海经济委员会（Economic Commission on Latin America and the Caribbean，ECLAC）将这些年称为“失去的十年”。到1990年，整个地区的外债超过骇人听闻的

表 10.1 1964—1990 年间反传统政治的军人政权 [A]

国家	年代
厄瓜多尔	1963—1966 年;1972—1978 年
危地马拉	1963—1985 年
巴西	1964—1985 年
玻利维亚	1964—1970 年;1971—1982 年
阿根廷	1966—1973 年;1976—1983 年
秘鲁	1968—1980 年
巴拿马	1968—1981 年
洪都拉斯	1972—1982 年
智利	1973—1984 年
乌拉圭	1973—1984 年
萨尔瓦多	1948—1984 年 [B]

[A] 在有些情况下,决定这些政权开始的日期是困难的,因为军人政府一届接替一届,虽然在政策和个人性格上有改变,但是总体来说都具有反传统政治的观点,主张为了国家安全实行直接的军事统治。有时,短暂的文人政府中断过军事统治,如危地马拉从 1966—1969 年,巴拿马从 1981 年奥马·托里霍斯(Omar Torrijos)将军去世之后。

[B] 萨尔瓦多自 1948 年以来就受到军人政府的统治。虽然奥斯卡·奥索里奥(Oscar Osorio)少校于 1948 年领导的军人政府的发展导向和反传统政治的思想要早于"秘鲁式"(或民众主义)的反传统政治,可能更合适的做法是将最后一次的军人政府时间定在从 1979 年开始。

资料来源:布莱恩·洛夫曼:《为了祖国:拉丁美洲政治和军事力量》,1999。经 SR 出版社允许重印,现有罗门和利特菲尔德出版联合公司的版本。

4,200 亿美元,相当于拉丁美洲年收入的好几倍。仅利息支付一项就耗费整个出口收入的 40%以上。军费开支也占相当重要的比例。

采取 70 和 80 年代灾难性经济策略的政府大多数是军人政权。他们最初的成功以及他们轻易运用暴力的手段使他们一直掌权。他们的经济政策的失败导致了他们的垮台。

10.2 要求变革的军事模式

军队的阴影在拉丁美洲非常突出。最初,独立时代早期的考迪罗依靠军队掌权。19 世纪后期,在英国或德国的训练下,军队的专业化似乎成功地使这一机构服从于自己作为国家利益保卫者的适当角色，服从于文人政府的领导。大萧条时期的骚乱带来了新的军人,从专业化军队里产生了考迪罗似的独裁者。

然而，在 60 到 80 年代期间出现了另一种军人模式——官僚化的军人模式,认为自己可以比文人政府更好地统治。军人领袖相信,他们可以恢复秩序,带来发展。这些新的军人政权趋于通过体制掌权,而不是考迪罗式的个人独裁统治,只有智利的奥古斯托·皮诺切特是个显著的例外。在那里军队不信任平民,很愿意用武力强制推行其日常事务。

武装力量的传统职责是保卫国家不受外国侵略。虽然一些拉丁美洲国家用武力解决边界纠纷,一般来说,这一地区在 20 世纪后期没有受到任何外国的侵略。但是，军队认为他们面临着来自政治上的左派势力的内部威胁。他们这种观点得到了美国的支持,并且,美国向拉丁美洲武装力量投入了大量资金。苏联和美国之间的冷战开始于第二次世界大战之后的年代,但斗争不是发生在它们自己的国家,而是发生在发展中国家里,因为后者被看成容易接受共产党的宣传。古巴革命便成为一个例证,证明存在着明显的、现实的危险。

然而,这些拉丁美洲的将军们甚至走得更远,他们发展了国家安全与发展学说。根据这个学说,强大的经济是国家安全的中心,使经济发展问题变得与军事保卫一样重要。此外,如果国内存在不安定和颠覆活动,国家就不可能发展强大的经济,特别是不可能通过吸引外资来发展。把这两个理论联系起来,对想象中的颠覆进行镇压,就赋予了军队将国家安全和经济连接起来的作用。

1964 年若昂·古拉特被推翻后，巴西成为这一地区第一个推行新军事模式统治的国家。新的政权不同于这一地区以前所见过的任何政权。这种政权不是由一个有魅力的或大权独揽的军人考迪罗来领导,没有庇隆,没有索摩查,甚至没有瓦加斯。从一开始,军官们就同意不应该有一个独裁者式的人物。相反,巴西有一系列的军人总统,全都是将军(温贝托·德阿伦卡尔·卡斯特洛·布朗库,1964—1967 年; 阿图尔·达科斯达—席尔瓦,1967—1969 年; 埃米利奥·加拉斯塔苏·梅迪西,1969—1974 年; 埃内斯托·盖泽尔,1974—1979 年;若昂·巴普蒂斯塔·菲格雷多,1979—1985 年)。

这些将军利用大量的外国贷款,监督着巴西经济的转变。1960 年,工业产品仅占国家出口的 3%,到 1974 年,工业品出口已占到 30%。巴西的工厂生产了钢铁、汽车、军用装备(包括坦克和潜水艇)以及电脑。用国民生产总值衡量,其结果令人震惊:每年增长率达 10%。《经济学家》杂志将这一令人羡慕的增长称为"巴西奇迹"。

由于强大的经济对巴西的国家安全很重要,任何反对这一观念的人都被视为对国家安全的威胁。没有太多不同意见出现。将军们确实创造出巴西奇迹,但是,这一奇迹是将收入从底层转移到上层阶层,财富集中到上层,以制造投资者和市场,并通过外国贷款弥补上层人士的投资不足,这些上层人士大多选择将新找到的财富装入自己的腰包。贷款也是必需的,因为巴西的低税率低限制了政府的投资。

《洛杉矶时报》1974 年 7 月 21 日的社论指出:"尽管巴西的增长率令人羡慕,穷人与富人之间的差距却比以往任何时期都大。"冷酷的统计数字证实了这一结论。在 1964—1974 年间,巴西收入总量的 75%由最富裕的 10%的人口所占有,而最贫穷的 50%的人口只得到总收入的 10%。加剧这一不平等性的,是税率递减的税收制度,使工人阶级承受最重的负担。

军人政府决心不让工会组织者阻挡这一奇迹。他们建立了秘密警察和杀手小分队,折磨并铲除他们认为有威胁的人。政府请求在巴西有分公司的美国和欧洲主要大公司给予帮助,定期提供有嫌疑的工会积极分子的名单。结果,在 1969—1978 年,没有发生过任何反对大公司的罢工。军人政府一直掌权到 1985 年。

令人悲哀的是,巴西不是唯一转向残酷的军事独裁的国家。在南美洲,军人政府也在阿根廷、玻利维亚、智利、厄瓜多尔和乌拉圭掌权。巴拉圭从 1954 年起就已经落入阿尔弗雷多·斯特罗斯纳(Alfredo Stroessner)将军的铁掌下。

如同在巴西一样，阿根廷的军事领袖认为文人统治不负责任，让国家陷入混乱。一开始，军队介入政治恢复秩序，然后将政府交给文人。1955 年，武装力量驱逐了胡安·多明戈·庇隆，他逃到了巴拉圭。庇隆党在 1955—1958 年军政权统治时期成为非法组织。军人政府然后允许选举，激进公民联盟（Radical Civic Union）的候选人阿图罗·弗朗迪西（Arturo Frondizi）获胜。他在 1958—1962 年的执政期间，集中精力建设钢铁和石油工业。与通常的模式一样，经济重组导致经济困难，进一步导致骚乱和军队的干涉。1962 年，新的选举把激进党的阿图罗·伊利亚（Arturo Illia）推上台，但在 1966 年他又被驱逐。这一次，军人政府一直掌权到 1973 年，胡安·庇隆从流亡地回来，重新宣布他是工人的领袖。他的副总统是他的新夫人——伊莎贝尔（Isabel）。她曾是夜总会的舞女，在流亡期间一直是庇隆的秘书。

1974 年 7 月，庇隆去世，伊莎贝尔发现，她独自一人在试图解决对老练的政治家来说都非常棘手的问题。经济混乱猖獗，武装游击队挑战政府，最后，1973 年的石油危机导致经济瘫痪。这一次，军队彻底地介入了。1976—1983 年，一连串的将军统治着国家（豪尔赫·拉斐尔·魏地拉，1976—1981 年；罗伯托·爱德华多·比奥拉，1981 年 3 月—12 月；卡洛斯·阿尔韦托·拉科斯特，1981 年 12 月；莱奥波尔多·加尔铁里，1981 年 12 月—1982 年 6 月；阿尔弗雷多·奥斯卡·圣琼，1982 年 6 月—7 月；雷纳尔多·比尼奥内，1982 年 7 月—1983 年 12 月）。

如同巴西的将军们一样，他们也为国家安全担心。像巴西的中产阶级鼓动 1964 年反对古拉特的政变一样，阿根廷的商业界转向军队。商业团体担忧游击队绑架外国商人（1973 年发生了 170 起绑架事件）、工厂的暴力行为，以及在价格得到控制的情况下通货膨胀率仍然达到 30%。其结果是，1975 年 9 月，首要的商业组织阿根廷工业联盟会（Argentine Industrial Union）和军队总参谋长豪尔赫·拉斐尔·魏地拉将军进行会谈，双方同意进行政变，半年之后付诸实施。“1976 年的政变或者沉默地得到了接受，或者公开地得到了支持，因为基本上没有任何政党试图动员起整个社会来保卫民主制度。”后来审判这些将军的路易斯·莫雷诺·奥坎波（Luis Moreno Ocampo）说，“这次政变不是简单地军队对不情愿的平民社会强加他们的意愿，而是文人—军人联盟的结果，并且这种联盟得到国际社会的支持。”

1977 年纽约一张抗议智利独裁制的宣传海报，它是 20 世纪 70 年代在美国掀起的人民团结运动的一个范例。（美国国会图书馆）

将军们解散了国会和最高法院，并发起大规模的谋杀和折磨行为，杀死约 3 万人。然而，将军们也顾及自己在国际上的形象，特别是因为在安第斯山那一边的智利，以奥古斯托·皮诺切特将军为首的残暴政权引起了国际公愤。阿根廷的将军们想秘密地进行对不同政见者的迫害。在阿根廷，想象中的颠覆者遭到了绑架，并在大概 340 个秘密拘留所里受到折磨。一万多名被杀害者的尸体或从飞机上扔下去，或埋在万人坑中。由于文人政府被摧毁，所有的通信工具受到审查，政府可以很容易地否认任何发生过的事件。一个新的名词在阿根廷词汇表中出现——消失（desaparacido）。

军队—商界联盟支持了经济自由化，主要是降低在进口替代工业化时期建立起来的关税壁垒，强迫本地工业与低价的进口货竞争。政府方面则削减公共部门，这一部门是在民众主义和进口替代工业化时期庞大起来的。政府出售了公共企业，降低工资，并增加税收。在竞争中，一些国内制造商垮台了，解雇工人使失业人口大增，存留下来的公司便可以支付低工资。通过大量的外国贷款增加新的投资。

最后在 1983 年，将军们被打倒，因为他们在可以合法声称的国家保卫者这一角色上都失败了。为了将国内注意力从崩溃的经济和不断增加的镇压上转移开来，将军们发动了战争，从英国人手中夺取马尔维纳斯群岛（Malvinas Islands），英国人从 19 世纪 30 年代起就在实际上控制着这一群岛。英国人称它为福克兰群岛，岛上有不到 2,000 名讲英文的居民和 60 万只绵羊。将军们以为英国不会为无足轻重且距离很远的属地打仗,因此成功地将国内人民集结在国旗下。但是英国首相玛格丽特·撒切尔选择与阿根廷交战,从而提高英国人的爱国主义精神,并转移对英国经济危机的注意力。更强大的英国势力很容易地打败了阿根廷人，杀死上千名年轻而且没有训练的士兵。这是阿根廷军人政府的最后一根稻草。

虽然阿根廷在整个 20 世纪遭受了太多的军事政变,智利却有着很长的民主政治的历史。甚至智利革命道路也是民主选举的路线。由于这一历史状况,1973 年推翻阿连德政府的军事政变,就尤其让人震惊。如同其他军事独裁制一样,在皮诺切特统治下的智利以镇压和残暴为特征。但是,与阿根廷和巴西不同的是,皮诺切特政府寻求限制政府在经济中的作用。

皮诺切特政府采用了货币主义经济政策。这一政策由号称“芝加哥弟子”的芝加哥大学保守派经济学家推行。货币主义提倡将政府对经济的控制降到最低限度,广泛地削减预算,减少税收,以及刺激外国投资。智利独裁者通过剥夺五百五十多家国有企业来减少政府在经济中的作用，通过基本解除社会保险和退休计划来削减预算。1977—1980 年间,皮诺切特平衡了预算,降低了通货膨胀,并有了相当的经济增长。1982 年,芝加哥货币主义理论家米尔顿·弗里德曼(Milton Friedman)写道:“智利是个经济奇迹。”弗里德曼轻率地将增长和发展混为一谈：智利的经济增长肯定没有改善大多数人的生活水平。

智利无可争议的经济增长主要依靠大量的外国信贷的流入，为进口上层人士享受的高级商品提供了资金。皮诺切特没有扩大智利有限的制造业部门，却将注意力放在出口初级产品上。智利的大部分增长是依靠铜的高价,仅此一项就占整个出口收入的 95%。但在 1975 年之后,世界铜的价格从每磅 1.7 美元降到 1982 年的 52 美分。智利还促进葡萄和葡萄酒的出口。但是从长远看,智利的出口模式并不比巴西的工业化模式更成功。80 年代的经济衰退使一切都失败。

对许多人来说,智利的奇迹是个神话。外国贷款的上升伴随着出口收入的下降，表现出智利经济增长的脆弱性。1982 年，国民生产总值下降了

14%,1983 年，又下降了 3%。智利在拉丁美洲保持着国民生产总值下降最快的纪录。到 80 年代中期,经济被摧毁。外国贷款到 1988 年超过 200 亿美元，成为世界上人均债务最高的国家之一。支付贷款占国家出口总收入的 80%。破产量猛增,失业率直线上升。《洛杉矶时报》于 1983 年 2 月 22 日报道:“商业以前所未有的速度破产,银行业垮台,国家危险地接近拖欠外债的边缘。”

穷人和中产阶级感到了经济恶化的冲击。智利大主教劳尔·席尔瓦·恩里克斯(Raul Silva Enriguez)观察到:“我可能会错,但是,在我一生中,从没有见过如此败坏的经济状况。”一位智利人讽刺道:“‘芝加哥弟子’的自由市场政策在过去一年中摧毁的私人企业，超过阿连德联合政府中最激进的部门梦想在三年中实行国有化的部分。他们将中产阶级变成无产阶级或失业者的人数,超过马克思主义教材中所能描写到的。”英国经济学家菲利普·奥布赖恩(Philip O’Brien)将 1984 年的智利经济称为“伪装成经济发展模范的个人贪婪的惊人例证”。

军人政府的经济实验让智利 1,200 万人口中的 700 万沦于贫困。观察家们估计,生活在最低标准条件以下的人数增长了七倍。他们得出结论,在损害其他 90%的人口利益的同时,10%的人口从“奇迹”中获益。

这些国家的军人统治者没有将自己的独裁政策限制在本国领土之内。1976 年,阿根廷、玻利维亚、巴西、智利、巴拉圭和乌拉圭联合参加了皮诺切特政府组织的神鹰行动计划(Operation Condor),目的是帮助思路相同的政府追捕持不同政见的流亡者,在其他国家将他们谋杀。智利提供了秘密警察局长曼努埃尔·孔特雷拉斯(Manuel Contreras)的指挥系统,以及电脑和中心化服务。美国协助了南美洲情报头目之间的通信联系。神鹰行动计划的受害者包括智利将军卡洛斯·普拉茨和他的夫人索菲娅·库特伯尔特(Sofia Cuthbert),1974 年在布宜诺斯艾利斯被杀;以及阿连德政府前外交官奥尔兰多·莱特列尔(Orlando Letelier)和美国研究人员龙尼·莫菲特(Ronni Moffitt),1976 年在华盛顿汽车爆炸案中遇害。

10.3 中美洲的战争

从根本上说，中美洲是20世纪晚期困扰拉丁美洲的欠发达危机中,既有夸大又有启发作用的典范。这一地区可以用典型的依附性增长模式来描述,重点放在出口而不是国内生产上,放在利润而不是工资上。经济增长了,却不能发展。经济增长依赖于周期性极高的外国对初级产品的需求量:咖啡、香蕉、棉花、蔗糖和牛肉。任何周期性增长的利益积累在少数人手中。大部分人口依然被排除在外，并且在这个他们既不掌权又不是为他们服务的社会中哑口无言。保守的估计将60%的人口划归于贫穷范畴。没有任何经济增长可以帮助或帮助过平民百姓取得令人满意的生活水平。1986年底,在圣萨尔瓦多大教堂中一次弥撒的布道中，大主教阿图罗·里韦拉—达马斯(Archbishop Arturo Rivera y Damas)陈述道:"欠发达的真正原因是我们国家在理论、经济和政治上的依附性。"

大部分中美洲没有给予其公民多少民主权。有时,上层人士——后期还有中产阶级——为了增强自己的力量实行过民主形式。但是军队一直尖刻地关注着这类少有的试验,并且做好准备,只要投票箱中有一点关于不久的将来会有社会、经济或政治改革的暗示,就进行干涉。危地马拉、萨尔瓦多、洪都拉斯和尼加拉瓜在60和70年代的选举闹剧，使传统势力的权力得到巩固,或为军队将来的干涉提供借口。对于那些想向欠发达、贫困状况、依附性、独裁统治和一大串的社会不平等现象提出挑战的人来说,投票箱没有提供任何机会。这种认识在60年代就形成了危地马拉的游击运动和尼加拉瓜桑地诺主义的组织。

像这一地区的其他地方一样，中美洲在60年代尝试过经济改革。在1960—1963年间，五个国家同意创建中美洲共同市场（Central American Common Market,CACM)，希望这个地区性市场可以支撑那些任何单一中美洲国家不能够支撑的进口替代工业。但是,从一开始,中美洲共同市场就存在问题和弱点。工业化证明是资本密集型的,因此几乎没有创造多少工作机会。在机械和技术方面的大量开销使硬通货流失。许多工厂搞的是组装而不是制造,也就是进口零件,把零件安装在一起,然后出口成品。这类组装厂没有给本地经济带来多少利益,只是用很少的工资雇佣了一些工人。这些极少的工业所赚取的利润也不归这一地区,因为62%的工业掌握在外国人手中。

中美洲共同市场的另一个特征是工业增长的不平等, 引发地区性的竞争和嫉妒。危地马拉和萨尔瓦多自夸有大量的工业化,使洪都拉斯、尼加拉瓜和哥斯达黎加感到烦恼,也对这几个国家经济不利。萨尔瓦多虽然是大多数制造厂的所在地, 组装厂提供的工作机会却极少。小国萨尔瓦多人口众多,土地面积不足,650 多万人居住在 8,260 平方公里的土地上。故而,萨尔瓦多的人口是尼加拉瓜的两倍,地域面积却只有它的六分之一。大部分土地由上层人士控制,这一阶层人数甚少,被称为“十四家族”,当然其人数肯定远远超过。大约 2%的人口拥有 60%的可耕地。萨尔瓦多人的保险阀门是洪都拉斯边界。到 1968 年,大约有 30 万萨尔瓦多人在洪都拉斯非法居住。

洪都拉斯与萨尔瓦多相反,其人口密度较低。许多年来,在国家的太平洋沿岸地区很少有土地竞争,因为其经济中心在大西洋沿岸的香蕉产地。洪都拉斯人一般都有土地,但土地质量不是很好,土地面积也较小。然而,在 20 世纪 50 年代,生产口粮的农业遭到压力,因为政府鼓励农业现代化和出口多样化。牛肉、棉花和咖啡首次变成重要的出口商品,将洪都拉斯生产口粮的农民赶出了他们的土地。到 1965 年,没有土地变成一个问题。当洪都拉斯的农民开始组织起来时, 政客们通过拿萨尔瓦多移民做替罪羊的办法来扭转他们的怒气。在太平洋沿岸地区,萨尔瓦多人因擅自占地而成为攻击对象,在大西洋沿岸地区则由于是低工资工人而遭到攻击。萨尔瓦多人开始成群结队地离开洪都拉斯,有些是被政府驱除,其他则是为躲避洪都拉斯人对他们产生的新的反感。萨尔瓦多难以承担移民的回流,宣称洪都拉斯虐待移民。

1969 年 6 月,在一场世界杯足球赛预赛中发生暴乱时,两国间的冲突达到危急关头。7 月,萨尔瓦多入侵洪都拉斯。“足球战争”只持续了四天,美洲国家组织就成功地制止了暴力行为,但是十年之后,两国外交创伤才得到治愈，而中美洲共同市场再没有得到恢复。有限的工业化显然不是解决中美洲问题的办法。

如同这一地区其他地方，中美洲政府在 70 年代利用了外国贷款，然而他们几乎没有投资于生产。大部分借款用于支付不断上涨的燃料费用，因为这几个国家都不能生产石油。1975 年，中美洲出口商品价格猛跌，而进口商品价格持续上涨。经济倒退激发了政治骚乱，特别是在农村人口中，他们渴望土地改革。地主、商业资产阶级和军队组成的神经过敏的联盟，强有力地镇压了在任何时间和任何地点出现的抗议。为了这类行动，他们不断转向美国要求军事支持，以挫败造反行动。

美国一直对中美洲地区有特别的兴趣，将其看做美国的影响范围。当中美洲上层人士宣称骚乱是由共产党挑起时，美国的兴趣大增。就是在这种背景下，桑地诺分子于 1979 年在尼加拉瓜掌权，萨尔瓦多和危地马拉的流血战争此起彼伏，影响到洪都拉斯和哥斯达黎加。

萨尔瓦多的暴力镇压有着长久的历史，从 1932 年马克西米利亚诺·埃尔南德斯·马丁内斯将军实行大屠杀开始，军队与萨尔瓦多上层人士紧密联合，一直统治着国家。60 年代，这一体制开始出现裂缝。基督教民主党于 1960 年成立，到 1964 年赢得重要的议会和地方代表权。此外，与洪都拉斯的战争引发了对土地改革的辩论，争论于 1970 年 1 月在国民大会上达到了顶点。随之而来的是城市罢工，尤其是教师的罢工，以及萨尔瓦多大学生中产生新的战斗精神。

寡头政府为此动用了残暴的国民警卫队，组成暴力的半军事性力量，主要是要恐吓农民领袖，并在 1972 年从基督教民主党的候选人何塞·拿破仑·杜阿尔特(José Napoleon Duarte)那里窃取选票。当温和的基督教民主党人都成为镇压对象时，较激进的萨尔瓦多人拿起了武器。到 1975 年底，农村有三个游击队组织。多年的挫败在军队操纵 1977 年总统大选时达到顶点，国家随之陷入内战。1979 年 10 月 15 日下级军官策划军事政变，将政权交给了文人—军人联合执政委员会。

1980 年初，执政委员会虽然变得更加保守，还是认真地进行了一些体制改革。银行系统和咖啡销售被国有化。最重要的是,1980 年 3 月 8 日,执政委员会颁布了第 153 条法令,进行土地改革。在改革的第一阶段,政府将面积超过 1,250 英亩的地产国有化,交给合作社,由劳工自己管理。政府保证用债券支付原来的主人。这些地产主要生产棉花和甘蔗,有些生产咖啡或养牛。第二阶段将超过 375 英亩的地产国有化,之后上升到 612 英亩。第三个阶段被称为"土地归种地者所有",使租种小块土地的人成为土地所有者,让农民直接受益。80%以上的这类土地每块面积不足 5 英亩。土地改革从纸面上看不错,也努力推行了,但不幸的是,改革没有成功。农业部前副部长豪尔赫·比利亚科塔(Jorge Villacorta)观察到:"实际上,从农业改革实行的一开始,我们看到的是官方暴力的急剧上升,他们反对那些应该'受益'于这一进程的农民。"

1980 年后期,改革者的执政委员会被更传统的人排挤到一边时,改革的倡导者组成了一个政治联盟——革命民主阵线(Frente Democratico Revolucionario,FDR),和一个联合军事阵线——法拉本多·马蒂民族解放阵线。它们一起为革命创建了一个可行的基础结构。革命民主阵线颁发了实行其目标的广泛计划。计划要求:

1. 国家独立,萨尔瓦多人的需求优先,以及不向任何其他国家屈服。
2. 深刻的政治、经济和社会改革,以保证人类尊严、福祉、自由和进步。
3. 在国际事务中不结盟。
4. 民主政府。
5. 一支新的国家军队。
6. 支持私人企业。
7. 宗教自由。

显然,这一计划的实行将使萨尔瓦多革命化。在实行过程中,军队将被取消,农业—工业上层人士的影响被削减。传统社会的受益者和改革的提倡者之间有着明显的界限。随着造反者队伍的扩大,军队和游击队之间积郁的斗争爆发为全面内战。

直到 1979 年，军队和上层人士可以有效地对付任何向他们的权力发起的挑战。1979—1980 年的事件表明，无论他们的杀手小分队使用何种暴力，他们不可能再恐吓其反对者了。他们第一次不得不向美国直接求援。他们的策略很简单，并已经在本半球许多地方证明有效。拉丁美洲上层人士认为任何对改革的渴望，无论有多温和，都与共产主义有关。他们完全懂得美国官员对任何共产主义在西半球游荡的控告所作出的巴甫洛夫式的反应。一旦“共产主义威胁”的警钟在萨尔瓦多敲响，华盛顿的军事援助就会源源不断地流遍整个国家。

一位美国顾问教萨尔瓦多空军学员如何运用 M—60 迫击炮。美国为萨尔瓦多政府提供资金反对法拉本多·马蒂民族解放阵线，并对民众实行镇压。

美国干涉加剧了内战，在十年中愈演愈烈。到 1989 年，据估计，为数 1 万人的法拉本多·马蒂民族解放阵线势力占领了三分之一的国土，作为解放区。他们在国家公路旁征收自己的税金，而且他们的攻打和破坏几乎摧毁了国家经济。他们成功地潜入大城市，于 1989 年初进攻圣萨尔瓦多市驻军和其他目标。五角大楼军官得出结论说，没有士气的军队不可能在没有美国支持的情况下进行战斗。八年中，萨尔瓦多有六万多人被杀，其中许多是右翼杀手小分队的平民受害者，这是拉丁美洲历史上流血最多的内战之一。萨尔瓦多悲惨的近代史显示出，掌权者为了保持他们的权力和防止改革能够走多远。

虽然革命者证明了他们有能力快速了结萨尔瓦多军队，他们却无法打败美国。面对长期流血的僵局，法拉本多·马蒂民族解放阵线于 1992 年 1 月 16 日与美国资助的政府签订了和平协议。他们在很大程度上受到桑地诺分子在 1990 年选举中失败的影响。1979 年,桑地诺分子赢得革命,但尼加拉瓜右翼分子和美国同盟者发起的反革命运动使 3 万人失去生命，并摧毁了经济。在战争可能继续的威胁下，疲惫的尼加拉瓜人将桑地诺分子选下了台。到 1990 年,苏联或古巴对拉丁美洲革命支持的日子——在他们存在的有限程度上——已一去不复返了。

危地马拉是 80 年代中美洲残酷战争的另一种景象。斗争的根源是 1954 年哈科沃·阿本斯被推翻以及在此之后掌权的一系列军人政府。战争开始于 1961 年危地马拉民族主义军官造反的失败,他们不满政府允许中央情报局利用国家领土,训练古巴流亡者从猪湾发动对古巴的不成功的入侵。其中两个军官,马科·安东尼奥·容·索萨(Marco Antonio Yon Sosa)和路易斯·图西奥斯·利马(Luis Turcios Lima)由于他们具有农村的经历而变得激进,最终领导了革命游击队伍。1966 年,军队允许选举出文人政府总统胡利奥·塞萨尔·门德斯·蒙特内格罗（Julio Cesar Mendez Montenegro, 1966—1970 年),致使游击队暂时停止行动。军队随后利用非官方的停火,发动了残酷的反暴动行动。

虽然军队在门德斯政府期间有放手处理事务的权力——他在就职前确实被迫与军队签订协约——军队仍然决定需要直接控制政府,因此从 1970 年到 1986 年保留着军人政府。同时,各种农民联盟成立起来以组织社会变革,游击队力量重新组织起来,努力召集动员起来的农民,特别是土著民众。

1982 年，几个游击组织联合在一起，组成危地马拉民族革命联盟(URNG)。为此,军队采取了焚烧政策,烧毁有亲游击队嫌疑的村庄,折磨并杀害了上千人。仅 1982 年一年,政府的反暴动行动杀害了 7.5 万条生命,夷平了 440 个村庄。但在同一年,军队重新考虑了他们的策略,从盲目的残酷暴力转向更有选择性地对准目标。军队改用更策略的计划，残杀 30%的人口,用政府项目安抚 70%的人口。这种政—军结合的方案是为了通过军队,将政府渗入到原本孤立的村庄中。

在阿本斯倒台后的战争中,约有 20 万危地马拉人遭到杀害,大多数死于杀手小分队之手。另有 25 万人,主要是印第安人,穿越边界逃到墨西哥,以逃避大屠杀。到 1986 年军队允许文人总统比尼西奥·塞雷索(Vinicio Cerezo)掌权时,国家官僚机构已经重新建立,形成了军队和政府之间浑然一体的联盟。军队仍然是国家稳定的建筑师和民主限度的仲裁人。

最后,危地马拉和平谈判于 1990 年开始,1996 年签订了和约。但是,和平的局限性在两年后明显地表现出来。副主教胡安·赫拉尔迪·孔内德拉(Juan Gerardi Conedera)发表一个尖刻的报告,谴责危地马拉军队和民间半军事组织要对内战中将近 80%的权力滥用事件负责,两天后他被殴打致死。

邻近的中美洲国家也无法避免萨尔瓦多、危地马拉和尼加拉瓜的斗争。当一个"孔特拉斯"小团体在哥斯达黎加与尼加拉瓜交界处的无人区建立基地时,哥斯达黎加不情愿地介入了这一斗争。美国也对哥斯达黎加施加了相当大的压力,要他们支持"孔特拉斯"分子,反对桑地诺分子。面对战火遍地的中美洲无法提及更别说解决的衰败经济,奥斯卡·阿里亚斯(Oscar Arias)总统在 1986 年就职后抓住了外交上的主动性,号召中美洲人广泛和平地解决这一地区的政治问题。由于他的想象力和活力,他于 1987 年获得诺贝尔和平奖。但实行他所提出的广泛和平计划,对他和中美洲人民则是一大挑战,特别是因为美国只在嘴上表示对他们的支持。

比哥斯达黎加严重的是洪都拉斯,它完全参与到危机中。它在地理位置上很不称心如意地夹在三个处于改革或挑战之痛的国家中间:危地马拉快要沸腾的游击战争、萨尔瓦多的内战,以及尼加拉瓜的革命政府。同时,巨大的经济问题向洪都拉斯提出挑战。这是中美洲最穷的国家,也是拉丁美洲第二贫困的国家,仅次于海地。它的人口为 510 万,年增长率 3.5%,是世界人口增长率最高的国家之一。所有的经济统计数字表明,这里存在着广泛的社会不平等。约 53%的人口是文盲,婴儿死亡率达到每 1,000 个出生婴儿中有 118 名死亡。近 90%的农村人口和 66%的城市人口生活在贫困线以下。经济像坐过山车,财政赤字和外国贷款增加,而出口收入和外汇储备下降。

洪都拉斯代表了典型的飞地经济。20 世纪上半期,三家公司——联合果品公司、标准果品公司和罗萨里奥矿产公司——主宰着经济。前两家公司种植并出口香蕉,第三家公司开采黄金和白银。外国人拥有这些公司,将产品从具体的地点运送到国外，只给洪都拉斯留下微不足道的一点财富——低工资。他们没有对工业或相关的商业给予任何支持。那些公司拥有并管理着铁路和几个主要港口。香蕉公司控制了石油、啤酒和烟草工业。1950年，三家公司赚取的利润与洪都拉斯的整个预算相等。洪都拉斯偶尔会做出努力，对这些公司进行管理。1954年反对香蕉公司的大罢工加强了工会，并为工人提高了工资和福利待遇。这一胜利在洪都拉斯人中坚定了民族主义意识，使工会成为新的社会和经济力量。拉蒙·比列达·莫拉莱斯(Ramón Villeda Morales)总统(1958—1964年)试图进一步抑制果品公司，实行温和的土地改革及社会保险计划。

胜利的罢工和比列达·莫拉莱斯的改革计划使土地所有者和军队感到烦恼不安。将军们在他最后的执政期将他推翻，除了1971—1972年的短暂例外，他们直接统治着洪都拉斯，一直到1982年。军人政府以贪污腐化和极度保守为特征。1982年初，当军人政府将权力交给选举出来的文人政府时，经济是一团糟。

就在此时，里根政府发现了洪都拉斯的战略位置，并决定利用它来动摇尼加拉瓜，遏制萨尔瓦多的反叛者。其结果，美国对洪都拉斯的军事援助猛增。在整个80年代，美国与洪都拉斯联合进行军事演习。洪都拉斯为美国提供了充分的机会建设空军基地和跑道、一个海港、雷达站、军营和坦克陷阱。1983年以后，洪都拉斯实际上已成为一个被占领国。1990年战争最终结束时，洪都拉斯的边界地带留下了数百个地雷，以及严重的艾滋病问题，这是与美国军事设施和“孔特拉斯”兵营有关的卖淫造成的。

10.4 教会受到攻击

在70和80年代期间，天主教会成为拉丁美洲右翼政府的重要对手。尼加拉瓜不是唯一感到解放神学和拉丁美洲主教在1968年麦德林会议上选择为穷人服务的影响的国家。在整个中美洲，以天主教为基础的团体成立了。

1972 年，萨尔瓦多的耶稣会士雷图利奥·格兰德（Retulio Grande）是被送到农村训练世俗领导人、圣经讲解人并帮助组织农民争取劳动权利和农业改革的几个牧师之一。当地的土地所有者非常愤怒，把牧师作为杀手小分队的目标，散发有“做爱国者！杀死牧师！”字样的传单。在 1977 年的镇压浪潮中，格兰德被刺杀。他的死发生在奥斯卡·阿努尔福·罗梅罗（Oscar Arnulfo Romero）作为妥协的结果被选为圣萨尔瓦多市新的大主教的三周之后。罗梅罗被看做是有学者风度的保守人物，会远离政治。格兰德的死和延续的镇压让罗梅罗选择了立场。

这位大主教走遍了萨尔瓦多，访问了教区，并亲眼看到了贫困和压制的状况。他在每周的训诫中提到了这些现实情况，在教会的广播节目中播送。他甚至在 1980 年写信给美国总统吉米·卡特，请求他停止对萨尔瓦多政府的援助，因为“这些援助是用来镇压我的人民的”。那时，援助已经达到每天 150 万美元。

两个月后，罗梅罗采取了最大胆的行动，在他周日的布道中直接向军队讲话。“兄弟们，你们来自于同样的人民……”罗梅罗劝道，“没有任何士兵必须服从违背上帝意愿的命令……那么以上帝的名义，以这些受苦受难人民的名义，我要求你们，我请求你们，我命令你们以上帝的名义：停止镇压。”次日，在做弥撒时，罗梅罗遇刺。在他葬礼上来悼念他的人群也遭到了枪击。

萨尔瓦多宗教并非萨尔瓦多军人政权的唯一目标。1980 年 12 月，一条偏僻的道路上一个很浅的墓坑里露出了被折磨过的尸体。这些尸体是玛丽诺尔会的修女毛拉·克拉克和伊塔·福特，厄修林会的修女多萝西·卡塞尔和世俗传教士琼·多诺万。她们都来自美国，一直在圣萨尔瓦多市的大主教管区工作，帮助难民逃避农村暴力。

巴西也是解放神学运动的主要参与者，宗教信仰者为此付出了昂贵的代价。1968—1978 年是独裁制度最厉害的时期，超过 120 名主教、牧师和修女以及近 300 名天主教世俗工作人员被捕。7 名被杀害，大多数受到折磨。教堂被抄，教会经管的媒体被监视或关闭。

但是,解放神学从来没有得到所有教会统治集团的接受,甚至许多还积极地进行反对。一些人支持独裁制,更多的人认为教会不应该积极地卷入斗争。1978 年,当红衣主教卡罗尔·沃伊蒂瓦(Karol Wojtyla)成为教皇约翰·保罗二世(Pope John Paul II)时,这种看法得到了支持。他在 1979 年的第一项活动之一就是参加在墨西哥的普埃布拉召开的第三次拉丁美洲主教大会。他支持为穷人服务的抉择,批评了无节制的资本主义造成的贫困。但他也清楚地谈到他所关注的两个重要问题。一个是维持神学的正统性,这被解释为反对马克思主义和解放神学的影响。他对解放神学的社会主义含义的不信任,源于他年轻时在苏联控制的波兰生活过。第二个问题是要保持传统的制度权威模式,这意味着不支持圣经会社和基督教基层会社的代表们。

唯恐对他的观点有怀疑, 约翰·保罗在 1983 年对尼加拉瓜进行官方访问时将这些观点清楚陈述出来。教皇拒绝文化部长埃内斯托·卡德纳尔(Ernesto Cardenal)神父吻他的戒指,并劝告尼加拉瓜的牧师离开桑地诺政府。当他宣讲传统的教阶制度的重要性时,他对烈士和英雄的母亲(Madres de Mártires y Heroes)的赞美诗不理不睬,后者请求他为她们那些在反革命战争中被杀害的孩子祈祷。

到 1985 年,梵蒂冈对解放神学的攻击达到新的高度。梵蒂冈以红衣主教约瑟夫·拉青格尔(Joseph Ratzinger)为首的忠诚论圣会(Congregation for the Doctrine of the Faith)迫使解放神学的创始人之一,巴西的莱昂纳多·博夫(Leonardo Boff)神父保持了沉默。当他于 1992 年再一次被迫沉默时,博夫离开了方济各会,成为世俗工作人员。2005 年,拉青格尔接替约翰·保罗二世,成为教皇本尼迪克特十六世(Pope Benedict XVI)。

随着解放神学开始衰退, 天主教会迅速作好了另一个斗争的准备——与福音派新教徒竞争。1986 年,梵蒂冈发表了题为《异教或新的宗教运动:牧师的挑战》的研究报告。梵蒂冈认为,一些强有力的美国经济和政治机构支持新教徒在拉丁美洲劝诱改宗, 但是这一研究报告也反映了福音派具备真正的感染力,他们填补"在正统教会中满足不了的需求和激情。(天主)教会通常被简单地看做是个机构,也许因为它太重视结构,不够重视吸引人们信奉上帝。”

1988 年，天主教会的调查宣称，每小时有 400 名拉丁美洲人皈依福音派教会。皈依的原因包括天主教牧师太少，以及认为教会不谈人们真正的精神需要。福音派神学要求个人承担责任，并成功地改变了那些曾经是醉鬼和追求女色的丈夫，使拉丁美洲许多妇女很满意。

天主教会在天主教魅力更新（Catholic Charismatic Renewal，CCR）运动中从福音派那里借用了一手。如同圣灵降临派一样，天主教魅力更新运动用圣灵的洗礼，用特殊语言和信仰治疗。天主教魅力更新运动也乞灵于圣母玛丽亚的形象，而福音派则回避这一形象，更愿意将注意力集中在耶稣身上。圣母玛丽亚在拉丁美洲已有很强的吸引力，特别是对妇女来说，而妇女一直是教堂会众的大多数。

到 2005 年，估计有 20%到 30%的拉丁美洲人自认为福音派新教徒，最通常的是圣灵降临派教徒。他们在危地马拉、巴西和哥伦比亚的人数最多，但是这一现象包括这一地区的所有国家。一些社会活动家害怕这一运动是保守的，只注重个人拯救而不是社团行动。他们也害怕福音派分子与美国右翼运动的联系，因为拉丁美洲的许多皈依是美国福音派分子传教的结果。

10.5 新的社会运动

在长期的压制期间，拉丁美洲人看到了传统的 20 世纪反抗方法遭到系统的封锁。政治党派被宣布为非法，其领袖遭到刺杀。劳工工会和学生组织成为杀手小分队和虐待机构的目标。新闻媒体受到监视。

但是镇压未能阻止人民组织起来。相反，它导致了演员和组织形式的改变。通常，组织者是妇女，她们原本已经处于传统组织形式的外面，因为她们遭到工会和政党的忽视或排斥。她们一般围绕一些具体的问题组织起来，如街区需要水，在镇压最严重的年代里建立居民区厨房，为饥饿的人提供食物，以及为保护因放肆的经济政策而遭到破坏的环境而进行斗争。最重要的，她们围绕人权问题组织起来了。

1982 年，当阿根廷妇女发现她们中间有许多人寻找自己在阿根廷“肮脏的战争”(Dirty War)中失踪的家人时，“5 月广场的母亲”形成了。在这里，她们高举着头巾，上面有失踪了的家人的名字，在布宜诺斯艾利斯游行。

在智利的圣地亚哥，据一个调查报告讲，在 80 年代，20%的城市穷人加入了民间组织。在这些组织中，有 201 个施粥所，20 个社团厨房，223 个合作购买组织，67 个家庭庭院组织，25 个社团面包店，以及 137 个健康组织，宣称有 12,956 个活跃成员。

这类组织有很多是在天主教会的保护下成立的，天主教会也批评皮诺切特政权对人权的侵犯和它的经济政策。教会帮助这些组织的办法之一是为妇女提供能聚集在一起寻求帮助的地方。在一个教区，妇女受到鼓励，通过编织拼补式的墙挂(arpilleras)来述说她们的故事，以此把发生在她们家庭的事情记载下来。最终，约 230 个教堂建立了这类秘密作坊，制作了几千个拼补式的墙挂，偷运出国，揭露皮诺切特的独裁统治。

新社会运动中涌现的最著名团体是阿根廷的“5 月广场的母亲”(Madresde la Plaza de Mayo)。她们数年来每周在 5 月广场的玫瑰宫前面游行一次，要求她们失踪的亲人归来。这些妇女不断地询问警察和军政府官员有关她们失踪的家人，尤其是她们孩子的去向。她们在询问时碰到一起，组织了起来。这些母亲大多数是传统的家庭妇女，过去从来没有想过介入政治。正是母亲的角色引导她们走上街头，去寻找失踪的亲人，保持家庭的完整。传统的母亲角色一开始保护了这些母亲不受军政权的镇压。起先，她们没有被看做是一种威胁。后来，军政权对采取镇压手段犹豫不决，因为很难为攻击显然无害的一群老年妇女的行径进行辩护。最终，一些母亲失踪了。

一名将军说,让她们活下来是一个错误。

5月广场的母亲没有很好地经受向选举政府的过渡。首先,这个组织在是否支持劳尔·阿方辛(Raúl Alfonsín)的问题上有分歧,阿方辛是军政权倒台后第一个文人总统。一些人对选举制度的恢复和对"肮脏的战争"的审判感到满意。另一些则仍然要求对失踪的问题有个完整的交代,或者将她们的孩子活着还回来,或者对他们的死亡作出完整的解释。有些没有孩子的妇女对这一组织将重点放在母性上感到不满。然而5月广场的母亲争论道,她们代表了一种激进的、社会化的母性,将整个国家的人民作为需要得到抚养、住房、教育和保护的孩子。这样一来,她们的斗争使母性价值观成为社会的主导观念,以取代吹捧经济竞争和威权主义的传统父系价值观。

新社会运动在文人政府的国家也出现了,因为这些政府并不比军事独裁政府对国民的需求更负责任。譬如,在墨西哥城1985年9月19日的大地震之后,民众组织起了自救组织。在这次地震中,死亡人数至少达8,000人。政府的行动非常没有效率,于是一些组织出现了,包括受害者协调委员会(Coordinadora Única de Damnificados,CUD)。莱斯利·塞尔纳(Leslie Serna)描述了受害者协调委员会如何开始的:"我们不知道如何办,我们没有什么好的计划;我们一件事情一件事情地做,事情有它自己的动力。突然,我们成了一个组织,我们任命了委员会和董事会。"这些组织帮助清理废墟,寻找被压在里面的人。他们为无家可归的人盖起了棚屋,收集衣物、家具和毛毯,并建起了幼儿园。他们还组织游行,游说政府给予帮助。

在80年代出现的最大社会运动是巴西的无地劳工运动(Movimento dos Trabalhadores Rurais Sem Terra,MST)。无地劳工运动今天仍然是拉丁美洲最大的社会运动,代表了成千上万的无地劳工。据无地劳工运动统计,巴西有60%的农业土地闲置,而2,500万人没有长年的农业工作和土地。自从无地劳工运动于1985年成立,并且得到天主教会的帮助,超过250万个家庭在无地劳工运动的赞助下占有了1,500英亩的闲置土地,并从政府那里拿到了地产权。这些胜利来之不易。闲置土地的占领遇到过来自土地所有者和警察的暴力。从1989年到1999年,一千多人在土地冲突中遭到杀害,但是到 1999 年 8 月，只有 53%的嫌疑人被送上法庭。

无地劳工运动采取了革命政府实行的策略，创建食品合作社、小型农业加工厂，并进行扫盲运动。他们的努力得到诸如联合国教育科学文化组织（UNESCO）等国际组织的支持。在巴西国内，这一组织也得到广泛的支持。1997 年的民意调查显示，77%的民众支持无地劳工运动，85%支持他们的非暴力占领闲置土地的行动。

无地劳工运动有意识地与国际运动联合起来，反对全球化及其对当地经济的影响，还与巴西劳工党（Partido dos Trabalhadores，PT）[①]联合。2001 年 1 月，劳工党赞助世界社会讲坛（World Social Forum）的召开，据估计吸引了全世界各地的 5,000 学者、政治家、工会领袖和民间组织代表，向同一时间参加在瑞士召开的世界经济讲坛（World Economic Forum）的商业界上层人士提出了挑战。

当无地劳工运动的 1,300 名成员和讲坛的参与者进入美国生物技术公司蒙桑托的院子时，大会的气氛达到最高潮。抗议人员由无地劳工运动领袖若昂·佩德罗·斯特迪雷（Joao Pedro Stedile）和法国工会主义者若泽·博韦（Jose Bove）领导。博韦是法国牧羊人，他的名气来自于他的农民联合会冲进法国农村地区的麦当劳餐馆，以引起人们对转基因作物给农民、消费者和环境造成的危害的关注。这个讲坛表明了社会运动和进步的政治党派联合起来进行改革的可能性。即便拉丁美洲恢复了选举政治，这种联合显然也很重要。

10.6 选举可以带来民主吗？

从 80 年代中期到 1990 年，拉丁美洲国家一个接一个地恢复了选举文

[①] 1979 年在圣保罗冶金工会的基础上组建而成，其领袖是路易斯·伊纳西奥·卢拉·达席尔瓦。卢拉曾参加 1989 年、1994 年和 1998 年的总统选举，均告失败。劳工党在巴西工党（PTB）和民主工党（PDT）的支持下，在 2002 年 10 月的总统选举中获胜。卢拉于 2003 年 1 月就任总统，2007 年 1 月获得连任。——译者

人管理政府。华盛顿的官员欢迎这个地区新的、但仍然脆弱的“民主”。然而，仅仅是选举政策的存在并不是一个国家走向民主所需要的一切。真正的民主需要社会中不同群体之间权力平衡的改变，以及对大多数人负责任的体制。对拉丁美洲来说，真正的民主一直没有出现。

在巴西，埃内斯托·盖泽尔(Ernesto Geisel)执政期间(1974—1979 年)，当反对军政权的呼声越来越高时，向文人政府的过渡开始了。天主教会提高了反对社会不平等的呼声，要求为民众提供经济机会和让所有人获得自由。劳工运动有了新的独立性。1978 年 5 月，圣保罗的一次由五万多名工人参加的罢工，成为十年来的第一次。学生也不再沉默。1977 年，他们组织了数次重要的游行活动。

更重要的是，商业团体开始批评政府。1977 年 11 月，大约 2,000 名商人在里约热内卢集结，要求民主自由，而在 1978 年 7 月，一份由八名富裕工业家签名的文件提倡一个更合理的社会经济制度。可以说，上层人士的批评最为有效，因为他们不可能泰然地接受镇压，他们是军政权维持的权力结构的一个关键部分。最后，在军队内部，改革的情绪也在增长，掌权的将军们越来越难以掩饰在他们想呈现的团结表象下出现的裂痕。

与他的前几任军政权不同的是，盖泽尔在选择接替他总统位置的合意候选人时没有与同僚商量。他武断地选择了若昂·巴普蒂斯塔·菲格雷多将军，一个相对不出名的人，曾经做过国家情报局的局长。1979 年 3 月 15 日，菲格雷多就任为期六年的总统职位，表示希望主持从独裁制到民主制的政治过渡。1985 年，政府将选举权授予文盲(也许高达成年人口的 40%)，一个大选团选出了一个平民总统——坦克雷多·内维斯(Tancredo Neves)，但他在选举过后不久去世，只好由何塞·萨尔内(José Sarney)继任。1989 年进行了自古拉特的选举以来首次总统直接选举。然而，向选举政治的过渡并不容易：当选人费尔南多·科洛尔·德梅洛于 1992 年因绯闻而遭弹劾。

在阿根廷，将军们在马尔维纳斯战争中的失败和江河日下的经济状况使他们失去了信誉。他们同意在 1983 年进行选举，获胜者是激进党候选人劳尔·阿方辛(Raúl Alfonsín)。在一个历史性的决定中，阿方辛发誓起诉进行

“肮脏的战争”的将军们。1985 年,在详细的关于失踪和虐待的举证后,五个人被宣判有罪:豪尔赫·拉斐尔·魏地拉将军和海军上将埃米利奥·爱德华多·马塞拉(Emilio Eduardo Massera)被判无期徒刑,罗伯托·比奥拉将军被判七年监禁,拉蒙·阿戈斯蒂(Ramón Agosti)准将只被判了四年半,第二届军人政府中的空军司令奥马尔·格拉菲格纳(Omar Graffigna)准将被宣判无罪,还有三个在第三届军人政府中任职的人——莱奥波尔多·加尔铁里将军、豪尔赫·阿纳亚元帅和巴西利奥·拉米·多索(Basilio Lami Dozo)准将也被宣判无罪。但是,阿根廷仍然处于极度分裂状态。在庇隆主义者卡洛斯·萨乌尔·梅内姆(Carlos Saúl Menénı)的第一个总统任期(他于 1989 年和 1995 年两次当选),在一次军队暴动时,他赦免了魏地拉、比奥拉、马塞拉和被判有罪的布宜诺斯艾利斯警察局的上层指挥官们。

皮诺切特政权的让位比南美洲其他政权的倒台甚至更令人吃惊。骚乱开始于 1982 年。到那时,智利已经积累了在拉丁美洲最高的贷款——160亿美元,三分之一的劳动力失业。1983 年,劳工领袖组织了大规模的抗议游行,连右翼分子也开始认为撤换皮诺切特也许可以避免一场暴动,因为他是抗议的焦点。皮诺切特于 1984 年宣布军事戒严,但在 1985 年,他收到《向充分民主过渡的国民协约》(National Accord for Transition to Full Democracy),这是大主教胡安·弗朗西斯科·弗雷斯诺(Juan Francisco Fresno)在 11 个政治团体之间进行调解所达成的协议,这些团体包括从中右翼分子到社会主义分子不等。对政治活动合法化的要求由许多团体签署,表明皮诺切特不能够再号称他得到大多数人的支持。但是,将军拒绝承认协约或与协约所代表的团体见面。

到 1987 年,经济得到改善,皮诺切特也侥幸躲过了一次刺杀行动。他还认为自己仍然受欢迎,便同意对他继续掌权进行公民投票。选举仅提前五周宣布,但是由 14 个党派组成的联盟和许多社会运动纷纷组织起来,最终它们还赢得电视台的广播权。在惊人的失败中,57%的选票反对皮诺切特。然而,也许对未来更为可怕的是,43%的选票赞成他继续掌权。

独裁者同意下台,但是保留了军队的军衔和终身参议员的位置。[①]1989

年，基督教民主党的帕特里西奥·艾尔文(Patricio Aylwin)获选。在他的竞选中，艾尔文向商业团体保证经济的基本机构不会改变。他还拿人权问题作为竞选政纲，成立了真相与和谐全国委员会(National Commission on Truth and Reconciliation)。但是这个委员会的重点放在和谐，而不是放在正义上。虽然报告陈述了很多信息，结论部分仍在呼吁道歉和原谅，而不是采取法律行动。

文人政权在同一时间里既增加又缩小了政治参与的空间，对发展一个参与式的、政治化的公民社会也是如此。很清楚，人们有了更多的言论自由和组织团体进行社会改革的自由。但是这些政府对70和80年代出现的那些社会运动几乎没有给予任何支持。新政府把类似5月广场的母亲这样的组织看做只有在反对独裁制斗争中才是必要的。文人领袖把自己标榜为渴望新社会运动的理所当然的继承人。虽然新的领袖反对镇压并忠实于选举式民主，他们对改变独裁制度下的经济和社会纲领没有任何兴趣。

经济和社会民主化的要求没有得到重视，特别是因为新政府与旧政府所代表的经济利益相同。这一点在智利的艾尔文政府时期表现得最为清楚。选举前六个月，艾尔文和同事亚历杭德罗·福克斯莱(Alejandro Foxley)会见了智利最大跨国公司之一，合恩角甲醇公司总经理爱德华多·马特(Eduardo Matte)。马特后来告诉采访者：

> “(他们)给予我们各种保证，经济政策将继续不变，仍然像我们过去所了解的一样：市场开放、有利的投资条件，总之，所有我们从军政府掌权时继承下来的好处。一年之后，我毫不怀疑，这个国家的保证，正是亚历杭德罗·福克斯莱成为了财政部长。”

另一个商人观察到，基督教民主党党员福克斯莱和社会主义党党员、经济部长卡洛斯·奥密纳米(Carlos Ominami)“完全可能是皮诺切特内阁的

---

① 皮诺切特(1915—2006年)，统治智利达13年之久。1988年10月在全民公决中谋求连任失败。1990年3月被迫让出总统职位。下台后，智利法院指控他犯有侵犯人权、诈骗和贪污等罪行，多次剥夺其豁免权。2006年12月病故于智利圣地亚哥，终年91岁。——译者

成员”。

非常简单,新政府仍然由经济上层人士管理,他们对于从上面推进社会变革的兴趣极小。从底层进行变革的压力来自于被削弱的、没有组织起来的民众,而他们的政党和代表群体在独裁时期遭到摧毁。以他们的名义掀起的社会运动,趋于针对独裁制度下的具体问题,通常难以开展起斗争。

同时,政府机构仍然没有任何改变,甚至许多人还在里面就职。军官、最高法院的法官和官僚,通常还是独裁政府下的人继续任职。在向选举政府过渡的大部分过程中,下台的政府得到的正是这种延续的保证。这种体制的力量在阿根廷军队暴动时清楚地表现出来,使得梅内姆进行了赦免。很清楚,军队仍然起到关键作用。此外,历史表明,对人权的侵犯不仅局限于军政权。在多米尼加共和国、危地马拉、秘鲁、萨尔瓦多、巴西和墨西哥,上千名拉丁美洲人在文人政府期间也遭到杀手小分队的杀害。

独裁制时期人民所遭受的公开暴力大部分消失了。但是来自于不平等的经济结构——它造成营养不良和婴儿死亡率过高——所引起的日常性暴力没有改变。在巴西的萨尔内和科洛尔政府领导下,土地改革提案遭到封杀,为低收入者提供住房的计划开始面向中产阶级,然后又被放弃,为穷人制定的紧急食品分配方案却成为腐败和政治庇护的机会。

随着 90 年代的开始,拉丁美洲上层人士继续将自己的福利与国家利益混为一谈。

推荐书目

切斯纳特,R.安德鲁:《竞争的精神:拉丁美洲的新宗教经济》,纽约:牛津大学出版社,2003。

丁格斯,约翰:《神鹰年代:皮诺切特和他的盟友如何将恐怖主义带到三大洲》,纽约:新出版社,2004。

勒努,彭尼:《人民的呼喊:拉丁美洲的人权斗争——天主教与美国政策的冲突》,纽约:企鹅图书社,1982。

洛夫曼,布莱恩:《为了祖国:拉丁美洲政治和军事力量》,威尔明顿,特拉华州:学术资源丛书,1999。

门希瓦尔，塞西莉亚和内斯托尔·罗德里格斯编:《当国家进行屠杀时：拉丁美洲、美国和恐怖技术》,奥斯丁:得克萨斯大学出版社,2005。

帕特诺伊,阿利西亚:《小学校:在阿根廷失踪和生存的故事》,匹兹堡,宾州:科雷斯出版社,1986。

佩特拉斯，詹姆斯和托德·卡瓦卢斯，莫里斯·莫利和史蒂夫·维厄:《左派的反击:新自由主义时代拉丁美洲的阶级冲突》,博尔德,科罗拉多州:西方观察出版社,1999。

沃尔克，汤姆斯·W和阿里埃尔·C·阿莫尼编:《中美洲的镇压、反抗和民主过渡》,威尔明顿,特拉华州:学术资源丛书,2000。

Chesnut, R. Andrew, *Competitive Spirits: Latin America's New Religious E-conomy*, New York: Oxford University Press, 2003.

Dinges, John, *The Condor Years: How Pinochet and His Allies Brought Terrorism to Three Continents*, New York: New Press, 2004.

Lernoux, Penny, *Cry of the People: The Struggle for Human Rights in Latin America—The Catholic Church in Conflict With U.S. Policy*, New York: Penguin Books, 1982.

Loveman, Brian, *For la Patria: Politics and the Armed Forces in Latin America*, Wilmington, DE: Scholarly Resources, 1999.

Menjívar, Cecilia, and Nestor Rodriguez, eds., *When States Kill: Latin America, the U.S., and Technologies of Terror*, Austin: University of Texas Press, 2005.

Partnoy, Alicia, *The Little School: Tales of Disappearance and Survival in Argentina*, Pittsburgh, PA: Cleis Press, 1986.

Petras, James, with Todd Cavaluzzi, Morris Morley, and Steve Vieux, *The Left Strikes Back: Class Conflict in Latin America in the Age of Neoliberalism*, Boulder, CO: Westview Press, 1999.

Walker, Thomas W., and Ariel C. Armony, eds., *Repression, Resistance, and Democratic Transition in Central America*, Wilmington, DE: Scholarly Resources, 2000.

第十一章

周而复始

2000年12月,墨西哥的波波卡特佩特火山爆发。这是500年来最严重的一次爆发。"在墨西哥文化中,波波的活动是历史事件发生的预兆。"诗人奥梅罗·阿利吉斯(Homero Aridjis)说:"它准定是个兆头。"历史学家很留神预言。历史事件的重要性在过去之后才能够清楚地认识到。然而,一些重要的趋势似乎正在出现。

在20世纪向新的世纪转换时期,出现了恢复旧模式的可怕迹象:新自由主义和它对世界市场的钟爱,使19世纪末期自由贸易的自由主义重新出现。墨西哥一次新的革命运动恢复了一个历史的名称和权利要求——萨帕塔与土地,同时主要在网络上掀起了这一斗争。哥伦比亚的一场旧的革命运动,按美国外交政策的说法,是从共产主义过渡到毒品贩卖再到恐怖主义。又一场经济危机将政治家从他们的位置上驱逐出去,并将那些试图为拉丁美洲找到一条新道路的、有左翼倾向的领袖推上台。

但是,同样的问题依然存在:谁将统治拉丁美洲?谁将受益?一个地区如何创造繁荣与平等?为什么富裕的土地上住着那么多穷人?

11.1 新自由主义及对其之不满

最初的自由主义者是亚当·斯密和大卫·李嘉图(David Ricardo),他们倡导自由市场和比较优势,作为走向繁荣的道路。新自由主义是回到无拘无束的资本主义,而在拉丁美洲,它的实现就意味着放弃多年来国家介入经济的做法。拉丁美洲新自由主义的宗旨是削减社会项目的花费,公共活动私有化,鼓励靠市场解决社会问题,解除国家对私人活动的管制,以及自由贸易。

新自由主义得到美国的支持,在发展中国家被称为“华盛顿共识”,其基本思想就出自国际货币基金组织、世界银行和国际开发银行所提倡的发展战略。自由主义以结构调整政策的形式重返拉丁美洲，这种政策是国际货币基金组织和世界银行要求的,从而使这一地区可以重新偿付贷款,并且跳出 80 年代这一“失去的十年”的混乱局面。在整个 90 年代,这一地区的领袖忙于降低和免除关税,欢迎外国投资,以及出售国营工业。

全球化一开始在拉丁美洲受到极大的欢迎。拉丁美洲政府打开经济市场,降低关税壁垒,并邀请外国投资。自从 1982 年墨西哥拖欠债务以来,这是外国投资第一次流入这一地区。但是到了 90 年代末,许多拉丁美洲人感到失望和悲观。自由市场被认为会带来经济增长,但增长水平比预期的低得多。在世界上发展经济的增长率为平均每年 4.7%的情况下,拉丁美洲只有 3.3%，而在厄瓜多尔和委内瑞拉只有不到 2%。人均收入增长率落后得更远,只有 1.3%。

从 1990 年到 1997 年,拉丁美洲经济有所增长,贫穷现象有了减少,但是仍然高于 1980 年。然而,从 1997 年开始,增长率下降,贫穷现象又增多了。到 2002 年,经济学家谈到了“失去的五年”,如同 80 年代“失去的十年”一样。拉丁美洲和加勒比经济委员会警告说,为了达到联合国的目标——到 2015 年降低一半的贫困现象，拉丁美洲必须以不切实际的高增长率发展。委员会建议,这一地区到了这样的时候了:不仅要依靠经济增长,而且要实行政府主导下的财富重新分配。但是,政府对经济的干涉在 90 年代受到过强烈的谴责,因为政府几乎是用宗教式的热情坚持新自由主义思想。

全球化也对拉丁美洲经济结构起到深刻的影响。20 世纪大多数时间里，政府领袖们将注意力放在了走工业化道路来实现经济现代化。但是在 90 年代,制造业生产或下降,或停滞不前。实际上,根据联合国贸易和发展委员会（United Nations Commission on Trade and Development,UNCTAD)的报告,大多数拉丁美洲在非工业化。虽然墨西哥和一些中美洲国家的制造业有所增长,但那只是由于用进口零件进行组装的工厂的增加。南美洲除了巴西,又回到出口自然资源的状况。这些产品的价格在 90 年代下降,如同拉丁美洲历史上大多数时期中这些商品的贸易条件下降一样。

虽然新自由主义政策在很大程度上是由于贷款危机而制度化的，拉丁美洲贷款仍然急剧增长。到 2005 年，这一地区贷款总数达到 7,200 亿美元，是其国内生产总值的 38%。虽然纯外国直接投资量在 2004 年为 440 亿美元，但流出去的 496 亿美元远远将其抵消了。资金流出包括贷款偿还和资本逃逸。

新政策使人震惊，不仅因为经济上的变化，也由于这些政策对拉丁美洲在 20 世纪最重要的哲学思想之一——民族主义——所包含的意义。1938 年墨西哥人集结在政府周围，支持墨西哥石油公司国有化，以此为墨西哥主权的象征；而在 1998 年，他们集结在一起，阻挡政府将墨西哥石油公司出售给最高竞标者。他们的恐惧是有道理的，因为政府在 1983 年拥有 1,050 个企业，到 2003 年只拥有 210 个企业，并且大多数企业是被外国公司收购。

经济学家坚持说，私有化将消除国有公司中的低效率和腐败问题。官员们对 90 年代拉丁美洲在世界上带头进行私有化兴致很高，这一举动代表了世界范围内出售总量近一半的价值。在玻利维亚、秘鲁和巴西，私有化的价值占国内生产总值的 10%，在阿根廷、萨尔瓦多、危地马拉、墨西哥、委内瑞拉和哥伦比亚则高于 5%。

然而，私有化的影响是个很大问题。公司的出售将财富集中到更少的人和企业手中，因为很少有人有能力购买这些公司。这也增加了外国人在经济中的所有权，因为外国公司有更多的资金来购买国有资产。从 1990 年到 2002 年，多国公司在拉丁美洲收购了 4,000 家银行、通信、交通、石油和采矿公司。此外，私有化直接影响了为拉丁美洲人提供的服务，公共事业费用上涨，而服务质量却下降了。

到 90 年代末，调查中将近三分之二的拉丁美洲人反对私有化，其原因可以从阿根廷给水公司的情况中看到。1993 年，阿根廷政府将布宜诺斯艾利斯给水公司出售给一个国际财团，它包括世界上最大的私人给水公司——法国的苏伊士集团，西班牙的巴塞罗那给水公司，世界银行业占据一小部分份额，以及几个阿根廷小银行，都有政府官员的亲戚或商业伙伴参与。这一国际财团砍掉一半工作人员，将水费从 1993 年到 2002 年提高了 88%，赚取利润 20%，而在欧洲，典型的给水公司的利润为 6%，在美国为 6% 到 12%。到 1997 年，这个公司作出的改善和扩大服务的承诺中，有 45%没有得到兑现，并且被指责往普拉塔河中倾灌污水。

政府规模的缩小不只是通过出售国有公司，也通过削减公共事业的支出。也就是说，过去多年斗争所取得的许多权利，如劳工权利、上水和下水道的公共管理以及教育，都遭到侵蚀或放弃。尼加拉瓜的健康预算就是一个例子，从 1990 年到 1991 年，为了达到多方贷款人的要求，这一预算被砍掉一半。

到新的千年初，全球化的结果是贫穷的增长。2002 年，44%的拉丁美洲人——2.21 亿人——生活在贫困中。在他们中间，有 9，700 万人——总人口的 19.4%——生活在赤贫或贫穷状态中。拉丁美洲的贫困线是每天收入两美元，赤贫线是每天一美元或更少。贫困增加的部分原因是失业率的上升。从 1990 年到 2000 年，这一地区的失业率上涨了 10%。

与此相呼应的是童工的增长。在阿根廷——本地区最发达的经济体之一——据估计在 2004 年有约 150 万年龄低于 15 岁的儿童被迫工作，这个数字比 1998 年增长了 600%。最常见的童工形式是街头卖艺（14%），帮助父母捡破烂卖给回收站（11%），在酒店、公共交通系统或街头贩卖东西（4%）。在哥伦比亚，有惊人的 250 万儿童在做工，约 20%的儿童年龄只有 5 到 17 岁。将近一半童工没有工资，其他人只拿到哥伦比亚最低工资（每月 41 美元）的 25%。

新自由主义的这种结果在 1994 年就已被萨帕塔民族解放军预见到，这一组织的出现与北美洲自由贸易协定（North American Free Trade Agreement，NAFTA）的形成是同一时期。

11.2 北美洲自由贸易协定和萨帕塔分子

新自由主义的特点之一是美国要求建立自由贸易区的压力。美国官员认为这些协定是实现世界贸易自由化的中间步骤。有关贸易和关税的谈判从 1948 年就已经在关税和贸易总协定(GATT)的主持下开始,这是在布雷顿森林会议上成立的机构之一。1995 年,世界贸易组织(World Trade Organization,WTO)取代了关税和贸易总协定,为多边贸易提供了体制框架。

据国会预算办公室说:“美国最近寻求‘自由贸易区’的原因之一是多边贸易谈判的进展难度加大。关税和贸易总协定/世界贸易组织成员的愈益增加,意味着越来越多的国家必须在每一轮的谈判中达成协议。较新的成员基本上是发展中国家,认为它们的利益与在过去的谈判中占主导地位的美国和工业化国家的利益是不相同的。”

在拉丁美洲出现的第一个自由贸易区是北美洲自由贸易协定,包括美国、加拿大和墨西哥。北美洲自由贸易协定的目的是要促进这一地区贸易发展,创建边界两边经济的更加繁荣。墨西哥上层人士将它看做是对他们的拯救,其他人则认为是“死刑判决”。

1994 年 1 月 1 日,北美洲自由贸易协定开始生效。在墨西哥最穷和印第安人最多的恰帕斯州,一个武装游击队起来造反,占领了圣克里斯托瓦尔(San Cristobal)市的政府办公大楼。他们宣布:“这是我们对建立北美洲自由贸易协定的回答,因为它代表着对墨西哥所有土著人种宣判死刑。”他们称自己为萨帕塔民族解放军(EZLN),或萨帕塔分子,令人追想起墨西哥革命。这一选择并非偶然,埃米利亚诺·萨帕塔对土地和自由的呼声在 1992 年之后产生了更强烈的共鸣,因为国会修改了墨西哥宪法的第 27 条法案,允许村社土地私有化,从而基本上中止了土地改革。

运动在恰帕斯州发起也非偶然。在 19 世纪,恰帕斯曾是木材和咖啡产地,玛雅人基本上像债务奴隶一样生活。这一地区分裂为较繁荣的西部和贫穷的东部,西部土地肥沃,商业发展较快,而东部则以维持生计为主。19 世纪末 20 世纪初,牧场主、土地所有者和以生产口粮为主的农民之间的斗争,由于与危地马拉的竞争而加剧了。

许多人认为,墨西哥 1910 年革命从来没有到达恰帕斯。大地产仍然存在,而其他人则争夺剩下的土地。随着墨西哥经济在 20 世纪 50 年代实行工业化,国家的经济学家提倡为城市工人生产便宜的粮食。粮食的低价意味着小农的低收入和大农场工人的工资降低。恰帕斯西部商业性生产的农民队伍扩大,侵犯到东部以种植口粮为主的小农。绝望的土著农民迁移到拉肯东森林（Lacandón Jungle)。70 年代，政府在恰帕斯的格里瓦尔瓦河(Grijalva River)建了两个水力发电站。80 年代,大地主将他们曾经租给小农的土地改成养牛区。当政府将这一地区划为生物保护区时,维持生计的农业生产就失去了更多的土地。

同时,恰帕斯整个来讲是墨西哥最贫穷、土著人最多的省份。1994 年,只有 11%的人口达到中等收入,而整个国家的水平是 24%。只有不到 50%的人有自来水，整个国家水平是 67%。恰帕斯的人口只占墨西哥人口的 3%,却生产国家 54%的水力电力、13%的煤气和 4%的石油。然而,恰帕斯几乎一半地区没有电。

1983 年,萨帕塔分子开始在恰帕斯组织起来,等待时机成熟。将起义与北美洲自由贸易协定联系在一起，为的是全世界都注意到这一个小小的组织和他们所处的偏远的地区。武装战斗只进行了 12 天,但是萨帕塔民族解放军没有期望赢得军事上的胜利和掌握州政权。他们的意图是引起世界的注意和形成一个运动。

萨帕塔分子与拉丁美洲历史上其他的革命组织不同。他们不赞成先锋主义,这种思想强调只有少数革命上层分子才知道有效的改革道路。虽然媒体的注意力放在他们富有魅力的领导人、副司令员马科斯的身上,整个组织是通过集体决策运行的。萨帕塔民族解放军的大多数成员是土著人,但这并非是以种族为基础的运动。萨帕塔分子鼓励所有墨西哥人加入他们,不是通过武装起来,而是通过要求墨西哥政府创建真正的民主,而不仅仅是经济增长来发展国家,并给予像恰帕斯这类地区以自主权。

墨西哥政府的回答是派出国家军队的四分之一——4 万士兵——进驻恰帕斯。1995 年 2 月,军队向游击队发起攻击,但后来却同意进行和平谈判。然而,在整个谈判中,游击队和农民遭到与土地所有者有关的准军事集团的攻击,而政府对此或是置之不理,或是支持这种攻击。到 2000 年,这种准军事集团至少有十个。在1995—2000年，有两万多人因准军事集团的恐怖活动而流离失所。最糟糕的是1997年12月在阿克特阿尔镇上的大屠杀，45人——多数是妇女和儿童——被赶到镇上的教堂，遭到杀害。1995年到1996年谈判的结果是签订了《圣安德烈斯协定》。虽然在1999年3月的全民公决投票中，300万墨西哥人前往1.5万个萨帕塔的投票处，支持协定的签订，协定却从没有实行过。

90年代期间，墨西哥国家移民局严密地监视去恰帕斯旅游的外国人，害怕负面的国际形象会影响北美洲自由贸易协定。上百名观察人员遭到驱逐。1998年，内务部长弗朗西斯科·拉瓦斯蒂达(Francisco Labastida)宣布："有干涉我国内政的国际运动。"拉瓦斯蒂达后来在历史性的2000年大选中，成为革命制度党的总统候选人，在此次选举中，革命制度党允许反对党的候选人获选，这是该党掌权71年以来的第一次。新总统文森特·福克斯(Vincente Fox)将恰帕斯危机作为首要问题去解决，开始从这一地区撤军。

但是，外国人并不需要到恰帕斯才能了解到萨帕塔分子的情况。萨帕塔民族解放军显著的特点之一是，他们懂得利用新技术。萨帕塔分子的网站向全世界发布此组织的宣言。这与十年之前相比是个巨大的变化，那时与尼加拉瓜革命相关联的国际主义者小心翼翼地将桑地诺的宣传手册和传单带回自己的国家。

网站有副司令员马科斯诙谐的文章，墨西哥政府证实他叫拉斐尔·纪廉(Rafael Guillén)，梅斯蒂索人，在塔毛利帕斯州(Tamaulipas)长大，父亲是卖家具的，他本人毕业于墨西哥国立自治大学(UNAM)。马科斯既不承认也不否认他的身份，但他的文章很老练，引用各种参考资料，从莎士比亚和塞万提斯到简·方达和"芭芭莱拉"，玻利瓦尔，萨帕塔和格瓦拉。正是这个网站导致权威人士将萨帕塔分子称为第一批后现代革命者。

2001年，萨帕塔分子从恰帕斯游行到墨西哥城，沿途集结了众多民众，以在墨西哥国会前发表的历史性演讲达到最高潮。作为回应，国会最终批准了自治计划，但计划相当不成熟，以致几个印第安人最多的州投了反对票。"为土著人的尊严游行"显示出萨帕塔分子继续在墨西哥人中有很多支持者，但他们仍然不能够在国家层面取得改革的胜利。

同时，北美洲自由贸易协定的成绩正如萨帕塔分子预计的一样悲惨。承诺的墨西哥贸易的增长是缓慢的：十年中的人均增长只有 1%(从 1948 年到 1973 年,人均增长是 3.2%)。同一时期,韩国的人均增长率在有东亚金融危机的情况下仍然达到 4.3%，中国的人均增长率是 7%。虽说要限制非法移民,偷渡边界的墨西哥人从每年的 20 万上涨到 30 万。

引起人们兴趣的萨帕塔军事领导人马科斯副司令员成为媒体宠儿,但是他坚持说,他只是墨西哥恰帕斯斗争的许多领导人之一。

人口大量流失的原因之一是美国较便宜的商品的流入导致墨西哥商业的垮台,造成工作丢失。仅在第一年中,墨西哥就失去了高达一百多万个工作岗位。当工作机会开始出现时，也主要是在沿着边界线兴起的组装工厂(maquiladoras)。到 2001 年,有 2,000 个边界上的工厂,雇用了 130 多万工人。但是,组装工厂的状况与美国市场紧密相关,2001 年的经济衰退使销售猛然下降,四十多万工人失去工作。大多数能够保留工作的人只赚取边界上工作的最低工资,即每天 4.2 美元,这个工资标准从 1994 年以来一直没有改变过。边界线两边的收入差距增长了近 11%,实际上,墨西哥的实际工资下降了一半。

墨西哥农村的状况更加不稳定，因为北美洲自由贸易协定终止了墨西哥的农业补助,但没有在美国实行这一政策。仅在 2002 年,美国就向农业巨头卡吉尔公司和阿切尔·丹尼尔斯·米德兰德公司提供了 100 亿美元的补助,使他们向墨西哥出口的玉米增加了两倍。到 2004 年,墨西哥的玉米价格下降了70%以上，摧毁了1,500万墨西哥玉米种植者的生计。

曾短期担任墨西哥外交部长的豪尔赫·卡斯塔涅达(Jorge Castañeda)说过，北美洲自由贸易协定"是一项商业巨头和权贵之间的协定：一项为富人和有权者签订的协定……有效地排除了所有三个国家中的普通民众"。

然而，普通民众拒绝被排除在外。

11.3 拉丁美洲向左转

在整个拉丁美洲，人民到处走上街头。他们在边缘化的基础上组织起来——妇女、土著人、无地农民、失业人员。他们在街头抗议，也在投票处将那些实行新自由主义的政党和领袖扫地出门。以他们的能力，他们使那些保证进行更激进改革的候选人掌握了权力：1999年委内瑞拉的乌戈·查韦斯(Hugo Chávez)，2000年智利的里卡多·拉戈斯(Ricardo Lagos)，2003年巴西的路易斯·伊纳西奥·"卢拉"·达席尔瓦(Luis Inácio "Lula" da Silva)，阿根廷的内斯托尔·基什内尔(Néstor Kirchner)和2005年乌拉圭的塔瓦雷·巴斯科斯(Tabaré Vázquez)。

更精彩的是在2005年12月玻利维亚的选举中，人民选出埃沃·莫拉雷斯(Evo Morales)为总统，这是在印第安人占70%的国家中第一个印第安人总统。莫拉雷斯曾任玻利维亚土著人可可种植者工会主席十年，然后成为争取社会主义运动(Movimiento a Socialismo)领袖，正是这个多党派联盟将他推到总统的职位上。2006年1月，在他就职的前一天，五万多不仅仅来自玻利维亚，而且来自全美洲各地的土著人，集结在提瓦纳库(Tiwanaku)这个古老的印第安城市的废墟上，颁发给莫拉雷斯"最初的授予权"。新总统上任的背景是前两任总统在上百个游行抗议中被推翻。玻利维亚人还抗议外国人对他们资源的控制，最激烈的一次是2000年，民众起义迫使控制科恰班巴(Cochabamba)省给水系统并将水价猛涨的比奇特尔(Bechtel)公司撤离。玻利维亚拥有这一地区第二大(仅在委内瑞拉之后)的天然气储藏量，莫拉雷斯的支持者期望他会强烈反对国际利益集团。他可以借鉴这一地区其他"新左派"领袖的做法。

当基什内尔成功地重新调整了阿根廷的债务时，他为这一地区做出了特别振奋人心的榜样。2001 年 12 月，阿根廷的外债欠款高达 1,000 亿美元。在接踵而来的危机中,由于绝望的阿根廷人民的暴动,国家在两周内换了五个总统。当基什内尔就职时,他面临的问题极多,但是他大获成功。他说服了银行家以每 1 美元折 35 美分的价格将阿根廷 70%的贷款进行了重新调整,降低了国家债务偿还量,开创了重新发展经济的余地。然而,国际货币基金组织反对债务的调整,试图对基什内尔施加压力与银行重新谈判,同时也试图强迫阿根廷实施另一个紧缩计划。基什内尔拒绝实施国际货币基金组织的计划,将重点放在国内消费以刺激经济,而不是向贷款人偿还债务。"我们想还清我们的债务,但我们不愿意再欠国际货币基金组织任何债务。"基什内尔解释道:"由于欠债，国际货币基金组织想将国内和国外政策强加于我们。但是,阿根廷是个主权国家。"在另一次访谈中,基什内尔讽刺说:"国际货币基金组织之后还要有生活,一个很好的生活 ……(在)国际货币基金组织的怀抱中并非完全是在天堂。"

拉丁美洲新领袖中真正的名人是委内瑞拉的乌戈·查韦斯。查韦斯原来是军队的伞兵,1992 年领导了一次不成功的推翻卡洛斯·安德鲁斯·佩雷斯总统政府的行动,从此登上政治舞台。当政变显然失败后,查韦斯做了电视讲话,承担了责任,道歉,并鼓励他的同伙"为了目前的状况(por ahora)"放弃目标,以避免流血。早已痛恨政治家欺骗和推诿失败责任的委内瑞拉人受到查韦斯的强烈感染,在他被监禁的两年中,"为了目前的状况"成为集结口号以及墙上标语。

七年之后，查韦斯以绝对优势赢得了选举胜利，终止了民主行动党(Acción Democratica)和委内瑞拉基督教社会党(Partido Social Cristiano de Venezuela,COPEI) 的统治。自 1958 年马科斯·佩雷斯·希门尼斯(Marcos Pérez Jiménez)将军在一次人民起义中倒台后,这两个党便轮流执政。查韦斯发掘出人民多年来的不满。尽管委内瑞拉有丰富的石油储藏,石油业高级管理人员的年薪高达 10 万到 400 万美元，但 3%的人口占有 77%的土地,而

66%的人口生活贫困。这些不满情绪在卡拉卡索(Caracazo)表现出来。1989年2月,由于国际货币基金组织的紧缩政策带来了公共汽车费用上涨,那里出现了一系列的抗议和暴乱。

查韦斯的第一批行动之一就是召集国家制宪会议，重新修改委内瑞拉宪法。社会的几个部分,包括委内瑞拉28个土著人团体,选举了代表参加会议,再由会议产生出宪法,以保护少数民族的权利,允许人民索取自己的农场和房屋的产权,并扩大底层阶层的政治参与。

查韦斯然后重新宣称政府对半自治的石油业采取控制,暂停私有化,重新激励石油输出国组织(OPEC)提高价格,并向外国生产商征收石油产量使用费。通过提高和控制石油工业的收入,查韦斯得以为雄心勃勃的社会计划提供资金:扫盲运动、工作培训、土地改革、食品补助和小型商业贷款。他还扩大了医疗保健事业，一部分是靠向古巴提供低价石油而换取1.3万名古巴医生的服务。

新政策是查韦斯所称的他的玻利瓦尔计划的一部分，它激怒了当地的上层人士，其中包括石油业高级管理人员和他们的美国同盟者。2002年4月,在一次政变中,查韦斯被夺权48小时。这一政变得到美国政府的迅速支持,而拉丁美洲领导人对此提出抗议。在委内瑞拉大多数人的支持下,查韦斯重新掌握了权力。他的反对派在2004年的罢免选举中又一次失败,查韦斯赢得59%的选票。

查韦斯的影响远远超越委内瑞拉的边界。在美洲自由贸易区协定(Free Trade Area of the Americas,FTAA)谈判的失败中,他起到重要作用。与他一起联合反对协定的政府有巴西、阿根廷、玻利维亚和乌拉圭。查韦斯正在努力联合整个地区成立美洲玻利瓦尔替代计划（Alternativa Bolivariana para Américas,ALBA),建立拉丁美洲国家的经济合作和一体化组织,排除美国的加入。到2005年夏季,他已经成立了南方石油公司(Petrosur),它是拉丁美洲范围的石油公司，阿根廷和巴西都参与了进来；还成立了南方电视公司(Telesur)，这是从拉丁美洲角度提供新闻的电视台，以对抗西班牙语的CNN，也是唯一全洲性的电视台。南方电视公司的合伙人有委内瑞拉政府

(51%)、阿根廷政府(20%)、古巴政府(19%)以及乌拉圭政府(10%)。

在2005年的调查中，拉丁美洲人认为查韦斯是这一地区第二重要的领导人。第一重要的是菲德尔·卡斯特罗。卡斯特罗时年79岁，而查韦斯才51岁，新领袖泰然自若地等待着接过传下来的火炬。对查韦斯拉丁美洲一体化的雄心壮志的最大挑战在委内瑞拉边界的那一边，在那里，本地区最古老的游击战争依然如火如荼。

委内瑞拉的乌戈·查韦斯和埃沃·莫拉雷斯是拉丁美洲政治左翼的代表。委内瑞拉的石油财富帮助查韦斯进行他的社会计划，莫拉蕾斯则是玻利维亚第一个印第安人总统。2006年1月，查韦斯在玻利维亚与莫拉雷斯签署了协议，保证给予能源、教育、农业和社会发展的援助。(《经济学家》杂志)

11.4 哥伦比亚无休止的战争

当萨帕塔分子掀起舌战，拉丁美洲其他地方挥动选票时，哥伦比亚真枪实弹的战争从1990年到2005年逐步升级。这场战争是哥伦比亚军队在美国的援助下对抗哥伦比亚革命武装力量（FARC）和较小的民族解放军(ELN)。后两个组织都在1964年成立，到2004年，他们比任何时候都强大。

哥伦比亚历史的特点一直是对它的领土控制力不够——1903年丢失巴拿马就是最极端的例证——以及用诉诸武力的办法解决政治纠纷。如同大部分地区一样，19世纪充满了自由主义和保守派之间的冲突。哥伦比亚的斗争是不寻常的长久且异常剧烈，以“千日战争”(1899—1902年)为顶点，最终以10万人的死亡和保守派最终掌权而告结束。

甚至在自由主义者于1930年重新掌权后，两派的上层人士都同意以主要由大地产生产的咖啡和香蕉的出口作为经济基础。从1931年到1945年，上层人士每年将15万英亩的公用土地私有化，导致大多数哥伦比亚人不断地陷于贫困之中。就在这一时期，持不同政见的自由主义领袖豪尔赫·埃列塞尔·盖坦(Jorge Eliécer Gaitán)在国家议会中显露头角，他调查并谴责了1928年军队在香蕉工人反对联合果品公司的罢工中进行大屠杀，从而终止罢工的事件，这一事件后来在加夫列尔·加西亚·马科斯的《百年孤独》(*One Hundred Years of Solitude*)一书中百读不厌。盖坦成为底层人民的斗士，从众议院代表做起，到参议员、教育部长，最后是波哥大的市长。在他于1948年遭到刺杀时，他很有希望赢得下一届的总统大选。刺杀事件引起了一系列的暴力行动，史称"波哥大事件"(Bogotazo)，开始了自由主义分子和保守派之间的武装斗争。斗争相当血腥，以至于这段日子被简单地称为"暴力时期"(La Violencia)。从1948年到1958年，近20万人被杀。1958年两党最终同意分享权力。哥伦比亚革命武装力量就是这一时期出现的自由派游击队的分支。

随着整个50年代公共土地私有化的继续，以及60年代机械化使得农业工人和佃户被从传统的大庄园中逐出去，土地集中化更加严重。70年代，可卡因的生产开始排挤传统农民。80年代期间，古柯种植扩大，贩毒集团(drug cartel)将45%的收入投资在土地上，据估计购买了750万到1,100万英亩的土地。1960年，拥有500公顷以上土地的农户占有可耕地的29%，到1996年达到61%。同时，最小的土地所有者占有可耕地的比例从6%降到了3%。

从1964年到1980年，哥伦比亚革命武装力量在农村进行斗争，与农民联盟，并要求土地改革。政府未能实行严肃的土地改革这一事实导致游击队的数量增长：从1970年到1982年，哥伦比亚革命武装力量的人数从500增加到3,000。为此，政府从1978年开始实行军事管制，侵犯人权的事件越来越多。到80年代，游击队同意和平谈判。虽然他们没有交出武器，却放下了武器，选择了成立一个政党——爱国联盟(Union Patriótoca，UP)。在1986年的国会选举中，爱国联盟赢得了惊人的14个席位。准军事集团用接二连三的刺杀来回应，哥伦比亚革命武装力量便重新拿起了武器。

80 年代期间，哥伦比亚革命武装力量利用不断增长的毒品生产为自己的游击斗争筹集资金。哥伦比亚革命武装力量在毒品生产地区制订法令和维持秩序，保护古柯的种植和生产，并征收 10%的税。有了这些利润，哥伦比亚革命武装力量可以训练并装备一支职业性军队，到 90 年代已达约 1.7 万人。到 90 年代末，哥伦比亚 1,071 个市政府中，哥伦比亚革命武装力量在 622 个面前露过脸。1998 年，他们有足够的势力说服政府放弃对相当于瑞士大小的地区的控制。在哥伦比亚革命武装力量控制的地区，游击队基本就是政府，提供教育、法庭、保健、道路建设，甚至向小农发放贷款。

虽然哥伦比亚革命武装力量在其历史上一直保持相当强大的力量，但民族解放军在几乎被歼灭之后，于 80 年代重新恢复。这个组织在 60 年代曾有相当大的吸引力，因为激进的牧师卡米洛·托雷斯(Camilo Torres)加入了这个组织，但他在 1966 年的一次战役中战死。民族解放军得到中产阶级学生和知识分子的支持，但这个组织从来没有控制过国家的领土，并且经常发生内部分歧。1972 年，此组织的 100 名成员遭到监禁，1978 年，该组织几乎消失。在 80 年代，民族解放军发展了新的战略，集中力量控制生产石油、煤炭和香蕉的地区。民族解放军通过征收跨国公司的税金和绑架高级管理人员集结资金。到 90 年代，这个组织在经济上可以自立。到 2000 年，民族解放军的人数达到 4,500 人。

游击队不仅遭到哥伦比亚军队的攻击，也受到 19 个右翼准军事集团的袭击；这些集团于 1997 年联合起来，组成了“哥伦比亚联合自卫军”(Autodefensas Unidas se Colombia，AUC)。据大赦国际组织报告，这些准军事集团人数达 8,000 到 1.1 万，对猖獗于哥伦比亚的 75%的侵犯人权案负有责任。

毒品行业现在已经遍及哥伦比亚斗争的各个方面。毒品生产开始于 70 年代后期，到 2000 年已有 30 万英亩的土地种植古柯。哥伦比亚的生产量占世界古柯生产量的 80%，并且生产大量的罂粟。许多种植者是小农场主，因为转向古柯生产可以给他们带来 49%的利润。如果生产传统作物，他们实际上会赔钱。古柯很容易生产，可以在贫瘠的土地上生长，回报却很高。然而，古柯生产者只从这一非法行业中赚取极少一点利润。绝大部分利润是在美国贩卖毒品时获得的。

贫穷、贩毒和战争结合在一起,使哥伦比亚成为这个半球上暴力最严重的国家。从1985年到2000年,5万人死于政治暴力,200万人逃出家园。工会领袖和人权工作者成为目标,特别是准军事集团的追杀目标。但是整个国家只有9%的死亡案件是政治原因,每年约有2.6万人死于刑事暴力。虽然许多农民支持游击队,他们对绑架行为也充满敌意。此外,哥伦比亚革命武装力量由于应用圆筒罐装煤气罐炸弹而遭到批评。这是一种家用煤气罐,装满燃料和榴霰弹,再与炸药一起装进管子里。由于不精确,这种炸弹导致平民伤亡。哥伦比亚革命武装力量还受到批评,说他们用年龄小到10岁的儿童做战士。2001年,哥伦比亚革命武装力量保证遣散所有15岁以下的儿童,但是领导人说,这些儿童又回来了,因为他们无处可去。

美国长期以来与哥伦比亚有着军事关系:1950—1979年,受过美国训练的拉丁美洲士兵中有10%来自哥伦比亚。1950—1966年,哥伦比亚是美国对拉丁美洲军事援助的第五大接受国,60年代末上升为第四位,70和80年代为第三位。在90年代,哥伦比亚接受的军事援助比其他拉丁美洲国家加在一起还多。军事援助从1987年的650万美元增长到2000年的8亿美元。次年,美国开始实行《哥伦比亚计划》(Plan Colombia),援助达到每年15亿美元。

当美国最初资助哥伦比亚军队时,理由是政府正在与"共产主义威胁"作斗争。1991年苏联解体后,这一威胁不再成立,美国的言辞有所改变:新的词汇是毒品—游击队(narco-guerilla)。打击毒品的战争成为美国军队继续存在的理由。1996年,美国海军少将詹姆斯·B·珀金斯(James B. Perkins)在参议院军事委员会的听证会上说:"祸害哥伦比亚30年的游击队势力,今天受到经济利益而不是思想意识的驱动。他们保护贩毒者,并从合法商人那里勒索钱财。"

然而,没有证据能够证明游击队改变了斗争的原因。毒品成为战争的手段,而不是目的。除了哥伦比亚政府,拉丁美洲人民对毒品交易,与美国没有相同的看法。墨西哥、巴西、乌拉圭和阿根廷的总统们都建议,毒品合法化将比美国的毒品战争更能解决问题。美国的办法是用致命的化学药品清除上千英亩的土地，与此同时毒害了农作物和人民。这样做只起到气球的功效——一个地方被挤压，另一个地方又开始出现。此外，拉丁美洲人注意到，毒品市场是在美国，但注意力放在供应方，而不是需求方。在自由贸易和市场至高无上的时代，控制毒品的贩卖具有特别的讽刺意义。某些便利跨边界贸易的手续，也使得毒品贩卖更加难以制止，因为毒品贩卖也随市场需求而定。

2001 年 9 月 11 日世界贸易中心大楼被炸之后，美国开始再一次重新定义游击队，这次称它为恐怖主义分子。2005 年国会研究机构的报告说："虽然拉丁美洲还不是反恐怖主义战争的焦点，但这一地区的国家几十年来一直在与国内的恐怖主义作斗争。"国务卿指明哥伦比亚革命武装力量和民族解放军与哥伦比亚联合自卫军一样，都属于外国恐怖主义组织（Foreign Terrorist Organizations）。通过新倡建的项目——反恐怖主义援助（Anti—Terrorism Assistance），美国在 2002 年向拉丁美洲提供了 2,700 万美元，其中 2,500 万给予哥伦比亚。

另外，2005 年的《防务授权法》（Defense Authorization Act）将常驻哥伦比亚的美军人数从 400 增加到 800，将美国装备的军事承包商的数目上限从 400 提高到 600。这些军事承包商参与用化学药品清理古柯种植地，驾驶飞机和直升机为哥伦比亚军队提供游击队动向，并分析间谍情报。利用军事承包商这一事件表明，拉丁美洲人生活的又一个方面屈服于私有化和市场。过多的美军不是驻扎在古柯种植地，而是在国际贸易中更重要的商品——石油的产地。

美国南方司令部军事基地（Southcom）海军陆战队的查尔斯·E·威廉（Charles E. Wilhelm）将军于 1998 年告诉参议院："没有人对中东的战略重要性提出质疑，但委内瑞拉一国为美国提供的石油相当于全部波斯湾国家加在一起的总量。在哥伦比亚发现的重要石油储备，以及特立尼达—多巴哥和厄瓜多尔现有的石油供应，进一步提高了这一地区能源储备的战略重要性。"

随着美国与委内瑞拉的关系恶化，拉丁美洲其他富油区的重要性显得更加突出。这些地区之一是哥伦比亚的阿劳卡(Arauca)州，与委内瑞拉的奥里诺科盆地只隔着阿劳卡河。阿劳卡拥有卡尼奥—利蒙油田，由总部在加利福尼亚州的西方石油公司控制。在哥伦比亚的许多美国军事顾问都被派到阿劳卡，监管哥伦比亚新的反游击队武装力量，特别是用于警卫卡尼奥—利蒙油田和输油管的力量。

11.5 公民及消费者

随着拉丁美洲进入21世纪，巨大的变化发生了，但也有显著的延续性。不幸的是，延续下来的是财产分配不均，使许多拉丁美洲人陷入贫困处境。饥饿、疾病、营养不良以及文盲率仍然困扰着整个地区。

这种悲惨的境况能够仍然在经济繁荣、增长和结构改革中存在，说明这一地区采用的发展模式有着持续的局限性。副司令员马科斯将目前的发展计划描述为“摧毁墨西哥作为一个国家的存在，将它转变成一个百货商场，就像一个巨大的‘小商店’，以世界市场控制的价格出卖人类和自然资源”。

拉丁美洲一些知识分子疑惑，问题的核心是否不仅在于拉丁美洲在国际经济中的位置，也在于发展思想本身，以及自从第二次世界大战结束之后发展计划的实施方法。同时，美国官员对有关“第三世界”的问题给予了关注。这个称呼是指在工业化的“第一世界”和苏联集团的“第二世界”之外的所有国家。美国官员和商人有多重顾虑：穷人形成穷困市场，而美国战后重建世界经济的战略依赖于贸易。此外，穷人会起来抗议他们的处境，不稳定性不利于商业往来。骚乱还可能导致革命成功。从最坏的方面考虑，革命可能导致市场、廉价劳动力和原材料来源的取消——这是共产主义的威胁。从最好的方面考虑，革命可能导致政府试图通过坚持产品的高价格、劳工的高工资，和自由选择几个贸易伙伴而不是被锁定在单一的贸易关系中来减轻市场弊病。

工业化世界也有许多真诚的人，想改善拉丁美洲民众的生活水平。这些人中的许多人带有最好的动机，为国际开发署(Agency for International Development)和美国的争取进步联盟(Alliance for Progress)工作，或为联合国许多新的发展取向的委员会和机构工作，这些机构包括世界卫生组织(World Health Organization)、国际劳工组织(International Labor Organization)和粮食与农业组织(Food and Agriculture Organization)。

同时在拉丁美洲也有对发展问题的关注。一些上层人士，按照 19 世纪的模式，想使自己国家像美国一样“现代化”，用典型的想赚钱和想表现得“现代”(没有人再用“文明”一词了)这种结合的办法进行发展。同时，许多拉丁美洲人真诚地希望改善大多数人的生活水平。问题在于如何去做。

为拉丁美洲现代化设计的援助和投资计划的实际实施方法，得到理论上的支持。这一理论争论滥觞于美国经济史学家 W.W.罗斯托(W.W.Rostow)在他 1960 年出版的《经济成长的阶段：非共产党宣言》(*The Stages of Growth: A Noncommunist Manifesto*)中提出的思想。罗斯托宣称，现代化遵循从传统到先进社会的一系列阶段，全世界都可以简单地通过跟随它们前面的样板得到发展。他声称，问题是传统的社会需要变得更加资本主义。他的书开创了关于现代化的整个学派，成为许多现代化发展计划的基础。

然而，拉丁美洲的反应有些不同。从劳尔·普雷维什和拉丁美洲经济委员会的分析开始，拉丁美洲人认为问题不在于缺少资本主义，而在于资本主义在拉丁美洲是如何展开的。由于美国和欧洲已经是高度工业化的经济体，拉丁美洲不可能与其竞争，仅限于初级产品生产，因而这一地区陷入了低增长、低工资以及贸易条件下降的状况中。

从这个分析中产生出依附论学派。这一学派将一切归罪于现代化本身。他们认为，问题不是资本主义太少，而是太多并且以太不平等的形式出现。依附论者认为，拉丁美洲作为外围受到中心地区——通常是美国——需求的牵制。与提倡更多的资本主义相反，这些理论家通常提倡与国际市场断绝联系，或者转向某种形式的社会主义。

依附论挑战了那种认为所谓“第三世界”能够通过合适的计划和经济政策变得像“第一世界”一样的传统思想。依附论将重点从中心国家转到外围国家,使外围国家成为理论的焦点。这一理论是由拉丁美洲人自己提出:费尔南多·恩里克·卡多索(Fernando Henrique Cardoso)、恩佐·法莱托(Enzo Faletto)、特奥托尼奥·多斯·桑托斯(Theotonio Dos Santos),美国和欧洲学者也有加入,最著名的是安德烈·冈德·弗兰克(Andre Gunder Frank)。

从50到90年代,关心拉丁美洲的人将注意力放在了发展问题上。对于一些人来说,这只是进步或现代化的另一个说法而已。我们在这本书中已经指出,发展通常仅用于国民生产总值的增长。其他人则认为发展是指经济结构改革,特别是通过工业化所进行的改革。我们所提到的发展是为大多数人民提供最多的好处。

然而,从关注发展开始半个世纪过去了,一些人认为,拉丁美洲的境况比之前更糟糕。发展计划通常迫使人民离开家园,破坏了能满足人民基本需求并为他们提供文化福利的传统生存文化(traditional subsistence cultures)。1960年以前,当大多数人仍然生活在农村时,生存文化的确存在,它提供了一种生活方式,在北美洲人看来也许是贫穷,但也许正是足以满足社区需要的更简单的生活方式。这些社区通常被扩大的农用工业和所谓的绿色革命赶出了家园,后者用许多化学产品来增长产量,并将利用不足的土地投入生产。发展援助的目的在于使拉丁美洲现代化,因此进一步扩大商业活动,其理论是生存等于贫困。最终的结果却通常是在农村和城市产生出更严重的绝对贫困,以及由于社团遭到摧毁所造成的贫困。

如果说像伯恩斯曾经指出的,19世纪的现代化带来的是“进步的贫困”,那么20世纪的现代化可以被看做是“发展的劫掠”。在看到医治方法通常比想象的疾病还要糟糕时,人们如何能够有另外的看法呢?譬如,许多国家过去不仅可以粮食自给,而且还是粮食出口国,在实施了注重出口的发展计划之后却成了粮食进口国,结果是饥饿不但没有得到制止,反而遍地都是。

再一次地,拉丁美洲学者向主导的范式提出了挑战。在《面对发展:第三世界的形成和解除》(*Encountering Development: The Making and Unmaking of the Third World*)一书中,哥伦比亚学者阿图罗·埃斯科瓦尔(Arturo Escobar)指出,发展计划如何带出了有关疑难问题的说教,如需要现代化的农民以及需要控制生育的母亲等。发展的过程带出了问题,却又不去解决它们。但说教没有改变:

> 有关农村发展问题的说教反复谈到了同样的关系,这种关系自从出现就确定了关于发展问题的说教:发展即增长、资本、技术、变成现代化,而不是其他。"传统农民需要现代化。他们需要得到资本、技术和足够的帮助。只有这样,生产和生产力才能增长。"这些论点从 1949 年到 1960 年,再到 1973 年,几乎一成不变,今天(1995 年)仍然在许多地方重复得令人作呕。想象力如此贫乏,人们可能会这么想。

埃斯科瓦尔鼓励我们有更丰富的想象力,让我们想象后现代世界中的后发展时代。有关现代化和后现代化的争论既漫长又复杂。非常简单地说,现代就是启蒙运动和工业化计划,是对进步和普遍真理的乐观信仰。后现代性是 20 和 21 世纪的现象,看到了现代化在许多方面的深切失败——战争、污染、压制、摧毁。在后现代性中,不是只有一个真理,而是有许多真理,许多相互影响和观察世界的方法。一个没有中心、碎片化的世界。

有些人争论说,后现代性对拉丁美洲来说没有什么意义,因为这个地区在许多方面还不是现代的,至少没有现代化。其他人则讥讽道,拉丁美洲是后现代的发源地,因为这里一直是碎片化的,一直是过去、现在和将来的混合。智利人马丁·霍本阿因(Martín Hopenhayn)提出,拉丁美洲"在仍然等待的现代化中正潜移默化地变成后现代"。

阿根廷的内斯托尔·加西亚·坎科利尼(Néstor García Canclini)提出了混杂现象(hybridity)的概念,它不是指通常与宗教有关的信仰调和论,也不是指通常与种族有关的梅斯蒂索概念,而是指传统和现代的结合,创建了新的形式,一个新的混杂现象的出现。这种混杂现象是拉丁美洲与现代相互作用的产物。"在考虑拉丁美洲在世纪末的局面时,多元论者的观点是不可缺少的,它接受了碎片论和传统、现代性以及后现代性的多种结合。"加西亚·坎科利尼写道。

混杂现象、后现代、后发展的世界是个什么样子？也许巴西的卡亚波(kayapo)印第安人已做出榜样，他们用录像机录下他们之间的打架，作为传统生活方式保存下来。或者是萨帕塔分子，他们唤起了1910年革命中的榜样埃米利亚诺·萨帕塔，以在新的可持续经济计划中保存较古老的印第安文化因素——尽管它已被殖民主义和新殖民主义所改动。在这个经济计划中，他们只寻求内部自治，而不是征服和控制民族—国家。

国家和其政府的重要性日益遭到挑战。民众对政府的抗议和中左翼领袖的选举胜利，似乎给予国家控制的重要性以新的活力。但是全球化的力量同时限制了国家控制，一方面由于国际组织如国际货币基金组织和世界贸易组织有很大影响力，另一方面因为大公司的权力很大。2000年，世界上最大的100个经济体中51个是大企业。墨西哥、巴西和阿根廷的国内生产总值都比任何一个大公司的销售量大。但是，通用汽车公司、沃尔玛、埃克森石油公司、福特汽车公司和戴姆勒—克莱斯勒，每一个的年销售量都超过拉丁美洲其他任何一个国家。

对民族—国家的另一个挑战来自于挑战政府政策的那些团体的性质。抗议人群主要是土著人社团。在玻利维亚，2003年，土著人帮助推翻了贡萨洛·桑切斯·德洛萨达(Gonzalo Sánchez de Lozada)的新自由主义政府，艾玛拉人领袖费利佩·基斯佩(Felipe Quispe)谈到的策略是“寻求用我们自己的

表11.1 对公共服务部门私有化的不满

国家	百分比(%)	国家	百分比(%)
危地马拉	98	厄瓜多尔	74
巴拿马	88	哥伦比亚	74
多米尼加共和国	87	秘鲁	71
洪都拉斯	80	智利	70
尼加拉瓜	79	巴西	65
萨尔瓦多	78	墨西哥	63
阿根廷	75	委内瑞拉	59
玻利维亚	75		

资料来源：《拉丁美洲新闻》2004年10月28日，统计数据来自2004年的《拉丁美洲标记》。

传统机构取代所有的国家机构”。他号召建立艾玛拉国家——一种自治政府形式，包括“建立自己的法律，将国家的政治宪法换成我们自己的宪法，用社团制度（communal system）取代资本主义制度，以及将三色旗换成我们自己的七色旗”。从此，一个自我管理的社团国家将取代现有的民族—国家。这一提案比萨帕塔分子提出的在墨西哥民族—国家内的自治制度更激进。另一个激进计划在厄瓜多尔出现，土著人运动要求实行多国制，也就是说，一个国家中将包括许多自治的小国。

虽然这类底层群体以社团组织为基础，他们很快也与国际接轨，出现在每年一度的世界社会讲坛（World Social Forum）上。此讲坛最初是要在2001年与世界经济讲坛（World Economic Forum）抗衡，后者由新自由主义经济和政治模式的领军人召开。除了一次会议以外，世界社会讲坛的其他大会都在巴西的阿雷格里港召开。在第一次会议期间，阿雷格里港是劳工党的大本营，正在试验参与式政府，一个例子是利用公共集会决定市政预算如何开支。世界社会讲坛为许多底层运动提供了机会，集结一堂，以寻求全球性的策略。

底层、国家和国际政治的矛盾，似乎在2003年的选举中体现了出来。这次选举中，“卢拉”·达席尔瓦成为巴西总统。卢拉是他的昵称，他曾是钢铁工人，后成为钢铁工人工会的领袖，帮助组织起工党。在2003年获胜之前，他三次参加竞选，都没有成功。他成为世界社会讲坛的固定参加者。

2003年，卢拉从世界社会讲坛直飞世界经济讲坛开会地点。阿雷格里港的许多人请求他不要去，但他向他们保证，要把世界社会讲坛的宗旨——“另一种世界是可行的”——带去。卢拉的确把这一宗旨带到了瑞士的达沃斯，同时带去的还有巴西仍然期望国际贸易和投资的保证。商人们热烈鼓掌。在之后的两年中他们也仍然鼓掌，因为巴西政府在达到其预算盈余的目标上超越了国际货币基金组织，并且将利率提高，以帮助吸引财政资本的投入。

2005年在阿雷格里港，卢拉仍然吸引很多人，但是他的名望有所下降。现场更大更热情的人群在欢迎乌戈·查韦斯。人群集结在那里欢迎两个领袖,这一事实说明了民族—国家以及国家政治的一如既往的重要性。两位领袖都来参加这一讲坛说明了底层运动和国际联系的重要性。

这些是波波火山爆发所预见到的强有力的事件吗？一方面,拉丁美洲历史一直是个人和群体、领袖和追随者、地方和国际之间的冲突和和谐的历史。使21世纪不同以往的,也许是这些群体可以走到一起的方法,因为现在技术已经使时间和空间消解。我们如何理解这样一个世界,在其中,甚至住在危地马拉高地上,身着传统手织服装的土著老妇人,现在也用起了手机？

又是加西亚·坎科利尼提出用新的眼光看这一地区:公民权和消费主义的汇合。他认为,公民应当有权利决定如何生产、分配和使用货物。"……(当)我们意识到,我们消费之时,同时也就是在思考、选择,并重新阐述其社会意义,那就有必要来分析这样一个问题:这样一种调度货物和商标的形式与其他各种消费命名的形式相比，它是如何产生一种更好的公民参与模式的。换句话说,我们应该问我们自己,消费是不是意味着我们用行动来支持、助长和在一定程度上制造一种新的公民权利模式。"

但是,从公民转向消费者是很为难的。他认为,公民这一概念必须在全球化的条件下重新加以考虑。拉丁美洲人现在感到与本地文化有根本关系,这种本地文化一般是城市的,包含许多国内和国际移民的民族和人种。人们用多种护照旅游,或根本没有任何文件。"他们怎么可能相信自己只是一个国家的公民？"加西亚·坎科利尼问道。

如果我们生活在市场主宰的世界里，为什么不重新宣布市场和消费者的意思何在？加西亚·坎科利尼指出,消费不仅是上层人士为了显示阶级区分和生活豪华所喜爱做的事。消费在本质上也是对工资、食物、住所、医疗保健和教育的要求。消费是满足基本需求。

秘鲁前外交官奥斯瓦尔多·德里韦罗(Oswaldo de Rivero)在《发展的神秘性》(*The Myth of Development*)中主张,基本需求和生存能力必须成为拉丁美洲未来的焦点。他坚决主张,拉丁美洲国家并非如同经济学家有时委婉地宣称的那样，是真正的发展中国家；它们也不会成为新兴工业化国家(NICs)。德里韦罗提供了两个潜在的类型:不能发展的民族经济体(NNEs),

这可以用来描述目前的状况;或无法管理的混乱实体(UCEs),可以用来描述未来。“这个现实是摆脱发展神秘性的邀请函,放弃寻找“黄金国”,将国家的生存提到议事日程上来,以取代难以捉摸的国家财富这一议题。”

寻找“黄金国”的确是拉丁美洲复杂历史的开端。为满足拉丁美洲大多数人的基本需求的斗争,并不是新的斗争。实际上,这一斗争形成了拉丁美洲几百年来的历史。这一历史的特征包括国际的压力和民族的回应,每个国家内部的多样化和复杂性,阶级、人种、种族和性别之间的冲突和协调,以及富裕中的财富和富裕的土地上住着贫困的人民。

推荐书目

奇尔科特,罗纳德·H编:《理论和实践中的发展:课堂上的拉丁美洲前景》,拉纳姆,马里兰州:罗门和利特菲尔德出版社,2003。

德里韦罗·奥斯瓦尔多:《发展的神秘性:21世纪不能发展的经济体》,伦敦:塞德图书社,2003。

加西亚·坎科利尼,内斯托尔:《消费者和公民:全球化和多元文化冲突》,明尼阿波利斯:明尼苏达大学出版社,2001。

加西亚·坎科利尼,内斯托尔:《混杂文化:进入和离开现代性的策略》,明尼阿波利斯:明尼苏达大学出版社,1995。

戈特,理查德:《在解放者的阴影下:乌戈·查韦斯和委内瑞拉的变化》,伦敦:贝尔索出版社,2000。

利文斯通,格雷斯:《哥伦比亚境内:毒品、民主和战争》,新不伦瑞克,新泽西州:拉特格斯大学出版社,2004。

萨福德,弗兰克和马科·帕拉西奥斯:《哥伦比亚:破碎的土地,分裂的社会》,纽约:牛津大学出版社,2002。

索耶,苏萨娜:《原始纪事:厄瓜多尔的土著政治、跨国石油公司和新自由主义》,达勒姆,北卡罗来纳州:杜克大学出版社,2004。

索普，罗斯玛丽：《进步、贫困和排斥：20 世纪拉丁美洲经济史》，华盛顿：约翰·霍普金斯大学出版社，为美洲发展银行和欧洲联盟出版，1998。

Chilcote, Ronald H,, ed., *Development in Theory and Practice: Latin American Perspectives in the Classroom*, Lanham, MD: Rowman & Littlefield, 2003.

De Rivero, Oswaldo, *The Myth of Development: Non-Viable Economies of the 21st Century*, London: Zed Books, 2003.

García Canclini, Néstor, *Consumers and Citizens: Globalization and Multicultural Conflicts*, Minneapolis: University of Minnesota Press, 2001.

García Canclini, Néstor, *Hybrid Cultures: Strategies for Entering and Leaving Modernity*, Minneapolis: University of Minnesota Press, 1995.

Gott, Richard, *In the Shadow of the Liberator: Hugo Chávez and the Transformation of Venezuela*, London: Verso, 2000.

Livingstone, Grace, *Inside Colombia: Drugs, Democracy and War*, New Brunswick, NJ: Rutgers University Press, 2004.

Safford, Frank, and Marco Palacios, *Colombia: Fragmented Land, Divided Society*, New York: Oxford University Press, 2002.

Sawyer, Suzana, *Crude Chronicles: Indigenous Politics, Multinational Oil and Neoliberalism in Ecuador*, Durham, NC: Duke University Press, 2004.

Thorp, Rosemary, *Progress, Poverty and Exclusion: Economic History of Latin America in the 20th Century*, Washington, DC: Johns Hopkins University Press for the Inter-American Development Bank and the European Union, 1998.

拉丁美洲重大历史事件年表

1492年	哥伦布到达新大陆。
1494年	西班牙和葡萄牙签署《托尔德西里亚斯条约》瓜分世界。
1500年	卡夫拉尔发现巴西。
1503年	西班牙在新大陆使委托监护制合法化;建立贸易署。
1512年	《布尔戈斯法案》制定了对待印第安人的制度。
1513年	巴尔沃亚发现太平洋。
1521年	埃尔南多·科尔特斯完成对阿兹特克帝国的征服。
1524年	西印度事务委员会建立。
1532年	巴西第一批永久殖民地建成。
1535年	弗朗西斯科·皮萨罗完成对印卡帝国的征服。第一任总督到达墨西哥。
1542年	《新法》要求终止委托监护制。
1543年	第一任总督到达秘鲁。
1545年	西班牙人在波多西发现白银。
1630—1654年	荷兰人控制巴西达三分之一之多。
1695年	卢索—巴西人在巴西内陆发现黄金。
1763年	巴西总督辖区首都迁移到里约热内卢。
1776年	建立拉普拉塔总督辖区。
1804年	海地宣布独立。
1808年	葡萄牙王室到达巴西。
1810年	米格尔·伊达尔戈神父发动墨西哥独立运动。
1811年	巴拉圭和委内瑞拉宣布独立。
1816年	阿根廷宣布独立。

1818—1843 年	民众主义派考迪罗让—皮埃尔·布瓦耶统治海地。
1819 年	巴西第一艘汽船下海，这也是南美洲第一艘。
1821 年	墨西哥、秘鲁和中美洲宣布独立。
1822—1823 年	奥古斯丁一世国王统治墨西哥帝国。
1822 年	佩德罗王子宣布巴西独立并获得皇帝尊号。
1823 年	詹姆斯·门罗总统发布《门罗宣言》。
1824 年	阿亚库乔战役标志了西班牙人在南美洲的最后失败。
1824—1838 年	中美洲联合省成立。
1825 年	玻利维亚宣布独立。
1825—1828 年	巴西和阿根廷之间争夺乌拉圭的西斯普拉廷战争导致对峙局面，乌拉圭宣布独立。
1829—1852 年	民众主义派考迪罗胡安·曼努埃尔·德罗萨斯统治阿根廷。
1830 年	大哥伦比亚的政治联盟解散，哥伦比亚、委内瑞拉和厄瓜多尔各自走上自己的独立道路。
1838 年	拉丁美洲第一条铁路在古巴通车。
1839—1865 年	民众主义派考迪罗拉斐尔·卡雷拉统治危地马拉。
1846—1848 年	北美入侵战争（美墨战争）。美国获胜，赢得加利福尼亚、新墨西哥和亚利桑那。
1847—1903 年	尤卡坦的克鲁索博起义和玛雅人的自治政府。
1848—1855 年	民众主义派考迪罗曼努埃尔·贝尔苏统治玻利维亚。
1850 年	美国和英国签订《克雷顿—布尔沃条约》，抑制各自在中美洲的扩张。工人的工会化在拉丁美洲最大的几个国家慢慢开始形成。
1852 年	智利开通南美洲第一条铁路。智利和巴西开始有了电报系统。
1864—1867 年	奥地利大公马克西米利安在法国的保护下统治墨西哥。
1865—1870 年	在三国同盟战争中，阿根廷、巴西和乌拉圭与巴拉圭开战，并最终打败巴拉圭。
1876 年	第一艘载着牛肉的冷冻船从布宜诺斯艾利斯驶往欧洲。
1876—1911 年	波菲里奥·迪亚斯统治墨西哥。
1879—1884 年	在太平洋战争中，智利与秘鲁、玻利维亚相抗衡。

1886 年	智利大学向一位拉丁美洲妇女授予首个医学学位。
1888 年	巴西废除奴隶制。
1889 年	军队废黜巴西皇帝佩德罗二世。巴西成为共和国。
1889—1890 年	第一届美洲会议在华盛顿特区召开。
1898 年	美西战争之后,古巴从西班牙独立,美国占领波多黎各。
1901 年	在《哈伊—彭斯福特协约》中,英国承认美国在中美洲的霸权。
1903 年	巴拿马赢得独立,并与美国签订协约建设连接两大洋的运河。
1903—1929 年	何塞·巴特列主宰乌拉圭政局,带来稳定和经济增长,并使中产阶级得到权力。
1909—1933 年	美国入侵并占领尼加拉瓜。
1910—1940 年	墨西哥革命。
1911 年	埃米利亚诺·萨帕塔在他的《阿亚拉计划》中倡导土地改革。
1912 年	阿根廷采用《萨恩斯·贝尼亚法》,给予所有男性公民选举权,没有财产和文化方面的要求。
1914 年	巴拿马运河开通。
1915—1934 年	美国占领海地。
1916—1922 年	伊波利托·伊里戈延作为第一个中产阶级总统统辖阿根廷。
1916—1924 年	美国占领多米尼加共和国。
1917 年	颁布墨西哥宪法,这是革命的蓝图。
1919 年	颁布乌拉圭宪法,这是中产阶级民主制的蓝图。
1920—1924 年	中产阶级利益的代表阿图罗·亚历山德里统辖智利。
1927—1933 年	奥古斯托·塞萨尔·桑地诺在尼加拉瓜领导游击队进行反击美国海军陆战队的斗争。
1929 年	世界金融崩溃降低了拉丁美洲的出口,但是鼓励进口替代工业化。
	厄瓜多尔给予妇女选举权,这是拉丁美洲第一次。
1932—1935 年	玻利维亚和巴拉圭进行查科战争。
1934—1940 年	墨西哥革命在拉萨罗·卡德纳斯总统的领导下达到最高潮。
1937 年	玻利维亚取消外国石油合同,开始控制石油工业。
1938 年	墨西哥将外国石油公司国有化。

1940 年	颁布古巴宪法,这是中产阶级和民族主义者要求改革的蓝图。
1944—1954 年	危地马拉民主时期。
1945 年	智利诗人加夫列拉·米斯特拉尔成为第一位获得诺贝尔文学奖的拉丁美洲人。
1952 年	危地马拉进行土地改革。
1952—1964 年	玻利维亚革命。
1953 年	玻利维亚实行土地改革。
1954 年	美国中央情报局推翻危地马拉的哈科沃·阿本斯总统。
1959 年	古巴革命成功,菲德尔·卡斯特罗掌权。古巴颁布《土地改革法》。
1960 年	拉丁美洲城市人口首次与农村人口相等。
1961 年	华盛顿与古巴断绝外交关系。中央情报局资助猪湾入侵,试图推翻卡斯特罗。约翰·F·肯尼迪总统宣布争取进步联盟的成立。
1964 年	巴西军队推翻诺昂·古拉特总统,并建立独裁统治。
1965 年	美国入侵并占领多米尼加共和国。
1967 年	“切”·格瓦拉在玻利维亚试图激发革命性起义时被杀害。
1968 年	墨西哥政府镇压学生运动,在墨西哥城的特拉特卢尔科广场向和平游行者开枪,数百人被杀。
1970—1973 年	萨尔瓦多·阿连德总统开始进行深刻的改革，以和平民主地改变智利。
1973 年	智利军队推翻阿连德总统，他在对总统府的进攻中死去。乌拉圭军队终止他们国家在 20 世纪的民主尝试。
1974—1976 年	伊莎贝尔·庇隆为阿根廷总统，这是西半球第一位国家女首脑。
1976—1983 年	上千人在阿根廷“肮脏的战争”中“失踪”。
1977 年	巴拿马和美国签订协约将运河区交还巴拿马人管理,于 1999 年实现。
1979 年	尼加拉瓜革命成功。年轻的军人改革者在萨尔瓦多进行了政变。
1980 年	光辉道路在秘鲁展开武装斗争。
1981 年	尼加拉瓜颁布土地改革法。拉丁美洲陷入严重的经济危

机。罗纳德·里根总统开始进行反对尼加拉瓜的战争。

1982 年　阿根廷进袭福克兰群岛，被英国打败。

1983 年　美国入侵格拉纳达并推翻政府。经济挫折显示出拉丁美洲愈益难以偿还国际贷款债务。

1984 年　拉丁美洲外债达到难以控制的 3,500 亿美元。

1985 年　巴西恢复文人政府。拉丁美洲人口超过 4 亿。

1987 年　哥斯达黎加总统奥斯卡·阿里亚斯获得诺贝尔和平奖。

1988 年　革命制度党候选人卡洛斯·萨利纳斯·德戈塔里击败夸特莫克·卡德纳斯，被愤怒谴责为公开的作弊。

奥古斯托·皮诺切特被平民赶下台。

1989—1990 年　美国入侵并占领巴拿马。

1990 年　桑地诺分子在总统竞选中输给已故报刊主编佩德罗·华金·查莫罗的遗孀比奥莱塔·查莫罗，有效地结束了桑地诺主义革命。

1992 年　欧洲—美洲相遇五百周年。

光辉道路控制了秘鲁大部分农村地区。

墨西哥的卡洛斯·萨利纳斯·德戈塔里修改宪法，允许出售、出租和抵押村社。国有公司私有化开始。

1994 年　北美洲自由贸易协定将美国、墨西哥和加拿大市场连在一起。实行的那天，墨西哥恰帕斯地区发生了由萨帕塔民族解放军领导的起义。

1996 年　危地马拉签署了和平协议。

1998 年　智利前独裁者奥古斯托·皮诺切特在英国被捕，逮捕令由西班牙以侵犯人权罪签发。

1999 年　巴拿马运河区归还巴拿马人管理。乌戈·查韦斯被选为委内瑞拉总统，他是拉丁美洲挑战新自由主义思想的新潮流的第一个领导人。

2000 年　71 年来第一次，革命制度党允许在墨西哥举行自由选举，选民选出国家行动党(PAN)的文森特·福克斯为总统。

奥古斯托·皮诺切特在智利受审。

	皮卡多·拉各斯当选智利总统。
	厄瓜多尔的土著民族联盟领导了一次全国性起义,反对政府的"美元化"经济政策,使政府倒台。
2001 年	美国开始《哥伦比亚计划》,这是一个三年的协议,每年向哥伦比亚提供 15 亿美元,以进行反对游击队的战争。
2002 年	一次政变将查韦斯从委内瑞拉总统位置上逐出长达 48 小时。他又恢复职位,美国迅速支持将他逐出的行为遭到拉丁美洲领导人的广泛谴责。
2003 年	前钢铁工人工会领导路易斯·伊纳西奥·"卢拉"·达席尔瓦当选为巴西总统。
	内斯托尔·基什内尔于 2003 年当选阿根廷总统。
2004 年	基什内尔成功地为阿根廷的债务重新进行了谈判,并公然反抗国际货币基金组织。
2005 年	在拉丁美洲几个国家政府参与下,南方石油公司和南方电视公司组建起来,以拉丁美洲的条件为此地区提供石油和新闻。
	塔瓦雷·巴斯科斯当选为乌拉圭总统。
	埃沃·莫拉雷斯当选为玻利维亚总统,这是第一位担任国家领导人的印第安人。
2006 年	米歇尔·巴切莱特当选为智利总统,成为西班牙语南美洲第一位选举出来的女总统。此前,1990 年尼加拉瓜选出女总统(比奥莱塔·巴里奥斯·德查莫罗),1999 年巴拿马选出女总统(米雷娅·莫斯科索)。

延伸阅读

A. 从小说看历史:读书指南

有时,学生会感到奇怪,为什么要在历史课上读小说。毕竟,历史应该不是虚构的,是“真相”,而小说却是想象力的创造结果。但是,这两者之间的界线并不是十分清楚的,历史学家用他们的想象力,又根据自己对资料的潜心研读,将过去展现并叙述出来。小说家用他们的想象力将现实展现并叙述出来,但他们是用感情、激情和抒情来表现,这一点很少有历史学家或社会学家能够与之匹配。譬如,如果有人想了解资本主义在工业革命时期的英国是如何运转的,他可以读到许多优秀历史学家的作品,可以读卡尔·马克思的分析,也可以读查尔斯·狄更斯的小说。

小说可以当做第一手资料,对在特定时期和地点生活的人所关注的问题和观念进行洞察。实际的角色可能确实是虚构的,但他们的感觉和经历反映了小说家生活时代的现实。小说家对自己的社会做出尤为重要的观察,超越简单的描述和客观的分析,以揭示内在的感受和感情。在某种程度上,小说反映了作者在一个问题上的世界观。在另一种程度上,这也是某一时期的记载和镜子。更为重要的是,小说向读者们揭示并使他们感受到拉丁美洲人的观点。

历史学家和小说家有许多共同之处。时代、空间、人物、事实揭露、因果关系以及对问题的诠释是历史学家需要组合的部分。这些也是拉丁美洲成功的小说的重要组成部分。对于“原始事实”和诠释的关注以及对想象力的运用将历史学家和小说家连接到一起,特别是在这里推荐的小说家们。

伊格纳西奥·曼努埃尔·阿尔塔米拉诺(Ignacio Manuel Altamirano),《山中的圣诞节》(*La Navidad en las Montaâa*, 译名 *Christmas in the Mountains*, Gainesville: University of Florida Press, 1961)。《山中的圣诞节》于 1871 年首次在墨西哥以连载形式出现。阿尔塔米拉诺出生于印第安的农村,他在本书中哀悼了墨西哥独立的第一

个 50 年中所经历的混乱和血腥。他对理想社会的梦幻——传统农业民间社团最优秀的特征和西班牙强加的体制的某些最佳特点的结合——使《山中的圣诞节》别开生面。他对民间社团做出了一种独特、清晰而浪漫的观察，并道出它们对民族社会和民族—国家所能作出的贡献。他在这部提出政治解决方法——或者说是乌托邦——的小说中，对家长制的平民社会加以理想化，这是在 19 世纪那个注重权势并十分邪恶的社会中极少讨论的话题之一。小说讲的是一位年轻军官在墨西哥一个孤独的小山庄中度过圣诞节的经历。理想化的军队和教会加上民间家长制团体的贵族角色创造了似乎完美的社会。圣诞节和下雪的象征主义手法在这部有时令人烦躁但总是销魂夺魄的小说中用得相当多，毫无疑问，本书是了解 19 世纪拉丁美洲的重要窗口之一。

克洛林达·马托·德特纳(Clorinda Matto de Turner),《无巢的鸟》(*Aves sin Nido*, 译名 *Torn from the Nest*, New York: Oxford University Press, 1999)。马托·德特纳是 19 世纪拉丁美洲最重要的女作家之一。这部小说于 1889 年出版，是第一部“印第安人”小说。这也是最先注意到现代化强行实施的改革所带来的后果的小说之一。马托·德特纳出生于秘鲁的库斯科，并在那里度过了她的大半生。她在书中谈到秘鲁大多数土著人的困境，她认为这些土著人受到教会、国家和大地产主的蹂躏。马托·德特纳认识到改革应该通过两种渠道——教育和城市——进行。这部小说用了大量的笔墨表述对这两种渠道拯救土著人和发展秘鲁的坚定信心。与之相应的是一列火车将村民从过去的农村载到未来的城市。

阿卢伊齐奥·阿泽维多 (Aluisio Azevedo),《贫民窟》(*O Cortiço*, 译名 *The Slum*, New York: Oxford University Press, 2000)。在南美洲大陆与马托·德特纳相对的另一端，阿泽维多书写并于 1890 年出版了最早的关于城市化的重要小说之一《贫民窟》。这是对正处于焦躁不安的变革中的里约热内卢的一个研究。小说理应受到关注，部分是因为阿泽维多对社会问题的关心，但主要原因是他对社会的洞察，对普通民众日常生活大量的详细描述。里约热内卢的一个特点是普遍的贫困；另一个特点是其所默认的社会流动性。小说还谈到生活方式、民族主义、社会冲突、妇女的作用以及种族关系。

卡洛斯·加西尼(Carlos Gagini),《赎罪：一部哥斯达黎加的小说》(*Redemptions: A Costa Rica Novel*, San Diego: San Diego State University Press, 1985)，最初于 1918 年以《病树》(*El Arbol Enfermo*)为题发表。这部书的内涵在于贯穿这部短篇小说的象

征主义,远比平淡无味的故事本身重要得多。加西尼强调当时拉丁美洲出现的新的社会、经济和政治力量。到 1918 年,小说的地点哥斯达黎加显然失去了经济独立性,将自己的未来抵押给了外国人,现实给予像加西尼这样的民族主义者极大的刺激,从而为《赎罪》提供了痛苦的背景。小说中还提到一个重要的、新的社会事实:出现了为数极少的城市工人阶级和中产阶级。作者理想化地提出他们政治结盟的潜力和利益。对外国影响的民族主义的不安情绪充满了整个小说。小说中的大部分篇章直接地或间接地将注意力放在了盎格鲁和拉丁文化的差别上。加西尼抓住了 20 世纪初拉丁美洲上层人士对美国的矛盾心态。

马里亚诺·阿苏埃拉 (Mariano Azuela),《弱者》(*Los de Abajo*, 译名 *The Underdogs*, New York: A Signet Classic, 1996)。《弱者》最开始于 1924 年在墨西哥城的《环球画刊》(*El Universal Ilustrado*)上连载,四年后以小说形式出版。这是第一部关于墨西哥革命的小说,反映出阿苏埃拉的愤世嫉俗和幻想的破灭。他当时是潘乔·比利亚军队中的医生。小说中的主人公德梅特里奥·马丁内斯因为痛恨当地政治首领而参加革命,但到最后他不再知道为谁而战。他的周围到处是进行掠夺和强奸的士兵,以及各种言行不一的机会主义分子。

里卡多·吉拉尔德斯 (Ricardo Güiraldes),《塞贡多·松布拉先生》(*Don Segundo Sombra*, Pittsburgh: University of Pittsburgh Press, 1995)。1926 年第一次在阿根廷出版时就是用的这个题目。这部小说记录下阿根廷国家生活中的一个重要阶段:民间文化的终结以及城市与"文明"的胜利。特别是在阿根廷,这意味着高乔人——潘帕斯草原的牛仔——的消失,以及一个城市——蓬勃发展的布宜诺斯艾利斯统治地位的确立。年轻的主人公在一个地地道道的高乔人——塞贡多·松布拉先生的照顾下成长起来。主人公的父亲去世后,年轻人必须抛弃他喜欢的高乔人生活,去承担一个土地所有者的责任,使自己远离地产上的日常工作,而与布宜诺斯艾利斯和国外的市场与商业打交道。他与塞贡多·松布拉先生的道别实际上是阿根廷与自己过去的农业生活道别而走进了现代。这在拉丁美洲是一个相当复杂的决裂,引发了很深刻的情感矛盾。最后的几个章节感情色彩浓厚,揭露了拉丁美洲对现代化的矛盾心理。《塞贡多·松布拉先生》充满了诗情画意。这是一部重要的拉丁美洲史诗。

格雷戈里奥·洛佩斯—富恩特斯 (Gregorio Lopez y Fuertes),《印第安人》(*El Indio*, New York: Frederick Ungar, 1961)。英译本的书名与 1935 年出版的西班牙文版本相同。仅在短短几页当中,这本流行甚广、象征性极强的墨西哥小说便描述了墨西哥历史势不可挡的动力。象征性的角色和事件展现了自被征服以来种族关系的讽喻和文化冲突。“文明化”不断地侵入土著人社会,因此小说提出了一个问题,如果文明带来了任何利益,利益何在？在最后具有挑战性的一部分中,洛佩斯—富恩特斯似乎认为墨西哥革命是进一步的征服行为。革命带来的改革使“白人”受益,而不是土著人;通过改革,土著人的命运似乎就是最终的灭亡。从广义上说,洛佩斯—富恩特斯的观察也适合整个拉丁美洲各个时期的其他人群,使小说的寓意更加具有普遍性。

格拉希里亚诺·拉莫斯 (Graciliano Ramos),《干涸的生命》(*Vidas Sêcas*, 译名 *Barren Lives*, Austin: University of Texas Press, 1992)。1938年,巴西出版了《干涸的生命》。这部作品尖锐地洞察了贫困的农村民众,即所谓农村无产阶级的生活,他们没有自己的土地。由于巴西东北部干燥的内陆遭到大旱灾,法比亚诺、他的老婆维多利亚、两个年龄还很小的儿子以及他们的狗贝雷亚逃到一个被弃的棚屋下避难。大雨救了他们。后来,另一场干旱和受压迫环境使他们开始了又一次的逃难,这是在整个拉丁美洲都很普遍的迁移周期。作为传统支柱的宿命主义渗透法比亚诺的思想。这部小说至少提出了两个重要主题:普通人与土地的关系,以及老百姓成为他们没有创建、不能影响也显然不可能改变的机制的牺牲品。

拉克尔·德凯罗斯(Raquel de Queiroz),《三个玛丽亚》(*As Três Marías*, 译名 *The Three Marias*, Austin: University of Texas Press, 1991)。德凯罗斯是第一个成为巴西文学院院士的女作家。她于1939年出版的这部小说基本上是自传体的。小说详细叙述了20世纪20和30年代巴西的一个省城福塔萨莱市里,三个年轻的玛丽亚从女童成长为妇女的生活。三个人感受到作为妇女所面临的不平等、教育和事业受到限制以及她们本身对于性感的理解。通过德凯罗斯的眼睛,读者像当时的妇女一样看到了一个特定时期的巴西。

西罗·阿莱格里亚 (Ciro Alegría),《光怪陆离的世界》(*El Mundo Es Ancho y A-jeno*, 译名 *Broad and Alien Is the World*, New York: Dufour, 1987)。秘鲁小说家阿莱格里亚在他1941年出版的《光怪陆离的世界》里描述了安第斯土著人社团的生活和分裂。社团的成员扎根于他们的土地,和谐地生活在他们的环境中,他们满足于自己的生活,得到足够的回报,直到外人带来了“法律”,剥夺了他们的土地。这个故事与拉丁美洲的征服一样陈旧,但在20世纪继续了下去。阿莱格里亚将民间社团与前进中的资本主义作了一个强烈的对比,记载了变革对安第斯土著人社团的影响。因此，这部内容丰富的小说反映出了实际情况，并作了强有力的讽喻。

若热·亚马多(Jorge Amado)，《暴力的土地》(*Terras do sem Fim*，译名 *The Violent Land*，New York: Avon Books, 1988)。葡萄牙语第一版于1943年出版。亚马多描写了土地的获取、利用、滥用、维护和丢失。特别是，小说将注意力放在奥拉希奥·希尔韦拉与茹卡和西诺·巴达罗争夺土地的斗争上，巴达罗的土地肥沃，盛产作为巧克力原料的可可。小说详细地描述了土地的获取和所有权以及所有与土地之争和占有有关的机制。虽然这里只提到种植可可的土地，却能准确地描绘蔗糖和咖啡种植园或任何其他大地产的状况。故事所涉及的题材还包括大自然的气势磅礴、围绕农业工人的机制、文化的冲突、妇女的作用以及边界的重要性。

亚马多的《奇迹的关照》(*A Tenda dos Milagres*，译名 *The Tent of Miracles*，New York: Avon, 1988)。《奇迹的关照》出版于1969年，是一部巨著，虽然不十分确切但毫无疑问是以第一位巴西黑人史学家，卓越的曼努埃尔·雷蒙多·克里诺(Manuel Raimundo Querino，1851—1923年)的生平为基础。小说以巴伊亚州为背景，这里曾经是非洲奴隶的聚集点。小说风趣地探讨了种族关系、虚伪性和现实性等丰富的题材。成熟的亚马多不仅使读者受到教育，还感到了他的诙谐风趣。

米格尔·安赫尔·阿斯图里亚斯(Miguel Angel Asturias)，《总统先生》(*El Señor Presidente*，Prospect Heights, Illinois: Waveland Press, 1997)。危地马拉这部巨著可追溯至曼努埃尔·埃斯特拉达·卡夫雷拉(Manuel Estrada Cabrera)压抑的独裁统治。卡夫雷拉从1898年到1920年一直用恐怖手段统治着这个国家。阿斯图里亚斯自1922年开始写这部小说(英译本的题目与西班牙文的版本相同)，但直到1946年才完成。这部小说一直是作者的最佳著作，也是拉丁美洲的主要经典著作。阿斯图里亚斯于1967年获诺贝尔文学奖。《总统先生》一书详细地描述了拉丁美洲的独裁主义，并深究了考迪罗的现象。读者不仅了解到独裁者如何取得并维持权力，并且通过阿斯图里亚斯强有力的散文叙事诗体，"感受到"独裁的无所不能、无所不通的力量，以及对民众的影响。

马里奥·巴尔加斯·略萨(Mario Vargas Llosa)，《英雄时代》(*The Time of the Hero*，London: Faber and Faber, 1995)。这是巴尔加斯·略萨德的第一部小说，1995年以《城市与狗》(*La Ciudad y Perros*)之名出版，以作者本人在莱昂西奥·普拉多军校的经历为蓝本，探讨在军人统治的社会中男童变成男子汉的残酷过程。小说被认为是对秘鲁军校做出了如此确切的描述，以致军校烧毁了本书上千册。巴尔加斯·略萨于1969年在《大教堂里的对话》(*Conversación en la Catedral*,译名 *Conversation in the Cathedral*,New York: Rayo, 2005）一书中继续探讨了有关独裁和压制的题材,故事是以发生在20世纪50年代的多层对话形式展开。

卡洛斯·富恩特斯（Carlos Fuentes),《阿特米奥·克鲁斯之死》(*La Muerte de Artemio Cruz*，译名 *The Death of Artemio Cruz*,New York: Farrar, Strauss and Giroux, 1991)。在1962年出版的《阿特米奥·克鲁斯之死》中,墨西哥杰出的学者卡洛斯·富恩特斯正视了墨西哥人愈益关注的一个问题:"墨西哥革命是否已经死亡？"通过小说主人公阿特米奥·克鲁斯,富恩特斯纵观整个20世纪,试图解说这个挑战性的问题。克鲁斯参加过革命,后来通过土地改革和外资致富,变成商业大亨,叛变了革命并使之倒退。

富恩特斯的另一部戴着有色眼镜看待墨西哥现实的小说是《未出生的克里斯托瓦尔》(*Cristóbal Nonato*，译名 *Christopher Unborn*,Normal, IL: Dalkey Archive Press, 2005)。此书最早于1987年出版,由未出生的克里斯托瓦尔讲述,他将在哥伦布发现新大陆五百周年纪念那一年出生。克里斯托瓦尔将要降临的世界被富恩特斯称为"梅克西科城"(城名的意思是导致疾病之城),是贪婪的政客、国际资本主义、生态环境灾难和暴力的牺牲品。这部作品在墨西哥有争议,部分原因是富恩特斯对西班牙语的用法,他将西班牙语和英语混用,遭到坚持纯正西班牙语学者的反对。但富恩特斯将此看做是20世纪后期文化杂烩的反应。

加夫列尔·加西亚·马尔克斯（Gabriel García Márquez),《百年孤独》(*Cien Años de Soledad*,译名 *One Hundred Years of Solitude*,New York: Harper—Trade, 1998)。这部经典小说最早于1967年出版,可能是最有名的拉丁美洲文学作品,也是一种文学流派的典范,这一流派被加西亚·马尔克斯称为现实的魔幻,后来以魔幻现实主义而闻名。这部小说追随着马康多小镇上布恩迪亚家族的兴衰史,通过他们的生活讲述整个拉丁美洲的故事,从新大陆的发现一直到现代。其中特别感人的包括他再现的自由派和保守派之间无休止的战争,北美洲人拥有的香蕉领地的影响,以及政府否认发生过的对工人罢工运动的血腥镇压。1982年领取诺贝尔文学奖时,加西亚·马尔克斯解释说,拉丁美洲令人难以置信的现实使小说家除了幻想便无处可走;然而,他坚持道,每一句话都是以真实的事实开始的。

曼略·阿格塔(Manlio Argueta),《生命一日》(*Un Día de la Vida*,译名 *One Day of Life*,New York: Vintage, 1991)。萨尔瓦多的版本于1980年出版。这部有关萨尔瓦多

内战时期农村生活的小说里充满了压迫和反抗。小说里没有男人,他们都在逃离征兵或残暴的杀手小分队。妇女是这部有巨大感染力的小说中的主角,表述她们对受到攻击和辩护的机制的看法,并且维持着她们的家庭和社团。小说仔细地记录了官方机构对农村社团生活的残暴侵犯,农村的社团生活是拉丁美洲久远的但仍然普遍存在的事实。

伊莎贝尔·阿连德(Isabel Allende),《灵魂的住所》(*La Casa de los Espiritus*,译名 *The House of the Spirits*,New York: Knopf, 1985)。阿连德的第一部小说《灵魂的住所》在 1984 年一举成名,因为她在魔幻现实主义中加入了鲜明的女性的声音。小说叙述了特鲁埃瓦家族在 20 世纪的故事。我们看到农村的大地产中贫困与富庶交织,并且随着城市的扩张,两者也并存于城市。贫富之间的紧张状态在右翼和左翼之间的斗争中表现出来,家庭的分裂与社会的分裂如出一辙。阿连德 1985 年出版的《爱与阴影》(*De Amor y de Sombra*,译名 *Of Love and Shadows*,New York: Knopf, 1987)虽然没有前一本书有名,在许多方面比《灵魂的住所》更成熟。在某些方面,《爱与阴影》可以被看做是续集。富裕的伊雷内·贝尔特兰爱上了摄影师弗朗西斯科·莱亚尔,当他们听到一个小姑娘的痉挛是一种神奇的力量的说法,并对此进行调查时,他们发现了政府在南美洲发起反对自己国家人民的战争这一恐怖事实。

迪亚麦拉·埃尔提特(Diamela Eltit),《第四个世界》(*El Cuarto Mundo*,译名 *The Fourth World*,Lincoln: University of Nebraska Press, 1995)。《第四个世界》在 1988 年出版,使迪亚麦拉·埃尔提特成为拉丁美洲新的后现代派小说最具挑战性的声音之一。埃尔提特用一个失去功能的家庭来比喻失去功能的社会以及现代现实社会的分裂性。书本身就是分段讲述,开始是一个年轻人的叙述,然后是他的双胞胎姐姐。书中有加西亚·马尔克斯的笔法,特别是写到乱伦的象征主义一处,但又通过变形的镜片折射回来,或者说是用清楚的镜片看变态的现实。

阿尔韦托·富格特(Alberto Fuguet),《不吉利的共鸣》(*Mala Onda*,译名 *Bad Vibes*,New York: St. Martin's Press, 1997)。关于《不吉利的共鸣》一书的好坏在文学界有非常多的争议。这显然是一部有争议的作品。富格特生于智利,但在加利福尼亚州成长至 12 岁才全家搬回智利。他强烈地反对拉丁美洲魔幻现实主义这一文学形式,认为过于民间化。他经常被看做是麦克翁多(McOndo)运动的领袖。这是一部从魔幻现实主义的顶级小说——加西亚·马尔克斯的《百年孤独》一书改编的戏剧,调侃小镇马康多(Macondo)。当然,麦克翁多也是调侃麦当劳,用"麦克"作为前缀(如麦克大学、麦克世界等等)，标志着市场和全球化的首要位置。小说是讲一个吸毒、愤世嫉俗的年轻人，他似乎有更多的内省，而不是憎恨他们生活中的皮诺切特独裁统治。这部作品被某些人看做是虚无主义作品，但它反映了新一代的心声，他们的世界观是更加超越国界的，他们更加关心个人而不是集体。

罗伯托·博拉尼奥(Roberto Bolaño)，《智利之夜》(*Chile Nocturno*，译名 *By Night in Chile*，New York: New Directions Publishing Corporation, 2003)。博拉尼奥被普遍认为是他这一代拉丁美洲人中最重要的小说家。他那优雅的小说将注意力放在被卷进更大的历史事件中的不合群的个体上，通常以残酷的智利皮诺切特独裁统治为背景，博拉尼奥本人就是这一时期的受害者。《智利之夜》最初于 2000 年出版，书中以一个神父独白的形式，坦白出他在皮诺切特政府中的作用。在 1996 年出版的《遥远的星星》(*Estrella Distante*，译名 *Distant Star*，New York: New Directions Publishing Corp., 2004)一书中，神秘的主人公用德国老式战机在皮诺切特集中营的上空书写诗歌。

这些小说只是被翻译成英文的、长长的书单中的很小一部分。对于西班牙语和/或葡萄牙语的读者来说，新的文学世界等着你们去发掘。对那些想进一步探讨文学和历史相互联系的读者来说，可以先开始看看弗雷德里克·M·纳恩（Frederick M. Nunn)的《与历史相撞:从“繁荣”到“新的世界秩序”的拉丁美洲小说和社会科学》(*Collision With History: Latin American Fiction and Social Science From “El Boom” to “the New World Order”*，Athens: Ohio University Center for International Studies, 2001)，戴维·T·哈伯利(David T. Haberly)的《三个悲伤的种族:巴西文学中的种族特性和国家意识》(*Three Sad Races: Racial Identity and National Consciousness in Brazilian Literature*，New York: Cambridge University Press, 1983)，约翰·S·布拉什伍德(John S. Brushwood)的《彬彬有礼的野蛮:19 世纪西属美洲小说新读本》(*Genteel Barbarism: New Readings of Nineteenth— Century Spanish—American Novels*，Lincoln: University of Nebraska Press, 1981)。

更多有关小说的资料，可以看一看雷蒙德·L·威廉斯(Raymond L. Williams)的《拉丁美洲后现代小说：政治、文化和真理危机》(*The Postmodern Novel in Latin America: Politics, Culture and the Crisis of Truth*，New York: St. Martin's Press, 1996)，菲利普·斯旺森(Philip Swanson)的《拉丁美洲新小说:繁荣后的政治和流行文化》(*The New Novel in Latin America: Politics and Popular Culture After the Boom*，New York: St. Martin's Press, 1995)，圣地亚哥·胡安—纳瓦罗(Santiago Juan-Navarro)和

西奥多·罗伯特·杨(Theodore Robert Young)主编的《讲了两次的故事:伊比利亚/伊比利亚美洲文学和电影中对冲突的重新创作》(*A Twice—Told Tale: Reinventing the Encounter in Iberian/Iberian American Literature and Film*, Newark: University of Delaware Press, 2001)。

要想更多地了解小说和历史的精确区别，可以看尼娜·赫拉斯—纳瓦罗(Nina Gerassi–Navarro)的《海盗小说:西属美洲国家建立的故事》(*Pirate Novels: Fictions of Nation Building in Spanish America*, Durham, NC: Duke University Press, 1999)，以及萨拉·卡斯特罗—克拉兰（Sara Castro–Klarén）和约翰·查尔斯·查斯蒂恩(John Charles Chasteen)主编的《超越想象的社团:19世纪拉丁美洲国家的读与写》(*Beyond Imagined Communities: Reading and Writing the Nation in Nineteenth—Century Latin America*, Washington, D.C.: Woodrow Wilson Center Press, 2003)。

B. 证言:丰富而有综合性的资料来源

20世纪80年代,拉丁美洲的一个新流派引起了读者的关注,他们愿意聆听沉默的、没有权力和没有接受教育来书写历史和小说的人的呼喊。证言就是拉丁美洲最没有权力的人民对他们如何生存,尤为重要的是,对他们如何与加害于他们的统治集团进行斗争所做的证词。这一流派进入学术和政治活动范围,正好是这些运动与中美洲革命团结最紧密的时期。

沉默者的声音由采访者和翻译——通常是指参加谈话的人——传播。采访者收集了口述证词,加以整理,成为清楚的叙述,然后誊写、出版并翻译出来。这就立即出现了关于对话者在整理叙述中的作用的疑问,他们基本上像历史学家一样,将文件的原始资料整理成要叙述的故事。当然，读者并不是实际上听到沉默者的声音;他们听到的是整理者和翻译提供的声音。

证言由在这方面最著名的学者约翰·贝弗利(John Beverly)做出定义,认为证言是“一个长篇或中篇小说，以书籍或小册子（也就是说是印刷的而不是传音的)形式,由所讲述事件的主要参与者或目击者以第一人称陈述,并且,陈述的单位通常是‘一生’或一段重要的生活经历。证言可以包括——但不归属于——任何以下的文本范畴,这些范畴有些按惯例被称为文学,其他则不是:传记、传记文学、口述历史、回忆录、忏悔书、日记、采访、目击者报告、生活史、小说—证言、非虚构性小说,或

‘事实图解’文学。”

这一流派的代表作有《我，里戈韦塔·门丘：危地马拉的一位印第安妇女》（*I, Rigoberta Menchú: An Indian Woman in Guatemala*, London: Verso, 1984），最初于1983年以西班牙语出版，题为《我叫里戈韦塔·门丘，我的觉悟是如何产生的》（*Me llamo Rigoberta Menchú y Así Me Nació la Conciencia*）。这本书于1983年获得极有声望的美洲之家（Casa de las Americas）颁发的最佳口述证言奖，并被翻译成德文、意大利文、荷兰文、日文、丹麦文、挪威文、俄文和阿拉伯文。这本书成为许多拉丁美洲历史课堂上的重要课本。1992年门丘因支持受到独裁统治压迫的危地马拉土著人社团进行斗争而被授予诺贝尔和平奖，此书的偶像地位进一步得到巩固。

但是在1999年，人类学家戴维·斯托尔（David Stoll）暂时地将这本书从必修教科书中排除出去。斯托尔在他的《里戈韦塔·门丘以及所有危地马拉穷苦大众的故事》（*Rigoberta Menchú and the Story of All Poor Guatemalans*, Boulder, CO: Westview Press, 1999）一书中提到门丘的陈述中有错误，因此抨击她的整个陈述的真实性。斯托尔的书引发了一场极大的争议，以及对口述证言作为可靠资料来源的重新评价。

大多数学者认为，她的故事中的不确切性与整个事实相比微不足道：也许并非所有发生在里戈韦塔身上的事都和她通过采访者——伊丽莎白·伯格斯—德布雷（Elisabeth Burgos-Debray）所描述的完全一样，但是所有事件的确发生在危地马拉土著人身上，因此证言的题目的一部分改为《所有危地马拉穷苦大众的故事》（*The Story of All Poor Guatemalans*）。

尽管有各种问题，口述证言为拉丁美洲复杂的历史提供了另一条极好的线索。不幸的是，对证言的学术研究通常非常专业化，写得非常细密，其数量通常比可用的证言本身的数量大得多。

以下是这一流派的四个经典著作：

《让我说话：一个玻利维亚矿山妇女——多米蒂拉的证词》（*Let Me Speak: Testimony of Domitila, A Woman of the Bolivian Mines*, New York: Monthly Review Press, 1978），多米蒂拉·巴里奥斯·德琼加拉（Domitila Barrios de Chungara）和莫埃玛·别塞尔（Moema Viezzer），维多利亚·奥尔蒂斯（Victoria Ortiz）翻译。巴里奥斯·德琼加拉讲述了玻利维亚锡矿中的生活，以及从普遍意义上讲家长制社会中的生活。

《米盖尔·马莫尔》（*Miguel Mármol*, Willimantic, CT: Curbstone Press, 1987），罗克·达尔顿（Roque Dalton）采访。马莫尔是萨尔瓦多共产党创建者之一，也是1932年大屠

杀事件的幸存者，采访者达尔顿是一位诗人兼革命者，后来在萨尔瓦多游击战中被敌对派别杀害。

《不要害怕，美国佬：一位洪都拉斯妇女的心里话：埃尔维亚·阿尔瓦拉多的故事》(*Don't Be Afraid, Gringo: A Honduran Woman Speaks From the Heart: The Story of Elvia Alvarado*, San Francisco, CA: Institute for Food and Development Policy, 1987)。梅德阿·本哈明(Medea Benjamin)翻译和整理。20世纪80年代大多数活动家和学者将注意力放在尼加拉瓜、萨尔瓦多和危地马拉，阿尔瓦拉多则为这个邻近国家的相似的艰辛状况提供了证词。

《我，里戈韦塔·门丘：危地马拉的一位印第安妇女》(*I, Rigoberta Menchú: An Indian Woman in Guatemala*, London: Verso, 1984)。门丘为了解危地马拉土著人文化和他们为争取土地所进行的斗争提供了一个窗口，并揭露了20世纪80年代反对土著人和革命运动的种族灭绝战争。

有一本书有时被认为是口述证言学派的一部分，但早于这个学派，它就是《黑暗中的儿童：卡罗利娜·玛丽亚·德赫苏斯的日记》(*Child of the Dark: The Diary of Carolina Maria de Jesus*, New York: New American Library, 1962，2003年再版)。这本书由戴维·圣克莱尔(David St. Clair)从葡萄牙语翻译过来。一位巴西报刊记者在圣保罗的棚户区工作时遇见德赫苏斯，听到她威胁邻居，要把他们写在她的书中。此书原本是这位只接受过两年正规教育的妇女写的令人值得一读的日记。日记摘抄在报纸上刊登，后来用葡萄牙文出版，题为《垃圾屋》(*Quarto de Despejo*)，并最后被译成各种文字在世界发行。

德赫苏斯和她的作品在90年代又被历史学家罗伯特·M·莱文（Robert M. Levine）重新搬出来：《卡罗利娜·玛丽亚·德赫苏斯之死》(*The Life and Death of Carolina Maria de Jesus*, Albuquerque: University of New Mexico Press, 1995)，莱文和何塞·卡罗斯·赛贝·博姆·梅耶(José Carlos Sebe Bom Meihy)合著；《我将有一个小房子：卡罗利娜·玛丽亚·德赫苏斯的第二本日记》(*I Am Going to Have a Little House: The Second Diary of Carolina Maria de Jesus*, Lincoln: University of Nebraska Press, 1997)，由梅尔文·S·小阿林顿(Melvin S. Arrington Jr.)和莱文翻译，莱文做编后记；《小姑娘的日记：卡罗利娜·玛丽亚·德赫苏斯的童年回忆》(*Bitita's Diary: The Childhood Memoirs of Carolina Maria de Jesus*, Armonk, NY: M.E. Sharpe, 1998)，由莱文主编，埃曼努埃尔·奥利韦拉(Emanuelle Oliveira)和贝斯·琼·温克勒(Beth Joan

Vinkler)翻译;以及似非而是的《卡罗利娜·玛丽亚·德赫苏斯未整理过的日记》(*The Unedited Diaries of Carolina Maria de Jesus*, New Brunswick, NJ: Rutgers University Press, 1999),由莱文和博姆·梅耶主编,南希·P·S·纳罗(Nancy P.S.Naro)和克里斯蒂娜·梅尔顿斯(Cristina Mehrtens)翻译。

美国诗人玛格丽特·兰德尔(Margaret Randall)的许多书通常被放在口述证言这一流派中,虽然她所采访的人中,显然有一些自己可以书写自己的故事,因而不属于那些没有参加谈话我们就无法听到他们的声音的群体。兰德尔的作品中包括《现在的古巴妇女:采访古巴妇女》(*Cuban Women Now: Interviews With Cuban Women*, Toronto: Women's Press, Dumont Press Graphix, 1974);《妇女在古巴:二十年之后》(*Women in Cuba, Twenty Years Later* N.Y.: Smyrna Press, 1981)朱蒂·简达(Judy Janda)摄影;《桑地诺的女儿们:斗争中的尼加拉瓜妇女的证词》(*Sandino's Daughters: Testimonies of Nicaraguan Women in Struggle*, New Brunswick, NJ: Rutgers University Press, 1995),最初于1981年出版;《重访桑地诺的女儿们:尼加拉瓜的女权主义》(*Sandino's Daughters Revisited: Feminism in Nicaragua*, New Brunswick, NJ: Rutgers University Press, 1994);《我们的声音,我们的生命:中美洲和加勒比海妇女的故事》(*Our Voices, Our Lives: Stories of Women From Central America and the Caribbean*, Monroe, ME: Common Courage Press, 1995)。

其他对拉丁美洲妇女的采访集有:《与巴西妇女谈话:现代生活故事》(*Brazilian Women Speak: Contemporary Life Stories*, New Brunswick, NJ: Rutgers University Press, 1988),达芬·帕泰(Daphne Patai)整理兼翻译;《穷人时刻,妇女时刻:与萨尔瓦多妇女谈话》(*The Hour of the Poor, the Hour of Women: Salvadoran Women Speak*, New York: Crossroad, 1991),雷尼·戈尔登整理兼翻译;《与危地马拉妇女谈话》(*Guatemalan Women Speak,* Washington, DC: Ecumenical Program on Central America and the Caribbean, 1993),玛格丽特·胡克斯(Margaret Hooks)整理兼翻译,里戈韦塔·门丘作序。

近来加入这一流派的有《雷伊塔:20世纪一个古巴黑女人的生活》(*Reyita: The Life of a Black Cuban Woman in the Twentieth Century*, Durham, NC: Duke University Press, 2000),故事由玛丽亚·德洛斯雷耶斯·卡斯蒂略·布埃诺(María de los Reyes Castillo Bueno)讲给女儿戴西·鲁维拉·卡斯蒂略(Daisy Rubiera Castillo);以及《玛丽亚女士的故事:生活、历史、回忆和政治派别》(*Doña María's Story: Life, History,*

Memory, and Political Identity, Durham, NC: Duke University Press, 2000)，在此书中，詹姆斯呈现了肉联厂工人、工会活动者以及庇隆分子玛丽亚·罗尔丹(María Roldán)的证词和一些诠释性文章，既提供了更广泛的历史叙述，也对运用口头资料的方法提出重要的评价。

还有许许多多有关证言这一流派的书。可以从一些较好的书开始了解：约翰·贝弗利的《论真理的政治》(*On the Politics of Truth*, Minneapolis: University of Minnesota Press, 2004)；《实事：证言论述和拉丁美洲》(*The Real Thing: Testimonial Discourse and Latin America*, Durham, NC: Duke University Press, 1996)，由格尔克·M·古格尔贝格尔(Georg M. Gugelberger)整理；以及《证言：妇女为见证人：论拉丁美洲妇女的证言文学》(*Testimonio: Women as Witness: Essays on Testimonial Literature by Latin American Woman*, New York: Peter Lang, 2004)，琳达·S·梅尔（Linda S. Maier）和伊莎贝尔·杜尔法诺(Isabel Dulfano)整理。有关里戈韦塔·门丘的争论，见《里戈韦塔·门丘的争议》(*The Rigoberta Menchú Controversy*, Minneapolis: University of Minnesota Press, 2001)，阿图罗·阿里亚斯(Arturo Arias)整理，以及戴维·斯托尔的回复。

重要词汇

A. 概念和术语汇编

本书中散布着一系列的概念和术语，一些得到了定义，如“改革”和“革命”；一些则没有被定义，如“资本主义”、“社会主义”和“启蒙”等。此处的汇编目的在于为本书中经常出现的概念和术语提供简明的定义。定义多种多样。它们可能是含糊的。我们试图按这些词在本书中的用途来确定词义，但我们深知，这些定义既不能使每一个人感到满意，也不是可以通用的。

Capitalism 资本主义　一种经济体制，其特点是私有制和私人投资、经济竞争、工资劳动者和利润刺激。

Centrolism 中央集权制　政治权力高度集中在首都城市的一种制度。

Communism 共产主义　共产主义实际上意味着一种尚未实现的未来社会。那些经常被称为共产主义的社会，事实上最多不过是处于转换时期，其目标是一种没有等级制度统治、财产共享的社团。本书在现代的背景下用此术语，指那些以工人和农民的名义进行统治、为他们的最高利益服务的政府，以及由这种政府统治的经济体制。政府以工人和农民的名义拥有生产资料。本书将社会主义与共产主义加以区别，其不同处在于国家所有制的程度、民主程度以及政党多元化的存在。

Conservatism 保守主义　这一术语一般与 19 世纪政党有关，它们倾向于尽可能地保留原状，对改革持有谨慎的态度。

Democracy 民主　一种政府体制，在这种制度下，所有或大多数公民参与决策形成的过程。西方民主强调法律面前人人平等，政府对大多数人负责，定期选举，公民自由，以及政党多元化。

Dependency 依附性　依附性是描述一种状况，在这种状况下，一个国家、殖民地或地区的经济利益，或者说经济利益的缺乏，产生于其他地方所作出的决策。拉丁美洲首先依附于伊比利亚的母国，然后在19世纪依附于英国，在20世纪依附于美国，这些国家的决定和政策直接地影响了或者还在影响着拉丁美洲的经济繁荣或贫穷。显然，一个国家的依附程度将标志着它"独立"行为的缺乏。

Development **发展** 最大限度地利用一个国家的潜力为最大多数居民取得最大的利益。

Developmentalism **发展主义** 认为采用以经济增长为目标的计划将会带来繁荣和一个稳定的中产阶级的扩大的一种信念。

Elites **上层人士** 那些占有最高或最重要社会地位的人。

Enclave economy **飞地经济** 一种经济活动，只依靠本国的低工资劳动力，而不依靠当地物品进口或与当地商业的相互往来。典型的例子是香蕉工业，当地工人砍下来的香蕉立即被装运到外国人拥有的船上，驶离本国。

Enlightenment **启蒙运动** 广义上与18世纪的欧洲有关，启蒙运动介绍了一系列与19世纪的民主和资本主义形式有关联的思想意识。启蒙运动的思想家们信仰人类社会的演变，进而相信一种进步和完美性的哲学。启蒙思想对美国宪法的撰写和拉丁美洲上层人士的思想意识有很深刻的影响。

Federalism **联邦主义** 在联邦政治体系中，政治权力在中央政府和地区或地方政府之间被分割和/或分享。

Feudalism **封建制度** 严格地说，这个术语指从查理曼帝国解体到绝对君主政体的兴起(大约从9世纪到15世纪)期间，在欧洲盛行的一种社会组织形式。其基本特点是严格的阶级划分，基于地方习俗的私人司法权，以及一种土地所有制，在这种所有制下，土地所有者，也就是地主允许农奴耕种土地，以换取他们的劳役和/或地租。广义上讲，这一术语在拉丁美洲专指一种制度，在这种制度下，极少数人拥有土地，并控制着在其土地上为他们劳动的许多人的生活。这些少数人享受舒适的生活，而劳工们则生活悲惨，基本上靠地主们的喜怒哀乐过日子。在今天，这个术语的含义所带有的情感色彩更多于法律意义。

Globalization **全球化** 20世纪后期和21世纪初在通信、经济和文化交流上相互关联性的增加。这一术语通常指与新自由主义贸易政策相关联的经济变化。

Growth **增长** 增长表示一个国家或地区的经济积累数量，一般不说明什么人——如果真有人——从中得利。

Hegemony **霸权** 既指统治权，如美国是西半球的霸权力量，也指大多数人对统治权作用的接受。当大多数公民承认政府统治的权利时,这个政府就有了霸权。

Hybridity 混杂性或混杂现象 一种前现代、现代和后现代生活方式的混合,成为拉丁美洲 20 世纪后期和 21 世纪初的特点。这一术语是由阿根廷作家奈斯特·加西亚·康科利尼(Néstor García Canclini)创造的。

Institutions 机制 这一术语是本书用得最多但最难下定义的词。"机制"代表了一种得到认可的、管理人民之间关系的做法,代表了这种做法的整个复杂性和管理的原则,以及支持这种复杂性的正式的组织系统。或许韦伯斯特大词典提供了一个更满意、更全面的定义:"文化生活中的一个重要的、有持续性的元素(如一种实践,一种关系,一个组织),集中在人类的基本需求、活动或价值上,在社会中占有一个长久和主要的位置,并且通常通过社会管理机构得到维持和稳定。"例证包括从家长制家庭到军队,从村庄的社会结构到土地的划分。

Liberalism 自由主义 这一术语一般与 19 世纪的政党有联系,这些政党的立场是放松政府控制、扩大个人自由范围以及创新。

Liberation theology 解放神学 基督教的一种解释,主要以路加福音为基础,将基督歌颂为人民的解放者。这一术语由秘鲁神学家 Gustavo Gutierrez 于 1973 年创造,巴西神父里昂纳多·博夫(Leonardo Boff)进一步阐发了这种思想。

Luso-Brazilian 卢索—巴西人 此术语包括葡萄牙和巴西。在罗马时期,今天的葡萄牙地域被称为卢西塔尼亚(Lusitania),卢索是它的形容词。

Mercantilism 重商主义 这一术语创造于 18 世纪,它是一种信念,认为国家经济利益可以通过政府实施具有民族主义色彩的规章制度而得到最好的保障。如伊比利亚国家实行的政策,就意味着母国的利益要优先于拉丁美洲殖民地的利益,因为这些殖民地被认为是为西班牙和葡萄牙的富强而存在的。

Metropolis 宗主国 这个术语指直接或间接地控制他国的国家。对于西属美洲来说,殖民地时期的宗主国是西班牙;对于巴西,是葡萄牙。在 19 世纪,拉丁美洲的宗主国是英国,在 20 世纪则是美国。

Modernization 现代化 在拉丁美洲,现代化主要包括模仿和采用 19 世纪的北欧和 20 世纪的美国的生活方式、思想意识、技术和形式,但它们很少适合本国国情。

Nationalism 民族主义 这个术语是指一种推崇民族—国家的群体意识,它宣称完全忠诚于民族—国家。群体的成员同意维持民族—国家的统一、独立和主权,并追求一些广泛的、相互接受的目标。

Nation-state 民族—国家 这一术语不仅指一个国家的地理边界所包含的地区,它还代表一个中央权威对整个地区有效地实施政治权力。

Neofeudalism 新封建主义 "Neo"源于希腊语,有"新"或'最近"的意思。见 Feudalism 一条。

Neoliberalism 新自由主义 市场导向的改革开始于 20 世纪 90 年代,它是 19 世纪自由主义的回响。这类改革包括国有企业和公共事业的私有化以及关税壁垒的解除。

Oligarchy 寡头政治 有特权的极少数人为自己的利益进行统治,表现出对大多数人极少或毫无责任心。

Patriarchal, Patriarchy 家长制 这一术语是指一种家庭或政府的配置形式,在这种制度下,父亲或年长的男性控制一切。

Patrimonialism 家长式专制主义,一译承袭制 一种地主对劳工实施权力的制度,这是财产所有权的一个方面。那些住在他的地产上的人都受到他的管制。他按自己的意愿统治着他的地产,并且掌控着与外界所有的联系。这一术语是描述大庄园制度的。

Postmodernism 后现代主义 一系列理论的总称,这些理论断定:后现代性是在 20 世纪和 21 世纪,以启蒙思想和信仰进步为基础的"现代"方案失败了的背景下的状况。后现代主义者反对现代性理论包罗万象的解释,反而认为,在一个非集中的和分割的世界中能看到更多的真理和希望。

Physiocrat Doctrine 重农主义 这一概念起源于 18 世纪,鼓励社会科学地调查自身资源,一旦知道了就加以利用。最高利润来自对这些资源的开发和在国际上销售。

Populist 民众主义派,一译民粹派 那些至少在表面上反对现状的政治运动或政府在某些情况下被称为"民众主义派"。他们提倡一种大部分普通公民——通常是城市工人阶级——有兴趣并且支持的体制。实际上,他们通常提供了一时的缓解或利益,而没有真正改变基本的社会结构。

Positivism 实证主义 这个 19 世纪的思想体系起源于法国。它的主要哲学家是奥古斯托·孔德。实证主义坚信,社会革新和进步不可避免。孔德认为,通过接受以实证主义为基础的科学社会定律,就可以取得进步。

Reform 改革 改革是逐渐地改变或修正已建立起来的经济、政治或社会机制。

Revolution 革命 革命意味着突然的、强制性的、暴力地推翻过去建立起来的稳定社会，并且用其他机制取代那些已丧失信誉的机制。

Socialism 社会主义 在本书中，社会主义意味着一个民主的社会，在这个社会中，社团拥有或控制着大多数生产资料，为全体人的利益管理着它们。

B. 西班牙语和葡萄牙语词汇表

delantado 先遣官，一译阿德兰塔多 西班牙美洲殖民时期受王室授权探索、征服并占领新的领地的人。他将边界向里推进，扩大西班牙对新大陆的占有和控制。

Alcaldes mayors 市长，一译行政长官 西班牙美洲殖民时期被任命的官员，他们在地方或地区一级有行政和司法权力。

Aldeia 村落 葡萄牙美洲的土著人村庄或聚居地，18 世纪中期以前受宗教人士管理，之后受世俗官员管理。

Arpilleras 拼补式的墙挂 智利创设的一种手工织补工艺，用它来讲述 1973—1989 年奥古斯托·皮诺切特独裁统治下所实行的镇压。

Audiencia 检审庭 西班牙美洲殖民地的最高皇家法庭和顾问委员会。

Ayllu 艾柳 印卡帝国的一种社团组织，共同在公共土地上劳动，部分收成归自己，部分收成上贡给印卡统治者和宗教上层人士。

Bandeirante 冒险家、探险者、淘金人 在 1650—1750 年间特别多，这些人深入巴西内地探险，捕捉土著人为奴隶，或寻找黄金。

Cabildo 市政会 西班牙美洲的市政府。

Cabildo abierto 市政会公开大会 西班牙美洲的市政委员会，特别情况下扩大到包括大多数市政区的主要公民。

Calidad 品位高贵 词的本义是指质量高。19 世纪对上层人士受尊敬程度的看法，尊敬可以通过家庭背景，家庭组织和住址，正式的教育和训练，职位，经济来源，以及所谓的肤色而获得。

Campesino 农民 词的本义是来自农村的人。通常被译成农民，这是一个容易产生疑问的英文词，使人联想到了中世纪的奴隶关系体制，例如农奴制，以及建立在生计农业（subsistence farming，又译自给自足农业）周围地区的一种特殊文化。

Capitâo-mor （复数为 capitâes—mor）民团司令 在葡萄牙美洲殖民时期授予地方民兵指挥员的军阶。

Capitulación 合约 王室和先遣官之间的合同，陈述了后者的职责和奖励。

Casa da Suplicaçâo 上诉法院 葡萄牙帝国最高法院，也是巴西殖民地受理司法争端的最高法院。

Casa de Contratación 贸易署 1503 年在西班牙建立的贸易机构，以组织、管理并发展与新大陆的贸易关系。

Caudillo（葡萄牙语为 caudilho）考迪罗 对下属实施完全控制的强势领导人。

Cédula 敕旨 西班牙王室的皇家法令。

Científico 科学家派 墨西哥总统波菲里奥·迪亚斯时期（1876 —1911 年）政府中的高级管理人员，受实证主义思想的影响，相信国家问题可以通过科学方法解决。这些人在迪亚斯最后 20 年的统治中占主导地位。

Compadrio 干亲关系 一种教父母关系。

Composición 协议制 西班牙一种通过调查来解决土地所有权问题的法律手段。

Comunero 公社社员 1781 年新格拉纳达发生的公社起义的参与者。

Congregación 集中制 西班牙将土著人集中到村庄中的政策。

Consejo de las Indias 西印度事务委员会 1524 年在西班牙建立的西印度事务委员会，帮助王室解决美洲事务。

Conseiho geral 总委员会 葡萄牙美洲市政委员会，在特别情况下扩大到包括大多数市政区的主要公民。

Conselho Ultramarino 海外委员会 1642 年在里斯本建立，帮助王室解决与帝国及其行政机构有关的事务。

Consulado 商会 西班牙美洲殖民时期的商人组织。

Contra 反革命的简称，一译“孔特拉” 这个词用于 20 世纪 80 年代受美国训练、致力于推翻尼加拉瓜桑地诺政府的势力。

Coronel（复数为 coroneis）科罗内尔 巴西市政府的文职政治首长。这种在地方首长的基础上建立起来的政治统治体制被称为 Coronelismo。

Corregidor 地方行政长官，一译郡守 西班牙美洲殖民地的官员，被派到西班牙和土著社团担任收税员、警官、地方法官和行政人员。

Creole **克里奥尔人,一译土生白人** 西班牙美洲帝国出生的白人。

Cumbe **昆贝** 西班牙美洲逃亡奴隶的聚居地。

Denuncia **通告制** 在西班牙法律下,索取没有得到法律承认的拥有者的土地的程序。

Desaparacido **消失者** 这个杜撰出来的词是指在阿根廷"肮脏的战争"(1976—1983年)中遭到军政府绑架的人。

Ejido **村社** 墨西哥由社区共同拥有的农业土地,也包括19世纪和20世纪初拉丁美洲大多数地区用于公共用途的市政土地。

Encomendero **委托监护主** 获得委托监护权的人。

Encomienda **委托监护制** 16世纪在西属美洲实行的一种纳贡制度。西班牙人被授予对土著劳工的委托监护权,保护他们并使他们皈依天主教,作为回报,他可以要求贡品,包括获得劳役。

Fazenda **法森达** 巴西的大地产或种植园。

Fazendeiro **法森达主** 巴西大地产或种植园所有者。

Finca **大庄园** 西属美洲的大地产。

Fuero military **军法审判** 西属美洲的一种军事特权,可以使军官免于受民事司法的审判。

Gaucho **高乔人** 潘帕斯草原的牛仔。

Gente alta **上等人** 上层人士。

Gente baja **下等人** 底层人士。

Gente decente **有身份者** 字面意思是体面人,指上层人士或上等人。

Gente de pueblo **平常人** 老百姓或底层人士。也称为下等人。

Hacendado **大地产,一译阿森达多** 西属美洲的大地产。

Homens bons **善民** 葡萄牙语中的意思是"好人",指那些属于巴西殖民社会上层阶层的人。由他们选出市政委员会的成员。

Inquilino **英基利诺** 智利农民。

Jefe **首领** 在西属美洲,通常与考迪罗意思相同。

Ladino **拉迪诺人,一译欧印混血种人** 指有欧洲和土著血统的人,或采用西班牙生活方式的土著人。在中美洲多用于梅斯蒂索人身上。

Latifundia **大庄园制** 拉丁美洲的大土地所有制。

Mandamiento **委派制** 一种强制性的劳工制度。

Mazombo 马松博人，一译土生白人　在葡属美洲，出生在新大陆的白人。

Mestizo 梅斯蒂索人，一译欧印混血种人　混血儿，通常指欧印混血人。

Mita 米达制　一种强制性的劳工制度，在这种制度下，土著人必须为西班牙殖民者劳动，这种制度来源于克丘亚人和艾马拉人的传统。

Oidor 法官　西属美洲检审庭的法官。

Palenque 帕伦克　西属美洲逃亡奴隶的聚居地。

Patria chica 紧邻地区　字面意思是指小国家，指人们将其身份认同于自己直接所属的地区，而不是认同国家。

Patrón 老板　在西属美洲，拥有者或老板或地位高的人。

Peninsular 半岛人　西属美洲里，出生在欧洲后来来到新大陆的人。

Pleybeyos 庶民　底层阶级，被上层人士视为粗鲁平常的人。

Porfiristas 波菲里奥分子　在墨西哥支持波菲里奥·迪亚斯或其政策的人。

Porteño 港口人　住在布宜诺斯艾利斯市的居民。

Presidencia 行政区　西属美洲总督辖区下面的一个分支地区，有大臣作为首要行政长官。

Pueblo 市镇　也能指"人民"。

Quilombo 基隆博，一译逃奴堡　葡属美洲逃亡奴隶的聚居地。

Regidor 市议员　西属美洲的市政议员。

Reinol（复数为 reinóis）王国人　葡属美洲里，出生在欧洲后来到达新大陆的白人。

Relaçao 高级法院　葡属美洲的高级法院。

Repartimiento 劳役摊派制，一译劳力征调制　西属美洲殖民地的一种劳动制度，在这个制度下，皇家法官为某项工作而暂时性地给印第安劳工分派任务。

Residencia 留任审查制　在西属和葡属美洲帝国，一种在公务员任职期末对其行为进行正式询察的制度。

Senado da câmara 市政会　在巴西的市政府机构，特别是市镇的政府机构。

Sertâo 腹地　巴西的内地或穷乡僻壤。特指巴西东北部的偏僻地区。

Sesmaria 塞斯马里亚份地　巴西殖民地时期的授予地。

Soldadera 勤务女兵　墨西哥革命时期与士兵同行的妇女。勤务女兵为士兵做饭，照顾病人和伤员，并参加战斗。

Tenente 尉官派　在巴西，一个军队的中尉。在 1920 年至 20 世纪 30 年代，这个词经常用于指那些支持社会、经济和政治改革的年轻军官。

Tienda de raya **庄园商店** 位于大庄园里的商店,通常以高价向居住在庄园的工人出售他们需要的物品。

Vecindad **邻里** 在西班牙语中词义为“附近地区”,但在墨西哥城,可以理解为“出租房屋区”。

Visita **巡查** 在西属和葡属美洲帝国,由王室下令对公务员进行的即时即地的行政调查。

Visitador **巡查官** 在西属和葡属美洲殖民地,代表王室在新大陆负责特殊调查的官员。

Zambo **桑博人,一译印非混血种人** 有印第安人和非洲人血统的人。

出版后记

有很多理由可以推荐这本书。

它的作者，E.布拉德福德·伯恩斯，是美国及拉丁美洲的一流拉美问题专家，从事拉美研究和教学达30余年。本书便是他历年教学经验与心得凝结而成，自1972年初版以来多次修订再版，已出至第8版。到2002年为止，该书的英文和西班牙文版本已有12种之多，入藏世界各国1,462家图书馆，其在学术界的经典性和受欢迎程度，可见一斑。

本书的校对者，中国社会科学院教授张森根教授与伯恩斯相交莫逆，对此书推崇备至，大力促进本书的引进。在他的努力下，1987年本书第4版中译本出版，并由伯恩斯亲自撰写《致中国读者》，得到广大师生的一致好评。1995年伯恩斯去世后，朱莉·阿·查利普做过两次修订，又是张教授推动本书最新版的翻译出版，并且不辞劳苦亲自校对。他亲笔撰写了书中十多条很有分量的译注，增进了读者对相关问题的了解，特别是对Inca翻译成“印卡”而不是“印加”的解说，不但澄清了可能的疑惑，也充分表明了他治学严谨的态度。此外，张教授还撰写长序，恳切详细地介绍了伯恩斯其人其书，以方便读者的阅读。

但这并不是我们推荐本书的全部理由。

阅读此书，或许最让我们惊讶的，是书中洋溢的强烈的反殖民主义、反帝国主义情绪，旗帜鲜明地谴责欧洲和美国对拉丁美洲一脉相承的侵略削与掠夺，特别是揭露美国“自诩为民主政府的典范，却积极而慷慨地支持本半球各类镇压性的独裁统治”，在实际上成为阻碍拉美进步的帮凶的行径。这种对于第三世界国家和人民的真诚关切与平等态度，在一个西方学者来说无疑是难能可贵的，从而也增强了本书的说服力。

伯恩斯对于拉丁美洲历史的这种立场，甚至引发了他与美国前总统里根的一次著名的论战。里根曾经因为他指责美国对尼加拉瓜的政策，而在一次新闻发布会上不点名地攻击他。伯恩斯不甘示弱，针锋相对的在媒体上予以还击，最终迫使里根不得不做出妥协。虽然学术的价值并不因这种争论而增加，但我们由此也可以窥见，一个学者对于公平、正义的执著追求，对于弱势群体和弱势地区的真诚关怀与理解。

但这些也不是我们推荐本书的全部理由。

“富裕的土地上生活着贫穷的人民”，这是本书开宗明义的主题，也是让人触目惊心的历史现实。拉丁美洲，这个地区有着得天独厚的禀赋，也是第三世界中较早开始现代化的地区。然而一百多年过去，拉美却依然存在着普遍的贫困，经济虽然增长，但大多数人民并未享受到其好处。原因何在？作者纵览拉美从古至今的历史，从政治、经济、文化、社会等角度，对拉美的现代化道路做出了深刻的分析。

伯恩斯认为，发展与单纯的经济增长不同，增长只说明数量的积累，而发展则指出了增长的受益者，它意味着“为大多数人民提供最多的好处”。而拉丁美洲现代化模式的失败，则是由于“殖民地历史长时期遗留下来并在19世纪得到加强的体制结构，至今还继续存在着”，上层人士仍然“趋于将自己的利益和愿望与整个国家的利益和愿望混为一谈”。如此，拉美就只能陷入到“增长但不发展”的怪圈中，即便GDP增长的幅度可圈可点，却无助于改善民生和社会状况，也未能改变对国际市场的依附性。从这个角度出发，伯恩斯将19世纪和20世纪拉丁美洲的现代化定义为“进步的贫困”和“发展的劫掠”，是一种失败的经验。在新的世纪里，发展仍将继续构成拉丁美洲的主旋律。

伯恩斯的结论，虽然是针对拉丁美洲的经历而言，但对中国也具有现实意义。正如伯恩斯在本书中文第4版中所说：“中国人毕竟同拉美人有着一些共同的相似的历史经验……中国读者由于有20世纪的亲身经验，对于充分了解当代拉丁美洲的活力，他们是十分敏感的”，中国和拉丁美洲在过去都曾经遭受列强掠夺，在今天都同样面临着现代化的时代命题，拉丁美洲现代化的得失成败，对于中国的发展道路是宝贵的财富，值得我们深思，汲取其经验教训，以使我们的现代化更加平稳顺畅。

出于这些理由，我们郑重推荐这本书。

需要说明的是，本书附录部分的《延伸阅读》，也是很值得一观的。张教授对此是相当看重的，曾经专门和我们提及这一点，因为它与通常的论著汇集不同，选取的是两种特殊的文献：小说和口述史资料。这种做法表明了作者对历史的认识，并未把历史研究局限于专业范围，而是投射到更加广阔、与现实社会密切相关的领域中去。我们将其保留下来，期望能对读者有所裨益。

世界图书出版公司北京公司

服务热线：139-1140-1220 133-6631-2326 010-8161-6534

教师服务：teacher@hinabook.com

投稿邮箱：onebook@263.net

世图北京公司“大学堂”编辑部

2009 年 6 月

图书在版编目(CIP)数据

简明拉丁美洲史——拉丁美洲现代化进程的诠释：插图第8版／(美)伯恩斯、查利普著；王宁坤译.—北京：世界图书出版公司北京公司，2009.9

(拉美国家现代化道路研究)

书名原文：Latin America: An Interpretive History, 8e

ISBN 978-7-5062-9586-4

Ⅰ.简… Ⅱ.①伯… ②查… ③王… Ⅲ.拉丁美洲—历史 Ⅳ.K73

中国版本图书馆CIP数据核字(2009)第104052号

简明拉丁美洲史(插图第8版)

丛 书 名：拉美国家现代化道路研究　**丛书主编**：韩　琦　**出　品**：吴兴元

著　者：(美)E.布拉德福德·伯恩斯(E. Bradford Burns)　朱莉·阿·查利普(Julie A. Charlip)

译　者：王宁坤　**审 校 者**：张森根　**责任编辑**：方　理

出　版：世界图书出版公司北京公司

发　行：世界图书出版公司北京公司(北京朝内大街137号　邮编100010)

销　售：各地新华书店

印　刷：北京盛兰兄弟印刷装订有限公司

开　本：787×1092毫米　1/16

印　张：26.5　插页8

字　数：410千

版　次：2009年9月第1版

印　次：2009年9月第1次印刷

教师服务：teacher@hinabook.com　139-1140-1220

投稿邮箱：onebook@263.net

编辑咨询：133-6631-2326

营销咨询：133-6657-3072　010-8161-6534

ISBN 978-7-5062-9586-4/C·65　**定价**：39.80元

1987 年被《纽约时报》评为“所有时代所有学科中的 19 部经典教科书之一”
1996 年被《华盛顿邮报》誉为“第一部晋身教科书荣誉殿堂的作品”
2002 年被美国历史学会(AHA)评为“教科书的黄金标本”

现代世界史(插图第 10 版)

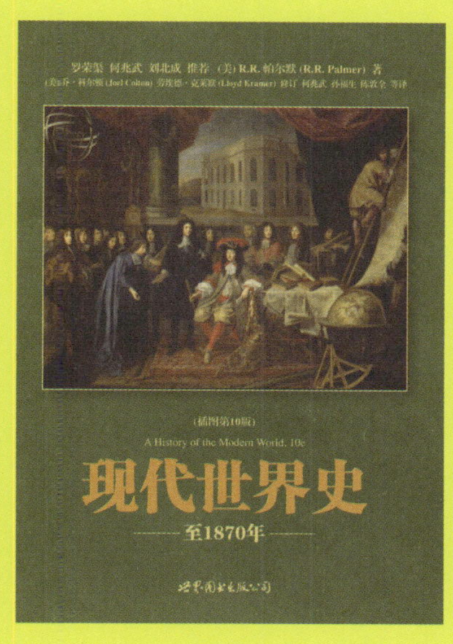

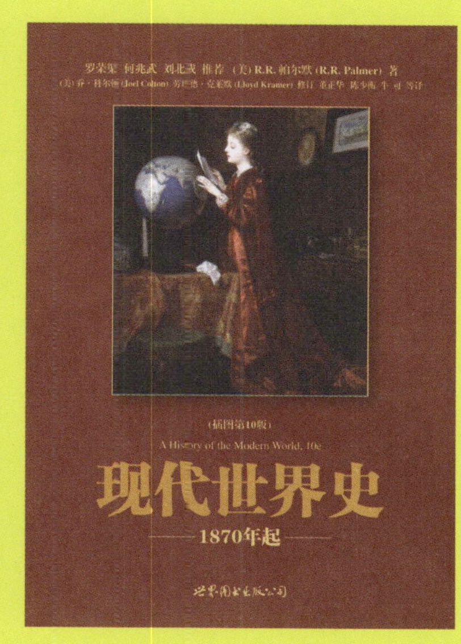

作　者:(美)R.R.帕尔默　乔·科尔顿　劳埃德·克莱默
译　者:何兆武　孙福生　董正华　陈少衡 等
推荐者:罗荣渠　何兆武　刘北成
书　号:978-7-5062-9536-9/C·41　定　价:88.00 元(上下册)　2009 年 4 月第 1 版

内容简介

自 1950 年初版以来,帕尔默等人所著的《现代世界史》便一直被誉为一部殿堂级的历史学术教科书,并被广泛采用作教材。在近六十年的时间里,本书作者不断修订,如今已出至第 10 版,其销量在同类作品中一直名列前茅,是**半个多世纪以来美国世界史教科书中寿命最长、读者最多、影响最大的一部**。

本书内容丰富、领域宽广,以洋洋百余万文字阐述了现代欧洲的崛起这一世界性的事件。在作者笔下,曾经默默无闻的欧洲(或曰西方),在从 16 世纪初至今的五百多年里,逐渐创造出了一个辐射全球的政治、经济、军事、科技诸方面的世界体系。

作为一部将传统叙事与结构分析相结合的作品,作者在以政治和制度的演变为主线的同时,对于社会史、文化史、宗教史诸方面也作了简洁而生动的阐释。**全书贯穿了作者的人文关怀和现实情怀,思想的火花与睿智的表达时时可见**,使得阅读本书成为一次美妙的思想之旅。